惟精惟一

张居正

李洪文
——
著

团结出版社

© 团结出版社，2023 年

图书在版编目（CIP）数据

惟精惟一：张居正 / 李洪文著 . 一北京：团结出版社，2024.10
　ISBN 978-7-5234-0391-4

Ⅰ.①惟… Ⅱ.①李… Ⅲ.①张居正（1525-1582）－传记 Ⅳ.① K827=48

中国国家版本馆 CIP 数据核字 (2023) 第 167037 号

责任编辑：陈梦霏
封面设计：阳洪燕

出　版：团结出版社
　　　　（北京市东城区东皇城根南街 84 号 邮编：100006）
电　话：（010）65228880　65244790（出版社）
　　　　（010）65238766　85113874　65133603（发行部）
　　　　（010）65133603（邮购）
网　址：http://www.tjpress.com
E-mail：zb65244790@vip.163.com
经　销：全国新华书店
印　装：三河市东方印刷有限公司

开　本：170mm×240mm　16 开
印　张：25.25　　　　　　　字　数：357 千字
版　次：2024 年 10 月 第 1 版　印　次：2024 年 10 月 第 1 次印刷

书　号：978-7-5234-0391-4
定　价：78.00 元
　　　　（版权所属，盗版必究）

序　言

华夏历史上有多个"十大名相"排行榜，榜单迥异，但每一个榜单中，都少不了"宰相之杰"张居正的名字。张居正生在荆州府江陵县的一个落魄秀才家庭，因为祖籍是军户，他想要凭借科举"飞"出江陵县这个小地方，实现自己人生的伟大抱负，必须要付出比士族子弟多几倍的努力。

"江陵神童"张居正，经过努力，做到了蟾宫折桂。他作为嘉靖二十六年（1547年）的进士，后改庶吉士，昂然步入了官场，面对权相严嵩当道，"磴道盘且峻"的仕途，他才知道了什么是险巇和艰难。

张居正暂时藏起了"精进"的利器，以"蛰伏"为行事的手段，他学会了忍隐，更学会了等待。可是与常人不同的是，他的忍隐，是修鳞养爪的忍隐；他的等待，是遵养待时的等待。他担任帝师，教万历皇帝治国学问的时候，曾经写了一部《书经直解》，张居正将艰深难懂的经典，用比较容易理解的语言，进行了翻译和表述。

在《书经直解》中，有特别重要的四句话：人心惟危，道心惟微，惟精惟一，允执厥中。这四句话据说是舜传天下给大禹之时，一并给他的治天下的心传秘法。可以说，这四句话一旦读懂，不仅可以觅到修身的大道，还可以得到治国的真理，更能获得无穷的智慧。

对于前两句，张居正解释得很详细"克去了人心，专一守着道心，使常为一身之主，而不为私欲所摇夺"。

张居正对于后两句，却敷衍跳过，竟用"先儒说这十六个字，开万世心学之源"。也就是怎么解释都可以用"心学"来搪塞万历皇帝。人心惟危，道心惟微——说的是社会现实。"惟精惟一"是改变这种困境的手段，而"允执厥中"说的是如何能不偏不倚、实现目标的正确方法。

"惟精惟一"，不难理解，就是做事一以贯之；而"允执厥中"堪称是治国做事、万世不易的"中道"。

想要获取不贪功、不冒进、不偏不倚、持之以恒的"中道"，却不是一件容易的事，对于这件超级难的事，张居正在书中只是一笔带过，并没有给万历皇帝将玄妙讲透。事实很简单，张居正用一辈子的时间，证明了"惟精惟一"的正确性，取得了万世传颂的改革成果，但他又偏离了"允执厥中"的中道，最后败得片甲不留……

张居正曾不露声色地帮助师相徐阶除掉了严嵩，接着徐阶又被高拱排挤，并于隆庆二年（1568年）致仕回家。张居正处在荆棘丛生的内阁之中，面对凶如狮虎的高拱，他只能暂时将自己伪装成绵羊，当面对内阁成员陈以勤、赵贞吉和李春芳等人不断被高拱驱逐的压力，他藏器待时，忍尤含垢了五年，他一边与权相高拱虚与委蛇，一边与大太监冯保联手发力，终于在隆庆六年（1572年），借助老皇帝明穆宗朱载垕宾天的机会，成功驱除高拱，张居正扬眉吐气，脸上终于有了久违的笑容，他成为了一人之下、万人之上的首辅。

可是张居正这个首辅，是明帝国末日余辉笼罩下，万马齐喑、人心涣散、空谈成风背景下的首辅；是明帝国纪纲颓废、财政破产、南倭北虏、法度凌夷现状前的首辅；更是一个放在舆论的火上烤、灾情的土里埋、倾轧的水里淹，既得利益集团在背后捅刀子的"懊糟"首辅。

张居正面对万历年幼、政出后宫、言官喧嚣、群臣瞻顾、士族门阀肆意妄为、百姓啼饥号寒的不利局面，他"大破常格，扫除廊清"，创建了"考成法"考核官吏，力推"用循吏不用清流"的用人原则，在他"尊主权，课吏职，信赏罚，一号令为主"的政治主张之下，大明的官场为之一清，效率亦"虽万里外，朝下而夕奉行"地成倍提高。随后，他又下令彻底丈量全国土地，清查并追缴漏税田产。张居正最令人称道的是推出了"一条鞭法"，

"摧私门，强公室"，做成了很多人想做不敢做、做了也做不成之事。大明帝国纳税土地从四百多万顷回升到七百万顷以上，国家仓库充盈，岁有积银，大明王朝苍白贫血的脸上，重新绽发了枯木重生的辉光。

张居正联合冯保，在李太后的支持下，利用上奏条陈，在年幼的万历皇帝面前通行无碍的便利条件，基本实现了自己"省议论""振纲纪""重诏令""核名实""固邦本""饬武备"的所有主张。张居正胜利了吗？他活着的时候，看似取得了"辉煌"的成果，但在他去世后，所取得的一切在一夜之间苍白落幕，凄然归零。

万历皇帝无视张居正"呕心"为国，更视张居正政改的成绩是理所当然，为了彰显皇权"怀德威，厉如山"的威严，破张居正"为国事，揽大权"的专制，万历皇帝下旨，对张居正进行抄家，还几次追夺其官职及谥号，可谓是"诏尽削居正官秩，夺前所赐玺书，四代诰命，以罪状示天下，谓当剖棺戮尸而姑免之"。为何会出现这种功亏一篑，苍黄翻覆，甚至却行求前的局面？只因张居正仓促的改革，是一锅"夹生饭"的改革，也是"得罪于巨室"的改革，更是不符合万历皇帝"利益"的改革。

张居正"刀山火海，吾往矣"的改革，就好像昙花一现般消失了。张居正的改革，成了明朝末年暗夜中的一簇璀璨烟花，转瞬即逝，而落幕后的历史舞台上，剩下的只是散发着硝烟味的狼藉。

张居正为改革献身、见危授命的精神，值得我们肯定；他为了改革成功，使用"芝兰当道，不得不除"的霹雳手段，也值得我们深思研讨；更重要的是，张居正为何改革失败，亦值得我们复盘回溯，品味刍咀。张居正推行改革的措施，可以给后世提供更多有益的感悟和启迪，也让我们在努力前进的路上，不至于重蹈覆辙，再被同一块石头绊倒。

张居正的改革为何会失败，这与"溥天之下，莫非王土，率土之滨，莫非王臣"的观念是分不开的，在万历皇帝心中，明朝的天下，就是他的"家天下"，可以说，明朝的山川土地、臣民，全都是明朝皇帝的一家私产。

张居正的改革，并非是触及皇权的改革，他的改革无非是让官场清廉高效一些，让皇族巨室少贪占一些，让国库的银两充盈一些，让边防巩固一些，让老百姓的日子好过一些，最后让明王朝的国祚长久一些。可是当时的万历皇帝朱翊钧是一个凭意气行事的年轻皇帝，他叛逆的样子，就像一个抓住皇权的"糖果"，饕餮而食的"坏"孩子，他乖张地认为，张居正"乾纲独断"地行使的都是皇帝的权力，必须要全部收回来，只有这样他才是"正牌"的皇帝。

万历皇帝只要改革的结果，却不认同张居正改革的过程。这种空中楼阁的想法，导致他在张居正去世后，全盘否定了张居正所有正确的改革措施。

皮之不存，毛将焉附？当万历皇帝砍倒了张居正改革的果树，当他疯狂地享受着树木倒地后，满园唾手可得的果子时，他并没有想到，大明朝之覆灭，就是自他这位万历皇帝开始，明神宗朱翊钧成了大明王朝真正的掘墓人。

张居正并非不懂得功成身退，他更怕被"鸟尽弓藏"的谶语反噬。他一开始改革的时候，是以朱翊钧"政治保姆"的身份登场的，他以大明王朝的需要，作为自己的行动目标，甚至朱翊钧一旦做错事，张居正会越俎代庖地"打上几巴掌"。张居正虽然懂得"伴君如伴虎"的政坛规则，但顾命大臣的使命，还是让他做出"忠铮"之臣该做的一切，他多次逆龙鳞，惹明神宗不高兴，张居正心中亦是担心天威不测，可是他行事是为了大明王朝。故此，张居正时常用皇帝一旦"懂事"，会明白自己苦心的借口来安慰自己，他甚至在朱翊钧成年后，曾担心"飞鸟尽，良弓藏"，还一度幻想着致仕回乡，离开权力中枢，留下万代英名。可是大明朝这辆狂奔的马车，离不开张居正这个驾车人，留给他的，唯有鞠躬尽瘁、死而后已这一条窄路。

张居正是一个孤勇者，是一个逆行者，更是一个为达目的不择手段的"铁血宰相"。他为了改革的成功，不惜打破"潜规则"得罪了满朝的文武百官；他"改丁忧为夺情"，公然蔑视了儒家的礼法；他拆毁私学书院，不惜得罪了天下的士子。可是为大明王朝不惜"粉身碎骨"的张居正，却得不到皇帝的理解。

张居正就好像两头点燃的蜡烛，为大明王朝贡献了自己的青春、睿智和生命。

1582年7月9日，张居正因操劳过度，身体透支，带着一肚子的不甘去世。这时候的朱翊钧已经长大成年，不再需要事事都替他做主的"保姆"，张居正随后就被无情地抛弃了。

张居正用十余年的努力和改革，为明朝续命几十年，他去世后，在刑部观察政务曾被张居正贬谪的邹元标挺身而出，为这位千古英相鸣不平。邹元标曾因弹劾张居正，还被打断过一条腿，他应该恨死了张居正，但如今为了公义，对刚刚登基的明熹宗说："江陵功在社稷，过在身家，国家之议，死而后已，谓之社稷之臣，奚愧焉？"张居正得到了迟来的平反。

张居正早就去世了，他的家人死的死、散的散，他的政治主张早已消弭，一个缺席多年、苍白无力的平反，真的抵得上如此众多的冤屈、如此沉重的伤害吗？

也许我们后来人想多了，一个没有受过伤害的名臣，那就不叫千古名臣。如果他能放下改革的重器，通过那道"功成身退"的窄门，他就不是万世英相了。

张居正的时代，已经匆匆过去了五百年，他作为阳明先生的弟子，却没有完全奉行其"心学"的主张，他抛弃了"允执厥中"，用"惟精惟一"重新阐释了只属于张居正的"社稷百姓、天道人心"的全新理念。

阳明先生的心学务"空"，张居正的改革务"实"，可以说，他们的学说和行动，基本都偏离了"允执厥中"之道。《尚书》中"谜"一样的中道在哪里？我们能从张居正身上发生的"惊涛骇浪"般的故事，在他主持改革的"彪炳千古"般的传奇中找到吗？不管寻找的过程有多么艰辛，后人们都没有停下寻觅的脚步，张居正政改成功的经验，他身后政息人亡的教训，应该对芸芸众生，繁杂的人世，有着积极的借鉴和警示作用。这就是今人研究张居正的意义所在。

目 录

1 神童，启蒙学字识"王曰"......1
2 中举，仕途坎坷成"险路"......18
3 蛰伏，在翰林院的"岁月"......33
4 倾轧，教训实在很是"深刻"......52
5 归来，在淫威之下"成长"......76
6 灭奸，等到了久违"机会"......92
7 排挤，蛰伏内阁的"日子"......113
8 忧国，《陈六事疏》成"画饼"......131
9 罢黜，他年归来更显"峥嵘"......148
10 退田，清官为何受"排挤"......166
11 互市，一招解决了"北虏"......183
12 驾崩，天造地设好"机会"......199
13 夺位，首辅等于被"火烤"......217
14 考成，根治怠政好"方法"......250

15 剿乱，都掌蛮终被"肃清"	267
16 手段，一番施展终"善果"	285
17 丁忧，一番争斗总"夺情"	299
18 清丈，千难万险吾"往矣"	320
19 回籍，权势恩宠到"巅峰"	339
20 归京，"一条鞭法"终"施行"	354
21 去世，成败毁誉任"评说"	371
参考文献	394

1 / 神童，启蒙学字识"王曰"

1354年，李善长在滁州见到了朱元璋。当时，李善长身穿儒装，手持藤杖，伫立在军门，他注视着为军情而忙碌、浑身上下充满精气神的朱元璋良久，忽然兴奋地说："天有日，民有主了！"

朱元璋以乞丐、僧人和农民的身份，举旗造反，起兵讨伐，推翻大元铁锅皇帝妥懽帖睦尔的统治，缔造了大明王朝。这个原本有日有月、有光明、有前景，应该有奔头的王朝，经过蛐蛐皇帝明宣宗朱瞻基的耍弄；历经明英宗远征瓦剌被俘，几十万大军几乎全军覆没的打击；又经过混迹豹房、宠幸大太监刘瑾的明武宗朱厚照的折腾；再到了痴迷修道、炼丹的明世宗朱厚熜的胡搞；原本铜帮铁底的大明王朝好像孱弱的病人，脸色苍白，肢体无力，悱恻呻吟，已经到了奄奄待毙的阶段。

如果这时李善长再伫立于紫禁城的门口，他一定会"咯咯"地顿着手杖，面对着急败家的朱皇帝的子孙，激动地嘶呼："有天无日民心散了！"

嘉靖四年（1525年），就在这个内忧外患、民不聊生、国运凌夷的晚明末期，江陵秀才张文明家忙成了一团，人人脸上充满了期待，因为张居正就要出生了。

张居正的先祖是元朝末期凤阳定远人士张关保，他曾经追随大将军徐达征战多年，后被授以归州长宁所世袭千户（相当于团长）的官职，可是世袭爵位的人是长子，作为次子的张诚就没有享受祖荫的机会了。

军户必须有一男丁服役，其余的子嗣可以从商务农，但是随着军屯的土地日渐减少，军户家庭呈现"衣食不给，皆剜蕨根度日"的贫困状态，张诚为了讨生活，只得从归州，迁到了"江左大镇，莫过荆扬"的江陵。可是有一样，他无法脱离军籍，想要改换门庭，只能通过科举，但明朝法律严苛地规定，军户家庭只允许一名子嗣应考。

江陵位于湖北省中部，其南临长江，北依汉水，西控巴蜀，通联湘粤，古称"七省通衢"，是交通便利、繁华昌盛之地。这里曾是楚国的发祥地，二十代楚王在这里励精图治，他们无时无刻不再筹划着春秋大计，意欲席卷中原，图谋天下。

古往今来，众多的诗人在这里留下了大量的诗词，"千里江陵一日还"，"彩云朝望青城起，锦浪秋经白帝来"，"月夜与谁游赤壁，江山自古重荆州"，写的都是江陵景色优美、人才辈出、水陆通衢的盛况。

江陵比归州地域宽广，如此万舸云集、客商齐至的富庶之地，机会就多。可是张诚是一个才大志疏的角色，他来到江陵之后，不肯做一些劳作与商贾之事，生活依旧困顿，志气无法展伸，仍是屈居人下。张诚更是一个好面子的人，他总是拿"君子固穷"来安慰自己，一旦手头宽裕，就会对乞丐进行施舍，对和尚进行斋供。因为他进入不了上流社会，而且口吃语迟，故此，江陵士人就给他起了"张謇子"的绰号。

张謇子有三个儿子，他们的名字分别是：张钺、张镇和张釴。钺、镇、釴皆是古代的青铜名器，由此可见，张謇子心中的理想，就是让自己的三个儿子，都能够报效朝廷，成为干国的重臣。可是事实并不以个人的意志为转移，他的儿子能否有出息，需要资质，需要努力，更需要人脉和资源。

张謇子经常教育三个儿子，他这样说："二十年前曾有一宏愿，愿以其身为蓐荐，使人寝处其上，溲溺之，垢秽之，吾无间焉。此亦吴子所知。有欲割取吾耳鼻，我亦欢喜施与，况诋毁而已乎？"

这句话的意思是：二十年前的时候，我有一个愿望，那就是甘当人梯，让后来者踩着我的肩膀，登上更高的层次，为了达到这个愿望，即使有人往我身上吐口水，割取我的耳朵和鼻子，我都满心欢喜，至于非难和诋毁，那又算得了什么？

"穷则独善其身，达则兼济天下。"《孟子》中的名言意思是：人不得志时就洁身自好，不贪名，不冒进，修养个人品德，也就是积蓄力量，藏器待时。而运气到来的时候，就要担当得起造福天下百姓的重任了。

这句名言绝对有道理，如果人在困顿的时候，还要兼济天下，势必搞得自己会被累死；在富裕的时候，不想着帮助别人，那就辜负上天给予的责任了。

张誊子当时囊中羞涩，饔飧不继，还要去大方地帮助左邻右舍、僧道尼姑，这个事不能说他不对，但至少是不适合，他这样做，会拖累家庭，影响孩子的发展，让生活陷入泥沼中无法自拔。

张镇就是张居正的祖父，在张誊子的三个孩子中，最不争气的就是张镇。张钺善于经营，家境日渐丰厚；张鈇善于读书，最后补了县学生；可是张镇既不读书，又不善于经营，最后为了生计，在江陵辽王府当上了不入流的护卫。

"谁言寸草心，报得三春晖。"父母总是关心最不争气的儿子，混得最差的张镇，就成了张誊子念兹在兹的存在。张居正就曾经说"誊祖顾独爱之，逾于伯季远甚"，意思是：张誊子对张镇的爱，要远胜于自己的两位叔伯。

张镇的职业让张誊子摇头，他每天打着酒嗝进家门，更是让张誊子扼腕摇头。可是让他备感安慰的是，张镇给他生了一个聪明笃定的孙子张文明，如果张文明能够十年寒窗，蟾宫折桂，张家就会得以振兴，张誊子就能够在江陵扬眉吐气，完成自己光大门楣的夙愿。

张文明自发蒙受教以来，就表现出了一个读书人沉下心、坐得住、学得明白、悟得透彻的潜质。张誊子看到这个卓然不群的孙子，欣然地说："张氏家族之兴，需文明一肩担之，这应是我多行阴功积德之事，所受的荫报吧！"

朝为田舍郎，暮登天子堂，谁不想蟾宫折桂，雁塔题名？张文明不知道是学识不够，还是时运乖蹇，他起五更、睡半夜地读书，直到二十岁才补了上府学生，连续考了七次乡试，只取得芝麻粒大的秀才功名。在他四十岁的时候，他的儿子张居正考取了翰林，作为父亲的张文明这才明白，自己需要退出考场，不然父子同提考篮，他就成笑柄了……

张居正曾为父亲的仕途"坎坷"写过一篇总结："先君幼警敏，为文下笔立就，不复改窜，口占为诗，往往有奇句，然不能俯首就绳墨，循矩矱，以是见诎于有司。"

意思是：张文明写文章下笔可立就，作诗张口就来，却不会向官样文章低头，不肯俯首考场做"歌功颂德"文章的潜规则，故此，考不上也是必然的。

大明天下，皇帝开考场，目的是为国取士，这个士必须是国家能用之士，而非特立独行、坚持自己的学术观点、坚持"闭门造车"狭隘理念的"士"。

其实，张文明绝非一无是处，在张居正的回忆文章中，他这样写道："喜饮酒，善谈谑，里中燕会，得先君即终席欢饮。自荐绅大夫以至齐民，莫不爱敬，有佳酒，必延致之，或载至就饮。"意指：张文明爱喝酒，是酒宴上的开心果，只要有他在，气氛就活跃，大家就不用喝闷酒，他完全胜任"佐酒录事"。如果这个职业在现代，就是一个"陪酒专员"。

张文明读了半辈子书，确实是白读了，做一个合格的"佐酒录事"只需两三个月的实习训练就可以，完全不必寒毡坐破、铁砚磨穿地苦搞几十年。

明嘉靖四年五月初五（1525年5月26日），张居正出生了。在张居正来到这个世界之前，张謇子做了一个"神奇"的梦，他梦想明月落水，月辉如昼，一只白龟从水中出现，此龟摇头摆尾，气韵生动，似有兴波踏浪、八荒尽揽、吞天食地之态。

张謇子觉得梦到白龟，寓意着张居正身份和命运的不平凡，故取了一个谐音的乳名，名叫"白圭"，白圭为白玉制的礼器，比喻清白之身。张謇子以玉制礼器，为曾孙命名，目的有两点，除了希望他出入浊世而不染，还希望他能像玉制的礼器一样，永居庙堂，处极高位，光大门楣，显祖荣宗，成为一个青史留名之人。

张居正目前只是一个襁褓里的幼儿，前途是什么，命运是什么，张謇子自然是无从知晓。可是随着张居正的一点点长大，神童的光环，便开始在他的头上笼罩。

张居正两岁的时候，张龙湫（族叔）正在读《孟子》，他见张居正对《孟子》感兴趣，便指着书上的"王曰"两个字，逗弄地说："儿毋自负，儿能识余所指'王曰'二字，则诚奇耳。"张龙湫的意思是：你认识"王曰"这两个字，才算你厉害！

张居正几天后，又到了张龙湫家里，并当着一众学子的面，读出了"王曰"这两个字。两岁的孩子，只看了一眼，相隔好几天，竟还认识"王曰"这两个字。什么是神童？这就是神童。

有人说，一个人最初认识的字，可以决定他一生的命运，如果最先识得"圣人曰"，可以做一个"桃李天下"的教育家，如果最先认识"庶民曰"，可以做一个掌教化之职位的三老，只有认识"王曰"，才可以当一个佐圣的臣子。

张居正五岁时，到社学开始发蒙受教，他只用了五年的时间，便熟读了"四书五经"，写诗作对，可谓是提笔成章。

这一天，社学的先生让张居正找父亲张文明到校舍，张文明心急火燎地来到学校，还以为张居正在学校惹祸了，可是先生却一脸的愧色，道："张先生，贵公子我已经教不了他了，您还是另请高明吧！"

张文明听罢社学先生的话，真有点不敢相信耳朵，他结结巴巴地说："您是社学内学问最高的先生，怎么可能教不了他呢？白圭是不是冒犯您了，如果他闯祸，我一定好好教训他！"

张居正的社学老师，皓首穷经，学问不低，可是他胸中的墨水，全都传给了张居正，如果再让张居正跟着自己学习，等于害了他。

张文明真的没有预料到，学问最好的社学老师，竟然教不了自己的儿子了……张文明没有料到的第二件事，竟是荆州知府李士翱给自己儿子改了一个响亮的名字。

嘉靖十五年（1536年），张居正来到荆州府投考。投考是考生员必须要经历的过程，只有补了府学生，才有考生员的资格，而生员就是我们常说的秀才，虽然秀才的功名不大，却是学子们向往的仕途中，必走的第一步，可以说是仕途第一个台阶。

1536年的初春，到荆州投考的学子们，在府衙前面站成一排，等候着荆州知府的召见。可是他们谁都不愿意当"排头兵"，因为排在第一位，很有可能被分在天字第一号的考位，那个位置靠近主考官坐的位置，别说打小抄，就是咳嗽一声，身子动一下，主考官便会用最严肃的眼光看过来。

张居正一见大家都往后蹭，没有办法，他只有将胸脯一挺，站在了人群的最前面。衙役打开了府门，张居正第一个走进大堂，给知府李士翱施礼，李士翱见到了张居正之后，竟如遭电击，他两眼圆睁，嘴巴大张竟"啊"的一声愣住了。

张居正唇红齿白，眉清目秀，虽然年纪才十二岁，但英气逼人。

一块玉石，为何是宝贝，除去它质地细腻、入手温润、色彩亮丽的优点，更重要的是，它有光华，一个人如果满腹诗书，他的身上，就会透露出一股英气。

张居正虽然熟读"四书五经"，号称是神童，可是因为年纪所限，若论学问，自然是不敌两榜进士出身的知府李士翱，再加上李士翱在官场沉浮历练多年，见过各种人才，故此，英气勃勃的张居正，并不能惊诧到他，真正让他感到惊诧的是另外一件事——他昨天晚上做了一个怪梦。

张居正也不知道李府台惊诧的表情是什么意思，他和众考生一起给知府李士翱见礼，李士翱对其勉励几句，差官便领着张居正等人到考场应试去了。

荆州府衙的师爷觉得这里面有事，他在学子们离开后，俯身凑过来，低声问："府台大人，您认识张白圭？"

李士翱摇了摇头，回答："正因为不认识，本官才觉得惊诧！"

李士翱昨天晚上梦见有一个身披金袍的神人，授给他一方玉印，还有一张画像，神人还叮嘱他，一定要将这方玉印，亲手给画像中的少年。

而张白圭的相貌，竟与画像上的少年一般无二。很显然，张白圭就是他要找的"授印"少年。

荆州府的师爷跟随李士翱多年，对其脾气秉性非常熟悉，李士翱做没做这个"仙人授印"之梦，实在没有问明白的必要，也许李士翱是不好正面直说，要刻意栽培张居正，而假借神人之口，说出了自己的心思：张白圭将来一定可以入阁拜相，是个掌国家牛耳的人物。故此，李士翱决定遵照神仙的指引，对其进行擢拔和提携。

一场考试，很快结束，李士翱迫不及待地取来张白圭的试卷，从头到尾读了一遍，读罢不由得击掌叫好。这篇文章，虽然还有些稚嫩，可是文笔流畅，如滔滔江河，用词考究，如见三春美景，立意不俗，如梅兰竹菊。一个十二岁的少年，能写出这样的文章，可以说是甚为难得了。

李士翱放下不忍撒手的文章，命人找来张居正，张居正在书房中，见到了李府台。李士翱四十多岁的年纪，足穿云履，身穿青色的道袍，头上戴着方正的东坡巾，凌厉的眸子中闪现的竟是一团和气。因为这是一次私人的会面，李士翱为了消除张居正的紧张心情，故此穿得非常随意。

李士翱的书房非常精致，一列紫檀木的书柜上，摆放着很多唐宋时代的绝版书，也有当代名人高士的佳作，青石的地面正中，放着一张根雕的书桌，上面笔墨纸砚俱全，更让人感到舒服的是，铜麒麟炉中，袅袅地燃着檀香。

张居正当时想的一个问题是，自己什么时候，能有这样一个雅致的书房？

李士翱让张居正坐下，他就从其家世谈起，又说起了张居正的学习，他问："最近在读什么书？"

张居正从湘妃竹椅中站起，恭恭敬敬地回答："学生正在读《公羊》和《穀梁》……"

李士翱点了点头，说道："《公羊》经传合并，传文逐句解读《春秋》上的经文，可谓微言大义，言简义深。《穀梁》主旨是强调礼乐教化，力主仁德之治，可是在历史上的影响不如《公羊》。"

李士翱询问张居正家世和学习之时，张居正尚有一些局促，可是两个人一谈起学术，紧张感便消失了，他一字一板地问道："《穀梁》力主仁德之治。书中明确指出，民者，君之本也，孔子还以鲁成公筑猎场圈地，举了一个夺民取利的例子，言明这件事是不正确的。在《公羊》传中，有三世之说，即居乱世的'所传闻世'，居升平世的'所闻世'，居太平世的'所见世'，而夺民取利的出现，会造成乱世的'恐慌'，厝火积薪，甚至会让穷苦的百姓造反，而在升平世和太平世也会有与民夺利的现象吗？"

李士翱也没有想到，张居正会提出这种深刻的问题。他为官多年，深知讨论这样的问题属于妄议朝廷，他想了想，便开始给张居正分析，什么是与民夺利。

与民夺利可以理解为豪门大户巧取豪夺，也可以理解为各级官府的苛捐杂税，更可以理解为王公勋臣利用矫旨等手段，所造成的竭泽而渔等的弊端。与民夺利现象在任何时代都有，只不过乱世的时候，与民夺利的现象严重一些，而盛世的时候，与民夺利的现象轻微一些罢了。

张居正感叹道："如此说来，不管乱世和盛世，最苦的人只能是底层的黎民和百姓了？"

历朝历代，最苦的就是底层的黎民和百姓，他们缴银，需要火耗税；缴粮时，酷吏需要在粮斗上踢一脚，洒落地上的粮食，便进了酷吏的腰包，还美其名曰"淋尖踢斛"。

李士翱听罢倒吸一口凉气，他没想到张居正竟会如此尖锐，做出如此深刻的总结，他故作轻松的一笑道："幸我大明世宗皇帝圣明，一旦出现与民夺利的现象，圣上都会降旨纠正，现代百姓安居乐业，四海升平，八方宁靖，民众已经不苦了！"

明世宗嘉靖皇帝，的确是一位冰火两重天的执政者。他继位初期，重用贤相张璁，清查弊端，减轻赋税，出现了短暂的"嘉靖新政"，可是中后期，嘉靖皇帝重用严嵩，将朝政搞得昏天暗地，一塌糊涂……张居正一见李士翱作为朝廷命官，拒绝给自己解释本朝"与民夺利"的问题，他就换了一个话题，说："孔子说：'百姓足，君孰与不足？百姓不足，君孰与足？'应该说得很有道理。"

孔子说的话，何止有道理，完全就是真理：百姓富足了，君王也就富足了，一旦饿殍遍地，君王怎么可以自称富足？君王仓库中即使堆满了贯朽粟腐的财富，也会很快被饥饿的民众抢夺一空。

张居正将这句话讲得非常得体，即使隔墙有耳，他说的话被东厂的厂卫窃听，也不会出现问题，因为谁也不能说孔子讲的话不对。更重要的是，孔子的语录，可以光天化日之下大声说。

张居正用孔子这句大象无形的话，大到了让人抓不到把柄的话，结束了曾经让自己困惑的问题。李士翱虽然回答含混，但张居正懵懂中，也觉得有些开窍了。

李士翱用欣赏的眼神，看了一眼张居正，两个睿智的人讲话，轻松顺畅。虽然李士翱没有将话说明白，但他从张居正的神态中，已经知道张居正明白了自己话中的潜台词：民众如坂壤，官府如巨木，只见巨木"恣意"地生长，何时看到巨木反哺土地？巨木偶尔飘下几片落叶，还被歌颂为叶落归根。

在皇权社会，受苦受难的事全都需要黎民百姓来承担，而皇帝，那是超脱于苦难之外的天子。

李士翱喝了一口茶盏中的碧螺春，他不失时机地换了一个话题，对张居正说道："白圭，不足名子，子他日当为帝者师，余得闻命天皇上帝矣。愿自爱。"

李士翱告诉张居正：你将来一定能入阁阙成首辅，甚至成为帝王师级别的人物，可是"白圭"这个名字，与你将来的身份不相配！

张居正现在只是一个童生，他焉敢奢望入阁阙，成首辅？故此一脸的慌张，连说："不敢，不敢！"

李士翱不理张居正的自谦，他表达出自己的看法：圭是美玉，白圭在古代是祭祀之物，虽然身份尊贵，却是一个堂皇而无用的摆设。而美玉用于人的名字，主要标榜的就是一个人的品性无瑕，可是官场既需要守住底线，也需要灵活变通，甚至还能容忍潜规则的存在。故此，白圭两个字就显得有些不合时宜。

而张居正以白圭作为名字，很容易让人想起春秋时期的商祖"白圭"，官绅士商，商人在明朝，属于社会最底层，一个堂堂的朝廷命官，怎么可以与商人重名？

当然最不好的一个原因，李士翱并没有说。圭和"龟"同音，在唐朝的时候，世人起名不避讳龟字，认为以龟为名，可以长寿，比如：李龟年、陆龟蒙、杨龟山等，可到了明朝，龟成了不雅的代名词。故此，张居正以"白圭"为名，会让称呼者产生歧义。

李士翱本着"名不正，言不顺"的原则，准备给张居正改一个好名字，他思考片刻，道："你以后，就叫居正吧！"张居正这个名字够堂皇和气派，张居正即使不用比较，心里也知道，这个新名字不仅寓意颇佳，而且朗朗上口，让人一眼看到，胸中就弥漫起一股正气，并且张居正的寓意，要比张白圭好上几倍。

张居正拜谢李士翱的赐名之恩，离开了李士翱的府邸，心中不由得感念命运对自己的瞻顾。李士翱是个高高在上的府台大人，肯给童生学子赐名，这份荣耀，绝对是真金白银买不来的。张居正号称江陵神童，如今经过李府台赐名，他已经成为名贯荆州府的神童了。

李府台为了验证自己的判断，他以赏月品酒为名，请来了湖北学政田顼。两个人若论官职，田顼没有李士翱高，可是若论学问，李士翱就只能望田顼的项背了。

田顼号称当时的"四大才子"之一，不仅纂修过《尤溪县志》七卷，他还著有《太素集》两卷，可谓是荆州府名传遐迩的文章魁首。李府台在府衙后花园摆酒，两个人对饮几杯，便开始吟咏诗词，当气氛达到最融洽之时，李士翱乘兴取来了张居正的考卷，田顼听罢情况，他一边看考卷，一边颔首道："张居正的文章有台阁气，必不久居于人下，可是应试时间较充沛，不知道他临场应变如何？"

张居正等待发榜，住在荆州府的客栈，并没有马上回家，李士翱命人连夜将其找到府衙，张居正给田顼见过礼之后，田学政问了几句他的情况，然后说："你能否写一篇《南郡奇童赋》？"

诗词歌赋并不分家，而赋讲究文采和韵律，兼具诗歌和散文的性质，其写作的特点是"铺采摛文，体物写志"，相对于其他的文体而言，赋更侧重于写景，然后便是借景抒情。

按照田顼的想法，张居正得到命题后，一定会思索一阵，然后才会提笔成文，让田顼没想到的是，张居正确有七步之才，只见他径直走到了书桌前，提起笔来，笔走龙蛇地写出了一篇有文采、有立意、有理想的《南郡奇童赋》。

张居正一篇文章写罢，告辞离开，田顼璁玉以分，他说："我十二岁的时候，文采不如他，张居正将来的成就，一定会超过田某甚多！"

李士翱听罢，得意地捋须笑道："英雄所见略同，张居正将来的发展，必定不可限量！"

张居正在荆州府补了府学生，他对这个成绩还是满意的，现在他需要回家潜心苦读，等乡试考取秀才，然后正式开始自己的科举之路。

但是让张居正想不到的是，一个让他闻名遐迩的机会出现了。如果给张居正赐名的李士翱，算作张居正的小贵人，那湖广巡抚顾璘，就是张居正的大贵人。

顾璘不仅是明朝的政治家，更是赫赫有名的文学家，他与刘元瑞、徐祯卿并称"江东三才"，并有《浮湘集》《山中集》《息园诗文稿》等问世。需要一提的是，李士翱的府台，相当于市长，而顾璘的巡抚相当于当代的省长兼省委书记。

位高爵险的顾璘开始注意到张居正，起因是采诗官交上来的一份令他眼睛一亮的诗稿。明朝时，朝廷曾设置有采诗官这个职位，采诗官表面上骑着毛驴，到民间采集诗词和歌谣，其实暗地里是皇帝派出的密探，肩负着体察民俗风情、探访政治得失的任务。

这位采诗官，曾来到张居正读书的社学，他请教书的先生写了一首诗，接着又让张居正等学生们各自写一首诗。然后采诗官将这些诗打包，送到了顾璘的手中。

顾璘将教书先生以及其他学生的诗词全都淘汰，唯独留下了张居正写的一首五言绝句：

题 竹
绿遍潇湘外，疏林玉露寒。
凤毛丛劲节，只上尽头竿。

诗歌最辉煌的时代在唐朝，唐朝的诗人们已经将能写的和不能写的诗句，全都写尽了。张居正写的这首诗，放在第三流的唐诗中，都排不上名次，顾及他只是十二岁的孩子，那就得另当别论了，因为他的才华，明显超越了他的年龄。

顾璘欣赏少年张居正，这是人之常情，令人想不到的是，顾璘竟不远四五百里的路程，从武昌来到江陵，并在社学中，见到了张居正。

顾璘看到了帅气、稳重的张居正，他欣喜地拉住了这位年轻学子的手，说："人人都说你是神童，我有一副上联你可能对？"

当时的张居正，并不清楚巡抚的身份以及顾璘手握的权力，究竟能改变他什么。如今面前这位身穿便装、面目威严、态度和气的中年人出联求对，他少年心性，不肯服输，便拱手道："请赐联！"

顾璘略微思考了一会儿，道："玉帝行师雷鼓旗云作队雨箭风刀。"

张居正张口接道："嫦娥织锦星经宿纬为梭天机地轴。"

顾璘听罢，心中不由得一惊一喜，他在出对联的时候，故意装作思考了一下，其实他在来的路上，便已经想出了这个难对的上联，而且他还对上了好几副下联，但他所对的下联，文采和立意没有一副超过张居正所对的下联。说一句更实在的话，星经宿纬和天机地轴的境界，已经超过了雷鼓旗云和雨箭风刀。

顾璘"一见便许（张居正）为国士，并呼为小友"，并赞道："小友，你将来必定是无双的国士！"

顾璘下了决心，要和张居正定交，并开始称呼张居正为小友。庄稼好也得借地利，李士翱身为府台，而顾璘贵为巡抚，他们为何都如此乐于和张居正定交？因为在明朝的时候，各级官吏除了忠君报国、施政为民之外，还有一个比较重要的任务，那就是为国举贤。一旦他们举荐的贤良，比如张居正，在朝中为官任职，成为皇帝身边的股肱之臣，他们携举荐之功，就会成为张居正的座主，就是恩师，朝中有人好做官，想要将官做好，必须有强有力的靠山才成。

顾璘要和张居正定交，他觉得一定要给足这位小友的面子。几个月后，他要在荆州府最好的鸿宾酒楼宴请张居正，而陪饮的都是顾璘的心腹，窗外正对着一条滚滚东流的长江。长江上樯橹奋举，千帆竞发，酒楼内，名士咸集，大家杯在手，酒入喉，各自的心中，无不升起一种搏击中流、踔厉进取的情绪。

顾璘向自己的左右心腹，介绍张居正，大家连饮三杯后，顾璘豪气大发，他抬手解下了腰上的犀带，真诚地说道："君异日当腰玉，犀不足溷子！"

顾璘的意思是：你将来必定是朝堂上的一品人物，这条犀带暂且赠给小友，将来你应当入阁当佩起玉带！

紫袍犀带，犀带不仅是官员地位和权力的象征，更是富贵和运气的标志，张居正刚刚考中秀才，中举八字还没有一撇，更不敢奢谈进士，他惶恐地放下掌中杯，道："顾大人，这份礼物太重，学生担当不起！"

江陵府的通判和推官等人也赶忙站起，他们对着顾璘连连摆手，同知大人低声道："顾大人，这万万不可！"

顾璘将犀带郑重地放到张居正的手中，道："顾某结交小友，为国举才是一方面，其实还有一事相托！"

顾璘一抬手，在隔壁招呼出已经等待多时的少子顾峻，两个少年互相见礼，顾璘将儿子的手，交到了张居正的手中，并对儿子道："此荆州张秀才也。他年当枢要，汝可往见之，必念其为故人子也！"

《张太岳集·书牍十五·与南掌院赵麟阳》中，张居正一揖至地，道："张某定当谨记顾府台的教导和知遇，一旦成功有日，定当以死相报！"

一个人都是有公心和私心的。一个高尚的人，做事必定是公心大过私心，一个卑劣的人，做事必定是私心大过公心。而像顾璘这样，公心和私心都兼顾，说他高尚是捧杀，说他卑劣是贬杀，他只是一个有着一颗平常心，行着固位、荫子、留名的世俗之事的官员而已。

这世界本来就没有绝对的公平，顾璘用一条犀带，令张居正走向仕途之路变得更顺遂。张居正一旦权柄再握，在水平差不多的官吏中，特别提拔和关照一下顾璘之子，只要不损坏国家的利益、社稷的安危，这种照顾亦无不可。

张居正与顾璘定交后，他的名声更响，当时江陵的人士普遍认为，张居正在乡试中，独占鳌头，堪称三根手指抓螺蛳，完全是没跑的事。

可是令张居正想不到的是，他在乡试中黯然落榜了。

张居正看罢榜单，没有发现自己的名字，当时他的脑海里一片空白，仿佛这个世界已经不存在了。凭借着张居正的才学，他即使不能在乡试中独占鳌头，至少能够进前三，为何落榜了？其实落榜的原因很简单，顾璘不想这样快让张居正中秀才，他对冯御史说："张孺子天授，即令蚤在朝廷，宜亦无不可。然余以为莫老其才，他日所就，当益不可知耳。此为君事也，使君其图之。"

顾璘想让张居正老老实实地再多读几年书，打好仕途的基础，然后再在科举之路上，走得更稳，走得更快。

顾璘久经官场鏖战，他深深知道没经历过落榜的举子，不能算一个好的举子。人生不能走得太顺，因为走得太顺，没有障碍，一般会狂妄，一旦遇到疾风暴雨，极有可能跌落很惨，最后会一蹶不振。

顾璘是一个受过落榜打击的官场老饕，他的思想很成熟，觉得落榜不算什么。可是张居正初次尝到落榜的滋味，就好像一颗炸雷击到头顶上，他当时就懵了。

张居正离开江陵，到荆州府参加乡试，他和父亲张文明跪在张家列祖的牌位前，已经祷告了，张文明甚至已将制作登科喜宴的食材，全都备齐，只等儿子考中，然后召集亲朋好友，好好庆祝一番。

可是张居正名落孙山，他回去如何向父亲交代？他如何向江陵的父老交代？他如何向列祖列宗交代？

张居正内心踌躇，他六神无主地回到客栈，一头扎到了床铺上，只觉得天都塌了，张居正内心饱受煎熬和打击。监考的冯御史和湖广按察佥事陈束的日子，也是不好过，他们俩在是否录取张居正的问题上，差点吵翻了天，陈束看罢张居正的考卷，他激动得一拍桌子道："陈某定要录取此人！"

冯御史却受到了顾璘的嘱托，让他一定不要录取张居正，为了说服陈束，他讲起了前辈名人——唐寅。

唐寅号称"江南四大才子"之首，学问颇佳，仕途顺畅，以至于目中无人，因为夸下海口，一定高中状元，故此受到了同科举人的嫉妒，他们连写几封举报信，让唐寅卷入了一场科举作弊案中，以至于仕途断绝，最后成为了一生不得志的草根才子。

唐寅本来应该有一番作为，可是因为举止狂妄的缘故，最后远离了官场，唐寅最小的损失，还在个人，最大的损失却在民众、在国家。

唐寅如果走上仕途，应该有一番对民众、对国家有益的作为，因为科考过于顺遂，以至于心生狂傲，最后人生成了一副郁郁不得志的样子。

监考的冯御史和湖广按察佥事陈束经过唇枪舌剑的交锋，最后陈束拗不过冯御史，只得在榜单中，将张居正除名。

湖北学政田顼觉得张居正落榜，实属不可思议之事，他就找来张居正，让其默写出了试卷。张居正心中有气，他文不加点，很快写出了自己的试卷内容。

田顼看罢这篇才气纵横的试卷，他纳闷地道："你不该落榜！"

张居正负气地道："我之所以落榜，是因为考官没有您这样的眼光！"

田顼批评他道："你诋毁试官，属于愤懑罔上的行为，看你愠怒悻悻的样子，他日一旦得志，必逞威福，快恩仇。故此，这一次不得中，是命运对你的历练，堪称一件好事！"

德不配位，必有灾殃；言行不善，必出祸患。酸、甜、苦、辣和咸必须一一尝到，只有这样，才是完整的人生。田顼讲的一番话，堪称是字字珠玑，金玉良言，张居正也知道这是好话，但他的心里依旧不痛快。

但人生的谏言全部都刺耳，就像人生登顶的台阶，让你处处觉得费力；而那些让人痛快的话，几乎全都是媚语，就好像省力的下坡路，让人在不知不觉中滑落到深渊。

张居正在隆庆元年（1567年）任吏部左侍郎兼东阁大学士，隆庆六年（1572年），代高拱为首辅，至万历十年（1582年），张居正手中的权力达到了人生的顶峰。可以说，张居正在十年之内，握首辅的重权，完全可以回报上面三个贵人，可以让他们的仕途更顺畅，可以让他们尽力施展才华。

可是天不假年，顾璘清正耿介，一生以湖广巡抚为最高职位，后来得罪严嵩，几次贬官，在1545年郁郁而终了。

李士翱有"贤太守，真父母"之美誉，他担任的最高职位为大司徒，以忤权相严嵩落职，后来家居十载，闭门著书，在1562年去世。

而田顼最高官职是担任贵州按察司副使，负责督学政，后因为母老乞归，赋闲在家，并作《凤词》以见志，于1562年去世。

田顼因为外放为官，远离京城，故此，免于受到了严嵩权势的冲击，而李士翱和顾璘都因为权相严嵩而落职，他们都没有等到张居正成为首辅，擢拔自己，让他们发挥更重要的作用，实现心目中辉煌的人生目标。

田顼、李士翱和顾璘的努力到位，铺垫成功，可是命运不济，全都败给了时间。时间一旦错过，就永远错过了。

张居正想要走通仕途，将来必须要在朝廷中，面对一众挖大明朝墙脚的奸臣，其中最大的"魔障"便是权相严嵩。顾璘和李士翱皆非一般人物，他们在严嵩面前，纷纷铩羽，张居正能否在以后的仕途中，规避严嵩的迫害，最终登上首辅的宝座？不用想，这堪称是一件超难完成的任务。

2 / 中举，仕途坎坷成"险路"

嘉靖十九年（1540年），对于大明朝堪称是多灾多难的一年。窃据北方的元朝残余势力哈剌嗔不甘臣服，他纠集俺答、几禄、吉囊、青台吉、赤台吉等反明势力，祷旗晾马，举刀挥枪，袭掠大明边境两月有余，兵部尚书张瓒则掩耳盗铃，贼寇在他的"寇且退矣，何事张皇"的话语声中，携带着大量的物质和财帛，安然退去。

外患不休，内乱又起。当时景德镇因为昌江发大水，房倒屋塌，农田被淹，导致生活困难，有一万多名陶工被迫抢夺官府的粮仓。虽然这次暴乱，被"美化"为掠食，但任何一个人，都可以看出，明朝政体出了问题，而且是大问题。但是嘉靖皇帝的心，并没有放在如何安民救灾、灭寇保边之上，他一心想的是，如何高炉焚鼎，提取黄白之物，然后服药成仙，寿与天齐。

嘉靖皇帝胡作非为，朝中也有敢舍弃性命不要，对他进行"文死谏"的大臣。嘉靖十一年（1532年），翰林院编修杨名上了一道奏疏，上面写着："自古祷词无验，乃不惜糜费，且命大臣供事……结果被流放。"嘉靖十九年（1540年），太仆卿杨最力谏，说："黄白金丹之术，皆可断元气！……"断元气不就是咒嘉靖皇帝早死吗？结果皇帝龙颜震怒，杨最成了廷杖下的牺牲品。嘉靖二十年（1541年）河南监察御史杨爵上疏："以妖诞邪妄之术，列清禁严之地，而藉以为圣躬之福，何哉！"结果是被关进诏狱，备受酷刑。以上就是著名的"三杨事件"。

嘉靖朝真的很乱，张居正乡试落榜，他没有能力关心这些臣子死谏、道士乱政等国家大事,他当时肚子饿得瘪瘪的,一路听着沿途的村镇中,考中的学子们燃放的鞭炮和欢庆之声,黯然地回到了家里,虽然父母双亲对他一个劲儿地安慰,说:"考官无眼,非我儿不成,只要潜心苦读几年,必定高中榜首,一鸣惊人!"

张居正从父母安慰自己的话语中,还是听出了深深的遗憾和失望,他用坚定的、近乎破釜沉舟的声音说:"请二老宽心,三年后居正定当有所作为!"

张居正经过三年的苦读,这年十六岁,他到安陆再应乡试,为了洗清耻辱,在家乡父老、在塾师同学的面前抬起头,张居正答得非常认真。这三年的苦读,没有白费,他现在的文章,比之第一次参加乡试,确实成熟和精进了许多。

张居正在试卷上,写罢最后一个字,长长地吁了一口气,然后气定神闲地将试卷交了上去。如果上次中举还有争议,他相信这一次获得功名,应该是没有悬念了。他的判断果然没有错,张居正在安陆中举了。

张居正看到榜单上自己的名字,当他再一次确定无误后,他一没有雀跃,二没有高呼,只是嘴角挂着欣慰的微笑离开了。他觉得这是意料之中的喜悦,不仅完成了父亲的夙愿,而且对得起自己付出的努力。

顾璘当时正在安陆督工江堤,张居正觉得自己中举,应该对其禀明,并表示谢忱。更何况他和顾璘定交在先,他找人分享喜悦,顾府台绝对是最佳的人选。

顾璘身穿便装,当时正在江堤的工地忙碌,衣襟之上全是泥点。他一见张居正,当即洗净双手,揽着张居正的手腕,一边称呼他小友,一边讲着他治河取得的成就,不一会儿,两个人便来到了河神庙中。

顾璘在安陆督工江堤,平日所住的地方就是河神庙,吃的东西更是简单,一碟酱烧豆腐,一碟素炒青菜,一尾河鲤鱼,还有一道蛋炒白花菜。

顾璘举杯,张居正陪饮,他得知小友中举的消息,兴奋地说道:"张生幸过我,大器晚成,此自中材,仆诚不当以中人薄视吾子,迟吾子三年作相。

然仆诚见解承旨奇才，高皇帝遣归受学，德念甚厚，即令谨待十年未晚。而承旨曾不少下，卒以为世所悲叹。我所为语冯侍御者，愿吾子志伊学颜，毋徒以秀才独喜自负也。"

顾璘所讲确实有道理：大器晚成说的是中材，而你是大材，理应早日扬鞭奋蹄才对。三年前，我叮嘱冯御史，一定不能让你中举，你经受住了落榜的打击，经过三年苦读，如今变得更加博学和成熟，这也是天地的造化，大明的福祉。我只希望你做伊尹和颜渊一般的人物，不要做一个少年成名的秀才。

张居正三年前落榜的疑问得解，他并没有怨恨顾璘，而是对这位顾府台充满感激。可是十三岁中举和十六岁中举有区别吗？难道顾璘就是为了多让他读几年书吗？张居正带着疑问回家，当他回到江陵，这才真正懂得和理解了顾璘的苦心。

张居正考中秀才，张镇觉得老天爷终于开眼了，他先对孙儿进行了一番嘉许，然后摆上了酒席，与族人大大庆祝了一番。可这欢乐的气氛，在三日之后，便淡化了……张居正少年中举，在江陵可是不得了之事，这代表他超越了平常士人，已经握住了"官"的尾巴，当地的父母官、商贾富绅对其轮番宴请，竟让张居正在一个月之内，都没得到片刻消停，他即使想抽时间，捧起经史典籍，书写圣人文章，为下一阶段考取贡士做准备，都变得不可能。

张居正每日忙于应酬，真有一种筋疲力尽的感觉。但他发现父母的脸上，始终洋溢着得意的笑容。他们为何会得意？因为张居正现在已经拥有了一定的特权，比如：见官可以不必跪下磕头，家里只要有钱，可以买一群奴仆和丫鬟伺候，更妙的是，他还有四百亩土地免除赋税徭役的特权，也就是说当地的农民、地主都会争抢着将土地挂靠在张居正的名下。按照正常的税赋，一亩地必须要给江陵府五斗粮，现在只需给张居正一亩地两斗粮，就可以免除官府赋税，张文明现在根本不用工作，都可以优哉游哉地做一个乡绅了。

如果张居正十三岁中举，面对有奴有婢、吃穿不愁的小康生活，他还会苦读三年吗？应该是不会，张居正应该是"乐"读三年。苦读三年，等于正常读书的六年，而乐读三年，等于正常读书的一年半，其中四年半的差距，绝对有泾渭分明的区别。

这还不是最主要的，最关键的是性格的养成，人生太顺，就会目空一切，桀骜不驯，有可能变成"贻误终生"的唐寅。顾璘让张居正经历了落榜的打击，是让他变得谦逊和内敛。

顾璘是过来人，他以自己的人生经验，以及处世智慧在影响着张居正，让张居正能够少走弯路，尽快成才，并为国效力。

张居正中举，有人高兴，有人雀跃，有人羡慕，当然也有人眼红、嫉妒和怨恨。

这些人中最具负能量代表的，就是实权人物辽王朱宪㸅，他是辽简王朱植的六世孙，辽庄王朱致格之子。朱宪㸅出生于1526年，只比张居正小了一岁。

张居正考上秀才那年，朱致格病逝了。朱致格去世之前，一再叮嘱毛王妃，道："一定要教育好儿子朱宪㸅。要让他做一个爱民如子、待友如兄、敬君如父的好辽王！"

毛王妃含泪道："请王爷放心，臣妾一定好好教育宪㸅，让他的文治武功都不会辱没先人！"

毛王妃在历史上是一个人物，历史书上对她有记载："明书史，沉毅有断，中外肃然，贤声闻天下。"

朱致格两眼一闭，教育和督促朱宪㸅的重担，就落在了她的肩膀之上。毛王妃是一个好母亲，她知道榜样的力量是无穷的，为了让"斗鸡走马过一世，天地兴亡两不知"的儿子尽快迷途知返，她决定请高中秀才的张居正到辽王府做客。

毛王妃为何请张居正？因为军户出身的张江陵的出身很低，在明朝的时候，军户属于贱籍，甚至比农户都不如。当时有个很厉害的惩罚——发配充军，而"悲催"的军户就是"好男不当兵"的士兵的来源。农户朝廷不限制子嗣参加科举，可是军户不成，因为当时实在没人愿意当兵，想改变自身的军籍，只有两个人可以办到，一个是兵部尚书，另一个是皇帝。

张居正通过科举，改变了自身的军籍，这确实是一件了不得的事。但不管多么了不得，他低贱的出身，都无法改变。

张镇奉毛王妃之命，领着十三岁的张居正来到了辽王府。张居正对于辽王府比较熟悉，他在儿童时代，就经常和祖父一起出入辽王府，有时候他还要和朱宪㸅玩上一阵，可以说，朱宪㸅是他的总角之交。

张居正还清楚地记着，有一次他陪着朱宪㸅饮酒醉倒，露出里面的破烂内衣，辽王当即命手下给张居正做了两件名贵的绸裳，临走送给了他。可以说，少时的辽王还是一个不错的青年。

可是人都会变，特别是手握权力的人。张居正来辽王府做客，辽王就变了，让这次做客，变成了不应该有的一场做客。

第一个错是身份卑微的张镇。张镇只是辽王府中的一名护卫，这一次他领着张居正到辽王府，让辽王朱宪㸅结结实实地记住了他。

一个大人物，记住小人物，小人物的结局只有两种，一种是得到照顾和提拔，另一种是遭到报复和暗算。辽王朱宪㸅只是一个顽劣青年，让他记住，一定不是好事。

第二个错是毛王妃的想法。她作为一个母亲，正在对儿子行使"垂帘听政"的权力，可是朱宪㸅总有一天会长大，一旦毛王妃管不住朱宪㸅了，他势必会对榜样张居正进行报复。

第三个错是张居正卑贱的地位。朱宪㸅即使苦学经典，他也只能做辽王，他优哉游哉，也能做辽王，换句话来说，他再怎么努力，都是一个世袭罔替的辽王，因为明朝的规定"有明诸藩，分封而不锡土，列爵而不临民，食禄而不治事"。故此，辽王只需要快乐，不需要榜样，毛王妃给他找来的榜样，竟是一名府内护卫的孙子，这是榜样吗？在辽王朱宪㸅的心中，纯属是一种侮辱，低贱的护卫的孙子都比自己强，这是他绝对不能容忍的。

水和乳见面，会出现水乳交融的局面，这是一件好事；可是水和火见面，就会出现水火不容的场面，这就是一件坏事。而张居正和朱宪㸅见面，就是属于后者。

张居正来到辽王府的宴饮大厅，他被毛王妃安排在上首，而辽王朱宪㸅陪坐在下首。张居正觉得这不合规矩，可是毛王妃却认为敬贤一定要重位，辽王朱宪㸅想要取代张居正的位置，只能奋发努力，如果他不努力，只有永远屈于护卫之子的下面。

朱宪㸅表面上对张居正充满了尊重，可是暗地里的一腔怒火，已经顶到了脑门。毛王妃见儿子面对张居正，表现得谦卑有礼，她的心中也是充满了欢喜，道："张公子年纪轻轻，便考中秀才，将来必定是国之栋梁，宪㸅你应该多向张公子讨教，令学业精进，慧根早开，早日为国效力！"

朱宪㸅站起来，将满腹的不情愿压在心底，他说道："谨遵母命！"

张居正也随后站起，他对毛王妃深深施礼，说道："辽王敏而好学，礼贤下士，能屈与居正结交，这是仆三生有幸之事，他日若能走通仕途，甘为辽王骖騑，以供驱策！"

朱宪㸅面对母亲的威严，不敢将对张居正的不满表现出来，心里却与其结下了仇恨的梁子。朱宪㸅自小没受过苦，更没有受过打击，他不知道辽王府建在江陵的深意，现实社会也没教给他低调的守则。

原来的辽王府驻地在辽东广宁卫，就是辽宁省北镇，是明朝九边重镇之一。辽王府为何移建荆州？道理很简单，朱棣当时以藩王的身份，推翻了建文帝朱允炆的政权，故此，他对手握重兵的辽王便不放心。这就有了移王府到江陵之举。

可以说，历代的辽王都懂得一个"夹起尾巴做人"的道理。可是十二岁的朱宪㸅，失去了父亲的管束，虽然时有毛王妃的耳提面命，但没爹的朱宪㸅，几乎成了野孩子，时不时让人戳脊梁骨。

他每日被母亲唠叨，学业不精，懒散成性，心中自然生气，为了报复岁少中举的张居正，他便在辽王府中赐宴摆酒，对张镇进行犒劳和奖掖。

张镇是一个卑微的小人物，如今张居正年少中举，朱宪㸅赐宴并邀请他到辽王府饮酒，面对着八珍玉食、蒸牛烹羊、水陆并举的丰盛宴席，张镇很快就喝高了，他醉眼迷离地向朱宪㸅告辞，可是朱宪㸅却不依不饶。为了实现"恶作剧"似的报复计划，他亲自举杯，并讲了三个敬酒的理由，辽王表彰张居正为江陵府增光添彩，王府感谢张镇做护卫的辛劳，并祝愿张居正早捷南宫，一连喝了三杯。

张镇超量饮酒，醉得瘫软如泥，本以为三杯饮罢，宴席结束便可归家，可朱宪㸅不怀好意，又命人倒酒，为毛王妃的身体康泰、为各代辽王的在天英灵、为大明朝的国泰民安，再来三杯。

张镇机械地喝完这三杯，身体如枯木桩子般"咕咚"一声倒地，辽王府的仆人急忙过去搀扶，可是张镇嘴角淌着口涎，鼻息已经全无。张镇来王府之前，还是欢蹦乱跳的大活人，用马车送回去的时候，却是死灰枯槁般的尸体。

张居正外出赴约，他醉醺醺地回来，看着院内芦棚中停放的黑色桐棺，听着家人的悲啼之声，他先是惊愕，接着号哭流泪，心底里冰寒彻骨，这是他第一次深切地感受到了茫然无助以及权力的恐怖。

朱宪㸅逼酒在先，张镇醉死在后，权力真的是一种可怕的东西，一旦落到坏人的手中，那就是庶民百姓的末日，谁都避免不了将受到它的宰割。

张镇就这样白白地丢了性命，张居正去报官，一定没有哪个衙门敢管辽王，因为能管辽王的只有皇帝。张居正想要报仇，只有手中握有更大的权柄，并且要有影响天子的能力。张居正身穿素缟，在给祖父守灵的时候，他真的希望辽王朱宪㸅的命能够活得长远一点，也许十年，也许二十年，张居正一定会让他知道滥用权力的下场。

张镇的去世，让张居正少了一份来自祖父的关爱，并失落了很长的一段时间，甚至第二年的进京会试，都被他放弃了。张居正手捧圣贤之书，他的心中就会暗问自己，圣人教我们要"仁义礼智信"，可是辽王朱宪㸅并没有圣人之德，为何他能高高在上，骑在百姓的脖子上拉屎，并恶作剧似的取了张镇的性命？圣人之学，我究竟学不学？自己即使依靠圣人之学，高中进士，在京为官，难道就能惩恶扬善，能将辽王朱宪㸅"拉下马"吗？

张居正现在真的很迷茫，他觉得应该再去见顾璘一次，也只有睿智的顾大人，才能揭开他心底的谜团。

之后，张居正一路来到了南京。顾璘在嘉靖帝之父朱祐杬的显陵兴建之时，由于督造有功，由工部左侍郎，晋升为工部尚书，可是因为耿直，得罪了严嵩，被贬谪出京，到南京改任刑部尚书。

明朝当朝实行两京制，也就是一个国家有两个国都，一个是北京，一个是陪都南京，在北京做官，前途广大，在南京做官，没有前途。但凡物有一弊，就有一利，虽然南京做官没有前途，却清闲，可以让顾璘有更多的时间思考个人的前途和国家的命运，让他有更多的机会，回溯复盘自己这么多年的成败得失。

张居正来到南京的时候，已经是一个十七岁的小伙子了，多年的苦读，让他的性格谦逊儒雅，并懂得了锋芒内敛的道理。张居正来到略显陈旧的尚书府，并向门官报出了自己的名字。

"有朋自远方来，不亦说乎？"顾璘得知小友上门，竟一路急趋，亲自到府门口迎接，他见到张居正，满脸是笑道："小友，你可想煞老夫了！"

张居正急忙见礼，道："顾大人，仆何德何能竟劳您错爱，还亲自到府门迎接，愧杀学生了！"

顾璘一把拉住对自己施礼的张居正，然后将其让到书房中，并与张居正展开了长谈，他先问了张居正的学业，接着问了他中举后的情况，当他得知张居正心中的迷茫：饱读圣贤书的士子，并不能奈何手握权柄的官宦豪强时，他沉吟道："小友，我给你说一下孔圣人吧！"

孔子名为万世不易的圣人，他却是一个"学而优则仕"的失败者。他空有弟子三千，却带领弟子周游列国十四年。他只做过负责仓库的季氏吏，管理牧场养殖工作司职吏，还有齐国高昭子家臣。鲁定公十年（公元前500年），孔子的官运似乎降临，他在鲁国成为管理外交的大司寇。鲁定公十四年（公元前496年），孔夫子由大司空转任为大司寇，并兼任代理相国。可是孔子只做了一年大司寇，便与鲁国的权贵季氏家族出现不和，孔子号召门徒"鸣鼓而攻之"，依然奈何不了根深蒂固的季氏，最后在季氏家族的挤兑之下，孔子只得离开鲁国。

历史上的鲁国有"三桓之季氏，有位同国君"的记载，季氏挤兑走孔子，看似权力战胜了学识，可是在公元前484年，齐国侵犯鲁国，当时执政的季康子，重用孔子的弟子冉求领兵出战，最后击退齐军，孔子这才被季康子派家臣接回鲁国，最后的结果是权柄和学识握手言和。

如果再翻看漫漶的历史，有谁会记得权倾一时的季氏家族？人们记得的只有学以载道的孔子。

顾璘捻着白须，一语道破天机："在现实中，季氏是胜利了，在历史中，孔子却胜利了，谁说文化战胜不了权柄，关键是你如何看待这件事。"

张居正困惑的疙瘩被解开，他欣喜地一揖至地，道："顾大人一席话，让学生茅塞顿开，看来胜败不能只看眼前，需要看长远，权柄如凛冽寒霜，肆虐一时，而读圣贤书如和煦阳光，照耀一世，看来读书为文还是有用的！"

顾璘接下来又和张居正聊起了读书，当他听说张居正为了备考，正在研读八股文的时候，他不由得叹气摇头。顾璘虽然也是凭着写八股文的坚实功底，一路过关斩将，最后荣登考榜，成为国家的股肱之臣，但他不赞成学子们为金榜得中，将全部心思用在八股文之上。

顾璘久历官场，深知八股文的害处。比如：八股文考试的题目，必须出自"四书五经"中的原文，"四书五经"一共十七万字，可是根据这些经典出的题目竟有十六万道，士子考试难，考官出题更难，因为他们一不小心，出了一个前人出过的考题，不仅要被人笑话，还有丢官罢职的可能。

可是考试题目有限，以至于考试的题目越出越偏，越出越怪，甚至出现了"君夫人阳货欲、王速令出反、二三子何患无君我"这样的隔断原句，令考生倒吸一口凉气的"截搭题"和"割裂题"层出不穷。

顾璘说道："学子们的考试内容或者是千篇一律、乏善可陈，或者是离题万里、不知所云，考官为了应差，只得从文章表面做取舍，谁的字写得美观漂亮,谁的八股文格式严谨,谁就能独占鳌头,成为胜出的魁首。"

张居正感叹道:"这种通过八股文考试选出的人才,要说吟诗行文,堪称行家里手,让他们治国理政,这个恐怕是勉为其难了!"

顾璘告诉张居正:"小友想要实现济世安邦的理想,要过会试和殿试这两关,八股文必须要研究,却不可以深究,只需考试及格便好。你是将相之器,不应该被八股文的藩篱所困,应该多研究一下经世致用的学问,将来才可以更好地为民造福!"

张居正再一次站起来施礼,说道:"居正谨记先生的教诲,我自当好自为之!"

张居正后来在《翰林院读书说》中,曾对此事做过总结:"盖学不究乎性命,不可以言学;道不兼乎经济,不可以利用。故通天地人,而后可以谓之儒也。"

张居正表达的意思是:善做学问的不探究性命(理学中与生俱来的天性)之说,不可以谈论学问;追寻治国之道的人,不兼通经世济民的学说,是没有益处和作用的。只有把治学理政与解决国计民生结合起来,才可称之为合格的儒生。

张居正辞别顾璘,离开南京,回到了江陵,那是一个信很长、车马远的时代,千里迢迢的路程,不管是骑马还是乘车,都可以容他慢慢地走,细细地想。等他回到家里,他也想明白了,那就是在重点研究八股文的同时,还要兼顾经世济民之学的研究。因为张居正寒毡坐破、苦读圣贤的目的不是将八股文写得多好,而是拿它当钥匙,打开跻身朝堂的大门,然后手持权柄,实现自己经世济民的理想。

一个人,不经过真正的科考,并不知道自己有多大的能量。张居正经过三年苦读,进京赶考,参加嘉靖二十三年(1544年)甲辰科。在这一次上万名举子参加考试,只有三百人录取的大考中,他失败了。

在那张大榜前,只有三百名中举的学子,脸上洋溢着欢笑,而近万名的举子或是愁云密布,或是泪水涟涟,甚至疯癫暴跳、号啕大哭,投河自缢者也是有之。在这次落榜的队伍中，张居正铁定是最沉得住气的一个。

张居正经历过一次落榜，落榜的收获是多读了三年书，让他的学问更广博，底蕴更丰厚。而这一次落榜，最大的病根，就是出在他的身上，他一边习学八股文，一边研究经世济民之学，没有做到"惟精惟一"，而是力有分散，心有旁骛的结果是：因为时间短促，囫囵吞枣，自己的八股文没有学好，经世济民之学也没有悟透。

人外有人，天外有天，张居正在江陵府是神童、是才子，可是明朝两京、十三司，哪个地方都有俊彦和人杰，比如这次京考，金榜得中的有浙江才子秦鸣雷，他后来曾任南京礼部尚书，著有《倚云楼稿》《谈资》及传奇《清风亭》等；瞿景淳曾经做过礼部左侍郎，是《永乐大典》的总校官，另著有《瞿文懿制敕稿》一卷、《制科集》四卷、诗文集十六卷；"后七子"之首的李攀龙，他曾经做过河南按察使，被称为"宗工巨匠"，主持主盟文坛二十余年，后人为其整理了三十卷本的《沧溟先生集》；抗倭名将戚继光、俞大猷等也都是甲辰科的举子，戚继光写了《纪效新书》《练兵纪实》《莅戎要略》《武备新书》，而俞大猷写过《兵法发微》《剑经》《洗海近事》《续武经总要》等书。

可以这样说，上述的这些天之骄子，不仅政绩颇佳，而且文韬武略，张居正即使精研八股文三年，都不见得考过榜单上的这些人尖子，更何况他左手八股文、右手经世济民之学地两手一起抓。

顾璘其实还有一句暗藏的心里话，没法与张居正明说，他顾忌严嵩的淫威，是想保护张居正。早在十二年前，我们应该记住一个人，他就是嘉靖二年（1523年）以探花及第，授翰林院编修的徐阶。张居正在十二年后，考中进士，曾经拜徐阶为师，徐阶与严嵩虚与委蛇多年，张居正一旦考中，在翰林院修习为官之道时，来自严嵩的"雷"，有徐阶替他顶着。

官场一步不能走错，鉴于朝廷目前"山雨欲来，奸佞当道"的局面，张居正真的不适合太早中举。因为这时候的严嵩，还没有老去，他作为内阁首辅，监管者翰林院，张居正在翰林院学习三年，不可能不与严嵩接触，严嵩还有大把的精力祸害人。张居正还是太年轻，他两眼一抹黑地来到京城，心态不成熟之下，便会凭着意气做事，到时候直面严嵩可就危险了。

张居正落榜之后，他并没有借酒浇愁，更没有怨天怨地，而是游览了一下京城的美景，尝试了一下京城的名食，感受了一下京城的繁华，这之后他终于下了决心：自己不能生于斯，学于斯，成于斯，却可以名与斯，功于斯，老于斯；三年后，我必再来，再来之后，我就不会再回去了。张居正默默地念叨誓言，一路回到了江陵。

落榜对别人叫失落，对二十岁的张居正只能说是一段经历，他相信，三年之后，金榜的榜单之上，一定会有自己的名字。可是张居正的父亲张文明不这样认为，他觉得儿子落榜不知愧疚，反而心安理得，他的行为，是对才子名声的蔑视，对家族利益的放弃，对他这个当爹脸面的不负责。

张文明这样说："我连考了七次，可是次次落榜，你看全江陵的士人，哪一个看得起我？你一定要引以为戒，不要让我们父子俩在百年之后，无颜面对列祖列宗！"

张居正平静地道："请父亲放心，三年之后，您一定会喝上我的及第酒！"

张文明发过了脾气，也觉得自己有些过火，他七次落榜，并非努力不够，而是天分太低，让一只麻雀飞上乡试的树梢可以，却无法飞过京考的沧海，张居正天分超过自己，努力超过自己，自己更比不了的是，他还有一班高官厚禄的朋友，为他的前途摇旗呐喊，张居正考中举人是迟早的事。但急躁的张文明心里始终有一道窄门过不去，他自忖：张居正最好未及弱冠就中举，他中举了，自己就中举了，他七次落榜的阴影，才能抖落干净，他因为落榜而变得卑微的灵魂，才能再一次沐浴阳光。

张文明还没等和儿子将话讲得更深入，风尘仆仆的儿子就一头扑进书房，开始看书写字，专心备考。麻雀教大鹏鸟如何飞，这是不是很可笑？张文明将已到喉头的规劝之语"咕噜"一声，又咽了回去。

张居正因为年纪轻，落榜落得起，他知道自己对八股文的努力和专注不够，只要能够补足这块短板，就会有所成就。

在张居正的《示季子懋修书》中，他曾经这样写道："吾昔童稚登科冒窃盛名妄谓屈宋班马，了不异人，区区一第，唾手可得，乃弃其本业，而驰骛古典。比及三年，新功未完，旧业已芜。今追忆当时所为，适足以发笑而自点耳。"

张居正这段话的意思是：我年纪轻轻就考中了秀才，眼高于顶，当时觉得屈原、宋玉、班固和司马迁的文章都不过如此，殿试的状元，自己一定唾手可得。可是我抛弃了八股文，研究古人留下的经世济民之学，结果经世济民之学没学明白，八股文也给耽误了，想想当时"一心二用，力出多孔"的狂妄，让人发笑。

"屈宋班马"的文章，皆是经典，至今时人都在研读，而张居正说他们的文章有毛病，应该有两点原因：第一点，谁的文章，都有瑕疵，而这些不足之处，被张居正发现了；第二点，张居正确实有些狂妄了。

落榜就专治这种狂妄。

张居正接下来，又进行了三年的苦读，随着他书写八股文的功力越来越深厚，张居正知道这一次他定能叩开科考之门。嘉靖二十六年（1547年），张居正再一次进京，京城的风物依旧，只不过他的学问更深厚一些，人更成熟了一些而已。

张居正面对魂牵梦绕的京城，面对念兹在兹的贡院考场，他在心底说了一声："我来了！"

张居正参加的嘉靖二十六年（1547年）的科举，可以说是一次群贤毕至、少长咸集的盛事，参考的举子近万人，要从中录取三百名佼佼者。这次大考在历史上非常有名，可以说是明朝两百七十六年历史中最重要的一次科考，这次大考，是嘉靖皇帝推行新政之前的选材之举，这些人才，也是嘉靖留给隆庆和万历两朝能臣干吏的储备。

张居正荣登金榜的对手都是谁？有"文武兼通，著书不辍"的著名戏剧家汪道昆；有"上成君德，中协寮友，下辑庶司，善写青词"的新科状元、江苏才子李春芳；有"治理狄道，直击严嵩，号称明朝第一硬汉"的河北才子杨继盛；有"罗旁平乱，总督漕运"的凌云翼；有"抵御倭寇，巩固海防，剿灭贼乱"的安徽才子殷正茂；有"后七子领袖，诗书画独领一时风骚"的王世贞等人。

可以负责地说，这次科考的难度，已超过了上次，只因张居正对"八股文"下了一番的苦功，他才得以名入榜单，成为了中二甲第九名进士，最为难得的是，当时他年仅二十三岁。

张居正在书牍十五《示季子懋修》中，揭示了自己中举的原因："夫欲求古匠之芳躅，又合当世之轨辙，惟有绝世之才者能之。"张居正在这段话中，承认自己不是绝世之才，很显然，能谦虚地意识到自己的短板，张居正确实是精进和深入了。

科考曾经有一句谚语："三十老明经，五十少进士。"意思是：三十岁考了明经科，岁数就偏大了，而五十考中进士，岁数就显得年轻了。有人统计，嘉靖二十六年（1547年）科举，这些上榜举子的年龄最大也没有超过三十九岁，二十三岁的张居正就是榜单中最年轻的一个。

嘉靖皇帝朱厚熜早在1521年，以藩王入继大统，在杨廷和、张璁、夏言三届内阁的推动之下，实施了清查弊政、打压宦官、整顿吏治、限制外戚、还田于民的改革。

嘉靖帝登基以来，推行的新政改革，让明朝暂时出现了中兴的态势。其中重要的一项，便是选拔和培养人才的改革。当时的官学、书院和私塾，是培养人才的三个主要阵地，但担任培养学子最重要任务的，还是官学。在嘉靖前期，曾经整顿官学，严格考核在校生员，将不合格的学员，从官学中清除，当时的首辅张璁，曾对考试文风作出了以下规定："务要平实尔雅，裁约就正。说理者，必窥性命之蕴；论事者，必通经济之权；判必通律，策必稽古。非是者悉屏不录。"

张居正在万历三年（1575年），曾就嘉靖前期整顿学政的成就，给予了这样的评价："臣等幼时，犹及见提学官多海内名流，类能以道自重，不苟徇人，人亦无敢干以私者。士习儒风，犹为近古。"

正因为务实的学风,促使录取的三百名举人,出现了众多的实干家,可以说这次取士是成功的。张居正虽然是这些实干家中的翘楚,但初入官场的他,只是被授予了"庶吉士",如果非要给其加个品阶,应该属于九品小官。

明朝的惯例就是科举进士一甲者,授予翰林院修撰、编修,另外从二甲、三甲中,选择年轻而才华出众者,任翰林院庶吉士,称为"选馆"。这些精中选精的人才,需要在翰林院庶常馆进修三年。不管是修撰、编修还是庶吉士,都是短期过渡型的职位,等同于在翰林院中磨一下性子,精深一下学问,坐一阶段"冷板凳",以期达到"顽铁成钢"的状态。

翰林院作为养才储望之所,负责修书撰史、起草诏书,或者为皇帝、太子等讲解经史文集,担任科举考官等职位。三年后,经过考试,成绩一般的,被派到各地去做县令,成绩好的,分到都察院去做监察御史,或者到六科,也就是吏、户、礼、兵、刑、工六科,去做给事中。这些都是正七品的官位,在老百姓的眼睛里,实属了不得的官位,可是在京城的官场上,堪称最低的起点。

自明英宗以后,朝廷逐渐形成了一个规矩,那就是唯学历论,《明史·选举志》记载:"非进士不入翰林,非翰林不入内阁。"可以说,成为了庶吉士,就等于一只脚踏入了内阁,这个职位是明朝阁臣的重要来源。

换句话说,你是庶吉士,虽然手里没有权柄,但朝廷的实权官员,都会高看你一眼,因为你的身份就是"储相",没准在不远的将来,你就是百官之首,一人之下、万人之上的宰辅了。

3 蛰伏，在翰林院的"岁月"

张居正的心中，始终燃烧着一团济世救民、建立功业的烈火，可是能否成功，确实是未知数。因为他知道，贵为天子的嘉靖，就是一个不靠谱的"道士"皇帝。

嘉靖皇帝那些不靠谱的"劣迹"，可谓是小辫子一抓一大把，最具代表性的是在1542年的"宫变"事件。严嵩的干儿子赵文华为表忠心，曾给嘉靖皇帝献上了五色神龟，可是养龟的宫女杨金英误将神龟放在水池中，神龟背上的五色染料有毒，有毒的染料溶于水中，将神龟毒得翘了辫子。

杨金英自知难逃一死，与其这样"糊里糊涂"地死，不如"轰轰烈烈"地亡，她伙同十多名宫女，用绳带准备勒死嘉靖皇帝当垫背的。倘若不是皇后领着人及时赶到，嘉靖皇帝必然会驾崩归天。这场震惊世人的"壬寅宫变"说明了三个严重的问题：奸诈的臣子为了媚上，丧心病狂地作假；偏听偏信的糊涂皇帝，让朝政乱成一团；一旦触及生死的底线，小宫女也敢杀了皇帝给自己陪葬。

张居正想要报国建功，这团不甘平淡的烈火燃烧于胸口，暂时没有照亮他人，反倒烧得他坐立不安。

张居正中举后，需要尽快地适应大明朝官员的身份，并用最短的时间获得行走仕途的诀窍，可是掌握这些技能，只有三种方法：第一是自己学，第二是别人教，第三是靠外力帮其开悟。

张居正金榜高中，当他离家赴京，到翰林院报道之前，张文明曾经和他有过一番深刻的谈话。

张文明熟读历史典籍，令他感悟最深的就是明朝的开国功臣李善长，他官拜韩国公，年禄高达四千石。可是他持功而骄，势压同僚，刘伯温就被他排挤出了朝廷，后因胡惟庸造反，李善长惨遭池鱼之祸，被朱元璋处死。他从这段历史中学到的经验就是：侍主要忠，处事要忍，戒骄戒躁，万事可期。

张居正对父亲教给自己的仕途经验，深以为是。可是他来到了京城，开始在翰林院当职才知道，所谓的仕途经验，与他知道的，与张文明教的，根本就不是一回事。

张居正会试之时，他的座主是孙承恩、张治，座主就是本科主考官。张居正考的科目是《礼记》，故此，他在会试中分房阅卷的房师是陈以勤、吴维岳。这四个人虽然被张居正尊为座主、房师，但他们除了简单地提醒张居正需要"事君报国"之外，没有给张居正更具价值的指导和建议。

翰林院的学子们，可以分为四派。首先就是"得过且过"派，他们家里有钱，府外有地，每日只是盼着早日散馆，外放得个官职，便可以优哉游哉，过自己美滋滋的小日子去了。

最活跃的就是"跑官求爵"派，他们父母姻亲，皆是官宦，为了将来能够紫袍金带，青云直上，故此，他们无心学习，每日奔波权门，应酬不断，目的是铺平自己的官路。

最潇洒的就是"吟风弄月"派，他们往往出身于寒门，与那些朱门的弟子格格不入，这些人便形成了一个小圈子，做完功课后，就开始推杯换盏，吟风弄月，人间疾苦关我何事，只求文章的遣词造句，能够一鸣惊人。

最另类的就是"寒灯苦学"派，张居正就是这一派的代表，他没有忘记心中的目标，跻身翰林院，只是他人生的起点，绝非终点，不管道路有多长，他认定行则将至。当时根据《嘉靖以来首辅传》卷七的记载："诸进士多谈诗为古文，以西京、开元相砥砺，而居正独夷然不屑也。与人多默默潜求国家典故与政务之要切者。"

张居正开始遍阅经史典籍、政务得失，并沉浸其中，《江陵救时之相论》记载："江陵官翰苑日，即已志在公辅，户口、扼塞、山川形势、人民强弱，一一条列。"他在含英咀华地做着准备，因为治国之道就隐藏在这些不起眼的细节当中。

所谓的蛰伏，就是等待，而等待也就是不能掌握自己命运的代名词。就在张居正的这段"蛰伏期"，嘉靖朝的内阁风云激变，一场让他看清朝廷、明悟官场、思辨斗争真相的喋血杀戮即将上演。

明朝的内阁，实则是朱元璋总揽大权的产物，明朝建国之初，沿袭元朝旧制，设立中书省左右丞相负责制度，可是让朱元璋担心的弊病产生了，左右丞相逐渐大权独揽，朱元璋手中的皇权旁落，他的权力甚至有逐渐被架空的迹象。

为了改变只知有宰相、不知有皇帝的局面，朱元璋借助胡惟庸案，彻底废除了中书省和宰相制度。另一个问题接踵而至，废除宰相制度，等于解决了皇权和宰相之间争权的矛盾，可是宰相的活儿谁干？

国家政事的决断权在朱元璋手中，宰相争权之事涣然冰消。可是他一个人，纵然有三头六臂，也不可能批阅雪片一样飞来的全部奏疏，更不可能解决六部百司的全部公务。朱元璋为了缓解压力，便设立了文华殿大学士这一职位，该职位的官职为五品，在冠盖如云的朝廷，五品小官，甚至可以忽略不计，更妙的就是这种大学士有职无权，一切听命于皇帝，因为文华殿大学士左右不了朝政，故此，朱元璋这种设置，是超前成功的，这便是内阁的原始雏形。

明朝的内阁是一个让皇权不旁落的创举，可是需要有一个前提，那就是皇帝必须能力超绝，不能怠政。根据历史记载，朱元璋最忙的时候，一天需要批阅一百多斤奏章，朱元璋是个草根皇帝，贫苦出身，他可以坚持，他的龙子皇孙却不成。

朱棣掌权后，他建立了真正的内阁制度，奏疏先由内阁阅读，然后阁臣们将票拟，就是解决意见，交由宦官送到朱棣处，朱棣根据内阁提出的意见，对奏疏进行批红，虽然朱棣的劳动量比朱元璋减轻了不少，但内阁的权力进一步加大。

在朱棣、朱高炽、朱瞻基和朱祁镇做天子的永乐、洪熙、宣德、正统四朝，以杨士奇、杨荣和杨溥为代表的阁臣，尚能兢兢业业，为国操劳，在他们的努力之下，大明朝的政体和经济，都得到了空前的发展。

嘉靖初年，"大礼议"事件爆发，原因是嘉靖皇帝尊奉伯父明孝宗朱祐樘为父皇，行人子之礼，肩挑社稷。他当上皇帝之后，有一个想法，那就是他的亲生父母，兴献王朱祐杬，母亲蒋氏，应该拥有一个"皇帝"和"皇后"的尊号。

嘉靖皇帝原本以为，这是一件针鼻大的小事，可是让他没想到的是，这件事在明朝实属大逆不道。原因是明世宗以地方藩王入主皇位，就等于过继给了驾崩的明孝宗皇帝朱祐樘，如果嘉靖皇帝非要给自己的亲生父母，加上"皇帝"和"皇后"的尊号，那就等于是以"小宗入大宗"，不仅是对礼法的颠覆，更是对现有政体的挑战。

即使贵为皇帝，也不能随心所欲。毕竟督政的大臣们，各个头上有角，身上有刺，全都不是吃素的。

但嘉靖皇帝的脾气也是非常执拗，一开始要奉母归番，不干这个皇帝了，接着和大臣们又进行"智斗"。虽然杨廷和的儿子杨慎等人撼门大哭，声震阙庭，嘉靖皇帝亦不为所动，下旨将五品以下官员一百三十四人下狱拷讯，四品以上官员八十六人停职待罪，在左顺门廷杖而死的共十六人，为时三年的"大礼议"以朱厚熜获胜告终。

"大礼议"沸沸扬扬开始，以乌纱落地、血肉横飞作为结束，堪称是明朝历史上的重大事件。如果从表面上看来，这件事是以坚持正统的大臣们失败，以朱厚熜获胜作为结束，其实这样想，那就真的错了。

嘉靖皇帝以藩王入主皇位，手里并没有真正地掌握皇权，通过"大礼议"事件，以杨廷和为首的内阁文官集团，也就是弘治、正德两朝遗老的当权派失败，以张璁、桂萼为代表的议礼派胜出。议礼派胜出后，嘉靖皇帝这才真正掌握了"印把子",为以后"清查弊政、编审徭役、整顿军备、还田于民"等改革,奠定了坚实的政治基础。

"大礼议"事件,可以看成是意识形态的一场斗争,杨廷和为首的内阁文官集团可以看作"程朱理学"的官方正统代表,而张璁、桂萼作为议礼派的代表,他们高举的"陆王心学"的旗帜,最后战胜了"存天理,去人欲"的"程朱理学"学派。结果就是杨廷和一班老臣被踢出内阁,张璁等人成了内阁的新主人。

张居正还是太年轻,对当时内阁的走马换将,认识得还不大清楚,其实这次内阁的大换血,隐藏着更深的道理。

原因是"程朱理学"学派的核心——天道,出了问题。如果细说一下,这个学派的天道就是"三纲五常","三纲五常"就是理,就是宇宙万物的起源,它虽然有效地巩固了封建统治,可是也束缚了社会的发展、时代的进步以及思想的自由解放,故此,负面作用较多。

而"陆王心学"认为这个天理存在于我们的心中,我们观察事物、行动做事,就会出现是否符合"天理"的考量,即符合天理就为善,不符合天理就为恶。考量的标准就是"良知",按照良知去办事,违背良知的就是恶,符合良知就是善。

"陆王心学"比"程朱理学"要更进步,也更人性化,试想朱厚熜成为了嘉靖皇帝,按照良知做事,给自己的父母封上一个"皇帝和皇后"的名号,这本是无可非议的事,可是在坚持"程朱理学"的杨廷和眼中,却是大逆不道的事。最后"程朱理学"在"陆王心学"面前失败了。

"陆王心学"有其进步性,可是亦有其"良知"定位不明的弊端。比如:事君要忠,皇帝喜欢的事我做不做?皇帝就是天,就是最大的天道,作为臣子,最应该有的良知是让百姓填饱肚子,皇帝一旦传旨命臣子们去收苛捐杂税,臣子们是不是应该不和天子扭着来?

很多人的良知,被"皇权"所左右,不能以"善恶"作为真正的定位,而所谓的良知,就成了私欲,就成了"人不为己,天诛地灭"。

"陆王心学"比"程朱理学"更进步、更人性化，前者战胜后者，等于旧的理学秩序崩塌。可悲催的是，新的理学秩序没有建立起来，因此带来官场的动荡就是必然的反应。

这就好像节气交迭之时，最容易风雨大作一样，一旦风雨过后，就是一个艳阳天。而艳阳天真正的主宰者，后来证明是张居正。

嘉靖皇帝生活腐化，他迷信方士、尊崇道教，堪称是长生不老之术的忠实拥趸。从嘉靖十七年（1538年）后，其内阁的十四个阁臣辅臣中：徐阶、顾鼎臣、严讷、夏言、郭朴、严嵩、袁炜、高拱、李春芳，竟有九人善写青词，他们通过写青词取悦皇帝，这才能青云直上、飞黄腾达。

物久生蠹，事久生弊。内阁制虽然是比宰相负责制更先进的制度，但皇帝必须勤奋，天子一旦懒惰、腐化和迷信，其内阁的一块田，就会蜕变成宰相的"自留地"，因为缺乏权力的监督，内阁首辅的权力甚至比宰相只多不少。

张居正冷眼旁观，发现很多辅臣只要取悦皇帝，便可以得到首辅的权位，面对众多的"反面"榜样，他的心不能说不动。可是江陵权柄的时代并没有到来，他"是龙得盘着，是虎得卧着"，不然便会被权力的大棒打落草莽，成为蚯蚓草蛇，想要报国，门都没有。

从"大礼议"事件后，内阁中的争权夺势、互相倾轧之风，越演越烈，很多辅臣都是踩着同僚的尸体，爬上了"次辅"的宝座，很多"次辅"，又踩着首辅的鲜血，登上了内阁最高的权位。

首辅就是过去的宰相，事事都与皇帝对接，而"次辅"有事，必须要通过首辅才可以去做。人人都知道，首辅才是官场的终极目标。

张璁先后落榜七次，直到四十七岁，才考中了进士，因为科考成绩不佳，靠巴结嘉靖皇帝上位，为此还写了一本《大礼或问》，供嘉靖皇帝在与臣子舌战的时候，不至于落了下风。

当时的首辅是杨一清，他在言官的弹劾下致仕，张璁取而代之。《明史·丰熙传》说："张璁、夏言片言取通显。"但张璁确实是以"初生牛犊不怕虎"的勇气，锐意进取，革故鼎新，并在政经、文治、科考等方面，取得了一定的成功。第二年，张璁的首辅之位稳固后，便开始彻查杨一清的腐败案，遭到反噬的杨一清很快病倒，并留下了临终遗言："我真是糊涂了，竟然被竖子所卖。"竖子指的就是张璁。

故此，他在士大夫的口伐笔诛之下，显得名声不佳，甚至有人称呼他是"马屁阁老"。张居正却对张璁的政绩推崇有加，张居正于《世宗实录》中，极推许永嘉（张璁）盖其才术相似，故心仪而癰之赞叹。

张璁把持内阁七八年后，直到嘉靖十四年（1535年）春，张璁因病致仕，他的继任夏言入阁。人们本以为内阁会消停一阵，令人想不到的是，夏言是一个眼睛长在头顶的人。朝臣们面对"满肚子坏水"的太监，一个个都唯唯诺诺，可是《明史》卷一九六记载，夏言见到太监们是"负气岸奴视之"，这样浑身充满傲骨的人，带来的不是和风细雨，而是风云雷电，内阁中不能说满地是打落的牙齿，只能说明争暗斗则更甚。

夏言和张璁的发迹历史有些相似，都有投机的成分。张璁借助"大礼议"上位，而夏言更是有样学样，当嘉靖皇帝为了要表达对上天的敬意，准备各建天、地二坛，分祭天地的时候，遭到了张璁的反对，张璁这样说："自从洪武皇帝定国以来，便是天地合祭，分祭不仅与祖制龃龉，而且劳民伤财，请陛下三思！"

嘉靖是一个有"想法"的皇帝，对于他"合理不合理"的想法，张璁过去的时候，几乎全都举双手支持，现在忽然反对自己，嘉靖皇帝也是觉得挺郁闷，心里自然不痛快。张璁现在权力在手，已经不是随着皇帝"指挥棒"跳舞的张璁了。

张璁为何开始不配合嘉靖皇帝了？道理很简单，那就是屁股下面的位置，决定自己脑袋的想法。不当家不知柴米贵，嘉靖朝也是一个缺钱的王朝，天地分祭，就需要重修两个祭坛，需要两帮人马，更需要两份祭品，还需要分别去祭祀。府库中没钱，张璁只能掂量着手里的"钱褡子"办事。

张璁跟嘉靖皇帝唱对台戏，这就给了夏言出头的机会。当时的夏言是都察院兵科给事中，虽然是一个七品芝麻小官，却有想弹劾就弹劾谁的话语权。

言官们弹劾权的取得，需要感谢明朝开国皇帝朱元璋，是朱元璋撤销宰相制度，为了防止六部权力的膨胀，设置六科给事中，他们的任务是监督朝中文武百官，为了监督地方官员，又设置了十三道监察御史。给事中和监察御史的任务就是"侍从规谏，纠察百司，拾遗补阙，弹劾百官"，他们不归六部统属，只对皇帝负责，官职虽小，但是能以小劾大，至于弹劾的对错，最后都由皇帝裁决。

明朝提倡言者无罪，洪武皇帝朱元璋更是给言官留下了"不杀"的免死金牌，故此，明朝的言官是一群无人敢惹的"马蜂"，平日里都是横着走路。

张璁是祖制的反对者，夏言也是，但他比张璁灵活一点点，借着祖制上位的事，他焉能放过。张璁现在要按祖宗的制度办事，夏言就在朝堂上给张璁讲大明朝的祖制，他说："洪武先皇帝建国之初，实行的是南郊祭天、北郊祭地的分祀方式，后来改分祭为合祭，是从节约和经济的方面考虑的，如今国运昌兴，为感天地，改合祭为分祭实属尊重祖制之举！"

嘉靖皇帝看着支持自己的夏言，心中充满了发现人才的欣喜，他将反对"改合祭为分祭"最激烈的礼部右侍郎霍韬下狱，并对夏言委以重任，命他督建天坛和地坛。

嘉靖皇帝在夏言的支持下，恢复了明朝东郊祭天、西郊祭地的制度。虽然张璁对夏言进行了多方面的打压，但在嘉靖皇帝的支持下，没用三年时间，夏言就从七品给事中，摇身一变，成了正二品的礼部尚书。

嘉靖十四年（1535年），张璁因病致仕，嘉靖十五年（1536年）夏言兼任武英殿大学士，入内阁参与机务。

夏言能够入阁，走的也是科考之路，他三十五岁考中进士，接下来，在翰林院苦读三年。而张居正二十三岁考中进士，可以说，他也在走夏言走过的路，但张居正觉得，他应该比夏言走得更顺畅，而且能取得比夏言更高的位置。

首先是张居正年轻，接着是夏言虽有治国的能力，但浑身上下缺点也很多,让他的敌人可以轻易找到攻击他的地方。

夏言是一个说话不会拐弯、办事认死理的刚直之人,浑身上下,更有太多的书生意气,他以古代的贤相为圭臬,努力干活,虽然不朋不党是好事,但他四处树敌……而且夏言成为堂堂的首辅,他凭借的并非真本事,最让人诟病的是,他用了一种上不得台面的晋升手段,那就是写青词。

嘉靖皇帝出生在湖广安陆州,此地道教文化浓郁,他自小受此熏陶,就笃信道教,信奉道教首先要烧香祝祷、斋醮法事,更需要与天神沟通,而沟通的媒介,就是写在青藤纸上的朱字青词。

夏言写青词的水准如何?他写的青词很不错,完全可以打动嘉靖皇帝那一颗"宠道"的心灵。有一次,夏言随驾游览北海,回来后,就写了一篇名叫《御舟歌》的青词,献了上去,这首青词是这样写的:"御舟北,臣舟南。积翠堆云山似玉,金鳌玉蝀水如蓝。臣舟南,御舟北。云龙会合良及时,鱼水君臣永相得。"

夏言文采斐然,一开始的时候,只要嘉靖皇帝写一首诗,他必要依韵唱和,并将其刻在石头上进呈,他在做醮坛监礼史时,对于青词,无不援笔立就,驻马可待,《明史·夏言传》就有这样的记载:"初,夏言撰青词及他文,最当帝意。"

可是夏言入阁之后,就对写青词兴趣索然了,为什么会这样?因为夏言靠写青词起家,被时人称为"青词宰相",平常人被送了这个绰号,都会心以为耻,夏言作为一个大人物,他自然不想一辈子顶着这样的帽子,他要做一个伊尹、姜尚那样的宰相,至少在历史的典籍中,他要在自己的宰相名头前面,加上"贤良"两个字。

朱厚熜当时头戴香叶冠,在宫中做法事,夏言和严嵩来见,严嵩头上戴着一顶被轻纱笼起的香叶冠,而夏言头上,只是带着乌纱帽,朱厚熜问:"夏爱卿,你为何不戴香叶冠?"

夏言这样回答:"陛下,香叶冠非臣子所戴,故此放于寓舍。"

夏言要努力改头换面,他要青史留名,不要青史留骂名。可是不跟随皇帝的脚步，嘉靖当然会生气，但夏言不怕，因为嘉靖的江山离不开他，本朝正在进行的改革离不开他。让夏言没有想到的是，一向对他卑躬屈膝、言听计从的严嵩，正在酝酿着一个邪恶的计划，那就是诬陷他，干掉他，最后取代他。

每个正常人的忍耐都有极限，可是为了取而代之，严嵩的忍耐力竟没有极限。

有一次严嵩派仆人拿着请柬，请夏言饮酒，夏言不想去，便拒绝了严嵩的邀请。严嵩双手举着请柬，跪在夏言的府门口，高声朗读请柬。夏言觉得严嵩是个谦和的"君子"，明尊卑，知进退，便出了府门，扶起严嵩，与其欣然地喝酒去了。

夏言依靠写青词入内阁，因为想洗白自己名声上的瑕疵，便每日忙于国事，故此，他撰写的青词就越来越少。严嵩决定为皇帝撰写青词，填补夏言空下的"坑"，并铺就利用青词的晋升之路。

严嵩虽然写青词的水准没有夏言深厚，可是他肯于痛下苦功，一番锤炼后，青词写得亦开始出类拔萃，比如，严嵩就写过一首《洛水玄龟初献瑞》："阴数九，阳数九，九九八十一数，数通乎道，道合元始天尊，一诚有感；岐山丹凤双呈祥，雄声六，雌声六，六六三十六声，声闻于天，天生嘉靖皇帝，万寿无疆。"

群臣天天喊万岁，可是没有内容，严嵩不仅将万岁具体化了，而且变得更形象，上文以元始天尊起，下文以嘉靖皇帝落，嘉靖皇帝被抬得无限高，这样的青词写得确实有水平。

写到后来，严嵩就成了青词这门"政治文学"的佼佼者，《明史·严嵩传》有载："言去，醮祀青词，非嵩无当帝意者。"

严嵩靠写青词，攻占了夏言的阵地，并获得了嘉靖皇帝的宠信，接下来，他就开始在嘉靖皇帝面前，搬弄是非，说"夏言欺臣，目无皇上"的坏话。嘉靖皇帝为了收拾夏言，便将其两次罢相，虽然严嵩结党的能力很强，但治国的能力确实挺"菜"，嘉靖皇帝经过权衡，只得将夏言两次请到朝廷，继续执掌内阁事务，行使首辅的权力。

严嵩绝非谦谦君子，而是睚眦必报的人，他忍耐多年，一直等一个机会，这个机会就是将夏言一拳打倒在地，然后踏上亿万只脚，让他永远不能有翻身的机会，这个机会终于在嘉靖二十五年（1546年）被他等来了。

大明朝有两个最大的边患，即"南倭北虏"，北虏指的就是蒙古俺答汗。当时，大明的兵部为了抵御俺答，在边境设了"九镇"，即宣府、大同、延绥、辽东、宁夏、甘肃、蓟州、山西和陕西，每镇皆有总督和巡抚负责，并派巡按御史进行监督。

俺答汗入侵掠边，陕西三边总督曾铣心急如焚，曾铣为了切实地解决"北虏"这个心腹大患，便向朝廷上了一道《请复河套疏》。

河套地区在今日的鄂尔多斯地区，原本是明朝的地盘，但在明孝宗时代，由于库中缺钱、边关少兵，还有战略失误，导致河套地区被放弃。蒙古小王子率部四十万入套驻牧方，并以此为据点，很快在河套地区站稳了脚跟。

河套地区作为抗击"北虏"的最前线，可以让陕西三边等地区减轻对敌的压力，更可让蒙古俺答汗入侵大明，增加路途以及给养上的困难。自从河套地区丢失后，现在曾铣率领的明朝官兵与俺答汗，基本上失去了缓冲区，只要俺答汗一出兵，便会杀到大明边关兵将的鼻子下面。

曾铣在《请复河套疏》中，提出了一个庞大的计划，戍边的明军准备用三年时间，驱走俺答汗，花费两千二百四十万两白银，收复河套地区，并通过十年时间，用修编墙、造城驿、建卫所等方式，不断加强对河套地区的军事控制，最终解决"北虏"的边患问题，真正令陕西三边长治久安。

嘉靖皇帝看到奏疏上的"驱除北虏""长治久安"等词语，一股建功立业的雄心壮志，不由得在胸中激荡，嘉靖也不想在历史的典籍中，被戴上"道士皇帝"这顶帽子，他如果能解决"北虏"的边患，在录史官的笔下，就会出现一位"复土有功，武功彪炳"的千古名君。

可是想要实现曾铣的目标，必须要有两千二百四十万两白银的军费支持，现在的大明朝府库空空如也，每年别说积银和结余，亏空的白银都达到了一百万两。

嘉靖皇帝驳回曾铣奏疏，有些不甘心，批准这份奏疏，国库中又没银子，在这两难之中，他就将这块"烫手山芋"丢给了夏言。夏言不久之前，就曾上疏，要加强大同、宣府的防卫，如果真如曾铣所奏，能够收复河套，他这个"青词宰相"的标签，就会永远地变成"千古名相"了。

曾铣奏疏按照规矩，被夏言发到兵部讨论，可是兵部讨论的结果是：宜守不宜攻，收复河套，暂不可行。兵部为何否决了曾铣如此大刀阔斧、振奋人心的建议？

道理有两条：兵弱无粮饷，敌人太凶恶。可是这两条道理，都不能拿到金銮殿上去讨论，兵部给出了一种不丢面子的解决办法，那就是：守。

嘉靖皇帝将兵部消极的奏疏丢在了龙案上，他用悻悻的语气说："《孙子兵法》曾这样说：'守尚不足，攻而有余。'一味的防守，只能失败，俺答汗虽然骄悍，但并非毫无弱点，一旦找到其弱点，便可将其击败。"

嘉靖皇帝将能否对河套用兵的议题，交给了夏言，让他拿出一个最有利、最得体的办法。可是不懂得用兵的夏言，就有好的解决办法吗？

张居正当时所在的翰林院，号称是内阁的智囊机关，善于用唾沫星子和笔杆子解决问题的翰林们，讨论解决办法时，自动分成了两个阵营，一个阵营是"热血沸腾"的主战派，另外一个阵营是"缩手缩脚"的防守派。

张居正头脑冷静，并没有掺和这两派"喧嚣尘上"的讨论，因为他觉得，国之大事，在祀与戎，是攻是守由戍边的将军提出，需要经过兵部的讨论，再由首辅拟票，送交皇帝朱批，才可以做出最后的决定。

当时在翰林院中，阳明心学可以说风靡一时，张居正结识了不少阳明心学的学者，如江西胡直、江西罗汝芳、贵州孙应鳌和麻城耿定向等人。

阳明心学知行合一的处事作风、不避毁誉的人生态度也让张居正获益良多，张居正不断地寻找志同道合的仁人志士，互相切磋、增进学问的同时，也有笼络人才，将来与其联袂，携手振兴朝纲的目的和打算。他有一次在和耿定向谈话的时候，讲出了自己的肺腑之言："现在的京城，只要向外走出十里路，就会遇到百十人组成的盗匪团；朝廷上下贪赃枉法盛行，老百姓对此早已深恶痛绝，必须仰仗一位'磊落奇伟之士'，大破常格，破旧立新，否则根本无法改变国家现状。"

可是这个"磊落奇伟之士"是谁？没人知道，直到后来，张居正才知道，真正能改变朝廷颓运的竟是他自己。

果然几天后，嘉靖皇帝发热的头脑，终于冷静了下来，他亦想明白了明朝廷积贫积弱，根本无法和俺答汗对抗作战的道理，就急忙下了一道态度"暧昧"的诏书，连问内阁三个问题：驱逐河套之地，是否师出有名？军队在河套粮草是否充足，能否取胜？曾铣死不足惜，生灵涂炭该如何补救？

张居正旁观者清，他觉得嘉靖皇帝连发三问，就是心内彷徨，不准备兴兵的信号，当时和张居正一样清楚的还有一个人，他就是严嵩。严嵩早就看明白了"心口不一"的嘉靖皇帝，根本不想动手打仗，他只想动口打仗，最后还要落下一个皇帝想收复失地，可是在群臣的反对下，无奈放弃主张的"高大"形象。

故此，严嵩面对热火朝天的讨论，他闭住了自己的嘴巴，并暗中找到掌锦衣卫事的陆炳，让他通过一个人，写一封举报信。

当时的诏狱中，关着一员被免职的武将，这个人就是仇鸾，仇鸾被下狱，他的心里恨死了曾铣。

根据《石匮书》记载："始咸宁侯仇鸾镇甘肃，贪愎桀骜，数违总督进止。铣论纠其罪状数十言，拟旨令官校逮捕矣。"也就是说，仇鸾被关进诏狱，完全拜曾铣所赐。严嵩通过陆炳，很容易就拿到了一封仇鸾的举报信，在举报信中写道：夏言之所以支持曾铣"复套"，是因为曾铣给了他一笔重贿。

夏言当时，也被严嵩对他言听计从的表象给迷惑了，他不会想到，更不敢相信，那个在他面前低眉顺眼、唯唯诺诺的严嵩，怎么会暗中收集证据，正在处心积虑地要置他于死地呢？

夏言当局者迷，他做首辅多年，亦深深了解嘉靖皇帝，这位道士皇帝离不开自己，他接连两次将自己贬谪，而夏言又接连两次复位，就是最好的证明。

嘉靖皇帝嘴里想打这场收复河套之战，但心里却是首鼠两端、犹豫不决。皇帝的踌躇，夏言是知道的，但他觉得只要自己坚持一下，嘉靖皇帝就有可能传下收复失地的旨意，到时候，箭在弦上不得不发，收复河套之战一旦取胜，反对的声音立刻便会止息。

夏言参考几位朝廷重臣的意见，写了一份支持曾铣收复河套的奏疏，为了让嘉靖皇帝铁下心来破敌，夏言找来了严嵩，问道："你对这次收复河套之战怎么看？"

严嵩低头想了想，谨慎地问道："首辅大人主战还是主守？"

"战，当然是战！"夏言慷慨激昂地说，"俺答汗总以为大明的军队不敢战，故此，他一定会懈怠和骄悍，只要曾将军找准时机，用兵出奇，对其软肋进行痛击，一定能毕其功于一役，收复河套，解决'北虏'问题，为大明朝打开一个新局面！"

严嵩听罢，不由得连连点头，用诚恳的语气说："仆支持首辅大人高屋建瓴的动议！"

夏言见到嘉靖皇帝后，便开始滔滔不绝地说收复河套的好处，以及俺答汗骄兵必败的短板，他说："一旦到了冬春时分，草原上冬深水枯，马无宿草，春寒阴雨，壤无燥土，匈奴骑兵的优势便会丧失，那就是明军占据优势，反戈一击的好机会！"嘉靖皇帝等夏言讲到口干舌燥，他转头问低头不语的严嵩道："你对收复河套之战有什么意见？"

严嵩"扑通"一声，跪倒在地，涕泪交流地哭诉："陛下，万万不可对河套用兵，一旦用兵不慎，大明王朝就将万劫不复了！"

夏言久经官场变故，深谙世情险恶，可谓一个"泰山崩于前，而面不改色"的官场老饕，可是严嵩一记"闷棍"，敲得夏言的脑袋"嗡"的一声，他后退了两步，用手指着严嵩，道："你，你，你……"

在夏言面前，严嵩就是一个唯唯诺诺的角色，在典籍中记载："夏言恃才自傲，凡所批答，略不顾嵩……而嵩嗫口不能出一言。"严嵩今日借着有嘉靖皇帝撑腰，他一改在夏言面前卑微的形象，大声地说出了不能出兵的理由。

严嵩准备得实在充分，道理讲得也是很明白。大明军队缺少战斗力，户部短缺粮饷，河套地区适合骑兵作战，那是俺答汗主战场，而明军长于步战，到了河套地区，难以发挥自己的长处。总之一句话，夏言身为首辅，不顾大明朝"打肿脸充胖子"的实际情况，妄言开战，一旦战败，大明朝就将陷入万劫不复的地步。

严嵩一番禁止用兵的话，讲得有理有据，至少比夏言开战的理由充分，也更让嘉靖皇帝信服。在嘉靖皇帝眼中，严嵩就是一个不畏权贵的铁骨铮臣，至少比妄起刀兵的夏言靠谱多了。

严嵩用"阴一套，阳一套"的狠招，杀得夏言大败。第二天早朝，严嵩又上了一道"大刀剜心"的奏疏。严嵩在奏疏里，首先对兴兵启衅、误国祸民的曾铣进行了弹劾；接下来才是重点，他说曾铣曾经给夏言以重贿，两个人结党营私，为了得到"开边之将，复土名臣"的名声，不惜将大明王朝，拖入兵燹战火，夏言此举，无意于动摇国本，舍锦绣江山于不顾！

严嵩的弹劾并非空穴来风，而且有仇鸾的举报信作为证据，嘉靖皇帝不得不信。

峣峣者易折，皎皎者易污。耿直的夏言不仅易折，而且易污，这两样毛病他都占。可以说严嵩不是一个正常的男人，太监是在肉体上阉割了自己，而严嵩是在精神上阉割了自己，他貌似唯唯诺诺，其实心里比太监还要阴暗，他一直在等机会，今日机会到来，他一定要斗倒夏言，不给夏言最后翻盘的机会。

随后"心急想吃热豆腐"的夏言，就被嘉靖皇帝罢黜了首辅之位，离开京城，回原籍闭门思过去了。

严嵩摇身一变，成为了权力在握的首辅，面对贬谪一次、复位一次、越挫越勇、永不言败的夏言，严嵩咬牙发誓，一定要将其处理掉。随后，直取夏言之命的第三道奏疏，又摆在了嘉靖皇帝的面前。

夏言虽然被贬，但他归籍仍然享有乘坐驿站马车的优待，可是给其驾车的驿卒举证，夏言回籍的路上，竟大骂皇帝不止……

嘉靖皇帝龙颜大怒，也未去查验真伪，当即命御林军将夏言追回，然后颁昭天下，将其押赴西市斩首。夏言就这样成为了大明王朝，第一个被公开处决的首辅。

夏言被杀之日，是1548年11月1日，那是一个北风呼啸的冬日，除了严嵩和他的党羽兴高采烈之外，京城之中，不管是官商士绅，还是庶民学子，他们的心里全都笼罩上了一层冰光雪影。

夏言赴刑场，完全是昂然赴死，他为何能够视死如归？因为他已经培养了一名心腹的弟子徐阶。徐阶曾经因为得罪权贵，被调出京城，夏言将其调回后，他历任礼部侍郎、吏部侍郎，并开始执掌翰林院。夏言相信他将来一定入阁，面对已经露出了獠牙的严嵩，他也一定能借助敌明我暗的契机，斗败严贼，为自己报仇。

嘉靖二十八年（1549年），徐阶起任礼部尚书、文渊阁大学士，进入阁臣的行列，开始参与朝廷机要大事。

严嵩垂涎首辅之位太久，他掌握相权之后，便对夏言的嫡系势力，展开了一场亦明亦暗的清洗，被清洗的官员，或免职，或下狱，或者致仕还乡，而这些空下的位置，全都被严嵩安排上了自己的亲信。

夏言为何被杀，原因有不少，但最重要的有三点：嘉靖皇帝认为其"其心不忠"贬谪了夏言；夏言刚直得罪了同僚，群臣抛弃了夏言；严嵩垂涎夏言的首辅之位，用奸计谋害了夏言。

而夏言被杀事件对明朝历史，乃至于华夏历史，都算得上重大事件，对其反思的人不少，可是思考最多的人，张居正绝对算一个。

夏言是忠臣，嘉靖虽然被称为"道士"皇帝，但他也不是昏君，为何一个不是昏君的皇帝，杀了一个公认的忠臣？嘉靖皇帝受严嵩蒙蔽只是一方面，更重要的是夏言自身以及嘉靖皇帝的原因。

严嵩和夏言斗法的过程，张居正位微官卑，他并不知道，嘉靖皇帝是怎么想的，可是通过夏言被杀事件，他还是明白了一件事情，那就是想要有所作为，必留有用之身，一旦自己没了，那就是真的没有翻盘的机会了。

六年前，张居正还对自己没有中举有过怨怼，可是现在想来，顾璘让他多读几年书，多学一些治世之道，堪称很有远见。试想，如果自己少年中举，进入翰林院，三年散官，以他的才智，应该能得到夏言的青睐，张居正和夏言报国的思想是合拍的。夏言为国举才，一旦张居正为其所重用，今日等待张居正的，必然是被严嵩清洗的命运。

故此，张居正晚几年中举，堪称是上天对他的眷顾。

张居正在翰林院发奋苦学，他将翰林院的典籍文章、治世实学当成重点关注和研究的对象。张居正并不是一味地在读死书，他做学问的同时，还非常愿意与基层官员交往，明人王思任这样记录下了张居正为翰林时候的情景："逢盐司、关司、屯马司、按察司还朝，即携一酒一植，强投外教，密询利害扼塞。归寓以后，篝灯细书，其精意如此。"

一旦有官吏从边关巡视归来，或者边关派送信的信吏到京，张居正都会提着食盒前去拜访，他了解底层的民情、边关战事的同时，他也知道了底层的想法、对边关防务的看法，以及对敌的办法。

张居正回来后，他挑灯夜战，奋笔疾书，将其对时局的见解以及各种问题的解决方法，全都写在了纸上，也许他现在的记录没有用，但他觉得将来一定有用。

随着严嵩成为首辅，开始执掌朝政，张居正必须要对其有所表示了，可是当时的他只是一个不入流的翰林，而严嵩是身居一品的首辅，张居正去见首辅，心里是发怵的。他下了几次决心，终于鼓起勇气，在一日的傍晚，他来到了严府，见到了一身便装，脸上还挂着微笑的严嵩。

严嵩是一个非常善于伪装的人，否则他也不能在夏言面前"隐忍"多年，张居正给严嵩见过礼后，严嵩用亲切的声音说："张太岳，我知道你，你是翰林院这届学子中的佼佼者！"

张居正用诚惶诚恐的声音，道："首辅大人，佼佼者实不敢当，张某只是不想虚度光阴罢了！"

严嵩当时的恶名不显，还是一位公认的待人谦和、守成有道的首辅，虽然率臣治国的能力差了一些，但人无完人。张居正也想得到严嵩的赏识，故此，他听到严嵩知道自己，心里面也有一种被重视的感觉。

张居正后来在翰林院问过几位见过严嵩的庶吉士，他们都异口同声地说："首辅大人见到我的第一句话，就说知道我，还说我是翰林院的佼佼者！"

张居正当时就愣住了，原来严嵩说的是一句客气话，而且对谁都说，自己拿着棒槌就当针，还以为严嵩格外重视自己，看来自己在官场上还是太缺乏历练了。

严嵩接下来，问张居正现在读什么书，张居正挑"四书五经"的重点，说了几样。

严嵩用师尊的口气，道："你应该多读一些翰林院府库中的治世典籍、命理文章，要知道，学以致用才是最关键的事情！"

张居正回答："学生谨记首辅的教导！"

严嵩突然又问："前任首辅夏言被杀，你有什么看法？"

张居正并不了解事情的内幕，故此，真的不好回答，他想了想，含糊其辞地道："首辅不畏强权，堪称忠勇……当今万岁下旨除奸，无比圣明，大明江山，一统万年……"

严嵩听罢张居正"圆滑"的回答，他捋须一笑，说道："世人都说夏言是个忠臣，可是他们没有想过，忠臣也会办错事，一旦收复河套的计划实施，羸弱的大明江山因为透支实耗，必定会被拖到万劫不复的境地。为了不让夏言错下去，也为了保住他忠臣的名声，为了圣上的江山，也为了万民的福祉，本首辅只能做一回'坏人'了……"

张居正听严嵩"无比担当"的一番话，他也不由得愣住了，严嵩说的话，并非是强词夺理，而是舍身为国、不计毁誉，让人找不到破绽。

严嵩义正词严地讲完上面这段话,他突然问道:"你说严某是坏人吗?"

张居正虽然被严嵩逼问到了角落,但他真的无法正面回答这个问题,虽然口中连说:"严首辅勇于任事,为国操劳,这样的人怎么能是坏人……"可是严嵩早将口是心非的张居正看穿,他对张居正恭维的话相信不多,最后,两个人的谈话,在严嵩一阵得意的笑声中结束。

张居正只觉得脑袋里"嗡嗡"直响,心里好像有七八个鼓槌在"咚咚"地猛敲,他真不知道自己是如何离开严府,又是怎样回到翰林院。他喝了两杯茶,心神这才逐渐平复了下来。

官场真的凶险,张居正初次面对严嵩,真有一种赤手空拳,面对几名刀枪并举,要取他性命贼匪的感觉。

4 / 倾轧，教训实在很是"深刻"

张居正这才知道夏言被杀的真正原因。他虽然治国理政是一把好手，但在政治的修罗场上，若论"脸厚、心黑"却远弱于严嵩。张居正初入翰林院，尚属政治的"门外汉"，他与夏言相比，完全是烛光和天空的皓月，夏言都斗不过严嵩，张居正和严嵩斗，甚至连出手的机会都没有。

鱼找鱼，虾找虾。严嵩并没有发现张居正这类人才的敏锐眼力，他发现的"人才"，全都是阿谀奉承、善于巴结送礼之辈。

严嵩升为首辅后，按照惯例，张居正从庶吉士升为编修。就在这个可喜的时刻，又一件可贺的事情发生了，当朝的礼部尚书、翰林院掌院学士（主管业务的副院长）徐阶注意到了张居正，并与其有了一番深刻的谈话。

其实早在张居正写《论时政疏》的时候，徐阶便注意到了他，明末周圣楷的《张居正传》说："时少师徐阶在政府，见公沉毅渊重，深相期许。"

徐阶可不是一般人物，他的老师是聂豹，而聂豹是阳明先生的高足。徐阶脸上洋溢着和善的笑容，他亲手给张居正倒了一杯香茶，张居正手端茶杯，他在茶香弥漫的恍惚间，感觉恩师顾璘又一次回到了自己的身边。

徐尚书对张居正真诚地说："翰林院是个龙蛇混杂之处，有些人拿这里当步入官场的台阶，有些人拿这里当镀金的染池，而你却将翰林院当成了学习的场所，这就是难能可贵！"

张居正说道："圣人有言：'工欲善其事，必先利其器。'想要治国安邦，就要学来当朝理政的本领，学生怎么敢虚度光阴、蹉跎自误呢！"

徐阶是松江府华亭县人，身材不高，精明干练，是朝廷中的实力派。《张岱徐阶列传》中，曾经有这样的记载："阶为人短小白皙，秀眉目，善容止。"辅臣杨廷和见而异之，指其语其僚曰："此少年名为不下我辈。"

徐阶是夏言提拔上来的亲信，可是由于他办事谨慎，让严嵩抓不到把柄，故此，他一直也没找到贬谪徐阶的理由。事实上，精明更胜夏言几筹的徐阶，也不会给严嵩打击自己的理由。

徐阶对上恭敬，对下和气，比如翰林院来了办事的官员，他总是"折节下问"，聊聊风土民情，拉近彼此的关系，故此，朝廷官吏们人人"愿为用"。

徐阶一边喝茶，一边低声道："夏首辅被杀，为何朝臣无一为之求情，甚至徐某也置身事外，你知道这是什么原因？"

张居正见徐阶考自己，他谨慎地回答道："学生听说夏首辅颐指气使，得罪同僚，故此押赴刑场之前，无一朝臣给他求情。"

"你只是答对了一半！"徐阶叹息一声道，"其实，夏首辅被杀，还有更深层次的原因！"

"夏言作为首辅，做事雷厉风行，不顾其他人的感受，这是他被杀的一个原因，但出兵收复河套，他确实是做错了！

"大明朝财政入不抵出，赤字连连，就好像一个沉疴久病之人，最需要的就是歇息，一旦开始战争，大明朝有可能就元气耗尽，一下子就奄奄倒地，寿终正寝了。在治国理政之上，夏言可圈可点，但他恃宠而骄，为了一个史书中的美誉，竟然不切实际地搞出一个兴兵计划，从这一点看，他就不是一个'好'的首辅，而是一个'恶'的首辅。至于他被贬回乡，曾经当着驿站的车夫，高声谩骂嘉靖皇帝，这个应该不会，但以他偏执的性格，他嘴里没骂，至少在心里也骂过当今天子千百遍了！

"夏言是个忠臣不假，但他置大明江山于不顾，嘉靖皇帝为保皇位，就向他举起了刀子。

"嘉靖皇帝杀掉了一个'恶'首辅，朝廷的大臣们，谁会为他求情！如果换一句更直接的话来说，谁去求情，谁就会被杀掉。"

张居正叹息一声道："仕途凶险，天威不测！"

徐阶说道："我和你说这些，倒不是向你强调仕途凶险，天威不测。而是提醒你，埋头读书是好事，但读书累了，也要抬头看路，首先要和翰林院的学子搞好关系，接下来和朝臣理顺关系，即使是虚与委蛇，也要与大家打成一片，保持不偏不倚的中道，切记特立独行，这与你将来的发展不利！"

徐阶告诉张居正一堆话，其实总结一下就是：读人比读书更重要。

张居正从座位上站起身来，施礼道："学生谨记恩师教诲！"

徐阶的眼光是独到的，他对张居正的评价是："张君他日即荩（忠）臣重国矣。"事实证明，他并没有看错。

张居正成为翰林院编修，品级为正七品，不仅面对严嵩当权，以撰写青词为主要工作，而且还要面对上下之手、卖官鬻爵、大兴冤狱、治国无策的"猥琐"局面，张居正纵然是忧心忡忡，但他无职无权，也是只能徒呼奈何了。

这个时期的张居正所持的还不是"中道"，而是使不上力气的"无道"。张居正无力救国，嘉靖皇帝的"青词"救国却进行得如火如荼，他每当得到严嵩撰写的华丽青词后，便将其放在烛火上点燃，青藤纸上面的青词，全是用朱砂墨写成，这种纸被点燃后，燃烧起的竟是青红色的火光，嘉靖皇帝的一双眼睛，闪现的都是天下即将大治、国泰定会民安的"无忧"的神色。

如果有人说嘉靖皇帝怠政，嘉靖皇帝一定不肯承认，因为他搞青词救国，确实已经做到了古今第一。

张居正虽然位卑职微，但久食君禄，心思报国，他提起笔来，模仿西汉贾谊《陈政事疏》，写了一篇吹响改革号角的《论时政疏》。

改革不是"瞎猫碰到死老鼠"，在这道奏疏中，张居正主要写了大明王朝亟待解决的五个问题。他们分别是宗室骄恣、庶官疾旷、吏治因循、边备未修、财用大亏。

《论时政疏》后来被称为是"万历新政"的奠基之作。

张居正知道"三杨事件"，更明白嘉靖皇帝的逆鳞在哪里，嘉靖皇帝崇信道术、扶乩斋醮、祈求长生,"三杨"(杨溥、杨士奇、杨荣三人)直接批评他"弃道术,少迷信,丢弃长生的观念"完全就是不要命的做法。

张居正才不会"死谏",如何将劝谏的话,委婉地说出口,让皇帝听罢后"如沐春风",张居正确实在《论时政疏》中下了不少的功夫。

在这篇奏疏中,五个需要拨乱反正的具体内容分别是:宗室迷信方术,不思报效,欺压百姓;人才储备不足,并没有做到能者上庸者下;官吏因循守旧,不思进取,这种混日子的现象需要解决;北虏边患,扰攘多年,不能让敌人小侵略得到小利,大侵略得到大利,一旦得寸进尺,食髓知味,大明朝就将危矣;国内税赋过高,而支出过多,只有做到取用有节制,才能保证收支平衡。

张居正写出《论时政疏》之时,年仅二十四岁,他指出的大明王朝的五个弊端,可谓一针见血。虽然他没有越俎代庖地给出解决方法,但仔细阅读一下,还是能找出他隐而未发的内容,那就是:削藩、荐才、考核、修缮边防御敌设施、开源节流增加府库财帛。

张居正的《论时政疏》,看似文辞犀利,其实他用了"闪展腾挪、避重就轻和旁敲侧击"等技巧。比如:"臣闻令之宗室,古之侯王,其所好尚皆百姓之观瞻风俗之移易所系。"即用古代的王侯说事,不犯毛病;"臣伏睹祖训。"即我恭谨地翻查祖辈遗训,抬出祖训,目的是师出有名;"伏愿陛下览否泰之原。"恭请皇上考察国家兴衰的源头,即如何解决你自己去寻找,我没说解决问题的方法就等于没责任。

有人说张居正的《论时政疏》模棱两可,好像"温吞水",其实在宗室骄恣一章中,张居正还夹带了"私货",他写道:"乃今一、二宗藩,不思师法祖训,制节谨度,以承天休,而舍侯王之尊,竟求真人之号,招集方术通逃之人,惑民耳目……"很显然,张居正开始剑指迷信道教的辽王,准备对其动手了。

可是这篇"问路石子"般的《论时政疏》交上去,好似泥牛入海,一点回响都没有。

为何会这样？道理并不复杂，大明的五处积弊，堪比五座大山，重重地压在当时施政者的头上，堪称动一样，都会动全身，势必遭到"既得利益集团"的强烈反对，想要推翻这五座大山，必须要有改天换日的能力、铁腕治国的手段，还要有百死不悔的决心。

可是这三种东西，张居正目前都没有。他只能动动笔杆子，将治国之策"不吐不快"地写出来，可是他的治国之策，并没有得到嘉靖皇帝积极的回应，他也就适时地停止了做这种"无用功"。

藏器待时——张居正还需要不断地积蓄力量，精研学问，以期将来。

1549年，严嵩五十一岁生日，大明两京以及外放的官员们，都积极行动了起来，毕竟这是拉近自己与首辅关系的一个契机。在"献媚潮"的涌推之下，张居正觉得自己不能裹足不前，也需要表示一下。

张居正之所以要这样做，是和徐阶的言传身教分不开的。

徐阶曾是夏言的人，故此，严嵩对其亦是虎视眈眈，总想抓到徐阶的小辫子，然后将其"一棍子"打死。

可是徐阶不是夏言，他没有选择和严嵩硬碰硬，而是选择向严嵩"靠拢"。他不仅将自己的户籍，移到了江西，一旦有人弹劾严嵩，徐阶还当殿驳斥弹劾者，并向嘉靖皇帝说严嵩的好话。更让严嵩想不到的，徐阶还将自己的一个孙女嫁给严嵩的儿子。

严嵩一开始还以为徐阶在作假，可是时间一长，他发现"老乡加姻亲"的徐阶竟然比自己的亲信还像亲信，严嵩觉得大水冲了龙王庙，自己误会徐阶了，他也开始在嘉靖皇帝面前，公然说徐阶的好话。随着徐阶进入内阁后，权力也越来越大，等他真正的站稳脚跟，便开始暗中寻找严嵩的劣迹，一旦搜罗完毕后，便会奋力出击，将其一举击溃。

张居正有徐阶指导，自然学得很快，歌功颂德的诗词，提笔就来，反正上面都是祝贺的话，谁看谁高兴。嘉靖皇帝过圣寿，殿宇完工，雪雨丰收，他都会一贺再贺地进贺词，例如，《皇上祝圣母》中写道："慈闱罔极恩何报，遥指南山祝寿康。"《文华殿对》中写道："东璧耿双星之耀，祥辉遥接书林。"

《应制题画鹿四首》中写道:"何事便无芳草恋? 为呈灵瑞感皇仁……"

而虚与委蛇的事,其实做起来并不难,张居正还在严嵩的寿宴之上,献上了一首《寿严少师三十韵》,诗中写道:"握斗调元化,持衡佐上玄,声名悬日月,剑履逼星缠,补衮功无匹,垂衣任独专,风云神自合,鱼水契无前……履盛心逾小,承恩貌益虔,神功归寂若,晚节更怡然。"

严嵩在当时,只是一个青词首辅、木雕"宰相",他媚主求荣,一切以嘉靖皇帝为马首是瞻,故此,奸名不显,甚至给人一种"和善长者"的错觉。张居正给首辅写祝寿诗,史官大多不认为他是在拍严嵩的"马屁",而是卧薪尝胆、忍辱负重的一种自保措施。

张居正重视经世之学、济民之道,故此,写诗并非是他的专长,他写的诗词,放到众多臣子们的祝寿诗词当中,应该是中等偏下的水准,因此,严嵩估计是没有机会看到。但该做的事必须要做,人生就是由太多无用的事堆积而成。

随着1550年夏季一场"庚戌之变"爆发,张居正真正认清了严嵩卑鄙的嘴脸,他这才知道,"寿增至几万,晚节更怡然"都是错的,"勋业在凌烟"对于严嵩更是不可能,因为严嵩只能排进奸臣的榜单。

俺答汗本名孛儿只斤·阿勒坦,在蒙语的寓意是"金子",他生于1507年,崛起在明朝嘉靖年间,一开始游牧于丰州滩,随着他驱逐了察哈尔部,便成为了辽东的霸主,并占据了鞑靼的大部分地区,亦成为了明朝"北虏"中最主要的边患。

俺答汗虽然有吞并大明的想法,他却没长如此大的"嘴巴",他退而求其次,准备要与大明朝"通贡互市",改变彼此"寇仇"的局面。互市好理解,就是在边境地区,划出一片贸易区,然后两国的商人,可以互相交易,蒙古商人能参与交易的就是马匹,明朝商人参与交易的物品却是铁器、茶叶、盐巴和药品,明朝觉得对方提供的马匹是劣马,而己方提供的都是实实在在的生活物质,这种不平等的交易,完全是拿肉包子打狗,便强行关闭了马市,停止了交易。

马市成了黄瓜敲锣，一锤子买卖，俺答汗本想大搞"暴利"交易，却失算了，他真是要多生气有多生气。

而通贡更加让明朝不能接受。当时的明朝号称"天朝上国"，对藩属国格外大方恩厚，也就是说，一旦藩属国前来朝贡，明朝必有几倍的厚赐，这种绣花针换金戒指似的交易，让大明的藩属国趋之若鹜。

俺答汗搞不来"暴利"，就决定使用"暴力"，他要通过战争的手段，让明朝答应自己的条件。

俺答汗率领蒙古骑兵，气势汹汹地杀向大同城，《明史纪事本末》卷五十九中记载："初，仇鸾坐废，居京师邸，以贿严世蕃得总兵宣大。"大同城的总兵张达、副总兵林椿在与俺答汗的激战中，以身殉国，仇鸾通过贿赂严世蕃，获得了大同城总兵的高位。

仇鸾千里做官只为财，若论敛财的手段，他极是精通；若论打仗，他可就是擀面杖吹火，一窍不通了。仇鸾面对俺答汗的凶兵悍将，他准备了一笔重金，送给了俺答汗，俺答汗得到贿赂后，领兵绕过大同城，由蓟镇攻古北口。

古北口距离京城只有一百二十公里的距离，这点儿路程，如果战马快跑，只用一天的时间也就到了。古北口又不是冲要大隘，怎么可能阻挡住俺答汗的铁骑。面对京城危若累卵的局势，兵部尚书丁汝夔急忙调兵守关，可是由纨绔子弟组成的京营，哪里是蒙军铁骑的对手，这根本就不是打仗，而是投食饲虎。明军的京营，一旦拉到战场上，基本上是一触即溃。

俺答汗虽然不是雄才大略的一代雄主，但他很会打仗，他先派几千名铁骑佯攻古北口，然后主力开始偷袭黄榆沟。明巡抚蓟辽都御史王汝孝、总兵罗希韩虽然奋力抵抗，可是最终的结果是黄榆沟失守、全军溃败。

嘉靖皇帝震怒，自1449年土木堡之变，瓦剌大军围困京城后，到现在1550年，已经过去了百年的时间，北京城从来也没面临过兵临城下的危局。明英宗丧师辱国，因为土木堡之变，被称为是"叫门天子"，俺答汗如今领兵杀奔京城，嘉靖皇帝质问兵部尚书丁汝夔："难道你也想让朕成为叫门天子吗?"

兵部尚书丁汝夔祖籍济南府沾化县,是一位性格耿直的山东汉子,因为反对"大议礼"被廷杖拷打,后来复官,他出任应天巡抚之时,严世蕃仗着严嵩的权势,欺压凌辱官吏,丁汝夔仗义出手制止,因而得罪了严氏父子,被贬谪为湖广参政。

这一番官场的起落沉浮,将丁汝夔的棱角都磨平了,后来,他开始向严嵩父子靠拢,并主动示好,这才得以出任兵部尚书的职位。嘉靖二十九年(1550年),俺答汗率军长驱直入,逼进京畿,丁汝夔呈《备边十要》及《退虏长策》,根本没有送到嘉靖皇帝的手中,而是被严嵩扣押。他费尽心血写的边备和退虏之策,还不如"啪"一声碎掉的夜壶,竟然连个响动都没有。

严嵩为何要扣押丁汝夔十余牍的奏疏,目的有三个。第一个,俺答汗为"通贡互市"而来,早晚会走,一旦改变边关和武备的即行之策,很多人士都会调整,而边关的总兵守备,哪一个不是通过贿赂严嵩而得到了官位,一旦他们被贬,就等于削弱了严嵩的实力。

第二个,俺答汗率军杀到京城,一定会惹怒皇帝,一旦俺答汗退兵出关,朝廷官员必然要进行一次大洗牌,这就是严嵩苦苦等待多年安插心腹、卖官鬻爵、大发其财的好机会。

第三个,《备边十要》及《退虏长策》上面全都写满了一个字,那就是"战",而严嵩要的是不战,一旦丁汝夔出战失败,势必殃及明朝的内阁,严嵩的首辅之位都有可能不保。

丁汝夔为了退敌,可以说是拼尽了全力。当时京畿用于作战的禁军只有四五万人,可是这些禁军,老弱占了三分之一,还有三分之一纨绔子弟在内外提督大臣家里当差役,根本无法回来作战,而剩下的三分之一的青壮年禁军,又多是听到"俺答汗"三个字,便会吓尿裤子的孬种。

丁汝夔就大颁赏格,鼓励适龄青年和武举的生员们入伍,可是这些人从军后,手里没有武器,丁汝夔派人到武库里索取杀敌的家什。看守武库的宦官，竟不顾国难当头，依旧按常例进行勒索，没有财帛孝敬，这些入伍的新兵，就领不来武器，这些人手里没有家伙，拿什么抵挡俺答汗的入侵！

嘉靖皇帝急了，京城缺兵少将，防务空虚，如果照这样发展下去，自己不仅皇位难保，甚至还要走明英宗被瓦剌挟持的老路。随着飞檄召诸镇兵勤王的圣旨传下，大同、保定、延绥、河间、宣府、山西和辽阳七镇兵将先后直奔京城。先到的大同总兵仇鸾领人驻扎在白河以西，保定都御史杨守谦率领手下驻扎在东直门外，虽然这两路勤王的兵将只有五万余人，可是他们来到京畿，还没等抄家伙上阵，立刻就陷入了无粮无饷的困境。

要知道赴京勤王，最重视的是速度，将士们轻骑上路，身上只携带着干粮和水壶，按照惯例，勤王兵将来至京城，嘉靖皇帝的丰厚犒赏应该随后就到，鼓舞士气的同时，也显示出皇帝对将士们的关爱。可是嘉靖皇帝犒师的圣旨虽然下达，但牛肉、美酒和银子一点都没有，就这样拖了两三日，五万勤王的兵将手中，一个人只是分到了几块硬邦邦的薄饼。

一天吃几块薄饼，估计饿不死人，真要饿了三天，再去吃薄饼，估计连咬的力气都没有了。当时，仇鸾的手下为了填饱肚子，他们竟梳起了和俺答汗手下士兵同款的辫子，开始冒充贼兵，在京畿抢粮掠食。

京城周围的百姓面对俺答汗的凶兵，已经流离失所，苦不堪言，再加上官兵匪徒似的抢掠，他们的生活更是雪上加霜，如坠水火。

嘉靖皇帝接到仇鸾手下扰民的奏疏，急忙传下口谕，国难当头，不要对其缉捕。丁汝夔也告诫三法司和刑部等衙门，暂时甭管仇鸾手下的将士，他们是来解围的，追究其责任要等俺答汗的凶兵退去再说。

根据历史记载，嘉靖朝的时候，京城百里之外，盗匪横行，如今俺答汗兵临城下，明军竟然无力却敌，很显然，这样的朝廷已经是苟延残喘的病人，随时都有"翘辫子"的可能。

丁汝夔也许不知道，他作为抗击俺答汗的最高兵权指挥者——兵部尚书，民间对他指挥不利、纵容兵匪抢劫的怨恨，已经上升到忍无可忍的程度了。

俺答汗的蒙古铁骑已经兵临城下，职方郎王尚学就曾经劝说丁汝夔："速战。"可是丁汝夔的心中却充满着瞻顾，如果出战失败，不仅明军的士气受损，而且自己的兵部尚书的位置，定然不保。

丁汝夔曾经向严嵩问计："陛下命令我出兵，我该如何？"

严嵩回答："塞上败或可掩也，失利辇下，帝无不知，谁执其咎？寇饱自飏去耳！"

严嵩在朝廷之间，确实可以翻云覆雨，但他不是一个稳定的靠山，丁汝夔没有好好想想，自己一旦遭遇械梏系狱之灾，刳腹折颐之祸，严嵩会救自己吗？他会不会舍车保帅？

御敌虽然是兵部尚书的事，徐阶身为礼部尚书，主管着科举、祭祀、礼仪、学务和接待外使等事务，但他对明朝兵部进退失据、苦无良策的被动局面，也是甚为关心。他这天找来张居正，然后借机考考他，看张居正是否有"破敌"的良策。

自从边关燃起兵燹战火，俺答汗兴兵来攻，张居正无一日不在思考着退敌之策。大明缺粮少饷，将孱兵弱，一旦出战，必定失败。可是这场战还不能不打，因为俺答汗欺辱上门，事关大明王朝的脸面，即使虚张声势，也要打一场挽回面子的仗。

这场仗需要怎么打，却很有讲究。张居正接到徐阶的邀请，他上了徐府的马车，半炷香的时间后，就来到了徐阶的尚书府。徐阶这次没有清茶待客，而是命府内的厨师，做了四道荆州的美味佳肴：珍珠圆子、水煮财鱼、千张扣肉、散烩八宝饭，一壶加了酸梅的绍兴花雕酒，已经在炭火炉子上煮热。室内飘着酒菜的香气，让张居正有了一种温馨如家的感觉。

现在国难当头，京城物价飞涨，很多家庭的柴米都已短缺。张居正在翰林院居住，虽然不至于饿肚子，但每天吃着糙米饭就老咸菜，也是让他有一种难以下咽的感觉。

徐阶让张居正坐下，便开始频频劝酒，过了一会儿，他好像不经意地说道："你对战事和时局，有什么具体看法？"

张居正放下手中的酒杯,回答:"俺答汗兵强马壮,大明兵将如果与其硬碰硬,难以占上风,以仆看来,依其形势,宜守不宜攻!"

徐阶点了点头,说道:"你说的甚有道理,可是有一点你想过没有,俺答汗在天子的眼皮子地下抢掠,令当今圣上颜面无存,这场战即使是为了面子,也是要打!"

张居正想了想,道:"其实在打和守之间,还有一条路,那就是'谈'!"

徐阶心中的腹案是:随着各路勤王的兵将,已经陆续赶到京畿,现在明兵的人数,已经超过了俺答汗的人马,俺答汗千里远袭,目标只是"通贡互市",粮草一定携带不多,他们在京城外没有民众支持,给养一断,军心浮动,必然自溃,等俺答汗撤走之时,明军随后而攻之,将会以胜利而收场。

可是张居正说的"通贡互市",铁定是明朝吃亏在先,故此,嘉靖皇帝一定不肯答应,徐阶问道:"怎么谈?"

"通贡互市就有很多的文章可以做!"张居正回答,"比如和俺答汗讲规矩,他投送'通贡互市'贡书的地点必须在关外!"

"这是一个好主意!"徐阶听罢,他兴奋地一拍巴掌道,"通贡互市不可以谈,但前期的规矩都可以谈,只要抓住俺答汗期盼通贡互市的软肋,不愁他不立刻退兵!"

第二天早朝,嘉靖皇帝召集文武大臣,商量退兵之策,兵部尚书丁汝夔说了半天,也是一个"守"字,嘉靖皇帝转头问严嵩:"你可以有万全的退敌之策?"

严嵩写青词,一个顶三个,如果打击异己,倾轧朝臣,一个顶十个,可是谈到退敌,他一百个也不顶一个。严嵩一见嘉靖皇帝逼问得急,他自信地说道:"这就是一伙抢吃食的劣贼,俺答部一旦饱掠,可自去,故不足患!"

徐阶听罢,不由得怒火满腔,大明堂堂的首辅,不思退敌良策,反而说这种"二把刀"的话,他朗声道:"陛下,俺答部在城外岂止是在饱掠,而是在杀人放火,我们一定要拿出御敌的办法!"

大明的君臣在金銮殿上,商议半天,也拿不出退敌的良策,就在这时候,宦官杨增回到了京城,他在通州被俺答汗俘虏,被放回时,还带来了俺答汗的一封书信,上面写着:"予我币,通我贡,即解围,不者岁一虔尔郭!"

嘉靖皇帝怒道:"俺答汗太猖狂了,内阁和兵部一定要给朕想出一个退敌的办法!"

徐阶见严嵩低着头,成了没嘴巴的葫芦,他说道:"陛下,我们不可以和俺答汗谈'通贡互市',但却可以和他们谈递交通贡书的规矩!"

徐阶一见满朝的文武都怀疑自己的耳朵听错了,他就开始解释,俺答汗要求谈"通贡互市",必须要上一个手本,而且这个手本要用蒙语书写,这才符合规矩。更符合规矩的是,俺答汗要退出边关,然后将手本交给边关的守将,由边关的守将,通过驿站,再送到皇帝的手中。

不管嘉靖皇帝答不答应俺答汗要求的"通贡互市",至少俺答汗已经退出了边关。这就是徐阶,也是张居正"投肉诱狼"和"上屋抽梯"的办法,虽然不上台面,但应该管用。

俺答汗"饱掠"多日,所得甚多,真有一种当了"暴发户"的感觉,俺答汗以掠逼谈,果然有了效果,面对"过了这个村,没有这个店"的优厚条件,俺答汗与谋士们商议一下,当即答应退兵出关,重新到关外递交蒙语求贡书。

俺答汗为何会这样痛快答应退兵出关,除去抢夺到大量的财帛物质,让他有退兵的打算之外,明朝多路勤王的队伍,已经集结在京城之外,正对着蒙古骑兵虎视眈眈。战争一旦打响,虽然俺答汗实力占优,可是他们远离草原作战,败不得,也败不起,还不如见好就收,这才是最佳的选择。

更何况,明朝给了他们一个出关递交折子,便可以商讨"通贡互市"的可能。俺答汗为了撤兵,故布疑阵,他首先留下一部人马,在京城外继续做出要夺取京城的姿态,然后大部人马,押着抢夺而来的物质,一半走高崖口、镇边城,另外一部走古北口旧路。俺答汗撤退的时候,仇鸾急欲建功,他率兵急追,俺答汗则领兵杀回,仇鸾的手下一触即溃,真是偷鸡不成反蚀把米,要不是他逃得快,差点被活捉,成了俘虏。

至九月一日，俺答汗的人马全部撤出了关外，然后用蒙古语重新写好了请求贡市的书信，可是一等再等的结果是，俺答汗的请求贡书，就好像石沉大海，没有一点消息，很显然，俺答汗被骗了！

俺答汗恨得咬牙切齿，但让他再领兵杀回去，与勤王的明军决战，这等于是往口袋里钻，纯属是作死，只有傻子才会干。俺答汗只能等待下一个时机，再做其它打算了。

"庚戌之变"过后，丁汝夔被嘉靖皇帝免官下狱，严嵩为了不让丁汝夔在庭审的时候，供出自己，他还曾到监狱中，去看望丁汝夔，并信誓旦旦地保证说："我在，必不令公死！"

直到丁汝夔被押赴刑场，面对着刽子手手中的鬼头刀，他才知道自己被严嵩"插个草标"给出卖了。同样是死，领军出战，即使死在俺答汗的手中，那也是死得轰轰烈烈，是个英雄，可是如今窝窝囊囊死在刑场，最后归于朽木粪土，他的身份就贬为了罪臣。

丁汝夔在刑场上留下的最后一句话是："严嵩误我！"

在《明史·丁汝夔》中的记载是："坐汝夔守备不设，即日斩于市，枭其首，妻流三千里，子戍铁岭。汝夔临刑，始悔为嵩所卖。"

丁汝夔原本可以青史留名，可是他竟冒天下之大不韪，向严嵩出卖了灵魂，因为追随奸党，最后落得身首异处的下场。

在整个"庚戌之变"期间，俺答汗的蒙军铁骑，竟"所残掠人畜二百万"。丁汝夔被处决，仇鸾成了最大的受益者，他开始提督京营戎政，一时之间，风头无限。

俺答汗领兵绕过大同，直逼京城，这个事就很不正常，不仅很多朝臣怀疑，徐阶怀疑，张居正也是怀疑。仇鸾靠重贿，让俺答汗远离大同，可是怀疑归怀疑，谁也没有证据，再说仇鸾是严嵩的人，并以严嵩的干儿子自居，严嵩是当朝的首辅，谁又能奈何得了仇鸾。

虽然仇鸾靠重贿，让俺答汗远离大同，这是他人生的污点，但入京勤王，他确实是领兵第一个到达，这个是有目共睹的事实，而且具有"忠君报国"的欺骗性。

嘉靖皇帝视"庚戌之变"为奇耻大辱，同时对在"庚戌之变"中不作为的严嵩开始不信任，并开始重用徐阶，这样内阁中就有了两股势力，严嵩想要在内阁中搞"一言堂"，估计就得有所顾忌了。

嘉靖皇帝虽非明君，却很有平衡势力以及分权制之的御臣之道。

徐阶进入内阁后，便在自己办公的墙壁上写了三句箴言：以威福还主上，以政务还诸司，以用刑舍赏还公论。这三句话亦表明了他的施政风格：全力维护皇帝的威严，政务下发给相关部门去执行，同时注重赏罚的公平正义。

嘉靖皇帝下旨命兵、户两部"集兵聚粮"，又给仇鸾传下圣谕："卿勿怠此戎务，必如皇祖时长驱胡虏三千里乃可！"

容易得来的，很快就将失去，仇鸾虽然被嘉靖皇帝寄予厚望，但他只是一根空心的竹子，真的没法做大明的顶梁柱。仇鸾得势后，基本上是一种"穷人乍富，身有十文，必振衣作响"的状态，他很快便与严嵩和陆炳等人闹起了矛盾，又因为开放马市，效果不佳，而且在对外御敌之上，亦没有行之有效的办法，嘉靖皇帝很快就开始讨厌他了。

一个人可以桀骜不驯，可以和朝廷重臣搞不好关系，也可以不讨皇帝的喜欢，但是必须要有能力，一旦这种能力不可替代，他的位置就会异常稳固。

仇鸾善于搞阴谋，长于做面子活儿，可是一旦到了冲锋陷阵的时刻，他就"熊"了。严嵩本来对义子仇鸾寄予厚望，可是随着皇帝的宠幸，仇鸾竟然将严嵩不当回事，更让他恼火的是，仇鸾和徐阶的关系，似乎比他还要近。

严嵩就开始命手下收集罪证，他要狠狠地参上仇鸾一本。严嵩将仇鸾的罪证收集得差不多了，一个让他目瞪口呆的消息传来，徐阶在金銮殿上，对仇鸾展开了弹劾和清算。

严嵩不敢相信的是，他弹劾仇鸾只是贪赃枉法，贻误军机，最多褫职下狱，充军发配；而徐阶弹劾仇鸾，却是私通外敌，阴谋叛国，完全是一个抄家灭门、押赴刑场砍脑袋的大罪。

严嵩年纪大了，很显然他在对仇鸾的处理过程中，比徐阶慢了一步，这事让他只是觉得有些冤枉。但让严嵩震惊的是，他完全被貌似无害的徐阶给骗了，徐阶下手比他还黑，比他还狠，一出手就要仇鸾的小命。

仇鸾和徐阶走得较近，他误以为仇鸾就是徐阶的软肋，可是让严嵩没想到的是，徐阶用"舍不得孩子，套不到狼"的手段，清除了仇鸾，让严嵩发出去的拳头，再也找不到徐阶软肋的方向。

徐阶除掉仇鸾之心，其实是由来已久。徐阶受过夏言的提携之恩，可以说，夏言就是徐阶的老师，仇鸾的那封举报信，成了压死骆驼的最后一根稻草，杀师之仇，徐阶焉能不报。

1552年，仇鸾被免官下狱，不久之后，因生背疮去世。他去世后，陆炳坐实了他通敌叛国的犯罪事实，仇鸾被开棺戮尸，下场可谓惨得不能再惨，正义虽然来迟，但终究没有缺席。

严嵩弹劾仇鸾，是打击异己，杀伐立威；徐阶除掉仇鸾，目的是先下手为强，灭掉祸国奸佞的同时，不给严嵩打击自己的机会。张居正在翰林院这个"象牙之塔"中，看罢了这场腥风血雨的恶斗，不由得也被朝堂上两位"大佬"的手段所折服。

在"庚戌之变"中，有两个人获利最大，一个是俺答汗，另外一个就是徐阶。严嵩收仇鸾为义子，能为己用则好，一旦不能为己用，那就是将仇鸾养肥后，然后来一个"砍倒大树有柴烧"，为国除奸后，自己更能得到皇帝的宠幸，可是谁都没想到，徐阶抢先下手，不仅夺了严嵩的功劳，而且让严嵩打击自己的计划全部落空。

张居正觉得自己缺乏锻炼，距离百炼成钢，还有一段距离，他每日在翰林院起草诰敕、纂修史书、侍讲经筵，做的都是上支下派、日常的事务工作，虽然张居正在心里，已经抛弃了严嵩，可是表面上，他还得与严嵩处理好关系，徐阶虽然是张居正追随的目标，但还需要刻意保持一定的距离。

这种左右逢迎、刀切豆腐两面光的事，让张居正感觉心累。他觉得严嵩当道，前途不明，这个时间段，真的不是自己应该有所作为的时候，他正琢磨着是否找个理由，退官回籍的时候，杨继盛出事了！

杨继盛是个苦出身，曾经贫无立锥之地，他是一边放牛，一边读书，最后走完了自己的科举之路。他曾经和张居正一同中进士，他得中进士之后，先去了南京，任南京吏部主事，坐了几年的冷板凳，后来在徐阶的举荐之下，成为了兵部员外郎。

"庚戌之变"后，仇鸾要开马市，杨继盛上《请罢马市疏》，斥责仇鸾之举有"十不可、五谬"，杨继盛写道："互市者，和亲别名也。俺答蹂躏我陵寝，虔刘我赤子。天下大雠也……盖有为陛下主其事者，故公卿大夫知而莫为一言。陛下宜奋独断，悉按诸言互市者，发明诏选将练兵。不出十年，臣请为陛下竿俺答之首于藁街，以示天下万世。"

当时权力在手的仇鸾看到杨继盛上《请罢马市疏》，十分恼火，便转头告了杨继盛的状，杨继盛被关进诏狱，并贬官发配到了边关地区。

仇鸾败亡下狱、身亡戮尸之后，嘉靖皇帝想起了杨继盛的忠贞，诏令他复官，由知县，升南京户部主事，又升刑部员外郎。严嵩觉得仇鸾的敌人，就应该是自己的朋友，便将其调到了京城的兵部武选司。这个地方可是一个富得流油的地方，面对武将的升迁，只要大笔一挥，白花花的银子，便会像小河一样流进自己的腰包。

可是严嵩并不知道杨继盛的底线在哪里，他更不知道，杨继盛的心中有本"奸臣榜"，仇鸾排第二，排第一的就是严嵩。杨继盛是个铁骨铮臣，他怎么会因为严嵩的拉拢，而投到奸党的门下。

有人说杨继盛是一个大公无私的人，他只有公愤，而没有私恩。当时杨继盛的朋友，王阳明的左派嫡传弟子唐顺之，就曾经写信劝他："愿益留意，不朽之业，终当在执事而为意旨。"意思是：你的意见应该暂时藏起来，如果想要建立不朽的功业，应该在你掌权之后。

唐顺之的意思很明显，那就是留着有用之身，等着将来干大事，如果说得通俗一点：暂时不要用鸡蛋碰石头，等你手中握有铁锤之后，再对顽石下手。

杨继盛曾经写过一首诗，里面有这样一句"铁肩担道义"，他的肩膀上担的是道义。他认为，一个堂堂的男子汉，如果不能肩担道义，那么要肩膀做什么。

杨继盛羞与奸党为伍，他写了疏弹劾严嵩十大罪状，并在十大罪状中，将其指为"天下之第一大贼"。徐阶作为杨继盛的老师，听说这个弟子竟敢在金殿上弹劾严嵩，他初闻此事，心中竟是"咯噔"一下，杨继盛真的太冲动，弹劾严嵩十大罪状，在弹劾之前，杨继盛竟然都没有和他商量一下。

现在还不到除掉严嵩的时候，严嵩老奸巨猾，他依靠媚主，来行贪赃枉法之事，故此，恶名不显，杨继盛弹劾严嵩十大罪状，很可能因为查无实据，而让他自己面临着牢狱之灾，甚至有被砍头的危险。

最让徐阶担心的是，杨继盛弹劾严嵩，很有可能让严嵩认为是徐阶指使，徐阶这么多年刻意与严嵩搞好关系，并努力让严嵩抓不到把柄，目的只有一个，他在等待着一个机会，然后一击必中，置祸国殃民的严嵩于死地。

杨继盛弹劾严嵩，不仅打乱了徐阶灭奸的步骤，更可能的是，严嵩会以为是徐阶支持杨继盛，而徐阶以后的日子，就将更难过了。徐阶身为次辅，很快便通过皇帝身边的近侍，看到了这份杨继盛弹劾严嵩十大罪状，当他看到里面"大学士徐阶蒙陛下特擢，乃亦每事依违，不敢持正，不可不谓之负国也"之时，他悬在喉咙眼里的心，又"扑通"一声，落回到了肚子里。

杨继盛真是一条汉子，他一人做事一人当，为了抛清自己和徐阶的关系，他竟在弹劾状上，刻意地提出徐阶没有担当起次辅的责任，用"负国"二字让徐阶置身事外。

徐阶能看到杨继盛的弹劾，严嵩自然也可以，他将杨继盛的弹劾，交给儿子，当严世藩将十大罪状看罢，他指着其中的一句"愿陛下听臣之言，察嵩之奸，或召问裕、景二王"，说："我知道谁是杨继盛的后台了。"

杨继盛的主心骨就是裕、景二王。严嵩权倾当朝不假，他却奈何不了裕、景二王，严嵩面色沉重地说："如果有裕、景二王支持杨继盛，接下来我们父子，就需要打一场硬仗了。"

严世蕃看罢这十八个字，他的脸上却露出了欣喜的神色。当年嘉靖皇帝的太子朱载基降生两个月便夭折，他便召见宫中的道士陶仲文，询问皇子何以早夭？陶仲文给出了一个结论："二龙不能相见。"

后来，嘉靖皇帝的二子朱载壑又被立为东宫太子，这位太子十三岁的时候，入学需要行冠礼，嘉靖皇帝亲自主持，可是两天后，朱载壑便去世了，"二龙不能相见"的谶语，再一次得到证实。

杨继盛并没有吃透朝廷，他让嘉靖皇帝召见"裕、景二王"，等于犯了嘉靖的忌讳，可以说，他用一道弹劾，戳中了明世宗最痛的肺管子。

这时候，明朝一个重要的人物高拱，开始在官场的舞台正式亮相。他拿着一份誊写的杨继盛弹劾严嵩的十大罪状，来到了徐阶的府邸，他觉得杨继盛作为徐阶的学生，弹劾严嵩，一定是得到"裕、景二王"的支持，并做好了充分的准备，故此，他向徐阶来问情况，一旦严嵩相位不保，他也好做出墙倒众人推的准备。

徐阶两手一摊，无奈地说："杨继盛弹劾严嵩，我完全不知情！"

徐阶一句话，让高拱更是丈二和尚摸不着头脑，他惊讶地道："难道杨继盛只凭着一时之勇，做出了弹劾严嵩之事？"

徐阶点头，高拱抹了一把冷汗，道："可是杨继盛写下了'愿陛下听臣之言，察嵩之奸，或召问裕、景二王'，这一句不仅会让他陷入万劫不复之地，而且还会将祸水引向裕王！"

裕王名叫朱载垕，因为年长，理应是嘉靖皇帝的太子人选，可是他体弱多病，虽然徐阶、张居正和高拱都曾经是裕王的老师，他也得到了文官清流派的支持，但严嵩支持景王朱载圳继位，嘉靖皇帝也有意让朱载圳当太子。

嘉靖皇帝曾经怀疑裕王的能力，为了让景王登位，他还让徐阶去查成祖皇帝，如何对待前太子朱标一脉的龙子龙孙，徐阶查完成祖皇帝的历史后，告诉嘉靖皇帝，朱棣称帝后，朱标一脉尽皆没有得到善终。

嘉靖皇帝听罢，不说话了。很显然，景王如果登基，裕王一脉必将被铲除，而裕王登基，景王一脉倒可得到保留。这件事是在秘密进行的，张居正后来说"此一事惟臣居正一人知之"。

高拱作为裕王的死党，自然希望裕王上位，在《嘉靖以来首辅传》中，王世贞说他"刻苦学问，通经义，务识大指，为文不好称词藻，而深重有气力"。这绝非溢美之词，从高拱对严嵩的这份警觉，就能看得出，他堪称是一位能臣干吏。

高拱作为裕王的老师，他担心严嵩借题发挥，借杨继盛被下诏狱之机，罗织罪名，扳倒裕王，趁机让景王上位。

高拱作为裕王的老师，严嵩和徐阶对其都甚是尊重，而高拱和这两位首辅的关系，表面上可以说是难分远近，可是在背地里，因为支持裕王的关系，他还是有意地向徐阶靠拢。

高拱得知杨继盛只是凭着一股血勇在做事，便急匆匆地向徐阶告辞，然后来到裕王府，告诉裕王，面对多事之秋，防微杜渐为上策，严防有人借题发挥，拉他下马。

严嵩本想将杨继盛收到麾下，谁成想老猫烧须，杨继盛竟大胆上殿弹劾自己的十大罪状……嘉靖皇帝却认为杨继盛是在诬陷严嵩。接下来，"大逆不道"的杨继盛便被下了诏狱。嘉靖皇帝还亲自派太监到诏狱去问，杨继盛究竟是受到"裕、景二王"何人的指使，杨继盛直到这时候，才知道事情的严重性，他昂然答道："满朝文武，不惧严嵩之人，唯有裕、景二王而已！"

太监回宫奏事，可是嘉靖皇帝并不信杨继盛的"表白"，因为他觉得，杨继盛没有后台，他一定不敢诬陷阁臣，并弹劾严嵩的十大罪状。

杨继盛弹劾严嵩的十大罪状，很多朝臣表面上缄口不语，可是他们的心里都是喜出望外，他们认为这是扳倒严氏父子最直接的机会。可是在严世蕃看来，杨继盛弹劾自己和父亲，看似危机重重，实则是帮了他们一个大忙，这个大忙就是给他们创造了一个清除裕王，让景王上位的最佳机会。

严世蕃被称为"鬼才",不仅写青词厉害,严嵩许多有"见识"的奏疏都是他代笔的,他还帮严嵩扫清政敌,让其在首辅位置上稳如泰山,严世蕃除了这些过人之处,他还最擅长揣摩喜怒无常、喜欢说"半句话"的嘉靖皇帝的心思。

严世蕃眼睛一眨巴,便开始冒坏水,在他的策划之下,严嵩在当天夜里,便来到了陆炳的诏狱。陆炳并非善男信女,大明朝的官吏都知道,能够掌管锦衣卫,并出任诏狱狱长的人,必定是个心狠手辣之辈。

严嵩告诉陆炳:"你有更上一层楼的机会,那就是取得杨继盛诬陷本首辅的口供。"然后请陆炳在诏狱杀掉杨继盛。接下来,严嵩在朝堂扳倒裕王,一旦景王上位,陆炳就是再造社稷江山的股肱之臣,到时候朝中的高官显爵,可自择之!

陆炳听罢严嵩的吩咐,他挺身而起,大包大揽地道:"陆某定不负严公所望!"

严嵩信心十足地回到了阁老府,可是三天过后,诏狱之中,依然没有取得杨继盛的口供,更别说传来杨继盛毙命的消息。

严嵩真是碰了一鼻子灰,他没有想到,就在自己去见陆炳之前,徐阶已经抢先一步来到了诏狱,对陆炳说道:"陆大人,您一定要保证杨继盛的生命安全!"

陆炳声震屋宇地回答:"请徐大人放心,杨继盛只要在诏狱一天,他就有一天的安全!"

徐阶讲完了第一个要求,他压低了声音,接着讲难度更大的第二个要求:"陆大人,杨继盛弹劾严阁老,此事应该就事论事,不宜牵涉太广!"

陆炳知道徐阶的意思,是让他不要严刑逼供,让杨继盛承认自己背后的支持者是裕王。

陆炳回答:"诏狱有诏狱的规矩,一切都会按照国法行事,请徐大人放心!"

徐阶不放心,再次提醒道:"陆大人,此案干系重大,因为这里面关系着江山社稷的安危！"

陆炳为官多年，哪能不明白江山社稷安危指的是什么，那就是皇储的位子，绝对不可动摇。一旦杨继盛的案情，牵涉到了太子，那么结局只有两个：一个是裕王被废，景王成为太子；另外一个是裕王之位稳如泰山，想动裕王的人，全都被处理，而陆炳也是可以被牺牲的对象。

陆炳论官场的智慧，虽然比不过徐阶，但他深深知道，杨继盛的案情一旦深究，必然会出现不可控的局面。与其冒着掉脑袋的风险去改变储君之位，还不如图个安稳，维持现状，而裕王一旦当了皇帝，知道自己为他顶住了严嵩的压力，到时候朝中的高官显爵，也可自择之。

京城的文武百官都知道，陆炳不仅是严嵩的人，也是徐阶的人，陆炳能够执掌锦衣卫，除了得益于他是嘉靖皇帝的发小，更得益于他非常善于运营联姻之术。陆炳共有四个儿子五个女儿，长子名叫陆经，他娶了后军都督府右军都督掌锦衣卫事高恕的孙女，第三子陆绎，娶了吏部尚书吴鹏的第五女。

陆炳的长女嫁给成国公朱希忠嫡长子朱时泰；陆炳的次女嫁给了严世蕃之子严绍庭；陆炳的三女儿嫁给了徐阶的儿子徐瑛；陆炳的四女儿嫁给了南京礼部尚书孙陞之子孙镶；陆炳的五女儿嫁吏部尚书吴鹏之子吴绶。

陆炳和严嵩、徐阶全都是姻亲，他和都督府、国公府，还有朝廷中权力最重的六部九卿的官吏，几乎全都有着盘根错节的姻亲联系，故此，他才能执掌锦衣卫多年，其地位无人能够撼动。

陆炳既然和严嵩走得最近，为何他这次听了徐阶的话？因为陆炳熟读史书，深知倾覆储君，图谋上位，历史上虽然有成功的先例，但无不是鲜血满地，风险太大，与其跟着严嵩去冒险，还不如牵着徐阶的手，落得个平安。

若论官场的智慧，陆炳无法和严嵩、徐阶比，但一般人物和他比"官斗"显然是无法望其项背。在严刑逼供之下，制作一份假口供，或者在诏狱中，除掉杨继盛，对于陆炳来说，都是易如反掌之事。可是嘉靖皇帝并没有传下任何一道杀掉杨继盛的旨意,这就说明,杨继盛弹劾严嵩十大罪状,嘉靖皇帝并不认为是空穴来风,但他离不开"忠心耿耿"的严嵩,他又不想杀"直炮筒子"杨继盛,但皇帝又担心将杨继盛放出来,杨继盛继续在朝堂上弹劾严嵩,故此,就出现了杨继盛在诏狱中,不杀不放的局面。

杨继盛敢于弹劾严嵩,就说明他是一个"镇妖塔",至少有他在诏狱关着,严嵩就会有所顾忌,会收敛很多。陆炳做的是嘉靖皇帝的官,他一定要揣摩透这位"道士"皇帝的心思,不杀杨继盛,严嵩可能不满意,杀了杨继盛,徐阶不满意,嘉靖皇帝也有可能不满意,故此,二比一的结果是:陆炳叮嘱狱卒,一定要善待杨继盛。

徐阶为了让严嵩收敛,令他放弃借着杨继盛弹劾自己的机会,行打击裕王的实质,徐阶有一次在内阁与严嵩喝茶,说道:"陛下只有两位皇子,必不忍心让他们做证,以此来为难您,您何必公开与宫邸结怨呢?"

徐阶说这一番话的意思是:嘉靖皇帝的两位皇子,必定有一个将来会当皇帝,为了将来,请严阁老最好收敛点,小心扳不倒裕王,将来裕王登基,找你秋后算账!

严嵩对裕王不仅冷淡,而且刻薄,裕王每年应该有一笔岁赐,可是严嵩拖了三年也没给,裕王只得给严世蕃送去了一千两银子的贿赂,岁赐才得以补发。

严氏父子加害裕王的念头,始终也没有停止过。有一天,严世蕃在翰林院,开始试探裕王的讲官高拱和陈以勤的态度:"我听说裕王对家父有些不满,这是怎么一回事?"

高拱本想顾左右而言他,转移严世蕃的注意,陈以勤则在一旁沉静地说:"国本默定久矣。生而命名,从后从土,首出九域,此君意也。故此,诸王讲官止用检讨,今兼用编修,独异他邸,此相意也。殿下每谓首辅社稷臣,君安从受此言?"

陈以勤回答得不卑不亢,很有力量,他的意思是:裕王的裕字中有谷字,当拥有土地,圣意明显,就是定裕王为太子的意思,其他王爷的讲官最多用翰林院的检讨，而裕王的讲官，却用翰林院的编修，这都是首辅的安排。裕王总是说，首辅是一位安社稷、定江山的干臣，请问不满的话从何而来？

严世蕃碰了一个不软不硬的钉子，他气得一甩袖子，面带愠色，离开了翰林院。

裕王有徐阶等一班大臣们保着，也非严嵩之辈想扳倒就扳倒的"牌位"，严嵩思前想后，还是放弃了借着杨继盛下狱，打击裕王的歪点子。

杨继盛弹劾严嵩，在嘉靖皇帝看来，奏疏上所谓十大罪状，多属捕风捉影的诬告，只有少一部分像是事实，可是想要饬令查办，没有三年五载也查不清。杨继盛敢于诬告当朝首辅，必须要处分，但砍脑袋就免了，为了以儆效尤，一百廷杖在劫难逃。

杨继盛在诏狱中，准备接受廷杖的消息传出，一位耿直的朝臣，便托人给杨继盛送来一副可以疗伤止痛的蛇胆，杨继盛昂然说道："杨椒山（杨继盛号椒山）有胆，不用这个！"

一百廷杖打完，杨继盛的两条腿基本废掉，漆黑的夜里，他手拿碎掉的瓷片，开始给两条残腿做清理手术，随着腐肉一点点被剔除干净，露出了白兮兮的腿骨，掌灯的狱卒在"嚯嚯"的刮骨声中，吓得瑟瑟而抖，杨继盛声音镇定："不要动，灯影晃动我看不清了！"

杨继盛可以说是"生为百夫雄，死为壮士规"的最给力实践者，他在陆炳的照顾下，还是艰难地活过来了，他就是大明朝不畏权奸的正义化身，虽然人被关在漆黑的诏狱中，但他仍然散发着大明铁骨忠臣的熠熠光芒。

杨继盛活在诏狱，这与徐阶对陆炳施加的影响是分不开的，可是徐阶并没有上奏疏，请求嘉靖皇帝将其放出来，朝堂上很多正直的大臣不理解，认为徐阶软弱得好像一个"无皮蛋"，但张居正知道，徐阶是在明哲保身，一旦徐阶上了替杨继盛求情的奏疏，严嵩对徐阶的报复，就会接踵而至。

时间一晃，三年匆匆而过，杨继盛被关在暗无天日的诏狱，日子一定难熬，可是严嵩父子亦是如坐针毡，生活也好过不到哪里去。之后严嵩用严世蕃之计，在严党赵文华弹劾两名罪臣的奏疏后面，写上了杨继盛的名字。

当时，嘉靖皇帝修炼道术，已经到了废寝忘食的程度，对于奏疏上三名罪臣的名字，他怎么会细看。故此，他朱笔一挥，等待杨继盛的，只能是押赴刑场、开刀问斩的命运。

1555年10月，四十岁的杨继盛被押往西市处斩。临刑前，陪伴在其身边的人，除了妻子张氏外，就是好友王世贞了。可是王世贞任刑部郎中，只是一个五品小官，官微职轻，远离权力中心，根本无法阻止杨继盛被杀的命运。

杨继盛引刀一快之前，给王世贞留了句遗言："元美（王世贞字元美），不必如此，死得其所，死又何惧？"

杨继盛衔冤被害之时，无人敢到刑场替他收尸，只有王世贞脱下了自己的官服，包裹了杨继盛的尸骸，对于战死沙场的将士，可用马革裹尸，对于死谏的忠臣，用官服为其裹尸，可以说是最大的嘉奖。

张居正面对杨继盛被害，写了一首《蒲生野塘中》，其中有"荣瘁不自保，倏忽谁能知"之句，感叹忠臣"竟死西市，天下共冤之"的事实。

1557年，严嵩用同样的办法，伙同宣大总督杨顺，杀害了以"十罪疏"弹劾自己的沈炼，他们将沈炼的名字，写在了拘捕白莲教众的名单之上。

杨继盛和沈炼的死，让当时大明朝仅有的一点忠臣之光，提前泯灭。可是他们的死，却让人们知道了一件事：严嵩善于使用流氓手段，想要除掉他，一定要用更流氓的手段，否则的话，就哪儿凉快哪儿待着去吧！

5 / 归来，在淫威之下"成长"

1554年，在翰林院蹉跎岁月的张居正曾经写下了一首《述怀》诗：

> 岂是东方隐，沈冥金马门？
> 方同长卿倦，卧病思梁园。
> 蹇予柄微尚，适俗多忧烦。
> 侧身谬通籍，抚心愁触藩。
> 臃肿非世器，缅怀南山原。
> 幽涧有遗藻，白云漏芳荪。
> 山中人不归，众卉森以繁。
> 永愿谢尘累，闲居养营魂。
> 百年贵有适，贵贱宁足论。

在这首诗词中，出现了不少颓废的字词，比如：东方隐、长卿倦、卧病、忧烦、尘累和思梁园等，由此可知，张居正对在翰林院编书纪史、起草诏书等琐碎的工作已经厌烦。面对奸臣当道，朝中百官缄口，弹劾严嵩的杨继盛被下诏狱、备受摧残，这种"忠义赴刑场，奸佞在朝堂"的氛围实在让张居正无法忍受。

张居正本来对徐阶寄予厚望，可是徐阶为了保全自己的实力，对命在旦夕的杨继盛采取了"听之任之"的态度，如果换一个角度去想，张居正向严嵩发起弹劾,接着被下诏狱,徐阶为了不得罪严嵩,也不会公开地保护他。

张居正心中苦闷,便写下了一首《适志吟》抒怀,其中有"鲁连志存齐,绮皓亦安刘"两句,齐国的鲁仲连、汉初的绮皓,他们都不急于出仕做官,后来,汉高祖要另立太子,吕后迎来商山四皓等人,辅佐太子,让汉高祖废太子的计划流产。

张居正在《适志吟》中,已经表露出做官不应太早,应该适时进退的意思。就在张居正准备寻找一个合适的理由,辞职回家的时候,一封家书寄到了京城的翰林院。

这封来自江陵的家书,带来了一个不幸的消息,张居正的原配夫人顾氏因病去世了。张居正和自己的正妻鹣鲽情深,他们的感情可以说是"天地鬼神不能禁,山川江海不能隔"。他拿着家书,不由得潸然泪下。第二天,张居正来到了徐阶的府邸,他见到了"忍"字当头的徐阶。

张居正说:"恩师,拙荆去世,再加上仆身体有恙,需要暂且回乡养病!"

徐阶看着张居正,轻叹了一口气道:"本官之所以让你在翰林院坐冷板凳,目的也是保护你!"

张居正施礼道:"学生明白!"

"离开这个是非之地也好!"徐阶低声道,"等将来朝廷风和日丽了,你再回来,相信一定有大展身手的舞台。"

"学生谨记恩师的教导!"张居正说,"朝廷只要有事,恩师只要给仆写一个纸条,学生定当日夜兼程赶回京城,为国效力,为您分忧!"

张居正临走的时候,留给了徐阶一封信《谢病别徐存斋相公》,并叮嘱徐阶,一定要自己离开京城再看。张居正为何提了这个奇怪的要求?因为他怕徐阶当面看信,双方的面子过不去。

这封信最重要的一段内容如下:

"相公雅量古心,自在词林即负重望,三十余年。及登揆席,益允物情,内无琐琐姻娅之私,门无交关请谒之衅,此天下士倾心而延仁也。然自爱立以来，今且二稔，中间渊谋默运，固非谫识可窥，然纲纪风俗，宏谟巨典，犹未使天下改观而易听者，相公岂欲委顺以俟时乎？语曰：'日中必彗，操刀必割。'

"窃见向者张文隐公刚直之气，毅然以天下为己任，然不逾年，遽以病殁。近欧阳公人伦冠冕，向用方殷，亦奄然长逝。二公者，皆自以神智妙用，和光遵养，然二三年间，相继凋谢。何则？方圆之施异用，愠结之怀难堪也。相公于两贤，意气久要，何图一旦奄丧，谁当与相公共功名者？况今荣进之路，险于榛棘，恶直丑正，实繁有徒。相公内抱不群，外欲浑迹，将以竢时，不亦难乎？盍若披腹心，见情素，伸独断之明计，捐流俗之顾虑，慨然一决其平生。

"若天启其衷，忠能悟主，即竹帛之名可期也。吾道竟阻，休泰无期，即抗浮云之志，遗世独往，亦一快也。孰与郁郁颙颔而窃叹也？

"夫宰相者，天子所重也，身不重则言不行。近年以来，主臣之情日隔，朝廷大政，有古匹夫可高论于天子之前者，而今之宰相，不敢出一言。何则？顾忌之情胜也。然其失在豢縻人主之爵禄，不能以道自重，而求言之动人主，必不可几矣。愿相公高视玄览，抗志尘埃之外，其于爵禄也，量而后受，宠至不惊，皎然不利之心，上信乎主，下孚于众，则身重于太山，言信于蓍龟，进则为龙为光，退则为鸿为冥，岂不绰有余裕哉！"

徐阶作为张居正的座师，对其了解，何其深也，在没打开这封信之前，他基本上已经猜到了信中的内容。

张居正在信的开头，先自谦了一番，说自己出身军户，是在徐阶等恩师的关怀和培养之下，才能考中进士，进入了翰林院，这种知遇之情，只能化作报国之志了。

张居正接下来，褒奖了徐阶一通，说他入阁以来，刚直秉性，才干卓越，不负众望，并以天下为己任。随后话锋一转，用问询的口气写道：可是您自从入阁以来，始终保持沉默，这应该不是您的本心，难道做大事的人是在等待机会？

有句古话，您一定知道："日中必慧，操刀必割。"也就是说太阳到中午正好晒东西，拿起了刀子就要割东西，做事情就要当机立断，不能犹豫不决。

有两位古人就是最好的例子，一位是张文隐，另一位是欧阳公，他们虽然心怀天下，名声很大，可是还没等做出一番事业，大限袭来，溘然而世，那些为国为民的理想，没来得及完成，真是可悲可叹。

您身为宰相，内心有远大的理想，不肯同流合污，可是表现在外面，却棱角全无，泯灭于世俗之中。希望您担当起首辅的责任，广纳人才，明辨是非，致王之功，成就鸿业。

古人之言曰："近而不言为陷，远而不言为怨，今将远矣，不胜感激瞻忘之怀，临发潸然，词不宣心，仰惟相公清闲之燕，垂察狂狷之言，幸甚云云。"

三十岁的张居正处在血气方刚的年纪，遇见不平之事，不吐不快，基本上是处于不在其位，站着说话不腰痛的状态。五十二岁的徐阶看罢这封信，却是一脸的苦笑。张居正太高看自己了，如果他能"登高一呼"，便能扳倒严嵩，他何苦受这小媳妇似的窝囊气。

严嵩上得皇帝宠幸，朝廷内有众多死党支持，在外恶名不显，以徐阶的实力，远没有达到能撼动严嵩这棵"老树"的地步，假使他登高一呼，不仅会丢官归籍，甚至下狱亡命，多年的辛苦布局，也将毁于一旦。

小人谋身，君子谋国，大丈夫谋天下。徐阶想要"谋"严嵩这个官场的饕餮"巨兽"，首先要做好两件事：第一件事是麻痹住敌人；第二件事是隐藏好自己。严嵩一旦长时间处于没有敌手的状态，他一定会更加肆意地胡作非为，徐阶在静等严嵩父子恶贯满盈的那一天。

徐阶现在最得意的两个弟子，杨继盛下狱两年，他救援不利，命不保矣。张居正托病辞官，离开了京城，前途未卜，空留下徐阶在高处不胜寒的内阁，还要一边撰写青词，一边与严嵩斗智斗勇。

张居正离开京城是拆徐阶的台吗？根本不是，因为徐阶当时还没有台，他只是严嵩身后的一个影子罢了。

1554年,张居正终于回到了阔别多年的家乡,七省通衢的江陵依然繁华,可以说:渚宫遗迹仍在,长江万古奔流;壮志依然难展,入目狐穴沙丘。

杜甫曾经来过此地,并在《峡隘》一诗中,这样写道:"闻说江陵府,云沙静眇然。白鱼如切玉,朱橘不论钱。水有远湖树,人今何处船。青山各在眼,却望峡中天。"

江陵府的朱橘多得不花钱就可以吃到,江里的白鱼庖解之时,其白如玉,美味异常。张居正托病归家,他的父亲张文明摆下了一桌丰盛的家宴,为他接风洗尘。

张居正一边吃美味的刁子鱼,一边给父亲讲朝堂的形势,他只是浅尝辄止地讲了几句,张文明的脸色就已经变得很难看,张文明真的没有想到,书中记载的,诸如:费仲、李林甫、蔡京、秦桧和阿合马等奸臣,他们以权谋私,欺男霸女,卖官鬻爵,通敌为奸……但他们在倒台之前,在民间已有累累的恶名,可是严嵩不同,他假皇帝的圣旨行事,窃取了大量的财富,而且严党还占据了大多数的高官显爵,严氏父子在外却恶名不显。

张文明惊讶的是,严氏父子竟然做到了"大奸似忠"的程度。更让张文明理解不了的是,徐阶貌似忠臣,可是他以严嵩马首是瞻,每日为讨嘉靖皇帝欢喜撰写青词,放着杨继盛这样的忠臣下狱而不救,一味地藏器待时,可是徐阶的"器"在哪里?他等待的"时"又在何方?

张文明被尔虞我诈的朝廷政斗惊得满头是汗,他说:"你暂时离开刀光剑影、喋血满地的'修罗场'是对的,可先休息一段时间,毕竟家里还有不少事,需要你去做!"

顾氏因病去世,张文明就张罗着,给张居正又娶了一个王氏夫人。张居正娶妻之后,在江陵的山中,找了一个小湖,然后在湖畔用竹骨泥墙,筑了一间简陋的草屋。

他又在草屋的周围,种植了半亩地的竹子,还养了一只瘦鹤,开始了煮茶洗药、空闲读书的生活,而陪伴张居正读书写字的人,只有一个小童子。

张居正面对朝廷中"奸佞当道,正义难伸"的难题,他需要从传世典籍中,找到正确的解决方案,汉代刘向曾说:"书犹药也,善读之可以医愚。"张居正相信只要寻找,这个解决方案总会找到。

可是经卷典籍中,给出的最终答案,都是正义战胜了邪恶,可是朝廷的权力,全都被奸邪掌握在手中,什么时候,才能拨开云雾见青天?

破解人生和事业的疑难,有两个方法:一个方法是前进一步,身处事中,亲自动手,解决问题;另一个方法就是退后一步,远离事件,以更宽广的视角,发现问题的症结所在。

张居正退后一步,住在山里,每日以山肴野蔌为食,在清心寡欲之下,他的头脑更灵活,目光更敏锐。荆州有很多穷苦的百姓,他们有的到张居正住的山中,在竹林中挖笋,寻找野菜和草药,有时候小童子制止不了,张居正就会出面问清情况。

穷苦的百姓告诉他,他们的家里曾经有土地,可是朝廷的赋税太重,只得将其低价卖给地主豪强,自己靠给地主豪强打短工度日,面对十饥九不饱的苦生活,他们只得进山挖竹笋、采野菜,勉强糊口,让家人不至于饿死。

张居正本以为这些穷苦的百姓,只是少量,可是他侧面一了解才知道,江陵的穷苦百姓,面对高额的赋税,卖儿鬻女、典屋售地成了极其普通的现象。

在《张太岳集·学农园记》中,曾有如下记载:"每观其被风露,炙煸日,终岁仆仆,仅免于饥;岁小不登,即妇子不相眄;而官吏催科,急于救燎,寡嫠夜泣,逋寇宵行;未尝不恻然以悲,惕然以恐也。"

当时的荆州百姓辛苦劳作了一年,在官吏税收的催逼之下,活命的粮食亦所剩无几,有不少家庭处在"呼天无路,呼地无门"的悲惨状态,张居正忧于其中,悯于心痛,担心会激起民变,令江山社稷危矣。

江陵是富庶之地,尚且如此,其他贫困的地区,黎民百姓的日子,岂不更是雪上加霜,如陷水火?张居正在《荆州府题名记》中,有这样的描述:

"一变而为宗藩繁盛,戢权挠正,法贷于隐蔽;再变田赋不均,贫民失业民苦于兼并。变而侨户杂居,狡伪权诡,俗坏于偷靡……"张居正用一支笔,写出了当时豪强兼并土地,宗藩仗势欺人,不顾国法,致使黄册失效,户籍紊乱,让明朝廷失去对税源控制的种种弊病。

而隐田隐户逃避赋税,官吏则姑息养奸,致使户部税源渐枯、赤字连连,大明王朝穷得和丐帮差不多,眼看就要揭不开锅了!

张居正在研究前朝典故、名贤文章的时候,也开始注意到了一件事,那就是嘉靖初年,阳明心学逐渐代替了程朱理学,成为明朝的主流思想。可是阳明心学也非特别完美,比如空谈心性,就造成了明朝官吏不事功、唯务虚的政治风气。而那些关心经济、政治、军事等方面的务实人才,被人讥笑为落伍,"问钱谷不知,问甲兵不知"的"心学"空谈家,却充斥于朝堂。

张居正就适时地提出了"学不究乎性命,不可以言学;道不兼乎经济,不可以利"的"实学"主张,可谓是走上了与阳明心学不一样的道路。

张居正借病归乡,本想远离市声,可是树欲静而风不止,辽王朱宪㸅得知张居正回籍,他便以宴饮为名,派人相请。到辽王府喝酒吟诗本是雅事,可是面对"仇人",张居正感到很为难,但为了父母的安全,自身仕途的顺遂,张居正只有坚守不献媚、不厌恶的中道,与之虚与委蛇。

朱宪㸅论学问是第三流水平,可是他对诗歌爱好强烈,每写出一首"歪刺"的诗词,最喜欢张居正能与之唱和,因为他可以利用对方抬高自己的身价。可是张居正对朱宪㸅的做法极为反感,视之为隐居生活中的"魔障"。

典籍中记载,辽王"好近妇人,至腐鼻",这是因为他因为患多年性病,以至于鼻子中发出一阵阵的腐臭之气,而且他还喜欢"屡炮烙㡭炙人",是一个十足的虐人狂魔。

辽王偏偏附庸风雅,还自号"种莲子",他无病呻吟地写出三大册诗稿,请张居正为之写序。张居正没有办法,只得违心赞誉"援毫落纸,累数百言,而稳贴新丽,越在意表,倾囊泻珠,累累不匮",辽王被张居正所褒奖,兴奋得双眼冒光,张居正的心却在滴血。

张居正想要将来"收拾"朱宪㸅,必须要了解他在江陵的一举一动,故此,张居正与朱宪㸅接触,也就留了心,朱宪㸅所干的坏事,也被张居正全部记在心里,只盼将来有了机会,一定要狠狠地整治他。

张居正闭关隐居,不问世事,可是现在的嘉靖王朝,由于俺答汗的逼迫,明朝暂时开放了边贸,而嘉靖皇帝将其视为丧权辱国,故此,"通贡互市"进行得并不顺利。俺答汗在市场上得不到的东西,就准备在战场上得到,他就领兵开始不断地向大同进攻,搞得边关等地狼烟四起、战事频繁。

而东南沿海一带,倭寇袭掠通州、海门、如皋等地区,严嵩为了抗倭,便接二连三向朝廷举荐了多名官员,毕竟有仇鸾的前车之鉴,嘉靖皇帝对严嵩举荐的官员,全都予以否决。

经过几天的廷议,都察院右都御使兼兵部尚书张经,成了总督浙福南畿军务抗倭的负责官员。可是江浙地区,不仅是朝廷的税仓,也是严嵩重要的敛财之处,张经一去,严家的钱串子可能就断了。

严嵩便向皇帝启奏,应该派工部右侍郎赵文华担任监军。监军在明朝的历史上,起的就是开倒车的作用,赵文华是严嵩的心腹,他当监军,其破坏作用更大。果然,赵文华奉严嵩之命,来到前敌,他发现福建前敌抗倭的将士,全都视他为"洪水猛兽",为了防止他对前线将士进行诬告,便开始对其一致孤立,甚至前线的军情,都不让赵文华知道。

赵文华找不到弹劾张经的地方,但他一点都不慌,因为自己可以捏造事实,对张经进行诬陷。

张经来到福建抗倭前线,他和浙江巡抚李天宠经过研究,觉得"养尊处优"的福建本地官兵,根本就不是倭寇的对手,他们就做出一个决定,准备调集两广地区最能打的"狼兵"过来,准备给倭寇致命一击。

可是经过调兵的部署,以及练兵的安排,时间就过去了大半年,赵文华就给张经捏造了一个罪名:养寇失机。这个罪名实在歹毒,意思是:张经为了保住总督江南的官职,不惜养寇自重,屡屡失去剿灭倭寇的机会。

赵文华为何用这个罪名弹劾张经?因为他深深知道嘉靖皇帝的心理弱

点,那就是疑心特重。张经到福建,时间经过半年,也没取得一点战绩,这不是"养寇失机",又是什么?

嘉靖皇帝正准备下旨,惩办张经和李天宠的时候,一个好消息被张经报到了朝廷,《明史·张经传》载:"经引水陆舟师合战于王江泾,斩贼首一千九百余级,自军兴以来,战功第一。"

可是嘉靖皇帝面对抗倭的胜利,竟然更生气了,说:"经欺罔不忠,闻文华弹劾,方才出战,期用捷报惑君,罪不容诛,着锦衣卫逮入诏狱。"嘉靖皇帝竟蛮横地认为:不是赵文华弹劾,张经和李天宠怎么肯用心打仗,取得胜利,"养寇失机"之罪被坐实,张经和李天宠被下狱处死……

《明史》对此只写了四个字:"天下冤之!"其实《明史》的作者,在这四个字的背后,还有八个字没有写,那就是"大明不亡,实无天理"。

可是不知情的人,觉得嘉靖皇帝处死张经、李天宠是对的……张居正当时正领着小童,给草庐前的药畦除草,他看到翰林院同人,给自己写来的书信,当知道张经、李天宠被一起杀害时,他身体摇晃,若不是扶了一把锄柄,他一定是跌到地上了。

张居正面对两位忠臣被杀的噩耗,突然领悟了一个至真的道理。张经、李天宠的才学,也许在某一方面,比不了自己,可是他们敢作敢为,为了国家,即使赴汤蹈火也在所不惜的精神,张居正却无法望其项背。

想要挽救朝政不明,奸臣当道的"危局",必然要付出血的代价,张居正不想成为这个"代价",故此,他暂时离开了京城,离开了明枪暗箭、刀斧并举的权力的"修罗场"。可是离开朝廷的张居正,经过后退一步,终于看清了这一点,那就是大明王朝国祚不断,必须有不畏权奸的忠臣愿意为其流血和牺牲。

张居正现在置身事外,甚至连为国家流血牺牲的机会都没有。

张居正想要破局,办法有很多。比如:回到朝廷,学习徐阶一边撰写青词,一边蛰伏隐忍,等待一个可以推翻严党,让朝政这架马车重回正轨的机会。

还有学习杨继盛，搜罗严嵩祸国殃民的证据，在朝堂上发起不要命似的弹劾，虽然这是以卵击石的较量，但鸡蛋多了，也有可能将石头打碎。

上面的两种方法，皆不适合张居正的性格。他不能学杨继盛，他要留下有用之身，扳倒严嵩，然后干一番为国为民的大事业。徐阶的隐忍，他更学不来，如果他能两耳不闻窗外事，咬着黄连说甘饴，他何苦请病假回家。

古人有言："立身一败，万事瓦裂。"不管处在什么样的惊涛骇浪、污泥沼泽之中，必须要立定脚跟，不能随波逐浪，更不能同流合污。可是张居正面对严嵩擅权的朝堂，他又如何能够涅而不缁地立身？

在苦闷和彷徨中，张居正曾写下了不少的诗篇，例如，表现朝政昏暗，令自己目标不明的《登怀庚楼》："……风尘暗沧海，浮云满中州……且共恣啸歌，身世徒悠悠。"

还有表现要与徐阶共进退、同抗争的《修竹篇》："……但畏伶伦子，截此凌霄枝……愿以岁寒操，共君摇落时。"

俺答汗领兵进犯大同，张居正写了《闻警》一首："初闻铁骑近神州，杀气遥传蓟北秋。间道绝须严斥堠，清时那忍见毡裘。临戎虚负三关险，推毂谁当万户侯？抱火寝薪非一日，病夫空切杞人忧。"

诗词是有感而生，张居正这时候，远离朝廷的权力场，他只能将忧国忧民的理想，写进自己的言志诗歌，借以泄愤抒怀。

张居正在嘉靖三十五年（1556年），曾经携带好友游衡山，并写了一篇《游衡岳记》，在这篇游记中，张居正写道："夫物，唯自适其性，乃可永年要龄。及今齿壮力健，即不能'与汗漫期于九垓'，亦当遍游寰中许名胜，游目骋怀，以极平生之愿。今兹发轫衡岳，遂以告于山灵。"

张居正游览衡山八日，基本将山上的风景名胜看了一个遍，游览的时候，他的心情郁闷，故此有了"神悄悄焉，意罔罔焉"的描写，张居正本是齿壮力健的年轻人，可是目前为避奸党，只能告病归家，他虽然身怀经国才略，富有治世抱负，但面对朝政不纲、改革措施无处实施的窘境，在《游衡岳记》的末尾，他不甘心地表示：我不能升天驭气、漫游九垓、脱离俗务和仕途，但我要先遍游海内诸名胜，让我行万里路的愿望得到满足，而衡岳之游览就是我的起步之地。

张居正立志要游遍海内的名胜，可是他在游览衡山的谒晦庵、南轩祠的时候，泄露了自己真正的想法："愿我同心侣，景行希令猷；涓流汇沧海，一篑成山丘；欲骋万里途，中道安可留；各勉日新志，毋贻白首羞。"

张居正写这首诗的意思是：我们每天都要有一个新的志向，不要到了白头的时候，留下有遗憾的事情。

张居正退世隐居，每日品茶读书，游山玩水，一转眼过了两三年，张文明气得直翻白眼，他只要逮到机会，便会在张居正的耳边唠叨："好男儿志在千里，你一定要博取名声，建功立业，而不是让你避世隐居，游山玩水，毕竟重振家族的重担，都压在你一个人的肩膀之上！"

张居正面对张文明的唠叨是一只耳朵进，一只耳朵出，他敷衍地说："父亲经常教育叔大，君子藏器于身，待时而动，我身在江陵，心在朝廷，只要时机一到，我便会回京，相信定能开创出一番崭新的局面。"

张文明知道张居正讲这一番话，是在应付自己，他说："与其等，不由创，时机也需追逐，等待只能丧失机会！"

嘉靖三十三年（1554年），张居正开始请告回籍，他真的不能再"举世混浊而我独清，众人皆醉而我独醒"做一个官场异类，他终于想明白了，不管是继续在翰林院做琐碎的事，还是被派到一个衙门，去做一些微不足道的工作，他决定做一个"沉沦滓秽"似的人物，既能不凝滞于物，而又能与世推移。如果举世混浊，那就暂时随波逐流，众人皆醉，自己也喝口薄酒，假装不清醒；只要自己怀瑾握瑜，锥处囊中，那就一定有出头之日，报国之时。

张居正在回京之日，他写了一篇《割股行》，在这首诗词中，张居正重新恢复了信心，他要以割股的勇气，忠君报国，让我们重新看到了一个活力四射、元气满满的进取形象。

"割股割股，儿心何急！捐躯代亲尚可为，一寸之肤安足惜？肤裂尚可全，父命难再延，拔刀仰天肝胆碎，白日惨惨风悲酸。吁嗟残形，似非中道，苦心烈行亦足怜。我愿移此心，事君如事亲，临危忧困不爱死，忠孝万古多芳声。"

张居正将种种的不愉快抛诸脑后，他一路乘船骑马，风尘仆仆地来到了京城，他三年未见徐阶，今日一见，真有恍然如梦的感觉。徐阶处在"道士"皇帝嘉靖，还有"奸相"严嵩的夹缝中生存，他每日继写青词，额上已添皱纹；面对国事发愁，鬓边华发暗生；因为心中目标坚定，故此眼神依然深邃和笃定。

张居正本以为徐阶见到自己，即使不能惊喜满脸，也应该是笑脸如春，可是徐阶竟面无表情，语气中还有一丝埋怨地道："你现在回来，时间尚早，并不能起到什么作用，不如明年去河南汝宁府，主持其册封崇端王的仪式吧！"

在那个书信慢车马远的时代，京城去一趟河南汝宁府，一两个月的时间就过去了，张居正主持完崇端王的册封仪式，他又回了一趟江陵府，张文明一见二度回家的张居正，惊问道："你怎么又回来了？"

张居正不是滋味地将册封崇端王的事说了一遍，道："徐阁老叮嘱我，册封仪式结束，可以回家看望一下父母，我这就回来了！"

张文明想了想，说道："难道徐阁老让你远离权力中心，这是贬谪外放的意思呀！"

张居正摇摇头："徐阁老的意思我只是略懂，但您确实是想多了！"

徐阶对张居正的才华非常欣赏，作为徐阁老将来执掌朝政的左右手，他怎么肯将张居正贬谪外放？张居正虽然官场的经验少，但他哪能不识数，徐阶这样做，就是为了保护他。

因为现在的京城，山雨欲来风满楼，又掀起了一场针对严嵩的弹劾之风。而这次弹劾严嵩的，一共有三位大臣，他们分别是刑科给事中吴时来、刑部主事张翀和董传策，他们在同一天上疏弹劾严嵩。这年是戊午年，所以三人被合称为"戊午三子"。

这三人弹劾严嵩的罪状是：结党派、营私利、卖官爵、坏边防、欺君主。严嵩对于这种"老调重弹"的弹劾，早已经司空见惯，可是他一查这三人的来历，不由得倒吸一口凉气，因为他们全都和次辅徐阶有关。

吴时来、张翀和董传策先后弹劾严嵩，幕后的主谋真的是徐阶吗？严嵩以其这些年的官斗经验，没有料错，他们三个人拼死弹劾严嵩的主使人，正是徐阶。

吴时来、张翀是徐阶的门人弟子，而董传策是徐阶的老乡，他们作为朝廷的清流，对坏国法、毁边防、鬻官爵的严氏父子早就切齿痛恨，听罢徐阶弹劾严嵩的计划，立刻予以赞成和支持。

"弹劾严贼，凶险莫名，丢官下狱，甚至有可能丢了脑袋，杨继盛就是榜样和例子！"徐阶重声道，"为了保全力量，你们即使被下狱和杀头，本官也不会出面援手，你们要想好，自己有没有这个胆量和勇气！"

吴时来、张翀和董传策一起答道："请徐大人放心，武死战，文死谏，弹劾严贼就是为国尽忠，纵然被下旨问斩，亦是死得其所！"

吴时来、张翀和董传策弹劾严嵩，有可能失败，但是只要有徐阶在，他们只要不死，就有东山再起的一天，他们即使死了，也会写进典籍，青史留名。

三个人在金殿上皆尽全力，开始弹劾严嵩。董传策在奏疏中，列举了严嵩六大罪状，分别是：坏边防、鬻官爵、蠹国用、党罪人、骚驿传和坏人才。

张翀在奏疏中这样写道："自嵩辅政，藐蔑名器，私营囊橐，世蕃以驵侩资，倚父虎狼之势，招权罔利，兽攫鸟钞，无耻之徒，络绎奔走，靡然从风，有如狂易，而祖宗两百年培养之人才尽败坏矣。"

吴时来在奏疏中，对严嵩的弹劾，更是一针见血："嵩辅政二十年，文武迁除，悉出其手，潜令子世蕃出入禁所，批答章奏，世蕃因招权示威，颐指公卿，奴视将帅，筐篚苞苴，辐辏山积。犹无餍足，用所亲万寀为文选郎，方祥为职方郎，每行一事，推一官，必先秉命世蕃而后奏请。陛下但知议出部臣，岂知皆嵩父子私意哉！他不具论，如赵文华、王汝孝、张经、蔡克廉，以及杨顺、吴嘉会辈，或祈免死，或祈迁官，皆剥民膏以营私利，虚官帑以塞权门。"

严嵩干的坏事，全都是奉嘉靖皇帝的旨意而行，故此，弹劾严嵩，就等同于弹劾嘉靖。这位"道士"皇帝震怒，将三位臣子全都下了诏狱。严嵩在金殿上，被吴时来、张翀和董传策弹劾，心里感到很委屈，他跪在嘉靖皇帝面前，哭得一把鼻涕一把泪，比偷糖吃挨打的孩子还难受。

嘉靖皇帝虽然是一个"道士"皇帝，可是统御臣子却有一套，他虽然乐于见到严嵩和徐阶相互掣肘，但底线是斗而不破，一旦斗破了，受到殃及的是自己屁股下面的皇位。

明朝嘉靖三十七年（1558年），严嵩已经是七十八岁的耄耋老人了，接连有三个人在金殿上弹劾他，很显然这是有人指使，嘉靖皇帝甚至不用想，就知道他们的主心骨是徐阶。可是不管诏狱方面如何审问，吴时来、张翀和董传策都是一句话："弹劾严嵩，就是除奸卫道，并无后台和指使。"

这三位臣子的话，嘉靖皇帝怎么会信！但没有真凭实据，就没法动徐阶，嘉靖皇帝斟酌再三，只得将吴时来贬至横州，张翀贬至都匀，董传策则被贬至南宁，并将这件案子定性为"相为主使"，意思是：一定有人指使他们结党，诬罔大臣。

嘉靖皇帝将这件案子如此定性，目的就是敲打徐阶，并告诉他：虽然三位罪臣不承认有人主使，但本朝天子早就知道是你徐阶在背后搞事……

不管嘉靖皇帝如何对徐阶不满，徐阶却表现异常平静，他一不给吴张董三人帮腔，二不给三位臣子求情，三对他们的充军发配不闻不问，嘉靖皇帝心中也是疑惑连连，难道吴时来、张翀和董传策与徐阶一点关系没有？难道是他怀疑错了吗？

嘉靖皇帝最忌讳朝堂中的大臣们结党营私，徐阶就用"不理、不问、不求情"的态度，向嘉靖皇帝表明，徐阶不会结党营私，三位臣子弹劾严嵩，跟自己一点关系都没有。

徐阶精明，好似狐狸，让任何人抓不住把柄，由此可见一斑。

嘉靖皇帝只是将吴时来、张翀和董传策发配到边关效力，为何没有向对待杨继盛一样，施廷杖，下诏狱，上刑场？因为此一时彼一时，严嵩老迈，办事拖沓，时有谬误，劣迹因为掩饰不严，已经开始显现，当今天子已经对他不信任了。

张居正从江陵府归来，到有关衙门，办结了公事之后，他晚上来到了徐府，徐阶问了几句册封崇端王的经过后，他低声说道："吴时来、张翀和董传策三人在金殿上弹劾严嵩，已经出现了胜利的端倪！"

严嵩父子在几年前，权势滔天，谁要在金銮殿上弹劾他，直奔刑场的杨继盛，就是现成的榜样。这次吴时来、张翀和董传策一起弹劾严嵩，虽然三人被发配边关，却动摇了严嵩的地位，更增加了忠臣们敢于弹劾严嵩的信心。徐阶相信再经过几次努力，扳倒严嵩必定指日可待。

张居正直到这时候，才真正地明白，徐阶说自己回来早了，目的是想让他躲开这次弹劾的血战，徐阶让他去汝南，册封崇端王，更是让他远离这场白刀子进去红刀子出来的官斗"厮杀"。

杨继盛已经殉道，吴时来、张翀和董传策亦可牺牲，但张居正作为徐阶亲手培养的接班人、干大事的左右手，他不仅不能牺牲，甚至受到伤害都不成。

张居正真正懂了徐阶的布局之后，只觉得一股暖流流淌到了心间。他也明白了，徐阶不是怕严嵩，他与严嵩"虚头巴脑"地周旋，目的是迷惑敌人，一旦时机成熟，就可以"吹灯拔蜡"地扳倒严嵩父子。

从此之后，张居正对徐阶的称呼也发生了变化，以前，张居正称呼徐阶为恩师，以后，他称呼徐阶为师相。

嘉靖三十九年（1560年），徐阶在朝中的地位日益根深蒂固，先晋吏部尚书，接下来被封为太子太傅，而张居正也从翰林院的编修，升右春坊右中允，管国子监司业事。

编修是七品官，而右春坊右中允是六品官。明代的左春坊、右春坊虽然官职不高，其职能却特别重要，需要管理太子的奏请、启笺及讲学等事务，虽然没有实权，属于公文秘书，但因为接近东宫太子，靠近未来的权力中心,前途自然不可限量。

右中允虽然是虚职,国子监司业却是实职,当时北京和南京各有一座国子监,也就是明朝最高的国立学府,两座学府最高的职位是祭酒,祭酒相当于校长,而司业则是副校长。

而在京城的国子监担任祭酒之人,就是赫赫有名的——高拱。

高拱和张居正可谓是一时的"瑜亮",他们都有能力、有抱负、有坚定的目标,为了实现理想,即使牺牲自己,也在所不惜。

两个人同在国子监做事,虽为上下级,但他们的关系,一开始就是亦师亦友,有着高度的互补性和互动性。《万历野获编》卷二十六记载:"二人上朝,高戏出一俪语云:'晓日斜熏学士头。'张应声曰:'秋风已贯先生耳。'两人拊掌,几坠马。盖楚人例称干鱼头,中州人例称偷驴贼,俗语有西风因驴耳也。矢口相谑,不以为忤。"

高拱后来在《病榻遗言》中,曾经这样写道:"荆人(指张居正)为编修时,年少聪明,孜孜向学,与之语多所领悟,予爱重之。渠于予特加礼敬,以予一日之长,处在乎师友之间,日相与讲析义理,商榷治道,至忘形骸。予尝与相期约,他日苟得用,当为君父共成化理。"

"他日苟得用,当为君父共成化理。"看着写得文绉绉的,其实就是陈胜造反时候,喊出那句无比"草根"的话:"苟富贵,勿相忘!"

6 / 灭奸，等到了久违"机会"

不管一个人多么精明和强干，都会迟钝，都会老迈，严嵩1480年出生，而徐阶出生在1503年，两个人相差了二十三岁，故此，徐阶等得起。

严嵩为何到了七八十岁，依然受到嘉靖皇帝的宠幸？因为严嵩除了众多的党羽，其身后还有个高人在支持着他，这个人就是严世蕃。

严嵩个子瘦高，眉毛稀疏，声音粗尖，可谓是魑易其心、魍魅其形，符合民间百姓头脑中奸臣的模样，他当仁不让地就是嘉靖朝的第一奸臣。严世蕃却继承了母亲欧阳氏的相貌特点，身宽体胖，缺点是脖子有点短，还盲了一只眼睛。除了这两个缺点，活脱脱的一个忠厚人士的相貌，但了解他的人都知道，严世蕃是"咬人的狗不露牙"，他就是明朝嘉靖年间的第一奸臣背后的奸臣。

严世蕃有三大缺点——好财帛、好男色、好饮酒，却有一个长处。有一次，嘉靖皇帝传旨，询问内阁值班的严嵩、徐阶和李本，有一件挠头的事该如何处理，三个人各自需写份票拟，交上去。严嵩借着交票拟前的空档机会，写了一张纸条，从皇宫的门缝递了出去，严府守在门外的家人，急忙拿着纸条，飞马报给严世蕃。当时严世蕃已经喝得酩酊大醉，他被叫醒后，急忙找来铜盆，泡了一个热毛巾，蒙在头上，等酒劲渐消，人恢复如常，便提起笔来，飞快地写了一份票拟，门口等待的家人，飞马将其送回皇宫。

徐阶和李本的票拟，都被打了回来，严世蕃的票拟，让嘉靖皇帝很满意，当即照准实施。故此，有人说他：狡黠机智，博闻强记，熟习典章制度，畅晓经济时务，而且精力旺盛，能干繁重的活，尤其善于揣摩皇上的好恶喜怒。

对于严世蕃的"城隍庙娘娘有喜，一肚子的鬼胎"，徐阶也是"服气"，故此，严嵩一旦遇到解决不了的事，便会说待我与小儿东楼商量。京城就有了"大丞相、小丞相"的说法。"大丞相"指的是严嵩，而"小丞相"便指严世蕃。

可是严世蕃不管多么鸡贼，他并不能天天陪在严嵩身边。以前嘉靖皇帝一皱眉，一叹息，甚至一搁笔，严嵩就能洞晓原因，并按照其意图行事，可是他到了七八十岁的年纪，耳聋眼花，完全就是一个半痴不呆的老汉，对嘉靖皇帝来说，严嵩就是画上的马——能看不能用了。

屋漏偏遭连夜雨，更让严嵩遭受打击的是，他最得力的臂助——主管锦衣卫和诏狱的陆炳，因病去世了。面对老友去世的打击，严嵩显得有些一蹶不振。

不管是历史学家的评价，还是在野史中关于陆炳的记载，都说他并不是坏人，这一点，从他不肯杀掉杨继盛就可以看得出来。可是为了固位，为了利益的最大化，他还是选择与严嵩结盟，这是他人生的污点。

严嵩心情不佳，思虑彷徨，这一日，他与徐阶一起被嘉靖皇帝召见，嘉靖皇帝因为与爱姬在貂帐中玩火，竟将居住的永寿宫付之丙丁，目前他在玉熙宫暂居，可是玉熙宫视野狭隘，光线阴霾，简陋潮湿，让嘉靖皇帝住得很不舒服，他说："朕想重修永寿宫，不知可行否？"

严嵩据实回答："陛下，目前工部刚刚修完奉天殿、华盖殿和谨身殿，已无多余的钱财翻修永寿宫了，玉熙宫如果条件不佳，可以暂时搬到南宫居住！"

嘉靖皇帝听到南宫这两个字，心里面就好像侵了臭虫一样难受，南宫就是在土木堡之变后，明英宗朱祁镇被囚禁的地方。

让万事"迷信"的嘉靖皇帝，搬到曾经被当作监狱的南宫，严嵩你是什么意思？嘉靖皇帝面对白发苍苍、行动迟缓的严嵩，不由得狠狠瞪了他一眼，这时候，徐阶说话了。

徐阶说道："陛下，虽然工部刚刚修缮了奉天殿、华盖殿和谨身殿，却剩下了不少的建筑材料，用这些材料就可以翻修永寿宫，时间可计月而就。"

嘉靖皇帝听罢大喜，当即传旨，命徐阶的儿子徐瑶为监造官，开始主持翻修永寿宫。徐阶为了讨嘉靖皇帝欢心，他帮儿子到翻修三大殿的工地上，四处寻精工、觅好料，百日后，果然一座美轮美奂的永寿宫，就出现在嘉靖皇帝的眼前。

徐阶真的很能干，翻修三大殿，是一座大工程，按照施工原则，每修建一座宫殿，都会剩下三成的余料，毕竟工匠们也不想因为缺少材料，耽误了工期。要知道，多备余料，花的是国家的钱，因为缺料，而被砍头，那可是自己的事。

徐阶用翻修三大殿剩下的余料，翻修了永寿宫，这等于花最少的钱，帮嘉靖皇帝干了一件最急需的事。

徐瑶翻修永寿宫有功，由尚宝丞的六品小官，破格晋升为正四品的太常少卿。徐阶亦更进了一步，成为了少师。嘉靖二十一年（1542年），严嵩六十三岁时入阁，任少傅兼太子太师。太师是三公之一，是正一品的官员，少师是三孤之一，是从一品的官员。徐阶的一番神操作，看得严嵩也是眼花缭乱，永寿宫工程完工后，徐阶成了嘉靖朝中最红的大臣。

以前的时候，徐阶距离严嵩的首辅之位，只有一步之遥，而现在看来，徐阶圣眷多多、恩宠连连，好像随时都可能取代严嵩。朝中依附严嵩的大臣们敏锐地感觉到了机会，他们纷纷转投到徐阶的门下，准备为其效力。

严嵩与徐阶明争暗斗多年，心里知道徐阶一定对自己满心怨怼，一旦自己离开内阁，徐阶势必会对自己进行清算，严嵩为了给自己留条后路，在府中设宴，准备隆重宴请次辅徐阶。

严嵩姿态谦卑，故意让两个人的关系表现得很是融洽，借着酒后酣而热的机会，严嵩唤来了自己的子孙，然后让其环跪在徐阶的面前，说："嵩旦夕死矣，此曹惟公乳哺之。"

徐阶面对严嵩的借酒示好，举杯托孤，他急忙站起，并诚惶诚恐地说："不敢，不敢！"

严嵩看罢徐阶谦卑诚恳的模样，胸口的石头这才落地，假使自己去世，只要徐阶不对严氏一脉下手，相信以严世蕃的智慧和手段，不出十年时间，当朝首辅还得花落严家。

徐阶是一个喜怒不行于色的人。当年，夏言为首辅之时，严嵩事夏言"犹子之事父"，有一次几位大臣弹劾严氏父子，贪赃枉法，夏言准备对其整饬的时候，严氏父子得到消息，他们来到夏府，跪在假寐的夏言床前，号啕大哭，严嵩父子诅咒发誓，将来一定幡然悔悟，再也不敢重犯错误。夏言虽然嫉恶如仇，却心怀妇人之仁，面对老乡的忏悔，他动了恻隐之心，将其狠狠地训斥一通，也就饶过严氏父子。

可是严氏父子堪称中山狼，他们不仅没有悔改之心，反倒认为跪求夏言为奇耻大辱。最后，夏言被严嵩所害，坠入万劫不复之地。徐阶对这段陈年往事，至今记忆如新。

可是人算不由天算，严嵩再会算，也算计不到徐阶隐忍这么多年，目的就是找到严氏"老虎打盹"的时候，然后对他们父子的软肋挥起重重的拳头。

就在这时候，一件天欲灭奸的事发生了，严嵩的老妻欧阳氏因病去世，享年八十三岁。

严嵩虽然是一个让人不齿的奸臣，但他一辈子只有欧阳氏一个老婆。严嵩是一个才子，可是欧阳氏却不是美女，因为出天花，脸上还有麻子，可是两夫妻的感情颇深，严家举行丧礼之时，不仅朝中的大臣们悉数到场，徐阶还亲自主持丧仪，并为严家的丧事忙前忙后。

张居正本着"火不侵玉"的原则，也要对奸臣进行敷衍，便挥起笔来，写下了一篇祭文，称赞严嵩的夫人："国倚于翁，翁倚夫人，翁家有托，国乃用宁。"意思是：大明朝依靠严嵩，可是严嵩却依靠夫人，因为有夫人的默默付出，大明朝才得以安宁。

张居正还在祭文中夸赞严嵩："惟我元翁，小心翼翼，谟议帷幄，基命宥密，忠贞作干，终始惟一，夙夜在公，不遑退食。"意思是：严嵩为大明而工作，殚精竭虑，甚至为了工作，吃饭都忘记了。

张居正还顺便夸了严世蕃："笃生哲嗣，异才天挺，济美象贤，笃其忠荩，出勤公家，入奉晨省，义方之训，日夕惟谨。"意思是：严世蕃是一个天生奇才，还是一个孝子，他严于律己的同时，还从不懈怠。

张居正给严家写文章，实属明哲保身之举，试问他当时如果不能随波逐流，做好表面的工作，那可能就无法实现心目中远大的理想了。

一场声势浩大的葬礼结束，一个对严嵩更加不利的局面出现了。欧阳氏去世，需要回原籍安葬，严世蕃必须要回去守孝三年，没有了严世蕃，严嵩一个人完全是孤掌难鸣。

严世蕃在严嵩的身边时，嘉靖皇帝索要青词，严世蕃还能提笔立就，让那位"道士"皇帝满意，可是严世蕃回转老家，严嵩鬓苍苍、齿摇摇，怎么还能写出令皇帝满意的青词。

面对嘉靖皇帝的催促，严嵩只能仓促地交稿，看罢严嵩写的青词，嘉靖皇帝无不是惋惜地摇头，将其揉成一团，丢在地上，并长叹一声道："严嵩老矣，不堪用矣！"

可是面对严嵩二十多年的陪伴，嘉靖皇帝早就视严嵩为自己的影子了，没有了严嵩，嘉靖皇帝的生活，还是活色生香的生活吗？很显然，那是索然寡味的生活。

嘉靖皇帝虽然觉得严嵩已经老迈，但一根用了几十年的手杖，真要将其丢弃，他还真的舍不得，因为这根手杖，就等于是他的第三条腿。

打蛇不死，必被蛇咬。严世蕃不在京城，严嵩势单力孤，徐阶觉得除掉严氏父子的机会来了，既然走正规的弹劾路线，奈何不了严嵩，徐阶便决定以眼还眼、以牙还牙，对付流氓还得用一些更流氓的江湖手段。

嘉靖皇帝一心成仙，故此，他对扶乩深信不疑。什么是扶乩？扶乩，又名扶鸾，就是古代"天人交流"的一种迷信之术。这种占卜术需要正鸾、副鸾各一人，另需唱生二人，还有记录二人，合称为扶乩六部人马。

扶乩看着比江湖上卖狗皮膏药和大力丸上档次，但其实都是欺骗之术，其唬人的过程如下：首先要准备一个细沙木盘，两个鸾生手持筲箕，筲箕的下面插着一只乩笔，仪式开始，主持扶乩仪式的道士蓝道行，会假装神灵附体，然后秉承神灵的旨意，通过乩笔，在细沙之上，写出神仙需要表达的内容。

蓝道行是山东有名的道士，同时也是王阳明学派的弟子，嘉靖三十四年（1555年），他从山东来到京城，曾被徐阶推荐给嘉靖皇帝，这位"道士"皇帝，每有大事，都必修要通过蓝道行的扶乩，才会做出决定，《明史·佞幸传·蓝道行》就有这样荒唐的记载："帝咎中官秽亵，中官惧，交通道行，启视而后焚，答始称旨。"

既然嘉靖皇帝如此相信扶乩之术，徐阶决定通过蓝道行，将严嵩是奸臣的观念，转达给嘉靖皇帝，这招是最直接，显效最快，也是对严嵩打击最狠的办法。

当时阳明心学的重要传人何心隐就在京城讲学，徐阶找到了何心隐，一说除掉严嵩的想法，何心隐当即表示赞同。何心隐虽说奉行的不是主流的阳明学派，却与蓝道行同属泰州学派的同门，经过何心隐的劝导，蓝道行终于痛下决心，准备借助扶乩之术与徐阶联袂演一场除奸大戏。

这一日，徐阶得知严嵩有事上奏，便急命手下给宫中的蓝道行送信，蓝道行当时正在给嘉靖皇帝扶乩，他当即施展"法术"，并读出了沙盘上的内容："今日有奸臣奏事。"

果然话音未落，严嵩就有事上奏。嘉靖皇帝盯着严嵩不靠谱的奏疏，不由得深深地皱起了眉头。严嵩忠臣的"外衣"，竟被蓝道行用扶乩之术给剥下了第一层。

嘉靖皇帝信任严嵩，神仙用扶乩之术提醒他，这位严阁老是奸臣，他心中亦是将信将疑。这一日，嘉靖皇帝给天帝写了一封"问严氏父子忠奸"的信，放在火中烧掉，可是让他万万没有想到的是，这封应该被烧掉的信，竟被烧信的小太监调包，小太监将信送给了蓝道行，蓝道行看罢嘉靖对天帝提出的问题，便用扶乩之术回答："分宜父子，奸险弄权。"

嘉靖皇帝一眼就看出，这个"父子"指的就是严嵩和严世蕃。他又不甘心地写了一封询问天神的信，放进火中烧掉，这次他问的是："上天为何不殛之？"

蓝道行通过烧信的小太监，又知晓了这封信的内容，他接着用扶乩之术回答："留待陛下自殛！"

严嵩父子擅长栽赃诬陷，徐阶为了将其扳倒，用的也是"栽赃诬陷"的手段，同样的手段，为何前者被人鞭挞，而后者被人赞美？有人对其解释："手段不分优劣，用之善即为善，用之恶即为恶。"也有人说："成大善者，不拘小恶。"徐阶为了扳倒严嵩，已经决定以其人之道，还治其人之身了。

徐阶借助蓝道行的扶乩之术，对严嵩进行暗袭后，他发现嘉靖皇帝，虽然对严嵩多有不满，却没有如他所愿地对严嵩采取行动。

徐阶为打破这个僵持的局面，他命人赶着马车，将张居正接到了府里。

张居正看着脸色略显憔悴的徐阶，关心地道："师相，您为国事操劳，也应该注意休息！"

徐阶的脸上，不由得泛起了苦笑，道："知者谓我心忧，不知者谓我何求！"

张居正低声问道："难道弹劾严贼不顺吗？"

徐阶就将借助蓝道行通过扶乩之术，意欲扳倒严嵩的情况说了一遍，道："严氏父子根深蒂固，看来想毕其功于一役是行不通的！"

张居正想了一下，道："师相，学生觉得这么多年，群臣弹劾严嵩，严嵩始终不倒，原因很复杂！"

嘉靖这位"道士"皇帝最衷心的一件事，就是炼丹长生，每有新丹练成，严嵩都是第一个尝试者，不管是吃得浑身剧痛，还是口吐鲜血，严嵩第二天一早，都会将服用丹药的感受写清楚，然后上奏给嘉靖皇帝。

嘉靖三十四年（1555年），严嵩服用了嘉靖的新丹，浑身燥热之后，竟排出了大量的污血,差点一命呜呼,严嵩第二日,托着病歪歪的身体入宫,告诉嘉靖皇帝,此丹药性赛过虎狼,绝对不可服用。

严嵩舍身试丹之举,徐阶亦不能办到,故此,在嘉靖的眼睛里,严嵩也许有这样那样的毛病,可是一旦处置了这位肯于卖命的"忠臣",谁又能接替严嵩试丹的工作?

果真是一窝的狐狸不嫌骚。徐阶面对严嵩和嘉靖"如胶似漆"的关系,除了干瞪眼,几乎是一点办法都没有。

徐阶不甘心地问道:"你可有除奸之计?"

张居正觉得直接弹劾严嵩无功,何不来一个"釜底抽薪"之计,改弹劾严嵩为弹劾严世蕃,严氏父子两位一体,一荣俱荣,一损俱损。张居正说道:"只要严世蕃倒了,还愁老迈的严嵩不倒吗?"

徐阶觉得张居正言之有理,当即改变了进攻的方向,他找到心腹御史邹应龙,邹应龙连夜写出严世蕃的罪状。第二天一早,邹应龙来到了金銮殿,开始了"死弹"严世蕃。

邹应龙在奏疏上这样写道:"(严世蕃)凭藉父权,专利无厌,私擅爵赏,广致赂遗……嵩以臣而窃君之权,世蕃复以子而盗父之柄……嵩父子故籍袁州,乃广置良田、美宅于南京……"

最让嘉靖皇帝感到震怒的是,邹应龙在奏疏上又写道:"严世蕃在母丧期间,聚押客,拥艳姬,恒舞酣歌,人纪灭绝。至鹄之无知,则以祖母丧为奇货。所至驿骚,要索百故,诸司承奉,郡邑为空。"

邹应龙的弹劾并非空洞,而是有诸多的事实,如刑部主事项治元用一万三千两银子,从严氏父子手中买到吏部稽勋司主事的肥缺;贡生潘鸿业以两千二百两银子,买到临清州知州。严嵩父子贪婪成性,卖官鬻爵之事竟涉及百余人。

更有摧毁力量的是,在这道奏疏的最后,邹应龙写道:"如臣有一语不实,请即斩臣首以谢(严)嵩父子。"

嘉靖皇帝也并非是闭目塞听的皇帝,民间歌谣:"躁子(俺答)在门前,宰相（严嵩）还要钱。"他亦是有所耳闻。

他手下也有没被严嵩父子收买的太监，这些耳目太监，已经将严世蕃在母丧期间淫乱之事，报给了嘉靖，嘉靖皇帝当殿传旨："勒嵩致仕，下世蕃等诏狱。"

弹劾严嵩的耿介之臣甚多，比如杨继盛、吴时来、张翀和董传策，他们都失败了，唯有邹应龙掌握了一个好时机，他成功了，从此之后，他真的可以名垂千古了。

严嵩致仕归家，徐阶成为一人之下、万人之上的首辅。徐阶虽然已经成为了首辅，可是他并没有感到轻松，因为他知道，严嵩父子堪称根深蒂固、党羽众多，只要他们一日未死，便会卷土重来，拼死反攻。

嘉靖四十一年（1562年），下狱的严世蕃经过"严党"官员的审问，只查出了贪污八百两银子的问题，嘉靖皇帝既然已经决心整饬严氏父子，哪会如此轻易让严世蕃过关，他罔顾严世蕃"轻描淡写"的罪状，传下了严厉的圣旨，将其发配到广东雷州充军。严嵩父子一手遮天的时代结束了，朝堂上正直的大臣无不拍手称快。

严嵩父子一个充军，一个致仕，而徐阶入阁拜相，正所谓各得其所。嘉靖皇帝接下来，曾和徐阶曾经有过一番谈话提到："严嵩案到此为止，不许再往下办了！"

嘉靖皇帝对于臣子致仕归家，然后墙倒众人推的事，见得太多，故此，他当面锣对面鼓地提醒徐阶：你不要以为，你垂涎相位，我不知道，如今严嵩的位置，已经给了你，希望你适可而止！

徐阶是一个聪明的人，嘉靖皇帝的意思对他来说一点即透，看来想彻底除掉严嵩父子，只有等待更合适的机会了。

雷声大雨点小的严氏父子案，就这样不痛不痒地"落幕"了。

当时，朝中很多的大臣都觉得不甘心，可是徐阶认为做到这程度，已经不错了。这一日，张居正到徐阶府中，与徐阶密谈了一次，张居正适时提醒徐阶："师相，您一定要注意和防范严嵩父子反扑。"

徐阶点头,告诉张居正:"本官与严贼斗智斗勇多年,怕的是他不动,只要他动,被我们抓住了把柄,就是他们彻底覆灭的最佳机会!"

果真是树欲静而风不止,严嵩刚刚回到南昌,在万寿节(嘉靖皇帝生日)的时候,他不甘被贬,在铁柱宫建醮,请道士蓝田玉为嘉靖皇帝做法增寿。他还写了一篇《祈鹤文》,寄到了京城,嘉靖皇帝下了一封诏书,对严嵩予以褒奖。

徐阶一见严嵩和嘉靖皇帝眉来眼去、暗通款曲,当即心中不爽,更让徐阶不爽的就是严世蕃,蓝道行用扶乩之术,令严嵩失宠,严嵩通过亲信太监,得到内情后,他当即命宫中的亲信,在嘉靖皇帝面前诬陷蓝道行,说他妖言惑众,欺骗圣上,嘉靖皇帝得知消息,不由大怒,当即将蓝道行下了诏狱。

严嵩的孙子严鸿亟在锦衣卫任指挥,蓝道行下了诏狱,岂不等于是羊入虎口?严世蕃买通了解差,他偷偷地潜回京城,命严鸿亟在诏狱中和蓝道行讲条件,只要他肯揭露徐阶陷害严嵩的"阴谋",不仅可以保全性命,而且还有一笔重赏,这笔钱,足够蓝道行买下一座山,修一座富丽堂皇的道观,然后干自己想干的任何事。

蓝道行却将脑袋一摇说:"那都是上天的指示!"

严世蕃真比还魂恶鬼凶十倍,他命严鸿亟将锦衣卫骇人听闻的刑法,都在蓝道行身上使用了一遍,被折磨得不成人形的蓝道行,说话的声音却提高了八度,他说:"那都是上天的指示!"

徐阶真的会识人,不管是杨继盛,还是吴时来、张翀、董传策甚至是被史书定性为"奸佞"的蓝道行,他们全都为了理想,敢于粉身碎骨。

徐阶有识人的眼光,故此一路走得很稳,如果上面这些人有一个"叛变",徐阶就将万劫不复。

蓝道行坐斩后死在诏狱。徐阶终于想明白了一件事,那就是打蛇打七寸,挖树先挖根。如果不能除掉严嵩父子,他苦心建立起来的一切,就是沙中之塔、冰上楼台,因为根基不牢,很快就将倒塌。

徐阶在一个月后，等来了"痛打落水狗"的机会，严世蕃在蓝道行死后，满心欢喜地离开了京城，回到了老家袁州府，并大肆翻盖府邸。这哪是充军发配的囚犯，完全是衣锦还乡的高官。

严氏父子被整饬，严世蕃手下有个蝇营狗苟的亲信，名叫罗龙文，他原本是一名墨工，投到严世蕃的门下，因为制墨的手艺高超，严世蕃为其搞到了一个中书舍人的官职。

严家父子塌台，罗龙文作为其死党，亦被夺官，发配浔州，可是他并没有去浔州，而是一路追随严世蕃的脚步，来到了袁州府，他还网罗四千余名死士，甚至还曾为严世蕃逃亡日本，进行谋划。

徐阶便暗命御史林润上殿弹劾严世蕃。严世蕃不去雷州，私自回家，他就是一个逃犯，再加上他大兴土木，完全就是带着铃铛去做贼，不是蔑视朝廷又是什么？林润的弹劾奏疏之上，又开始旧案重提，就是严世蕃诬陷杨继盛和沈炼，致使两位忠臣被害。

严氏父子诬陷杨继盛和沈炼，是大明朝官员百姓心中一个过不去的坎，无论如何，朝廷都要给个说法。林润旧事重提，目的就是给严世蕃罗列罪状，乱拳出击，让他首尾不能兼顾。

嘉靖皇帝对严嵩深有感情，对严世蕃却没有感情，他听说严世蕃如此藐视国法，当即传下圣旨，派锦衣卫缉拿严世蕃，并将其押回京城，关进诏狱，令三法司查明真相。

严嵩得知消息，急忙给徐阶写信，并送上了重礼，徐阶不仅笑纳了重礼，而且写信给严嵩：请阁老大人放心，自己一定代为周旋。

徐阶深谙斗争哲学，如果他不收严嵩的重礼，严嵩就会怀疑他是此案的主使，他收了礼品，等于安抚住了严嵩，等严世蕃的罪证落到了实处，严嵩就彻底回天乏力了。

徐阶在历史上，还有一个绰号，叫"甘草国老"，甘草具有独特的药性，它可以和任何一味中药配伍，能够调和诸药，换句更明白的话来说，就是什么样的虎狼人物，徐阶都能对付，由此可知徐阶的厉害之处。

严世蕃通过儿子严鸿亟，很快就知道了林润弹劾自己的内容。他得知内容后，信心十足地对儿子说道："任他燎原火，自有倒海水，你需如此做，为父便无事！"

严鸿亟命令家人，开始在京城的茶馆、饭店、客栈和市场中，暗中散布严世蕃谋害忠臣杨继盛和沈炼的消息。当时，京城的百姓以及朝臣们听风就是雨，他们认为，严氏父子陷害忠臣，是秃子脑袋上的虱子——明摆着的事，当时三法司主持会审的官员是：刑部尚书黄光先、都御史张永明和大理寺卿张守直。

朝廷的意思是让他们公平审理，据实以闻，最后将合议昭告天下，令所有人信服。

三位大人面对严世蕃，他们一没有打骂，二没有用刑，但面对社会舆论的威逼和裹携，他们也是走进死胡同，一个劲地逼问严世蕃，是否谋害了杨继盛和沈炼两位大臣。

严世蕃竹筒倒豆子，主动承认了自己谋害杨沈两位大臣的事实。谋害大臣，这是实打实的死罪，三法司的三位大人都觉得，此案已经没有再往下审的必要，因为这一条，就足以送严世蕃去刑场。

当时的翰林院作为朝廷人才培养之地，翰林们上阵杀敌的手段没有，但"痛打落水狗"的本事很大，他们本着"见蛇不打三分罪"的原则，开始大逞口舌之力，他们一致认为：杨继盛忠感动天，沈炼义可动地，严世蕃谋害这两位忠臣，这次绝对是难逃活命了。

高拱作为翰林院的祭酒，他和张居正也有一次关于严世蕃案的谈论，他说："严氏父子，党羽遍布朝野，想要置其于死地，实在是有些困难！"

严嵩和徐阶互相倾轧、抵牾日著之时，而高拱处在两方势力的夹缝间，亦是左右逢源，全不得罪。要知道，高拱身份特殊，作为裕王朱载坖开邸受经的讲官，裕王一旦继位，高拱有可能就是未来的首辅。徐阶和严嵩对其明着尊重，暗中也是拉拢。可是高拱就是不站队，因为他不屑参与这样的权力争斗，他在积蓄力量，静等着属于自己的时代到来。

张居正对于高拱这样的潜力派，也不能完全袒露心扉，说："相信这次三法司一定能查明真相，给冤死的忠臣们一个说法！"

当天晚上，张居正又来到了徐阶的府中，徐阶因为彻夜研究严世蕃的案卷，以至于两个眼球上，布满了一道道的红血丝。

张居正看罢徐阶憔悴的模样，不由得心里一痛，看来想做好大明的首辅真的不容易。

张居正躬身施礼道："师相肩负社稷安危，日夜为国操劳，实乃我辈效仿的楷模！"

徐阶不理张居正的恭维，他离座而起，拉着张居正的手，说："你来的甚好，仆有事和你商议。"

明朝的锦衣卫就是隶属于皇帝的特务组织，为了防止臣子们拉帮结派，臣子们一旦走动频繁他们就会给皇帝打小报告。故此，徐阶和张居正见面，也不能高调和频繁。

张居正发觉三法司会审严世蕃的案子，出了一个大问题，他就不等徐阶相邀，主动上门了。张居正落座后，徐阶用殷切的眼神看着他，问道："严贼的案子，你有什么看法？"

张居正道："三法司虽然取得了严贼谋害杨继盛和沈炼的实证，但仆觉得如果按照这个路子走下去，应该是中了严贼的诡计！"

徐阶用鼓励的语气道："你说下去！"

张居正的意思是：嘉靖皇帝刚愎自用，他不允许臣子们碰自己的逆鳞，杨继盛和沈炼被害，严氏父子完全是按照嘉靖皇帝的圣旨办事。三法司如果据此上奏，结果定是惹得陛下龙颜大怒……张居正最后说："严世蕃估计又是充军发配，想要除掉他，实属千难万难！"

徐阶听罢呵呵大笑，他从书桌上，取过来一张白纸，上面写着六个字：大逆、通倭、谋反。

明朝有十恶不赦之罪，这大逆、通倭和谋反就是其中的三项罪名，如果任何一种罪名坐实，那都是抄家灭门的大罪。徐阶将严世蕃谋害大臣的罪名剔除，又给他加了三样新罪，有了新罪的罪名，接下来的事情就好办了。

张居正与徐阶经过一个时辰的密谋，将上述三项罪名全都落到了实处。严世蕃在袁州府修建新宅，可是修宅的地方，是一块王气之地，他不是大逆，又是什么？

罗龙文和大海盗汪直虽然是八竿子打不着的亲戚，但他与倭寇来往亲密是事实，严世蕃与其结为死党，并暗中与东南沿海的倭寇们沆瀣一气，由此可见，严世蕃通倭是板上钉钉的事实了。

最后一样，就是严世蕃在修建豪宅之时，曾经网罗了四千名冒充成工匠的贼匪，每日操练，目的就是积蓄力量，准备日后谋反，夺大明的江山。

三法司的三位主审大人，他们见到徐阶的时候，徐阶将"追究严世蕃杀害两位忠臣之罪，就等于追究当今天子之责"的情况一说，他们立刻被吓得一身冷汗，全都异口同声地说："姜还是老的辣。"

三法司再次审问严世蕃的时候，他们不提谋害忠臣之事，而是问严世蕃大逆、通倭和谋反这三项罪名，严世蕃当时脸都吓白了，这三条罪名任何一样，都足以让他上刑场，更何况三条叠加在一起！

严世蕃立刻当堂否认了这三条罪名。可是他的新宅，是否建在王气之地，还真说不清楚；他建宅时网罗的四千名工匠中，确实有数量不少的贼匪隐匿其中，意图造反这个事也让他辩不明白；而最要命的一条就是，罗龙文和倭寇的关系，更是充满着讲不透的地方。故此，问他大逆、通倭和谋反之罪，严世蕃也不是完全冤枉。

严世蕃今年五十二岁，最擅长的就是用莫须有的罪名构陷他人。今日被别人构陷，他怎么会甘心，他在三法司的大堂上高声叫道："一定是徐阶，除了他，没人能构陷我！"

三法司采取徐阶的建议，对严嵩之罪，在奏疏之上只字不提。这份分量极重的奏疏被送进了皇宫，嘉靖皇帝看罢严世蕃的三条大罪，他勃然大怒，当即传下圣旨："严世蕃罪大恶极，押往西市斩首。"

1565年4月24日，严世蕃押赴西市开刀问斩，当时京城的人士，奔走相告，他们人人携酒菜，兴高采烈地到西市去看严世蕃被砍头。

严世蕃被打到七寸，终于没咒念了，本来伸头是一刀，缩头也是一刀，可是他在被斩首前，哭得鼻涕一把泪一把，他太眷恋这个朝代，太舍不得自己的生命，所有的功名利禄他全都无法抛下。

严世蕃还没来得及高呼"十八年后，老子还是一条好汉"，便被枭首。可是被他害死的忠臣太多，他一个人能给那么多人抵命吗？

严世蕃伏法后，严氏一党失去了主心骨，当即树倒猢狲散，徐阶乘胜追歼，随着几十名严党相继被贬谪和铲除，严嵩在朝堂上翻手为云、覆手为雨的时代终于过去了。

严嵩被抄家，陈弘谟在《继世余闻》中记载："严嵩籍没时，金银珠宝书画器物田产，共估银两百三十五万九千二百四十七两余。其赃物尽数被罚没。"

一件令人惊诧的事情出现了，嘉靖皇帝下旨，将严家籍没的财产一半充边饷，一半入内库，可入库的银两仅有十万余两。

嘉靖皇帝纳闷地问："三月决囚后，今已十月余矣，财物尚未至，尚不见。是财物既不在犯家，国亦无收，民亦无还，果何在耶？"

徐阶回答："比籍没严氏，赀财已稍稍散逸，按臣奉诏征之，急不能如数，乃听孔等指攀，于是株蔓及于无辜，一省骚扰矣。"这句话的意思是：严家父子已经将财产转移，目前有人在江西省严查，已经让一省的人心乱了。

严嵩贪墨的账银为两百多万两，可是实际查获的只有二十万两，余下的赃银去了哪里？赃银的下落有一个去处——徐阶的手下，他们将严嵩的家产和赃物私下给瓜分了。

严嵩倒台后，他孤身一人，无人照顾，寄食野寺，行乞为生。隆庆元年（1567年），八十七岁的严嵩贫病交加，他倒在自己家的祠堂中，用颤抖的手，写下了"平生报国惟忠赤，身死从人说是非"的诗句，然后悲笑几声，掷笔而逝。

太多的人，都巴不得严嵩早点死，可是严嵩从生到死，都不承认自己是奸臣，这就好像贩卖鬼头刀，始终认定自己做的是合法生意一样。严嵩死后，因为罪大恶极，无人敢给他瘗葬。

不管严嵩是不是奸臣，他毕竟做过首辅，曝尸荒野，有损大明帝国的脸面和尊严。张居正出面，请江西当地的县令将严嵩体面地安葬了，事后在《张太岳文集·卷二十一·与分宜尹》中，留下了这样一段话："闻故相严公已葬，阴德及其枯骨矣，使死而知也，当何如其为报哉。"

天下人都不敢管严嵩的事，为何张居正敢管？张居正一身的正气，正所谓身正不怕影子歪，他让严嵩体面地走了，没有人说张居正的坏话。徐阶也没有，因为他了解张居正。

谁都可能是严嵩的同党，张居正不是，因为他们完全不是一路人。

严嵩被贬为庶民的那一日，明朝内阁的权力，从前首辅严嵩的身上，才真正转到了徐阶的手中。徐阶盼着这个首辅的位置，盼了太多年，这种"鱼挂到臭，猫叫到瘦"的状态，真的太难熬，直到今天，他从受气的小媳妇，熬成了当家婆婆，终于可以扬眉吐气了。

内阁的事务繁杂，徐阶一个人无力承担，他一开始推荐自己的门生袁炜入阁。可是袁炜入阁后，表现得不尽如人意，不久之后，便致仕归家了。徐阶经过权衡，又推荐严讷和李春芳入阁，严讷入阁不久，因病去职，内阁中只剩下徐阶和李春芳。

徐阶在掌权之前，就曾经与严嵩争夺过高拱这个人才，他不仅擢拔高拱为太常寺卿的职务，兼任国子监祭酒，而且他掌权后不久，便将高拱连提两级，从礼部侍郎升为礼部尚书。

按照官场的规矩，高拱应该对徐阶感恩，他却不领徐首辅的情。为何会这样，道理很简单，首先高拱和徐阶并不是一路人。

高拱年少有为，高中金榜，仕途顺利，也养成了他桀骜不驯、刚强果断的性格。有一次严嵩办寿，众多大臣在严嵩面前，无不诚惶诚恐、唯唯诺诺，他就以韩愈"大鸡昂然来，小鸡悚而待"的诗句，对傲睨作态的严嵩进行调侃和讽刺。严嵩听罢，心中虽然不满，但也只能一脸苦笑。

严嵩为何不敢动高拱？因为高拱当过裕王的讲师，按照惯例，裕王一旦当了皇帝，而高拱必然入阁，前朝的阁臣一般都不会主动得罪后朝的阁臣。因为明朝官吏俸禄很低，如果在位的时候，不动一些手脚，很难维持归籍后的优渥生活，故此，严嵩也担心自己离开内阁后，会受到下一代首辅的清算。

高拱对徐阶破格擢拔，他为何心存抵拒？因为徐阶越俎代庖了，高拱只要等裕王继位，自己随后就会入阁，高拱是一个骄傲的人，他有能力赚来口粮，并不需要别人给他施舍稀饭。

高拱的爷爷高魁是工部虞衡司郎中，父亲高尚贤官至光禄寺少卿，而高拱作为官三代，"山锐则不高，水狭则不深"的古训，被他丢在一旁，身上处处都是暴脾气。

高拱出生在1513年，张居正出生在1525年，整整比张居正大了十二岁。

史书上这样评价两个人的关系"谋断相资，豪杰自命"，他们二人在一起有事商量，互相帮助，并互认对方是豪杰，又"相期以相业"，将来一旦携手入阁，那就要好好地干一番大事。

在高拱的眼中，张居正毕竟年轻，没有提出过什么高屋建瓴的主张，亦没有发表过超乎常人的见解，故此，认为他的水平不如自己。可是徐阶却不这样看，高拱勇则有余，谋者不足，而张居正有勇有谋，其能力超过高拱。

高拱在自己的《高文襄公集》中，称呼张居正都是荆人，荆人如果解释得好听一些，就是粗俗的人，如果解释得难听一些，就是乡巴佬。

高拱自认是张居正的前辈，自己的出身比他高，才华比他强，勇气比他大，故此，他一贯不将张居正放在眼里，轻敌是他败于张居正之手的一个原因。

徐阶在提携高拱的同时，也没忘记栽培张居正。张居正担任国子监司业，作为国子监的副校长，就是监生们的座师，张居正也在监生中树立起了"为官必识张江陵"的良好形象。

高拱成为礼部尚书后，国子监祭酒的位置空了下来，张居正是国子监祭酒的合适人选。张居正去找徐阶，侧面地提及自己对这个位置颇感兴趣，徐阶一开始让张居正放心，他将全力促成此事，可是没过几日，徐阶告诉他，嘉靖皇帝已经传旨，国子监祭酒这个职位，已经由詹事府司经局洗马，兼任国子监司业的沈默担任了。

沈默的资格比张居正老，当国子监司业的时间比张居正久，而且沈默还是裕王的侍讲老师，不管从什么角度上说，张居正输给沈默并不冤。

徐阶在升任首辅的第二年，为张居正找到了一个展示才学的机会，早在七八年前，嘉靖皇帝开始主持重录《永乐大典》，徐阶推荐张居正去参与重录的工作。重录这本典籍，要求非常严格，誊写人员依照原样重录，不仅要求内容一字不差，规格版式也必须完全相同，而且还规定，一个人每天只许重录三页，不许抄错更不许涂改，誊写人员抄写完毕后，需要张居正等分校官、总校官检查无误，这才算完成录入的任务。

张居正觉得重录《永乐大典》是一个青史留名的机会，故此，他非常上心。干了一段时间，徐阶又给张居正安排了一个修撰《承天大志》"副主编"的工作，张居正为难地说道："师相，重录《永乐大典》的事，仆还没有做完！"

徐阶鞭然而笑："重录《永乐大典》，已经进行了五六年，再有一段时间就要完工了，只要完工，就有你一份功劳……可是修撰《承天大志》却比重录《永乐大典》还重要！"

兴都指的是湖广的安陆，为何在嘉靖一朝，这个地方如此重要？因为它是嘉靖皇帝亲生父亲兴献王的封地，嘉靖皇帝就出生在这个地方。

嘉靖皇帝非常在意自己的正统地位，他不仅将自己的亲生父母，追谥为皇帝和皇后，并将安陆定名为"承天府"，目的是与顺天府、应天府同级。

一开始的时候，顾璘负责主修这部志书，书名是《兴都志》，历史的记载是："以承天为世宗潜邸，故纂述之时，详载昔日藩国旧事！"

这本书完稿后，献给了嘉靖皇帝，嘉靖皇帝因为"所载献帝之事，多与志体例类不和，帝让修改"！

顾璘是张居正的伯乐,他都没写成的《兴都志》,张居正能写好吗?

徐阶给嘉靖皇帝写了多年青词,可以说,对其性格摸得非常清楚。他告诉张居正:"顾璘是一位正直的官员,不会阿谀奉承,他将兴献帝写成了开门只问'柴米油盐酱醋茶'的平常人,试问,这样'一锅清汤寡水'的东西,嘉靖帝怎么会满意?"

修撰《承天大志》的秘诀就是,要下大力气对兴献王歌功颂德,更重要的是给嘉靖皇帝正名,不仅要写明白兴都是龙兴之地,而且还要对嘉靖皇帝的"宽仁、厚德、睿智、勤政"等品格进行突出褒扬和称颂。在《承天大志》之上,树立起一位呼之欲出的明君形象。

徐阶作为《承天大志》的"主编",他日理万机,无暇撰写,但肥水不流外人田,张居正已经被徐阶推荐上去,成为《承天大志》的"副主编",实际主管这部书的全部修撰工作。

按照张居正原来的想法,自己在翰林院干几年,散馆后外放一个知县或者知府,踏踏实实地做几年,干出成绩后,自然会得到升迁,然后一步步地进入内阁,手握权力后,再施展自己的宏大抱负。

可是重录《永乐大典》、修撰《承天大志》让他走上了一条直通内阁的捷径。为何会这样说,因为张居正成全了嘉靖皇帝的孝心。

明朝以孝治天下。永乐十四年(1418年),永乐皇帝谕百官曰:"凡为臣民,能遵守太祖高皇帝成宪,为子尽孝,为臣尽忠……国家之祥,孰大于此。"从这道圣旨,就可看出,孝最重要,孝永远排在政绩、民生之前。

张居正重录《永乐大典》之时,这部大典的工作已经快接近尾声,张居正被任命为分校官,就等于白捡了一份功劳。

《承天大志》却不同,每一篇文章写完,嘉靖皇帝都非常重视,必须要亲自审读,然后朱笔圈阅,方可定稿。张居正作为《承天大志》"副主编",自然要在修改稿子的时候,与嘉靖皇帝进行交流,相信几次交流后,当今天子,就会记住张居正,一旦《承天大志》让圣上满意,张居正就会得到太多青云直上的机会。

试想一下，张居正外放出京，在知县等位置上做出成绩，接着入六部，最后进内阁，这一圈转下来，至少二十年才能达到最终目标。

而编写《承天大志》，如果令嘉靖皇帝满意，也许五年的时间，就能进内阁了。张居正在徐阶的点拨之下，豁然开朗，他兴冲冲地接下《承天大志》的修撰工作，开始为自己的前途和命运努力了。

张居正一开始，对这种褒奖的笔法，还很生疏，每一篇文章完成后，便与还在内阁做阁臣的袁炜一起研究修改，最后，经过修改的文章，全得到了嘉靖皇帝的满意。

大学士袁炜，确实是精于此道的高手，比如京城的百官看到日偏食（天狗食日），这件不吉利的事，他竟上奏祝贺，说："食仅一分，与没发生差不多，臣等不胜欢欣。"嘉靖皇帝养的猫死了，又写悼词，竟说"化狮为龙"。由此可见袁炜褒奖文笔之高，确实到了神鬼莫测的境界。

张居正主编《承天大志》中的文章是这样写的："应期挺生，应图握纪，仰万年之明盛，陟三五之登闶，骏命之隆，超轶有周远矣。实由我献皇帝天纵圣哲，日跻诚敬，渊仁厚德，迈于周文；而章圣皇太后明章妇顺，又于太姒徽音，有加美焉。是以忻豫通于上下，精诚贯于神明。上帝眷歆，笃生神圣。缵绍丕图，光昭鸿业。由朴棫之化，宣下武之光，本作丰之功，成宅镐之烈。天锡显号，祚社曰兴，固昭代中兴之基所由肇也。"

张居正对嘉靖皇帝开创的政绩予以高度称赞，认为他的功绩是：令以后一万年的时间里，后辈都会对陛下取得的丰功伟绩进行仰望，其文治武功，已经达到了三皇五帝那样的高度！

对嘉靖皇帝的父亲兴献王的歌颂，更是"天纵圣哲，日跻诚敬，渊仁厚德，迈于周文"，意思是超过了周文王那样的境界。

由张居正撰写，袁炜改定的文章献上去之后，嘉靖皇帝甚是满意，可是这本书没写完，袁炜就致仕了，张居正接下来继续撰写《承天大志》，为了得到嘉靖皇帝的满意，他就得凭自己的真本事了。

张居正一开始不会写这种文章，但在袁炜的指点下，其"嘉许"的笔法日渐提高。当然，更重要的一点，徐阶通过让张居正做《承天大志》的"副主编"，不仅让皇帝记住了张居正，更让张居正明白了"吴王好剑客，百姓多疮痍"的道理。

张居正想为百姓多做事，想要青史留名，首先要获得皇帝的青睐。当然，获得皇帝青睐的路径有很多条，比如：理民情、戍边防、整吏治、昭冤案，这全都是正面的工作，还有一条路径是写歌颂文章，大书青词。

张居正目前有职无权，无法通过正面的工作，获得朝廷认同，徐阶给他搭建了一个快速成长的道路，他为了实现心中的理想，只能是义无反顾地走下去。

嘉靖四十三年（1564年），《承天大志》终于完工，张居正在修撰这部"意义重大"书的过程中，任劳任怨，为了让皇帝满意，可以说：夜以继日，绞尽脑汁，呕心沥血。徐阶便委任他为右春坊右谕德，这只是一个虚衔，而裕王府讲官，这才是他真正的工作。

嘉靖皇帝共有八子，可是去世了六个，可以说：嘉靖皇帝立哪个皇子为太子，哪位皇子就去世。故此，留下了"二龙不能相见"的谶语。目前嘉靖皇帝只有裕王和景王两位皇子，而裕王年长，也就是说：如果不出意外，裕王就是皇储，也就是嘉靖驾崩后的皇帝。

严嵩为首辅的时候，他支持的是景王，而嘉靖皇帝，也希望景王能够继承自己的万里江山。徐阶和朝里的清流大臣，却支持裕王登基。现在严嵩已经离开内阁，裕王成为太子并登基，这已经是板上钉钉的事了。

徐阶为了能够提携张居正，共分三步走，首先是重录《永乐大典》，让他展露才华，接着是编写《承天大志》，使他获得嘉靖皇帝的认可，最后水到渠成，进入东宫，让他成为了裕王正式的讲官。

能够成为裕王的老师机会难得，毕竟裕王成了皇帝，他的老师基本上都可以入阁拜相。

徐阶为了张居正能在将来坐上首辅的宝座，真是操碎了心。

7 排挤，蛰伏内阁的"日子"

徐阶和嘉靖的眼光都没有错，张居正不仅器宇轩昂、学富五车，而且是一个兢兢业业的讲官。在《明史·张居正列传》中，这样写道："张居正讲课，仪容峻整，每进讲，必引经执义，广譬曲谕，词极剀切。"他通过潜移默化的行为，在裕王心中逐步树立起自己博学多闻、高屋建瓴的奇伟形象。

裕王对张居正的态度是："王甚贤之，邸中中宫亦无不善居正者。"在《太师张文忠公行实》中，还留下了这样的记载："（裕王）往往目属太师，加礼焉。"

张居正讲课，裕王主动向他行注目礼。裕王的侍从大太监李芳，最先看出了苗头，他察觉出张居正的形象和学问，超过其他讲官，将来必定入阁。

徐阶给张居正铺设了一条入阁之路，张居正不负众望，正在一步一个脚印地，向着既定目标行进，可是徐阶想擢拔的另外一个重要人物高拱那边出了问题。

明朝建国之初，贫民出身的朱元璋认为："国家经费，莫大于禄饷。"故此，他对官员的俸禄发放，非常苛刻，也就是说，俸禄让官员处在一种刚能吃饱的状态。以明成化十六年（1480年），正五品的官员的俸禄——年禄米为一百九十二石举例，朝廷如果缺米，可以按照一匹细布折价三十石给官员支付，可是一匹细布的价格在当时仅为二两白银，也就是一个正五品官员，一年的年俸，仅六点四两银子。清朝的张廷玉曾修《明史》，并在书中慨叹："自古官俸之薄，未有若此者。"

朱元璋的操作，连张廷玉都看不懂。其实，朱元璋是历史上真正为平民着想的皇帝。他不给官员高俸，并认为："守俸如井泉，井虽不满，日汲不竭渊泉。"意思是俸禄虽然低，但像泉水似的不断，"显尔祖宗，荣尔妻子，贵尔本身"这不是很好的吗？朱元璋不给官员高俸，还不许官员贪墨，一旦贪墨，剥皮楦草直接伺候。

朱元璋用黄册（户口）将百姓限制在一个固定的区域，并给予其民户、军户、匠户等上百种户别身份，并终身不改。以田赋为例，明朝初期一般是每亩征收三升三合五勺，以亩产一石而论，不过三十税一，可谓是历史最低。更绝的是《大诰·积年民害逃回第五十五》中，还有这样的规定："十二布政司及府、州、县：朕尝禁止官吏、皂隶，不许下乡扰民，其禁已有年矣。有等贪婪之徒，往往不畏死罪。违旨下乡，动扰于民。今后敢有如此，许民间高年有德耆民，率精壮拿赴京来。"

可是有利于平民的《大明律》并没有得到真正的贯彻和执行，特别是明朝后期，官员的特权越来越多，老百姓的实惠越来越少，以至于有人称，在大明朝只有两位官员不贪墨，一个是于谦，另一个就是海瑞。

还有人做过假设，如果让海瑞做首辅，万历朝又将怎样？可是假设不是事实，因为当时是皇权社会，海瑞为人耿介，他取得不了皇帝的信任，怎么可能当首辅。海瑞因为有清廉之癖，无法团结众多"贪墨"的臣子，他得不到支持，岂能做得首辅。

海瑞一旦做了首辅，朝野之间，必定是贪官人头滚滚的局面，朝廷无臣子，天下必大乱，万历屁股下面的皇位都不稳当。

明朝的俸禄虽然微薄，海瑞偏偏可以做到两袖清风。可是很多官员都不是海瑞，他们无不上下其手，这其中自然包括了徐阶。

徐阶左手收了严嵩的重贿，右手就将严世蕃送上了刑场，这件事在历史上记载清晰，不容怀疑。明朝的官员都怕晚年致仕，手中失去了权力，一旦有人查自己贪污，绝对一查一个准，故此，徐阶对培养接班人，千挑万选，可以说是非常上心。

徐阶培养高拱做自己的接班人,真的是做到了铺路搭桥,扫清障碍,甘为人梯。比如:嘉靖四十一年(1562年),徐阶提拔高拱为礼部左侍郎兼大学士,这个职位的工作,就是担任科举主考,可以说是一个接触考生、广纳心腹的好工作。

可是在嘉靖四十四年(1565年)乙丑科会试,高拱出了一道《论语·子张篇》的考题"其生也荣,其死也哀",嘉靖皇帝最希望的就是长生不老,高拱出了这道题,先说生,后说死,不就是有意诅咒皇帝早死吗?

按照嘉靖皇帝的意思,高拱的官职必须要一撸到底,人从哪里来,就回哪里去,你让皇帝一时不高兴,嘉靖皇帝就会让你一世不高兴。

徐阶首先对嘉靖皇帝讲,"其生也荣,其死也哀"是圣人之语,意思是:孔子活着的时候,大家为之感到荣耀,他死了大家为他感到悲哀。这句话根本没有毛病,当考题也很不错。

徐阶最后用圣人压服了嘉靖皇帝,算是替高拱挡了一灾,否则高拱被免官,很有可能回不到朝廷,或者因为错过机会,一辈子进入不了内阁。

接下来不久,徐阶又擢拔高拱做了礼部尚书。按照道理,严嵩提携高拱一次,曾经擢拔高拱为太常寺卿国子监祭酒;而徐阶擢拔高拱两次,又替他顶了一次雷,高拱应该对徐阶更加感激才是。可是高拱不这样认为,他觉得自己出"其生也荣,其死也哀"当考题没错,嘉靖皇帝纯属是鸡蛋里面挑骨头。

高拱被嘉靖皇帝免职,他就将声名鹊起,成为不媚上的忠臣,一旦裕王登基,凭着自己东宫讲官的身份,会被立刻启用调京,而徐阶现在大包大揽地担保,谦卑忍让地求情,这简直就是让他的面子无光。

裕王府刚刚建立,高拱就出任了侍讲,而且一干就是九年,可以说他为了培养裕王,出了太大的力气,历史记载"王深倚重之",也就是高拱被裕王视为最可倚重的大臣。

徐阶为高拱安排的东西,他全都不需要,但目前高拱还没有入阁,他对徐阶还算尊重,徐阶也被高拱表面上一些"世故的伪装"所蒙蔽。在徐阶的推荐之下，礼部尚书高拱和吏部尚书郭朴，他们在嘉靖四十五年（1566年），一起进入了内阁。当时，内阁中还有一位阁臣，他的名字叫李春芳。

李春芳性格温婉，办事沉稳，是一个少见的老好人。

以徐阶为首辅的内阁，自然是徐阶说了算，徐阶推荐高拱和郭朴，是想让他们做自己的班底，听话干活不起刺。可是徐阶想错了，高拱和郭朴都看不惯徐阶在内阁一手遮天的样子。特别是高拱，他本来就对徐阶以青词谋位，心生抵触。郭朴和高拱是老乡，在内阁中，他和高拱的关系，比和徐阶的关系走得近。

为何会出现这种"掰生"的局面，道理简单不复杂。因为在高拱和郭朴的眼中，徐阶就是一个"青词宰相"，他一生干得最大的事，就是用不入流的手段扳倒了严嵩。

高拱不奉承徐阶，不附和他的动议，并努力地和徐阶划清界限，徐阶曾在书信中，留下了两人关系的真实写照"凡事有所忤，必与己强争"。

高拱对此，有自己的想法，他除了不想和其同流合污之外，还有一个可怕的计划，就是等待时机，将来对徐阶进行清算的时候，可以很容易地拔刀子。

有一次内阁官员在一起用餐，高拱多喝了几杯酒，突然对徐阶发难："公在先帝时导之为斋词以求媚。宫车甫晏驾而一旦即扳之，今又结言路而逐其藩国腹心之臣，何也？"这段话记录在《明史·高拱列传》中，意思是：先帝在的时候，你写青词求宠，先帝不在了，你勾结言官，为何将先帝旧臣一一扳倒？

徐阶也没想到高拱竟当众发难，真有遭到当头一棒的感觉，他斟酌一下，道："言路官员众多，我岂能一一结交？再说，为先帝写青词，你也有份，先帝的那份让你参与效力'斋醮事宜'的秘札，至今还在我的手中！"

高拱和徐阶，都曾经上过青词的贼船，你说我头秃，我说你眼瞎，这样有意思吗？高拱论口才，真辩不过徐阶，只得气咻咻地离场，但两个人的梁子算是结下了。

徐阶和高拱有时意见相左，高拱就用他特有的大嗓门，对着徐阶大喊大叫，几次搞得徐阶下不来台，徐阶表面上虽然对高拱还是客客气气，可是回到家里，也不知道摔碎了多少茶壶茶碗，很显然，他力荐高拱入阁，算是犯了一个人生的大错误。

现在朝堂上的大臣们，置身事外，他们也都看得很清楚，徐阶是当朝老臣，一旦嘉靖皇帝驾崩，改朝换代，那么高拱就有可能成为未来首辅，在今朝首辅和未来首辅之间，还是要谨慎选择站边，如果不能做到刀切豆腐两面光，很可能会在这场内斗中被殃及，这就是得不偿失的一件事了。

徐阶知道自己走了一手"臭棋"，既然大错已经铸就，如何才能亡羊补牢？徐阶思前想后，觉得只有一个办法，那就是让张居正入阁。

张居正和高拱比起来，前者的本事更大，他一旦入阁，可以视为徐阶的心腹，不仅可以分高拱手中的权力，而且还能对其钳制，将来一旦发展好，绝对是一等一的首辅人选，到时候徐阶致仕归家，有张居正照顾，相信高拱想暗算徐阶，也会有一定的顾忌。

明朝嘉靖年间，有一位大忠臣名叫海瑞，他曾说徐阶是"畏威保位"，张居正对这个提法，是不同意的。因为张居正被徐阶赏识，曾经参与到了"倒严"的具体行动中。虽然徐阶顶着"青词阁老"的帽子，名声不佳，可是同为阳明先生的弟子，海瑞信奉的是刚直独立、不畏邪恶、"敢干第一"的人生策略，并非走的是阳明心学提倡的"知行合一"路子。

实现"知行合一"的途径就是"心能诚意，事上磨练"。徐阶虽然属于阳明心学的"空谈理论家"，但他将扳倒严嵩的事做成了，单凭这一点，历史学家用什么词夸他，相信反对的人不多。

海瑞是清官不假，他却不会处理自己和皇帝的关系。在嘉靖四十五年（1566年），到京城任户部云南司主事时，曾经写了一篇《治安疏》，在这篇奏疏中，他直言不讳地写道："陛下之误多矣，大端在修醮。修醮所以求长生也……陛下玄修多年矣，一无所得。至今日，左右奸人逆陛下玄修妄念，区区桃药之长生，理之所无，而玄修之无益可知矣。"

嘉靖皇帝总是坚定地认为，自己就是天帝之子，他如此虔诚地"醮祀青词，礼祭天帝，天降祥瑞，国运绵长"就是在救国，海瑞竟敢说"陛下做错了"，这不是批皇帝的逆鳞是什么？

海瑞在嘉靖四十五年（1566年）二月一日，携带着棺材，抱着必死的决心，将《治安疏》递交给了嘉靖皇帝。虽然嘉靖皇帝明白海瑞要做比干，但他却不想当商纣王，故此，他并没有接海瑞这个"一翻两瞪眼"的大招，《治安疏》留在宫中几个月后，面对一个劲闹腾的海瑞，嘉靖皇帝不耐其烦，还是命锦衣卫将其下了诏狱，他一定要知道，海瑞的后台究竟是谁？

阳明先生在《传习录》中写道："仪、秦学术，善揣摸人情，无一些不中人肯綮。"肯綮就是筋骨结合的地方，也就是人的要害，说服人要有谋略，要直奔要害，而不是直接批皇帝的逆鳞。海瑞是敢干，但这种胆气，近乎鲁莽，是违背阳明先生说服人的初衷的。要不是徐阶和刑部尚书黄光升力保海瑞，嘉靖皇帝一定会对海瑞处以绞刑，以儆效尤。

张居正对海瑞冒着杀头的危险，上《治安疏》的勇气很佩服，可是对于他以死相谏的做法，并不赞同，《鬼谷子》就曾经说过："世无可抵，则深隐而待时，时有可抵，则为之谋。"

海瑞想用一道《治安疏》，就解决所有问题，这很明显就是躁进之"魔"在心中作祟。

徐阶就喜欢张居正遇事思考、沉稳老练的作风，不用想在徐阶心中，张居正就是一个首辅胚子，比数语不和便对自己咆哮的高拱睿智多了。

可是张居正面对徐阶让他孤立高拱、选边站队的提醒，始终装糊涂，一边是自己的座师和恩人徐阶，另一边是自己的朋友和兄长高拱，张居正觉得自己一旦选边站队，都会得罪另外一边，故此，他采取的策略是两边都不得罪——持中。

徐阶是在朝廷腥风血雨的权力场中"厮杀"过来的人，张居正的小心思，哪能不知道，他不会给张居正做中间派的机会，因为政治不存在着"骑墙"。

张居正目前只是翰林院的祭酒，官居五品，如何让他进入内阁，徐阶正在踌躇无计的时候，一个天赐的机会，终于被他等到了。

嘉靖四十五年（1566年），正是嘉靖皇帝六十岁花甲圣寿之年，他虽然身体患病，但为了长生不老，仍然执迷地去万法坛祈祷，可是一场暴雨瓢泼而至，无法中断仪式的嘉靖皇帝，就被豆子大的雨点淋成了落汤鸡。

嘉靖皇帝一辈子礼敬上天，他不明白"天"为何这样对待他。他凄迷地站在冷雨中，浑身上下就好像掉进了冰窖，瑟瑟而抖，他面对着寒热交攻、丹毒侵害的情况，回宫后一病不起。

徐阶从御医的口中，感知嘉靖皇帝时日无多，他目不交睫，夜不解衣，始终随侍，准备应对改朝换代的变局，值守内阁的工作，他就交给了高拱、郭朴和李春芳。

随侍是日夜不离开皇帝身边，在内阁值守终归和皇帝有一段的距离。

当年的十一月，嘉靖皇帝的病势沉重，已经到了油灯将枯的状态，张居正来到内阁办事，意外地见到高拱等人已经将行李收拾好，只等嘉靖皇帝龙驭宾天，他们就离开内阁，直接回家居住。

张居正低声对高拱提醒道："这个时候搬家，恐怕不好吧？"

高拱听罢张居正讲话，他也不由得打了一个寒颤，就在嘉靖皇帝一脚生一脚死的节骨眼上，自己带头搬家，很显然，这是对皇帝的大不忠，他急忙说道："太岳提醒得对，这个非常时期，谁也不能搬离内阁！"

高拱还是年轻，他不知道权力就好像猛虎豺狼，在新旧交接的时候最危险，一旦控制不好，便会遭到无情的反噬。

他虽然没有离开内阁，但确实有收拾行李、准备回家的举动，吏科给事中胡应嘉得知消息，连夜写了一份奏疏，弹劾高拱"拱辅政初，即以直庐为隘，移家西安门外，夤夜潜归。陛下近稍违和，拱即私运直庐器物于外。臣不知拱何心"。

沈德符在《万历野获编》中，曾也有过这样的记载："时高无子，乃移家于西安门外，昼日出御女，抵暮始返直舍。看来胡应嘉的弹劾，并非空穴来风。"

胡应嘉对高拱的弹劾，很有力度，高拱作为大学士，嘉靖皇帝身体违安期间，理应在西苑的直庐值班，可是他竟在西苑附近，租了一个院子，将家搬了过来，经常借机回家，与妻相会。高拱作为次辅，他不在内阁好好办事，反而时刻准备回家，纯属是不忠不孝的佞臣。

胡应嘉是嘉靖年间有名的敢言直谏之士，他和徐阶又是同乡，而胡给事中弹劾高拱，有很多人怀疑，是受到了徐首辅的指使，这件事的证据就是，当时嘉靖皇帝身患重病，神志不清，徐阶很少往嘉靖皇帝面前递奏疏，可是偏偏这道弹劾高拱的奏疏，被他郑重地递了上去。

可是嘉靖皇帝神志不清、奄奄待毙，已经没有精力处理高拱和胡应嘉了。这道本可以让高拱降官罢职的弹劾，就这样糊里糊涂地失去了作用。

高拱在嘉靖皇帝龙体违安期间私会女人，窃取祭物，不管是不是真的，反正他的身上，已经留下了洗不清的污点。

两个月后，嘉靖皇帝终至就木易箦，龙御上天去了。

在老皇帝殡天，新皇帝还未继位，皇权出现真空的一刻，徐阶显现出政治手腕老辣的一面。他真正的目的，就是利用遗旨，给高拱和郭朴二人一记"闷棍"。

嘉靖四十五年十二月十四日，嘉靖皇帝深夜驾崩之时，当时高拱、郭朴和李春芳都已经在内阁休息，徐阶急忙派手下，赶着马车，将张居正悄悄接进了皇宫大内。

张居正在懵懂中来到了皇宫，他面对龙床上躺着的嘉靖皇帝遗骸，当时睡意就跑到了爪哇国。徐阶虽然一脸倦容，但目光犀利，他用虽平静却隐藏着滚滚惊雷的语气说："你帮我拟一道遗诏！"

翰林院是明朝的文职机关，张居正在里面供职多年，可以说对拟写圣旨，轻车熟路，但拟写遗诏，还是开天辟地头一次。

因为明朝的规矩是，遗诏必须由内阁的大学士执笔，张居正弱弱问了一句："师相，由我拟写遗诏，有些不合规矩吧？"

徐阶坐在了椅子里，用不可辩驳地语气强调："这道遗诏天亮之前必须要拟好……"

张居正手拿毛笔，他从来也没觉得笔管竟然如此沉重，嘉靖皇帝驾崩，大明的江山暂且由徐阶当家，可是这个家怎么当，现在却由张居正说了算。

张居正遵照徐阶的意思，一道遗诏在寅牌时分，便已经拟好。这道遗诏中，主要写了四件事：嘉靖皇帝检讨自己"本惟敬天助民是务，只缘多病，过求长生，遂致奸人乘机诳惑，祷是日举"，徐阶在遗诏中，替嘉靖皇帝，向天下人承认，自己"醮祀青词，烧香礼拜"是不对的，故此，庙宇停建，道士逐出宫外，以后这件事必须要停止。

为了避免"停尸不问、束甲相攻"的情形出现，由裕王继承大统，"子以继志述事并善为孝，臣以将顺匡救两尽为忠"。只要裕王继承父皇的遗志，就是最大的孝心，而臣子们务必尽忠，王朝中兴，嘉靖皇帝就放心了。

丧事简办，外地的藩王和大臣不必来京，只在各自的驻地祭拜就成。"二十七日释服，祭用素馐，毋禁民间音乐嫁娶……府州县并土官俱免进香。"嘉靖皇帝驾崩，祭奠二十七日就可以了，州府县令一级的地方，祭奠可以免除。

最后这点至为重要，"自即位至今，建言得罪诸臣，存者召用，殁者恤录，见监者即先释放复职"。但凡因为建言获罪的官员，在世的继续召用，去世的给予抚恤，被囚在监狱的立刻释放并官复原职。

第二天一早，这道遗诏首先被送到了内阁，高拱和郭朴作为内阁成员，在遗诏未发布之前，有权审阅其内容，可是被蒙在鼓里的二人看罢遗诏，高拱气得跳了起来，道："先帝是英主，怎能尸骨未寒，开口便骂醮祀青词不对，再说，徐阶等人为先帝写青词，也负有不可推卸的责任，遗诏这样写，我心中不忍！"

郭朴被排除在拟写遗诏的队伍之外，心里也是酸溜溜的，他用"兔子急了也咬人"的语气，帮腔道："徐公诽谤先帝，可斩也！"

高拱和郭朴纵然对遗诏百般不满意，可是这道遗诏，必须要在天不亮的时候发布,并当着群臣的面宣读,故此,他们即使想修改,也没有时间了。

他们惹不起徐阶,但惹得起张居正,高拱这样认为:张居正只是一个五品的翰林院祭酒,他有什么资格越过三名翰林院的辅臣,参与草拟遗诏的工作?很显然,张居正与自己一起"谋断相资,豪杰自命",且又"相期以相业",全都是假的。

张居正早就成了徐阶的心腹,他真正的身份是"细作",他就是徐阶暗中安排在高拱身边的一颗钉子,将高拱的一切言行,定期向徐阶汇报。

第二天一早,这道遗旨公布后,满朝文武纷纷额手相庆,根据《明通鉴》记载:"朝野闻之,皆号痛感激。"而天下的文人,也开始极力讴歌这道诏书,京城中,甚至有人燃放鞭炮,大肆庆祝,热闹得就好像过年一样。

张居正只是一个五品官,但当朝首辅竟然与之相交,并且还事事倚重于他,很显然,他就是未来首辅的最佳人选。张居正主笔草拟了嘉靖皇帝的遗诏,令臣子感激,百姓雀跃,正是这份遗诏,夯实了张居正能干务实、清廉为国、不畏权贵的好声望。

王世贞在《嘉靖以来首辅传》中,这样写道:"中外目属居正,谓必大用矣。"

张居正在嘉靖皇帝驾崩的事件中,徐阶"法不入六耳"地教了他政斗中,最厉害的"矫遗旨"大招,张居正虽然所得甚多,但他基本失去了高拱这个好朋友。从此之后,两个人真的无法弹到一根弦子上了。

张居正后来在《答上师相徐存斋》中写道:"不肖受知于老师也,天下莫不闻老师以家国之事托之于不肖也;天下亦莫不闻丙寅之事,老师手扶日月,照临寰宇,沉几密谋,相与图议于帷幄者,不肖一人而已。"也就是说,当时,参与其事的,只有他张居正一人。

嘉靖皇帝在世时,信奉道教,修建道观,任用奸臣,搞得民不聊生,天下大乱,这道遗旨可以看作是一个拨乱反正的开始,苍生黎民,终于可以喘口气了。

徐阶用这道遗旨,确保了裕王的顺利登基,顺应了天理民心,更夯实了自己的地位，他还将中间派张居正，彻底拉到了自己的阵营，并狠狠地敲打了高拱和郭朴，并用实际行动告诉二人，如果再敢和自己对干，那就骑驴撕唱本，不用走着瞧了。

当时，诏狱的提牢主事得知这道遗诏的内容后，觉得海瑞必被释放，还应受到重用，他为了示好沾光，就备菜沽酒，来到囚室，与海瑞共饮。海瑞却误以为这是断头饭，既然明天要上刑场，便开始大口喝酒、大块吃肉。当他从提牢主事的口中，得知"宫车适晏驾，先生今即出大用矣"的消息后，惊讶地问："信然乎？"

海瑞得知嘉靖皇帝驾崩的消息确实，他竟大呼一声"呜呼哀哉"，接着便涕泪滂沱，从夜间一直哭到了天亮。那悲凄的声音，让人不忍卒闻。

海瑞的悲痛千真万确，被误吃到肚子里的酒肉，也全都呕了出来。那位刑部主事真的想不明白，嘉靖皇帝传旨让海瑞下狱，海瑞应该恨死了这个昏君才对，可是听到其驾崩，他为何哭得如此伤心？

海瑞的心中只有国家，嘉靖皇帝虽然是个昏君，可是他代表国家，嘉靖皇帝昏聩，那就是国家病了，海瑞是在为多灾多难的国家而哭。那位刑部主事的格局太窄、境界太低，他无法真正地理解海瑞，他永远也成不了海瑞。不久之后海瑞出狱，提拔为尚宝丞，调任去了大理寺。

嘉靖皇帝驾崩，得利最大的有两个人，这两个人不是张居正和海瑞，而是徐阶和朱载垕。

徐阶扳倒了严嵩，威望在朝中一时无两，甚至海瑞这样耿介的臣子都这样说："阶事先帝，无能救于神仙土木之误，畏威保位，诚亦有之。然自执政以来，忧勤国事，休休有容，有足多者。"

裕王朱载垕忍辱负重，日子过得担惊受怕，最后得到了江山，得到江山的第一件事就是更改年号，徐阶领头，阁臣们一人拟定一个年号交了上去，可是朱载垕偏偏选中了高拱拟的"隆庆"二字，由此可见，高拱在朱载垕面前，十分吃香，他在天子心中的地位，不可替代。

隆庆皇帝如今扬眉吐气，再也不是那个"小心敬畏、朝不保夕"，不受父皇待见，被臣子们排挤的皇储了。

朱载垕只要想一想"二龙不相见"的苦难，他与父亲"生不得见，死不得诀"的悲情，他应该暗中咬牙，一定要好好当一位皇帝，真正地享受一番。可是他偏偏对帝业并不怎么感兴趣，因为他觉得，色和财堪称是最实惠的东西。

隆庆皇帝登基伊始，他就传下了一道圣旨：宫女不多罢。当时宫中有数千宫女，他竟然还嫌不够，因此隆庆皇帝手下的太监，大肆在江南选宫女。故此，戏曲家就以此背景，写了一部《拉郎配》的戏剧，讽刺了这场社会大闹剧。

《明史》评价嘉靖皇帝只是"中才之主"，隆庆皇帝相比父亲嘉靖皇帝，算得上一位不及格的皇帝。隆庆皇帝在"四面楚歌"的环境中成长，面对"姥姥不亲、舅舅不爱"的局面，他时常都不知道能否有明天，这就造成了他谨小慎微的性格。

《韩非子·亡征》中写的："缓心而无成，柔茹而寡断，好恶无决，而无所定立者。"这句话就是给隆庆皇帝量身打造的。有时候，臣子们为争论一件事的对错，在朝堂上吵得面红耳赤，隆庆皇帝却一言不发，连个主意都没有，实在逼急了，他就一推六二五，命首辅替自己去办。

隆庆朝的首辅，包括徐阶、李春芳、郭朴、高拱、陈以勤、张居正、赵贞吉、殷士瞻和高仪九人，他们全都是有几把刷子的首辅，这些首辅虽然性格各异，时不时地会打自己的小算盘，却无一奸臣，故此，在以这九人为首的文武百官的努力之下，出现了诸如"隆庆新政"这样的成就。

隆庆皇帝继位后，发现该做的事情有些多，他原本有三位皇后，孝懿庄皇后李氏在嘉靖三十七年（1558年）去世。接着他又娶了孝安皇后陈氏，可是陈皇后身体不佳，而且无子。隆庆皇帝又喜欢上了一个小宫女，也就是后来的孝定皇后李氏，这位李宫嫔为他生了一个儿子，就是后来的万历皇帝朱翊钧。

既然隆庆做了皇帝，自然不能亏待李宫嫔，她就母以子贵，在隆庆元年

（1567年）被封为贵妃。隆庆二年（1568年），朱翊钧被立为太子，李氏虽然是皇贵妃，但她是都人（宫女）出身，故此，朱翊钧和陈皇后用膳之时，她只能站在二人身后伺候，暂时还不能与陈皇后平起平坐。

隆庆皇帝为了弥补对李贵妃的歉疚，便将其父李伟，授锦衣卫都指挥佥事，隆庆六年（1572年）又加中军都督府都督同知。

隆庆皇帝很忙碌，但比皇帝还要辛苦的就是徐阶，徐阶作为首辅，他用一道"遗诏"夯实了自己的位置后，接下来就开始了新的布局——他在开隆庆新政的同时，要让张居正入阁，使张居正成为自己真正的左膀右臂。

明朝的时候，从皇帝到平民都讲吉兆，甚至稻生九禾、林中生芝都被说成了祥瑞。1566年的时候，张居正的宅子里，发生了一次吉兆。一次雷雨中，一个球形的闪电，蹿进了张家的厨房，让缸内的清水转瞬间蒸发，当时，亲朋好友得知此事，便有人穿凿附会地说，张居正最近一段时间，定有大喜。

一旦改朝换代，新皇帝为了显示天恩，便会对可用的裕邸旧人升官，令其为国效力。果然新春一过，在徐阶的举荐之下，张居正升礼部右侍郎（从二品）兼翰林学士。

1567年2月，因为改元换制的需要，内阁需要添人进口，张居正由隆庆皇帝特批，晋升为吏部左侍郎兼东阁大学士，并与原来裕王府讲官陈以勤一起入阁。

张居正能够入阁，得力两个人的襄助，明着是徐阶的力荐，另外是得到了司礼监掌印太监李芳的暗中推荐。徐阶是张居正的座师，而李芳在裕王时代，便是张居正的好友。张居正作为裕王的讲官，他虽然没有高拱教授的时间长，没有高拱在裕王心中的分量重，但隆庆皇帝对他印象不错，故此，张居正入阁，并没有经过群臣"会推"，而由皇帝"特简"，直接进入了内阁。

船应该乘风急驶，人应该借力而行。张居正在《答中丞洪芳洲》一文中，这样写到："顷者因缘际会，骤涉崇阶。圣主念甘盘之旧，不弃簪履。元翁垂接引之慈，无遗菅蒯。"

张居正最后入阁，名次排在五位阁臣之后，论资历更是比不过其他的阁臣，他基本上是收敛锋芒、低头做事。在《明史》中，对他却有"倨见九卿，无所延纳"的记载，意思是六部九卿的官员都敬畏张居正，因为他的身上，自带一股宰相的气质。

事实上，不管张居正如何"韬光养晦"，依旧如《史记》中说的那样："夫贤士之处世也，譬若锥之处囊中，其末立见。"意指：如果你是锥子，即使被放到袋子里，锥子尖也会很快露出来；一块美玉，即使被丢在墙角，不管是环境，还是灰尘，也遮掩不住它外溢的光华。

张居正入阁后，因为他有重录《永乐大典》，以及编写《承天大志》的经验，一项更重要的任务，就落在了他的肩膀之上。嘉靖皇帝驾崩，隆庆帝为了显示孝心，便命张居正担任了《世宗实录》主编，人过留名，雁过留声，嘉靖皇帝驾崩后一定要留下一部编年史。

1567年4月，《永乐大典》历经五年的时间，终于完成，张居正虽然出力不多，却有"临门一脚"的功劳，张居正成为礼部尚书（正二品）兼英武殿大学士。

隆庆皇帝登基不久，为了彰显"新君登基三把火"的传统，便传下了一道圣旨：先朝政令有不便者，可奏言予以修改。很显然，隆庆皇帝能下这道圣旨，事先是和徐阶、高拱等人商量过，很多明朝的皇帝为了稳妥，一般都会按照祖宗之法行事，隆庆皇帝能有改变祖宗之法的勇气，看来他是想拨乱反正，维新变法，干出一番事业。

徐阶在隆庆皇帝登基不久，便将张居正请到府中，并和他谈起了当今天子意欲变法的圣旨，张居正说道："想要解决南倭北虏、积贫积弱的问题，只有变法维新，才能够富民强国！"

徐阶谨慎地说道："第一次变法干系重大，只能成功，不能失败，如果你有什么好的想法，可以提出来！"

张居正用手蘸着杯中的酒水，在桌子上写上了三个字：开海禁！

明朝的国策受重文抑武的影响，以至于没有强大的水军去平定倭寇，就硬性地实行了海禁，海禁的内容是：不许国外的商人乘船来大明做生意，而大明的商人也不许和外国人通商往来，明朝福建等地沿海的渔民必须上岸，当地的渔民下海捕鱼更在饬禁之列。海岸边的盐碱地种粮又不够吃，渔民们为了活命，只能铤而走险，加入倭寇的队伍，靠抢劫为生，这就是南倭之乱始终平定不了的重要原因。

张居正的意思是，用"开海禁"的办法，让当地的渔民有口饭吃，他们一旦获得温饱，就没人去当倭寇了，平"南倭之乱"才会成为可能。

张居正的想法，与徐阶的思路不谋而合，两个人最后拟定了一个谨慎方案：可以在福建某处开一处海禁，如果效果好，就继续干，如果效果差，那就即刻关停。

徐阶点头同意，张居正很快就安排了下去，不久之后，福建巡抚都御史涂泽民上奏疏："请开市舶，易私贩为公贩！"

隆庆皇帝征求完徐阶、高拱和张居正等人的意见，当即批准了这一奏疏，在徐阶的关注之下，福建漳州府月港成了首个海外贸易地点，令人欣慰的是，福建漳州府的倭乱最先平息。隆庆皇帝一见徐阶的办法可行，当即宣布解除海禁，让正常的海外贸易得以进行，史称"隆庆开关"。东南沿海的渔民有了饭吃，东瀛的商人，可以通过合法的途径，获得明朝的各种商品进行贩卖，各地的倭乱，失去了滋生的土壤，随着官军推波助澜的剿灭，倭乱终于止息，明朝的海外贸易进入了一个全新的时代。

当年顾璘就曾这样说，张居正必定可以系犀带、入内阁、定社稷、佐君王。当时张居正任礼部尚书，是明朝堂堂的正二品官员，已经可以名正言顺地用犀带了。

但让顾璘没有想到的是，张居正的官职，升得简直比雨后的春笋还要快。隆庆二年（1568年）正月，张居正又加少保兼太子太保，这已经是从一品的官职了。

张居正官从一品的时候，年仅四十四岁，正是为国之栋梁的好年纪。张居正蛰伏翰林院多年"默默潜求国家典故与政务之要切者"的"童子功"终于发挥了作用。

历史上本来就没有新鲜事，本朝发生的诸般事务，在前几朝都已经发生过。张居正熟悉国家典故、政务诀窍，如今面对今日内阁的事务，便可以援引前朝的定案，驾轻就熟，从容上手。

张居正因为书写公文措辞严谨，票拟的谕旨简洁切要，故此，内阁之中一旦有重要的奏疏起草，十有八九都落在张居正的肩膀上，他以"中道"行事，努力让各方的诉求得到平衡。可是一场内阁的倾轧，让明朝的京城官场，处于一种"鸡飞狗跳"的纷乱状态。

这场内阁的倾轧，缘起于一场京察。明朝皇帝为了澄清吏治、消除怠政，在明宪宗成化四年（1468年），实行了京察，京察是明代吏部考核京官的一种制度。洪武时规定三年一考，后改为十年一考。弘治年间规定六年举行一次，以"四格""八法"为升降标准。

四格为：守（操守）、政（政务）、才（才干）、年（年龄）。每格按其京察的成绩，列为称职、勤职、供职三个等级。列一等者记名，具有升任外官的优先权。

八法为：贪、酷、无为、不谨、年老、有疾、浮躁和才弱。分别给以提问、革职或降级调用等处分，年老和有疾者退休。

京察的目的是好的，但因其弹性太大，故此，竟成为了某些人排除政敌、党同伐异的工具。京察的权力，掌握在吏部尚书的手中，京察开始之后，吏部尚书的工作，除了都察院都御史有权过问，其他的部门除了配合，并无干涉的权力。

1567年，主持京察的人，就是吏部尚书杨博，杨博面对新君继位，也想干出点名堂，一场京察下来，按照考评的成绩，京官们被分为四种：称职、平常、不称职和贪污阘茸（昏聩无能）。对应的处理措施分别是：称职者升职，不称职者降职，平常者不升也不降，贪污者承担法律责任，阘茸者直接罢免。

杨博放手一做，不称职的京官们纷纷落马，甚至连无人敢动的御史和给事中,都被殃及,成了这次京察的牺牲品。

杨博这样做,于"吏清政明"的国法,于"能上庸下"的道理,并没有可指摘之处,却有悖于当时"官官相护"的社会现实。

胡应嘉作为一个言官,他也没想到,杨博竟然对无人敢惹的言官们下手。胡应嘉通过检查降黜人员名单,终于发现了一个问题,那就是这些在京察中落马的官员中,竟无一人是山西籍。杨博这是在排除异己、纵庇乡里,对自己的山西老乡网开了一面,对其他省份的不称职的官员进行打击,这不是徇私舞弊又是什么?

胡应嘉随即上了一道奏疏,弹劾杨博弄虚作假的行为。高拱早就在暗中磨刀霍霍,准备对弹劾过自己的胡应嘉下手,他手拿胡应嘉的弹劾奏疏,研究了三日,终于找到了一个漏洞:吏科给事中虽然有监督吏部办理京察的权力,但有异议,必须要尽早提出,一旦京察结果公开,便不再讨论,可是胡应嘉"事后诸葛亮"怀疑既成事实,那就是无理取闹,更是失职的表现。

在金銮殿上,高拱指示郭朴,首先发难:"胡应嘉出尔反尔,全非人臣事君之理,应当革职。"

高拱的心腹齐康也是支持免掉胡应嘉的官职,对其应该重重地发落。

高拱一张脸上毫无表情,他的一双耳朵却听着徐阶的动静,一旦徐阶为胡应嘉求情,他就全力向徐阶发难,针对胡应嘉不是目的,扳倒胡应嘉的后台徐阶他非常乐意去做。

高拱还是年纪轻,不成熟,他用胡应嘉"挖坑",然后等徐阶往里跳,可是徐阶讲出的话,却让他惊呆了:"胡应嘉不思圣恩,做事颠倒,应当削籍为民!"

胡应嘉削籍为民已经不可避免,徐阶当殿求情又有何用?面对徐阶"断臂求生"之举,高拱虽然气得胡子直翘,可是他毫无办法。

金殿上的御史和给事中们,早就对杨博不满,他们将高拱"谋害"言官,徐阶被逼无奈,只得"附和"的情形全部看到了眼里。

这些言官是没人敢惹的,胡应嘉被削籍,无疑就是一竹竿捅翻了马蜂窝。兵科给事中欧阳一敬率先发难，他弹劾高拱"奸险横恶，无异蔡京"。欧阳一敬对于弹劾高拱，确实是下了狠手，竟说他是骄横跋扈、为人阴险的宋朝大奸臣蔡京，并说："胡应嘉弹劾高拱之前，我也知道这件事，罢黜胡应嘉，不由直接罢免我！"

给事中辛自修和御史陈联芳联合上奏疏，一起弹劾高拱，说他专权蔑主、作威作福。

御史郝杰推波助澜，紧接着弹劾高拱，说他心胸狭隘、排斥异己、毫无宰相之器量。

四位言官，就好像穿了一条连裆裤，他们弹劾的事件并非捕风捉影。一个有气量的首辅，在遇到弹劾时候，应该置身事外，让朝廷帮助自己查明是否清白，可高拱不是这样做的，他甚至在值房里，面对几个弹劾自己的肤泛言官，火力全开，竟将肃穆的内阁，变成了吵架的菜市场。

四位言官，先后弹劾高拱，是不是受了徐阶的主使？这个事情在历史上没有记载，但在高拱的眼睛里，言官如此密集地对自己发难，暗中一定有后台，这个后台只有一个，那就是徐阶。

换句话来说，徐阶与高拱不和，这个事尽人皆知，现在徐阶就是跳进黄河，也洗不清自身是"黑后台"的恶名了。

8 忧国,《陈六事疏》成"画饼"

隆庆皇帝继位后,兴利除弊,力推改革,出现了"嘉隆转轨,百废待兴"的大好机会。张居正本来摩拳擦掌,准备好好地干一场,可面对朝堂上,火药味十足的弹劾之战,他以局外人的身份,对这次汹涌的"阁潮"还是保留了一份警觉,他所持的是一种置身事外、不让战火沾身的中立态度。

张居正作为徐阶的学生,徐阶又对其进行了刻意的栽培和提携,按照道理来说,张居正应该站在徐阶的一方,反对朋友和兄长关系的高拱才对。

如果着眼于他们的私人恩怨,确实可以得出上述的结论,可是仔细分析一下他们的学术思想异同,以及执政理念的分歧,张居正理解和同情高拱,也就可以理解了。

明朝后期有三种学派,分别是——程朱理学、陆王心学和经世实学,分别代表了客观唯心主义、主观唯心主义、朴素唯物主义。如果简单地解释一下客观唯心主义就是天定胜人,代表人物是朱熹,朱熹认为,理在物先,理在事先,理是万物之本,朱熹的理应该解释为:理(可以理解为规则)为天地、人物存在之本,是先于宇宙而存在。

主观唯心主义如果简单地解释一下,可以称为是人定知天,代表人物是陆九渊和王阳明,陆九渊心学的"吾心即是宇宙",讲的是世界上的一切事物,都只能存在于个人自我的主观精神之中;而王阳明的"心外无物,心外无理,致良知,知行合一",指的是想要认识事物的真相,只需返视探求自己内心的良知,而用"真知"来指导"行动",即知行合一。这一派又被称为陆王心学。

朴素唯物主义，是唯物主义的早期形态，比如用金木水火土来解释这个世界的构成，不迷信，讲究实际。而高拱和张居正就可以看作这一派的代表。高张二人推崇的"经世实学"，极力主张仔细研究和用行动来解决实际的问题，注重实效，反对空谈，可以说是一种早期的实用主义。这种朴素唯物主义的特点就是：把确定信念作为出发点，把采取行动当作主要手段，把获得实际效果当作最高目的。

在嘉靖三十二年（1553年）、三十三年（1554年）、三十九年（1560年）和四十四年（1565年），徐阶曾经组织门人弟子，大肆在京城讲解阳明心学，宁国知府罗汝芳曾经对当时的盛况，有如下记载："徐阶柄国，劝阶聚四方计吏，阐明正学。阶遂大会于灵济宫，听者数千人。京师讲会之盛，前此未有也。"

由此可见，徐阶不仅笃信阳明心学，而且对阳明心学在当时的传播和发展，确实起到了推波助澜的作用。

徐阶在灵济宫讲学，不仅获得了大批的拥趸，也让自己名传遐迩，甚至夯实了只有阳明心学才是真正的明经正典的认知，带动了只有学好了阳明心学，才可以衣金带紫、出将入相的时代风气。

可是高拱信奉的是"经世实学"，当年的春闱开试，作为会试考官的高拱出的题目就是关于实学的"经权论"，后来，高拱还以"经权论"为题，写了一篇范文，这篇文章被称为奇杰纵横，传颂海内。高拱将经比作秤之衡，把权比作秤之锤，"常相为用，而不得以相离"。而作为一个儒者，就仁礼关系而言，仁是经，礼是权，礼要以仁为核心；就礼法而言，礼是经，法是权，法要体现礼的精神。

权而无经，权就会成为恶权；经而无权，经就会脱离现实，成为害经。比如"菩萨心肠"就是经，而"霹雳手段"则是权。行"霹雳手段"不能有违仁义，这叫权不违经，行"菩萨心肠"也不能丢弃"霹雳手段"，此之谓经不碍权。

张居正出生和成长在阳明心学盛行的时代,他不仅学习和实践了阳明心学,而且他从翰林院到内阁,也得到了如顾璘、徐阶等众多心学门人弟子的帮助,他一开始对阳明心学的态度,是支持和包容的,可是他对高拱的"经世实学",却是肯定和赞成的。

张居正在徐阶和高拱发生"阁斗"的时间里,没有站在徐阶的阵营里,而是对高拱充满同情,就是这个道理。他清晰地知道,想要为国家做事,太多的阳明弟子,尚空谈、少行动、有理论、无实际,这种"伪"阳明心学有隔山打牛之嫌,但"经世实学"却能取得立竿见影的效果。

可是不久之后,张居正就发现自己对于"阁斗"的认识过于幼稚,因为崇尚"经世实学"的高拱,显然没有擅长"阳明心学"的徐阶排除异己的手段老辣。

高拱觉得徐阶做初一,我就做十五,他便指示自己的一个门生御史齐康,开始弹劾徐阶,指摘他的家人子弟横行乡里,欺压良善,专做不法之事。

徐阶面对弹劾,他的做法完全可以成为高拱学习的模板。他当即向隆庆皇帝请辞,可是徐阶贵为首辅,怎么可能因为言官"莫须有"的弹劾,隆庆皇帝便允许他致仕。隆庆皇帝驳回徐阶请辞的奏疏,便等于表明了态度,齐康弹劾不实,徐阶是国家重臣,地位不可动摇。

朝廷上的言官一见齐康竟敢冒天下之大不韪,弹劾徐阶,他们虽然明着惹不起高拱,却有办法收拾齐康,他们就在皇宫前,将齐康团团包围,不仅对其责骂,还一起对他吐浓痰。

一个月之后,惹了众怒的齐康,便被皇帝降旨贬职。

高拱依仗自己是隆庆皇帝的老师,在内阁中目中无人,飞扬跋扈,京城的臣子们,对其多有顾忌。可是南京远离北京,那里的臣子不惧高拱,而且人人想搭上徐阶的便车。借助弹劾高拱的风头,徐首辅派门人弟子来到南京……

明朝为何实行双京制?北京为首都、南京为陪都的体制,其实是当时的政治环境决定的。双京制最初的目的是既稳定北方边疆又能控制广阔的南方地区，等于加强了中央集权。两京并设官员，看似平级，互不相统属，而实际上由于距离皇帝的远近，自然形成了权力的南低北高的局面。

如果说得更明白，在北京做官，前途光明，大有作为；在南京做官，前途停滞，等同养老。而南京的官员，都有一个梦想，那就是走通首辅之路，换个地方，到京城干一番事业。

经过一番暗中活动，南京的六科给事中决定为徐阶助拳，他们便对高拱开始了一轮猛烈的弹劾，当时的情形是：南京上至六卿九寺，下到中书、行人，包括布政司、提刑司，一共二十八个部门的二十八道奏疏，竟如疾风暴雪一样，飞落到了京城隆庆皇帝的案头。

这些弹劾的奏疏，有的说高拱篡权，有的斥其为"大凶恶"，而光禄寺丞何以尚，竟要奏请尚方宝剑以诛高拱这个"奸贼"！

高拱是一头猛虎不假，可是面对徐阶的"狼群战术"，他被咬得遍体鳞伤，只能是捶胸顿足，不甘心地认败。高拱直到这时候，才知道了中了徐阶的圈套，他以"霹雳"手段，处理胡应嘉就已经欠妥，面对京城言官的弹劾，他更不应该与其"言殴"，虽然他用次辅的权力，以及皇帝的信任，暂时占据了上风，可是这种上风是没有实际意义的，最后只能让他跌得更重。

高拱万万没有想到，徐阶真正的目的是引诱高拱跌进与言官大战的泥潭。

高拱捅了言官的"马蜂窝"后，深陷其中，无法自拔，随后南京的二十八道的弹劾奏疏，就好像二十八支狼牙大箭，让高拱变成了"刺猬"。《明史·高拱传》记载："言路论拱者无虚日。"面对言官整日揪住高拱不放的局面，隆庆皇帝本想利用皇权，剿灭言官胸中的怒火，可是根本办不到。

隆庆皇帝现在是两头为难，高拱离开朝廷，他舍不得，可是留下高拱，言官又没完。

高拱真想和这帮言官们，白刀子进，红刀子出，做一个痛快了断，但他作为一个忠臣，不肯让隆庆皇帝为难，最后用生病的理由，直接摔了耙子。

隆庆皇帝看罢高拱的辞官奏疏，惊问左右："高先生病了吗？"

近侍回答："病得很重！"

高拱成了箭靶子，朱载垕虽然贵为天子，言官太猛，他也是无法再做高拱的挡箭牌了。隆庆元年（1567年）五月，朝廷下旨同意高拱辞官归籍，高拱满身尘土，一身伤痛，回家面壁思过去了。

高拱因为不肯俯就徐阶，这次败得很狼狈，纵有改变弊政的雄心、富国强命的壮志，但却未始已终。

有人说徐阶是笑面虎，也有人称徐阶是"阴重不泄"，高拱离京，有个名叫吴兑的门生，一路将其送至潞河，并洒泪而别。徐阶得知消息，对吴兑深恨焉，让其官职久久得不到升迁。

谈迁在《国榷》中，曾经这样形容徐阶："诚智老而滑矣。"这一句对徐阶的评价，还是相当的到位。后来，张居正回江陵为父出殡，本应该请徐阶回来暂代相位，可是想想徐阶收拾高拱的手段，张居正还是打消了这个念头。

在《穆宗实录》中记载，张居正面对一众言官围攻高拱的局面，他来到首辅的府邸"见其状，不平，往请于徐阶，不听"。

张居正对亦兄亦朋，又曾"相期以相业"的高拱的离开，绝对是不舍的，虽然高拱性格暴躁，喜欢用鼻孔看人，但他是一个高举"经世实学"旗帜的人，并与张居正的政见相似，他一去，不仅是张居正的损失、内阁的损失，更是国家的损失。

张居正面对言官嚣张、政局混乱，他在《答少司马杨二山》中写道："士习人情，渐落晚宋窠臼。"意思是：迂阔虚谈之士充斥朝堂，实干兴邦则隐居荒村，现在的形势，已经和宋末的乱政时代有一比了。

从张居正到徐阶的府邸，为高拱求情的情节看，当时张居正的政治头脑，尚不成熟，他并没有理解徐阶面对政敌，绝不手软，必除之而后快的霹雳手段。张居正后来成了首辅，当他手握生杀予夺的权力，对待政敌，再无妇人之仁，比之徐阶还要狠辣几分，真不知道那时候的张居正，对当年自己的幼稚，会作何感想。

高拱致仕后,言官还是穷追不舍,九月,紧跟高拱脚步的郭朴,也只能自请退休了。其实在历史典籍对郭朴的评价中,我们发现,他是一个蛮不错的人,为人有长者风范,为政以廉洁著称,在两年的入阁辅政当中,没有犯过错误,唯一的毛病就是在一个错误的时间、错误的地点,站错了队伍,以至于才华未及施展,便过早地离开了政治的大舞台。

高拱本以为自己有实力,又有隆庆皇帝的支持,理应一鼓作气,拿下首辅的宝座,令他万万没有想到,深谙阳明心学,看似不显山露水的徐阶,借助扳倒严嵩,以及拟嘉靖遗诏的余威,在两京之间,结交言官,利用亲信,大兴弹劾之风,在一场不见刀兵的"厮杀"之下,高拱被斗败了。

出水才看两脚泥。现在的首辅徐阶,果真是一人之下,万人之上,可以负责地说,十年之内,应该难逢第二个对手。这一日,徐阶想缓和一下自己和张居正的关系,他就派人去张府,为朝廷的一件重要政务,询问张居正,根据《国榷》记载,张居正竟闭门辞谢,说:"某今日进一语,明日为中玄(高拱的号)矣?"

徐阶听到张居正这句"负气"的话,差点笑出声音来,张居正竟用君子不期暗室的语气,对他说:"怕今日说错一句话,明天会成为第二个高拱。"徐阶从张居正的身上,看到了曾经年轻的自己。

1530年,当时的首辅张璁上了一个《议孔子祀典疏》,准备去掉孔子的王号,并改孔子像为木主(牌位),祭祀的器皿和礼仪都被简化,朝臣皆是唯唯诺诺,唯独徐阶认为不可行,张璁怒道:"若叛我(你背叛我)!"

年轻的徐阶昂然答道:"背叛生于依附。阶未曾依附公卿,怎么称得上背叛?"

徐阶很快便被张璁贬斥为延平府的推官,可是他从来也不后悔。

张居正仕途太顺,还没遇到强劲的政敌,徐阶也不想和自己选定的接班人计较,不当家不知道柴米贵,相信将来,他一旦遇到了政敌,就能明白自己的苦心了。

徐阶本以为"挤走"了高拱,自己至少也能做五年甚至十年的舒心首辅,可是事与愿违,他没有处理好自己与内宦的关系,没有摆正自己的位置,更因为驱除高拱而得罪了隆庆皇帝,很快,他的首辅之位,就变得岌岌可危起来。

明朝当时实施的是内阁制度,该制度有自己鲜明的特点。皇帝即使偷懒不上朝,也能够治理天下,这是与"阁臣票拟的制度"分不开的。这种制度也可以理解成,不管皇帝多么不靠谱,只要有负责的阁臣坐镇,大明王朝这架旧马车,还是能够拖泥带水地行进。

皇帝为了限制内阁的权力,设置了司礼监,司礼监掌握着批朱权。阁臣的票拟权就是全国各地的奏疏呈皇帝批示以前,阁臣需要小票墨书处理意见,然后贴在奏疏上面,呈给皇帝裁决。

奏疏和票拟送到皇帝面前,一旦皇帝勤勉,亲力亲为,批朱盖印,司礼监的太监们,想窃取皇权也没有机会了,可是一旦皇帝懈怠,不务正业,将批朱盖印的权力交给司礼监,司礼监就会摇身一变,成为宫中的小内阁。

司礼监的主要官职包括提督、掌印、秉笔等,但权力最大的提督太监一般不设,这就造成了掌印太监的权力最大,比如皇帝传下口谕,一旦掌印太监觉得秉笔太监写的旨意不行,他就得重新再写。

不管内阁的权力多大,阁臣都得和司礼监的宦官搞好关系,因为他们是皇帝的近侍,时刻伴随皇帝的左右,如果经常在天子面前,进谗言,讲坏话,那自己的仕途,就将变得磕磕绊绊,凶险莫名,甚至将脑袋混丢了都有可能。

隆庆皇帝因为年轻,执政的理念就不成熟,忠奸的观念经常混淆。太仆卿王治曾经形容过这位年轻的皇帝:"人主深居禁掖,左右便佞窥伺百出,或以燕饮声乐,或以游戏骑射。近则损敝精神,疾病所由生。久则妨累政事,危乱所由起。"

随便举一个例子,当时隆庆皇帝听小太监说南海子是风景胜地,他就不顾徐阶、杨博、王治等人的劝说和阻止,非得乘坐龙辇亲自去一趟不可,到了地方,只见低湿泥泞、荒凉苍莽、水鸟乱飞、臭气刺鼻,隆庆皇帝非常懊悔，回来后，觉得苦劝自己的王治是忠臣，便给他立刻升官。可是徐阶、杨博的劝说，他却当成了耳旁风。

从上面的事件看来，隆庆皇帝真的有种"心猿意马"的任性，当时，让他消停的两根缰绳，就是首辅徐阶，还有掌印太监李芳。

掌印太监李芳刚正不阿，是一个深知隆庆朝底子太薄，需要勒紧裤腰带过日子的人，他曾经弹劾"贪墨公帑数万两、增加冗员"的工部尚书徐杲，"减光禄岁增米盐及工部物料"，还将上林苑监增设的皂吏清退，可以说，他将各部官员以及太监同事，得罪了不少。

隆庆皇帝毕竟是一位青年皇帝，在金銮殿上，可以装得一本正经，回到了皇宫，却非常喜欢和太监们嬉闹玩耍，每到这个时候，李芳都会出面，劝说隆庆皇帝要正襟危坐，不苟言笑，表现自己人中之龙的天子形象。

李芳虽然是隆庆皇帝的潜邸旧臣，但一味强谏，确实是让这位年轻的皇帝恼火。再加上藤祥、孟冲和陈洪等人，不断以奇技淫巧取悦隆庆皇帝，很快，李芳就遭到了冷落，被贬到南京为太祖皇帝守陵去了。

张居正曾经和李芳是惺惺相惜的盟友，李芳去职，藤祥成了掌印太监，很显然，这对张居正不是好消息，对内阁也不是好消息，对隆庆朝也不是好消息，对于致仕的高拱，却是好消息。

因为高拱在内阁掌权之时，他与"心术不正"的藤祥走得很近，藤祥和高拱休戚与共，互相呼应，一荣俱荣，一损俱损。高拱后来失败了，这和他依靠不靠谱的宦官，有一定的关系。

藤祥成了掌印太监后，为了固位，他和手下竟制作了一种名叫"鳌山"的花灯，这种鳌山灯，就是将成千上万盏花灯，搭建在一起，成为一个巨大的鳌鱼形状。这座鳌山灯一经点燃，紫禁城都为之一亮，那璀璨的灯光，让隆庆皇帝仿佛到了仙境。

隆庆皇帝受到了高拱、张居正等人多年的教育，在这些名师的言传身教之下，他懂得了自己肩膀上的使命，可是遥远的使命，怎么能抵挡住现实当中声色犬马的诱惑。

阳明先生就曾经说过,人之患,在于"贵目贱心",而隆庆皇帝就是一个"贵目贱心"的典型例证。

隆庆皇帝最讨厌上朝,以徐阶为首的臣子们,为了让其勤于政务,就不许皇帝去裕邸怀旧,不许皇帝去京郊游玩,更不许皇帝去泰山祭天,甚至后来写史的官员都看懵了,难道徐阶要将隆庆皇帝豢养起来?要知道,徐阶的办法,全都是培养明君的路子,可是隆庆只是一个顽劣的皇帝,这些招全都用错了地方。

徐阶一见隆庆皇帝宴饮夜游,不关心国事,他心中虽然着急,却认定了一个理,那就是"只有不快的斧子,没有劈不开的柴火",便对隆庆皇帝进行"水磨"般的劝谏,宫里刚刚走了一个"话痨"李芳,宫外徐阶的"絮叨",更让隆庆皇帝不开心。

中秋佳节将至,隆庆皇帝下诏,命翰林撰写中秋宴贺词,徐阶以嘉靖皇帝祭祀期未过,制止了这次宴乐。隆庆皇帝面对处处和自己为难的徐阶,心情要多郁闷就有多郁闷。

藤祥见此情景,便给致仕回家的高拱写密信,高拱在回信中叮嘱藤祥,一定要想办法,驱除徐阶,一旦将徐阶赶出内阁,高拱就将重新被启用,到时候,宫外是高拱的"势力圈",宫内是藤祥的"小田地",两个人携起手来,要风得风、要雨得雨的好日子,就指日可待了。

藤祥被李芳压得太久,如今初尝权力的味道,他自然不肯轻易舍弃。高拱和徐阶势同水火,想要让高拱东山再起,重新掌权,唯有让徐阶致仕回家。

藤祥一边献媚固宠的同时,一边在隆庆皇帝的耳边,大讲徐阶的坏话,隆庆皇帝本来就对徐阶有意见,经过藤祥的挑拨离间,君臣的关系可以说日渐疏远、冰寒冷淡。

说句公道话,徐阶取悦皇帝的手段,只照藤祥多,不会比藤祥少,他如果走取悦隆庆皇帝的路,藤祥给他提鞋都不配,这一点从他给嘉靖皇帝写的青词就可以看得出来。当时,许多臣子写的青词千篇一律,嘉靖皇帝都看得麻木了，徐阶思考一番，大笔一挥，写下了一首藏头诗式的青词：

> 士本原来大丈夫，口称万岁与山呼。
> 一横直过乾坤大，两竖斜飞社稷扶。
> 加官加爵加禄位，立纲立纪立皇图。
> 主人自有千秋福，月正当天照五湖。

徐阶直接将"嘉靖"两个字拆开，分别藏在青词的开头，这种文化的献媚，自然要比扎个鳌灯山高明许多。嘉靖皇帝一见大喜，对徐阶的信任日重，即使有人说徐阶的坏话，也无法动摇徐阶在自己心中忠臣的形象。

徐阶驱逐了严嵩，他要利用手中的权柄，大刀阔斧地做一些青史留名之事，他要摘掉"青词宰相"的龌龊帽子，成为千古名臣，他抛弃了媚上的路线，走上了一条自我"救赎"的道路。

历史典籍中对徐阶的评价具有多面性。有人说，他在位之时，缇骑省减，诏狱渐空，任事的人得以功名尽终身，但也有人说他"奸"比严嵩，"贪"比刘瑾。有人说他是一个深通"忍经"的好宰相，只不过隆庆皇帝没给他施展的空间罢了，但他灭掉严嵩，擢拔张居正，这都是实实在在的成绩。正所谓一个人都有两面性，历史需要用笔写，徐阶是"忠"是"奸"，要在事上看。

藤祥处心积虑，开始算计徐阶的时候，隆庆二年（1568年）七月，京城发生了一件轰动朝野的事，一个名叫许义的宦官，手持利刃，到宫外抢劫百姓的财物，被巡城御史李学道擒获。

持刀抢劫，在历朝历代都是大罪，许义表明了自己是宦官的身份后，李学道也是畏惧掌印太监藤祥的嚣张气焰，他就要了个滑头，只赏了许义一顿鞭子，便将其释放了。李学道本以为许义会感恩，不曾想许义竟纠集了一百多名太监，手持棍棒，在李学道下朝经过左掖门的时候，将其一顿暴打。

如果这件事不处理，朝廷官员的脸面何在。徐阶作为百官之首的首辅，如果此时他再不出头，内阁中的那把椅子就不要坐了，徐阶当即写了一道奏疏，讲明情况，并敦促隆庆皇帝一定要重办祸首，震慑宦官，秉公处理此事。

隆庆皇帝确实"秉公"处理了此事，许义等十几名打人的宦官，被重打了一百板子，然后充军到了云南的烟瘴之地。其他闹事的太监杖责六十，被撵出皇宫，看守孝陵，不得归京。

最冤的就是李学道，他被隆庆皇帝定为"擅自笞责内使，不谙事体"，下旨外调，去偏远之地任职去了。隆庆皇帝如此袒护宦官，徐阶怎么能够轻易答应，在金銮殿上，君臣激烈争辩一番，最后以徐阶失败收场。

徐阶久历官场，他已经明显感觉出隆庆皇帝对自己的冷淡，为了试探天子的态度，他回到府中，便写了一道请辞回乡的奏疏。写奏疏辞职，那是明朝的权臣们滥觞的老把戏，首辅可是帮助皇帝治国的宝贝，很多年才能培养出一个，岂能说走就走。令徐阶想不到的是，隆庆皇帝对他根本没有挽留，而是非常痛快地批准了徐阶回乡的奏疏。

徐阶走出午门，他望着天边的夕阳，不由得长叹一声，两行老泪差点流淌下来：君臣的缘分尽了，他自我救赎的机会没了，徐阶头上的天黑了下来。

徐阶作为当朝首辅，致仕归乡，即使没有功劳也有苦劳，隆庆皇帝对其没有嘉奖，更没有赏赐，很显然，他如此吝啬是在向徐阶表达自己的厌恶之情。

隆庆初期内阁一共有五位阁臣，徐阶、高拱、李春芳、陈以勤和张居正。高拱和徐阶先后离开后，现在李春芳是阁臣之首，张居正是徐阶的学生，又是他选定的接班人，两个人的关系无人不知，故此，为徐阶争取名分之事，他并不适合出面。

张居正不出面，李春芳作为内阁之首，他只能硬着头皮，写了一道奏疏，隆庆皇帝火气渐消，反思同意徐阶致仕的经过，确实做得有些刻薄寡恩，为了不冷了臣子们的心，确保自己明君的身份，便赏赐徐阶在回乡的途中，可以使驿用马匹，并配给徐阶仆从和粮食、玺书褒奖、行人引导等待遇，这待遇和以往致仕的首辅亦相当，这也让徐阶保住了一些面子。

徐阶临走之前,向皇帝辞行,隆庆皇帝赐给他白金、宝钞、彩币、袭衣,满朝的文武尽皆上奏疏挽留这位首辅,隆庆皇帝只是冷冷地回答了三个字:知道了。

在隆庆皇帝的心中,最与他合得来的首辅就是高拱,可是他刚刚坐稳龙椅,高拱就被徐阶排挤出朝廷,也许从这一刻起,隆庆皇帝就开始对徐阶有意见。正所谓一代天子一朝臣,顶着"青词宰相"帽子的徐阶,能够扳倒严嵩,斗倒高拱,扶持张居正上位,他已经完成了自己的历史使命,面对新皇帝,他这位前朝老臣,应该给那些摩拳擦掌的后辈让让路了。

徐阶已是林下之人,他百感交集地离开京城之时,便将朝廷和自己的家事,都托付给了张居正,道:"如今陛下年少,朝堂倾轧,人心险恶,内宦专权,你要多多留意啊!"

张居正没敢去望徐阶的眸子,他怕自己会流泪,道:"请师相一路照顾好自己,仆不敢一日忘记教导,当竭尽全力,为国事操劳,他日相聚,定当可期!"

徐阶在张居正的搀扶下,上了马车,在车辚辚、马萧萧的离别之声中,张居正眼角的泪水,这才缓缓地流淌了下来。

徐阶离开了京城,代表着一个时代的终结,可是他走得太早了一点,不仅心中的宏图大志未得到施展,更让张居正感到凄凉和无助的是,他最得力的"靠山"没有了。

张居正在内阁的阁臣中,论资历,只能排到最末。没有了徐阶的擢拔,他想成为首辅,这条登顶之路,必然充满着荆棘和坎坷,定会让他付出太多的汗水和鲜血。

徐阶离开后,张居正为了不忘师相之恩,很快就给徐阶写了一封信,在《答上师相徐存斋·其一》的信件中,他这样写道:"老师以家国之事,托之于不肖也,天下亦莫不闻……故昨都门一别,泪簌簌而不能止,非为别也,叹始图之弗就,慨鄙意之未伸也。天实为之,谓之何哉!大丈夫既以身许国家,许知己,惟鞠躬尽瘁而已,他复何言。"

张居正在这封信中，表达了三个意思：徐阶以家国之事相托，他会记在心；他有一颗感恩图报的心，不会因为山高路远而达不成目标；老师之所以壮志未酬，这都是天意。

张居正在另外一封《答奉常徐仰斋》的信中，写道："迭辱翰贶，深荷雅情。仆受太翁老师厚恩，未有以报，凡力所能为者，自不待嘱矣。"

张居正通过信件，告诉徐阶：只要我所能为，一定会帮您办到。

张居正在《答上师相徐存斋·其七》的信件中，也向徐阶诉说了自己的苦闷心情："元年之事，选懦中立，不能昌言以树正帜，一罪也。及逸言外哄，中人内构，不能剖心以明老师之诚节，二罪也。公旦远避流言，于今三年，不能以一语悟主，使金縢久闭，郊礼不行，三罪也。今日之事，惟以道积愿而释大惭耳，其视古人所以报知己何如哉？翰教远贻，弥以为愧。计自今以往，世局又当一新矣。"

张居正在这封信中，向徐阶被致仕，自己选择中立，表示了惭愧，可是面对内宦对老臣下绊子，皇帝痴迷享受，不出宫门，时局不振的局面，他作为内阁大臣，自感罪孽深重，目前只有用逃避的方法来面对这种罪过。

张居正在徐阶离开京城后，依然和他书信不断，当有客人自南方来京，带来徐阶的消息，当他听客人说徐阁老"比之再朝，倍增康胜"的时候，心中感觉甚是欣慰。

徐阶离开了内阁，李春芳暂代了首辅的位置，嘉靖二十六年（1547年），李春芳与张居正一同参加丁未的科考，李春芳独占鳌头，高中状元。

如果以考试的名次来说，李春芳比张居正高了不少，他是一个"好好先生"，被称为"上成君德，中协寮友，下辑庶司，寅恭匪懈，默赞升平之治"，完全胜任"太平宰相"的称号。

现在的大明朝廷，民生凋敝，国库枯竭，弊政丛生，南倭北虏，交替作乱。张居正深深地知道，这种纷乱的时局，真的不需要太平宰相，而是需要一个铁腕人物，能够匡正时局，破倭灭虏，理清吏制，让隆庆皇帝发愤图强，让大明出现复盛中兴的大好局面。

张居正怎甘心屈居人下，他经过深思熟虑，提起笔来，文不加点地写出了一篇《陈六事疏》，这六事是：省议论、振纪纲、重诏令、核名实、固邦本和饬武备。

省议论就是务实，"一切章奏，务从简切，是非可否，明白直陈"，"扫无用之虚词，求躬行之实效"。少空谈，多实事，这是张居正针对"多言乱听"的务实之举。

核名实讲的考核，张居正这样写道："臣闻人主之所以驭其臣者，赏罚用舍而已。欲用舍赏罚之当，在于综核名实而已。"就是在用一位臣子之前，一定要考核他是"称职""平常"或者"不称职"，然后再决定对其升迁罢免，只有这样，才能得到人才。

饬武备讲的是军事，张居正写道："臣惟当今之事，其可虑者，莫重于边防。"想要改变这种情况，只需在三个方面下功夫，即：吾兵不多，食不足，将帅不得其人。张居正给出的解决办法是"恭请圣驾，亲临校阅，一以试将官之能否，一以观军士之勇怯，有技艺精熟者，分别赏赉，老弱不堪者，即行汰易"。而边防之事，就将人心思奋，边备永固了。

振纪纲讲的是权柄，此人主太阿之柄，不可一日之倒持也，张居正给出的解决办法是"伏望皇上奋乾刚之断，普离照之明，张法纪以肃群工，揽权纲而贞百度，刑赏予夺，一归之公道而不必曲绚乎私情，政教号令，必断于高衷而毋致纷更于浮议。法所当加，虽贵近不宥，事有所枉，虽疏贱必申"。

固邦本讲的是养民，帝王之治的最关键之事，那就是要明白"天下苍生，黎民百姓是国家之本"，张居正特别强调了"民为邦本，本固邦宁"的道理，他给出的办法是皇帝要停止斋醮、土木和奢侈之事，要节省。吏部守己端洁，实心爱民。户部不可假公济私，强索于民，自耗国家之元气。

重诏令讲的是行动，"臣闻君者，主令者也，臣者行君之令而致之民者也。君不主令则无威，臣不行君之令而致之民则无法，斯大乱之道也"。张居正给出的解决办法是"如有违限不行奏报者，从实查参，坐以违制之罪，吏部即以此考其勤惰，以为贤否。然后人思尽职而事无壅滞也"。

张居正在二十五岁供职翰林院的时候，曾经写有一篇《论时政疏》，如今四十四岁供职内阁，写出了这篇《陈六事疏》，这两篇文章，有一以贯之的地方，也有他经过二十年的官场磨砺，针对明朝繁文苛礼、乱政旧习的祸害弊端，以及复振纪纲、饬武备事的解决方案。《陈六事疏》是张居正政治理念的最重要体现。

《陈六事疏》与《论时政疏》比较起来，并非是重新打鼓另外开张，后一篇奏疏，比前一篇奏疏，更务实，更扼中要点，已将隆庆王朝社会矛盾的根本症结找到，解决问题的主要方针亦切实可行。更让后人可以借鉴和学习的是，张居正一没有犯上直谏，二没有指桑骂槐。他在这道奏疏中，先猛夸皇帝的功德，上追唐虞，近配列宗，夸赞自成祖以后，嘉靖就是首屈一指的明君。

接下来，他将俺答来犯，倭寇骚扰，说成是四夷未宾，他又说，隆庆皇帝是一代明主，完全可以听取直谏。

张居正将这份沉甸甸的奏疏递交上去之后，隆庆皇帝看罢，便提起笔来，朱批道："览卿奏，皆深切时务，具见谋国忠悃，所司详议以闻。"

隆庆皇帝的意思是：张居正的《陈六事疏》切实可行，可以交给各部讨论，然后列出具体的实施方案来。

朝廷各部的讨论是热烈的，更何况张居正的《陈六事疏》并非抛砖引玉，而是直接丢出了一大块美玉。

御史魏时亮和王嘉宾在"振纪纲"上做的文章，他们奏请朝廷精简机构，召还并清理屯盐都御史。

都察院左都御史王廷复在"振纪纲"和"重诏令"的基础之上，提出了八项可以实行的措施：慎政令、专责成、振士气、销勘和、公激扬、慎防检、惩贪酷、端风化。

户部尚书马森就"固邦本"的议提，言财用之当经理者十条。一时间朝廷上下，掀起来寻求改革、建言献策的风气。张居正一时间，也被朝野的有识之士看好，他的心中，亦有了一个号令臣僚、革故鼎新、执掌朝纲的宏伟计划。

兵部不甘落后，他们以"饬武备"为题，将具体的实施步骤，分为议兵言、议食言、议将言、议选择、议并守五点，并针对张居正所言，提出："祖宗时有大阅礼，乞亲临校阅。"又提出："宣宗、英宗故事，请行之。"

明英宗在土木堡被俘之事，永远都是大明朝不可抹去的伤痛，隆庆皇帝也不想被擒，更不想成为阶下囚，故此，他认为"饬武备"堪称重中之重，而阅兵当尽快行之。

隆庆皇帝对于阅兵，亦是很感兴趣，他便下旨："命于明年八月举行。及期，礼部定仪。"

隆庆三年（1569年）六月，张居正曾就大阅礼上疏："窃以为国之大事在戎，今人心懈惰，如此若非假借天威亲临阅视，不足以振积弱之气，而励将士之心。"

可是不管多么好的强军之策，都会有人反对，给事中洛问礼根本不买"饬武备"的账，他觉得阅兵计划劳民伤财，并向隆庆皇帝上了一道奏疏："大阅古礼，非今时所急。不必仰烦圣驾亲临。陛下当日理政务，详览奏章。"

张居正并不客气，他直接对搅局者呛声，说："始以为可行而行之，继以为当止而止之。诚便国家，辅臣与科臣之言，何择乎？"

意思是：对国家有利的事，就应该做，不利的事，就应该停，既然《陈六事疏》被认为可行，你反对有用吗？面对张居正的解释，给事中洛问礼不说话了。

隆庆三年（1569年）八月，在安定门和德胜门外举办的大阅礼正式开启，《太师张文忠公行实》中记载："是时，天子躬擐甲胄，太师戎服扈从。选卒十二万，戈铤连云，旌旗耀日。天子坐武帐中，观诸将士为偃月五花之阵。已，乃阅骑射，简车从。礼毕，三军之士皆呼万岁，欢声如雷。都城远近，观者如堵。军容之盛，近代罕见。"

虽然这次大阅礼，已经没有了洪武皇帝"威武雄壮，摧枯拉朽，所向披靡"的气势，但隆庆皇帝依照阅兵时将士们的表现，在对其优则赏、劣则罚的一番操作后，军备懈怠、积弱不振的局面，得到了一定的改善。

大阅礼可以说是隆庆朝精兵强军的肇始。

从隆庆三年(1569年)到隆庆五年(1571年)三月,也就是俺答封贡之前,虽然北虏屡屡来犯,但均无建树,大明军队军力增强,这才促成了"俺答封贡"的成功,可以说张居正功不可没。

张居正借着大阅礼露出了峥嵘,这让首辅李春芳感到难堪。李春芳面对站在朝堂之上,斥责事中洛问礼的张居正,他不由得倒吸一口凉气,眼前这个张居正,还是在内阁中,不卑不亢,持中道行事的张居正吗?

首辅太弱,阁臣太强,李春芳首先感到了压力。

让李春芳压力骤消的是,张居正这份极具实践性和改革性的奏疏,很快被束之高阁。很显然,隆庆皇帝新君登基,他还有很多事情要做,他还没有意识到张居正这篇《陈六事疏》的重要性。张居正想要有所作为,看来时机尚还未成熟。

不管是涓流入海,还是寸石补天,张居正一定要等下去,准备着,相信不远的将来,一定会有让他做下去的机会出现。

9 / 罢黜，他年归来更显"峥嵘"

隆庆二年（1568年），辽王朱宪㸅一头撞到了张居正的枪口之上，张居正书写弹劾辽王的奏疏时，他激动得握笔的手都有些微微抖动，因为他知道，为荆州的黎民百姓伸张正义，为祖父张镇讨回公道，也让自己扬眉吐气的机会终于来了。

辽王朱宪㸅可以说是一个臭名远扬的无道王爷，随便举几个例子：朱宪㸅喜欢邪门的巫术，为了得到"有生气"的人头，他曾命令校尉施友义将醉卧街头的百姓顾长保的脑袋一刀砍下，历史记载是"荆州举城惊视"。

朱宪㸅荒淫无道，他出游时，遇到男女美色者，直接抢入府中淫污，明朝宗室朱致槻母亲黄氏（朱宪㸅的祖母辈）因为貌美，朱宪㸅逼奸不允，恼羞成怒，当即将黄氏装在棺材中，架上木材，活活烧死。

朱宪㸅为何如此淫虐成性，怙恶不悛，难道国法就管不了他吗？国法还真的不敢管他，朱宪㸅精通道教，一旦出门，开道者必举"诸鬼免迎"牌以及携带拷鬼械具。嘉靖皇帝得知江陵有一位同道，觉得臭味相投，便赐给他一枚金印，一身道衣，还有一块"清微忠教真人"的金匾。

"真人"不是人，而是修真得道的"仙人"。朱宪㸅不仅是藩王，还是"真人"，当地的官府恭敬都来不及，哪个触霉头的官员，敢管朱宪㸅的闲事？换句话来说，官差去抓朱宪㸅，铁定会被王府的家人暴打一顿，然后朱宪㸅一道颠倒黑白的奏疏递到京城，捅马蜂窝的官员轻则丢官，重则没命。朱宪㸅在荆州，就是一位没人敢惹的"土皇帝"。

在朱元璋的时代，就对藩王格外庇护，在《皇明祖训》明确规定："凡风宪官，以王小过奏闻，离间亲亲者，斩。风闻王有大故，而无实迹可验，辄以上闻者，其罪亦同。凡庶民敢有讦王之细务，以逞奸顽者，斩。徙其家属于边。"

这段话的意思是：言官弹劾藩王，如果藩王有小过，则视言官离间皇亲，砍言官的脑袋；如果藩王有大过，但证据不足，也砍言官的脑袋；庶民百姓如果敢告藩王，直接砍脑袋，全家都发配戍边。

朱宪㸅自以为有《皇明祖训》当护身符，辽王王位比铁铸的还要坚固。可是风水轮流转，隆庆皇帝继位，不再信奉道教，大高玄殿、国明阁和玉熙宫等牌匾全被摘了下来，嘉靖皇帝宠信的方士王金、刘文斌等全下狱论死，青词、斋醮被全部禁止，方士乱国的现象被彻底遏制。

朱宪㸅"清微忠教真人"的金匾，亦被隆庆皇帝给撤销了。隆庆皇帝之所以这样做，有被徐阶等臣子推着走的成分，有拨乱反正的成分，当然，还有一个不能明说的理由，隆庆皇帝受到不公正对待太久，泥人尚且有三分土性，要说他不怨恨嘉靖皇帝，恐怕没人相信。铲除炼丹斋醮、方士乱国的行为，就是存心报复，借着杜绝"恶政"为由，将他老爹嘉靖皇帝留下的烂摊子一窝端。

朱宪㸅只是一个纨绔子弟，完全没有一个王爷应有的远见卓识以及宽阔胸襟，他不明白隆庆皇帝为何要打击方士，更不明白取消斋醮后，那些加派的织造、减免的采买、不再建的道观，究竟给明朝的百姓能带来多大的好处。他只是固执地认为，隆庆皇帝取消他"真人"的封号，就是跟自己过不去。

更过分的是，嘉靖皇帝驾崩，消息传到荆州，官宦民众无不停止娱乐，满城素缟，举丧治哀，可是朱宪㸅竟不为所动，依然照旧饮酒狎妓，宴戏为乐。朱宪㸅等于是犯下了"大不敬"之罪，荆州的巡按郜光先实在看不下去了，写了一道弹劾奏疏，列举了辽王十三大罪，罪名囊括：鱼肉百姓、欺男霸女、不敬先皇等，这道奏疏送到了隆庆皇帝面前。

隆庆皇帝刚刚继位不久，对于皇亲是能不动就不动，朱宪㸅虽然犯了"大不敬"之罪，但处理也是可大可小，比如处理结果可能是"以敕切责"，就是下旨训斥，或者是酌情扣除其俸禄，以示警戒，当然，不给俸禄也就是几个月，之后照样发放。

张居正得知荆州巡按弹劾朱宪㸅"十三大罪"的消息，他敏锐地感觉到，一个扳倒朱宪㸅的机会来了，面对宿仇，他便上了一道奏疏，又给朱宪㸅加了三条大罪。

当时明朝有规定，藩王不许离开封地，可是这个朱宪㸅"常出数百里外游戏，有司莫敢止"。朱宪㸅常常离开驻地也就罢了，他因为纵欲无度，膝下无子，偏偏他的相好娼妇张大儿，生了一个儿子，名唤川儿，辽王觉得这孩子不错，将其偷偷抱进府来，让王后假装怀孕，这个川儿就成了辽王的孩子，后来起名叫朱术玺。可是朱术玺想要继承辽王的爵位，必须要过奉承正（监督官）这一关。

朝廷为了杜绝藩王无子，搞出"狸猫换太子"的丑闻，便在每处王府，都派驻了一位负责监督的奉承正。辽王府的奉承正名叫王大用，朱宪㸅想立娼妇所生的朱术玺为世子，耿直的王大用自然不肯答应，朱宪㸅窃来王大用的印章，在文书上使印，再上报朝廷批准后，朱术玺就名正言顺地成了世子，朱宪㸅害怕王大用告发自己，便对其相逼，并以长久的富贵相诱惑。王大用不从，自缢未遂，哭瞎双目，不久身亡。

朱宪㸅用非常手段，逼死了王府奉承正王大用，朱术玺就这样成为了下一代的辽王。

张居正和王大用的私交不错，王大用含冤而死后，他还写了一篇《王奉承传》，在这部小传中，张居正将"不为利回，不为威惕"的王大用褒奖为"王奉承，盖弘治间（弘治朝的臣子一身正气）人也"。

隆庆皇帝本想敲打一下朱宪㸅，可是荆州的巡按郜光先十三条大罪，加上张居正所奏的"离封地，假世子和杀王大用"三条杀机满满的大罪，合成了十六条大罪，这些大罪在朝野引起了地震，大家众口铄金，议论最多的就是一个话题：辽王休矣。

隆庆皇帝还是想袒护辽王，便传下圣旨命刑部侍郎洪朝选、锦衣卫指挥使程尧相前往荆州调查。隆庆皇帝的意思是拖延时日，然后以查无实据收场。当时，湖广按察副使施笃臣正在荆州，他觉得朝野之间，一起倒辽王，辽王绝对难逃此劫了，他便来到了辽王府，假借可以帮助其疏通关节为由，搞了辽王一大笔钱财。

施笃臣"打秋风"得手后，离开辽王府，疏通关节之事就一点音信都没有了。辽王面对失财、被调查的双重窝囊事，脑袋一热，竟在王府的院子里，高高地竖起了一面大旗，上面写着"讼冤之纛"四个血红的大字。

朝野上下，要倒辽王，可是朱宪㸅不避风头，任性胡闹，这岂不是往枪口上撞？施笃臣的心中不由得恼怒，当即派五百名手下，将王府围住，并宣称："辽王造反！"

刑部侍郎洪朝选伙同锦衣卫指挥使程尧相，将辽王押赴京城。洪朝选只是坐实了朱宪㸅"淫虐僭拟"的罪名，其他罪名朝廷并没有深究。隆庆皇帝面对朝野群臣一致倒辽王的呼声，只得将其贬为庶人，囚禁在凤阳城的高墙之内，从此辽王便成了废藩。

朱宪㸅被囚凤阳，仍然不以为意，又编纂了《卖花声》等数百阕诗词，据说这些诗词读起来，很有南唐后主李煜"四十年来家国，三千里地山河"的味道，但一个高墙里的废王，舞文弄墨，谁会理他。

朱宪㸅不想被张居正牵着鼻子走，最后，还是被张居正囚禁起来。朱宪㸅被囚不久，辽王府就归了张家，张居正名义上是购买了辽王府，可是那笔庞大的款项一直没有支付。后来，湖广巡抚要为张居正制造牌楼，张居正反对如此招摇，湖广巡抚便将造牌楼的款项，折合成银两，送给了张居正。

张居正本想用这笔款子，支付购买辽王府的费用，可是这笔费用，最后还是被挪用在了装修府邸之上。张居正本计划用自己的俸禄和田租来偿还购府款，但真正帮他付清购府款的，最终是当地的地方官。

地方官不会自己掏腰包，他们的钱，自然是搜刮上来的民脂民膏。

张居正在自己的《答刘虹川总宪》等书牍中记载，自己曾经多次拒贿。比如：万历三年（1575年），张居正曾回绝郧阳巡抚刘虹川的赠礼，曾退还知县傅应桢所赠的宝物；万历六年（1578年），他还拒绝了大理寺卿刘小鲁在湖北当阳县给他购买的田宅。

不管他如何拒贿，地方官为取悦他，用搜刮的民脂民膏为张家购买辽王府付款，这始终是张居正一个无法抹去的污点。

朱宪㸅在万历十年（1582年）去世，直到南明朝的隆武时代才被平反，追复朱宪㸅名号，补谥曰愍。

当年毛王妃为了让朱宪㸅有个赶超的目标，强行立张居正为儿子学习的榜样，可是朱宪㸅的一番任性胡为，将张居正得罪了个"透心凉"，最后张居正经过"挖坑填土"的操作，辽王府易主，朱宪㸅被囚，令朱植一脉断绝。

张居正究竟是官报私仇，还是为民除害，这本就是公说公有理、婆说婆有理的事，江陵少了辽王这个泼天祸害，黎民百姓的日子毕竟好过了不少，这是秃子头上的虱子——明摆着的事实。

辽王府是江陵风景极佳的一座府邸，有假山玲珑剔透，有湖水波光粼粼，有长堤绿柳依依，不仅占地广阔，而且亭台楼阁，极具格局，张居正宿仇得报，辽府归了张家，心中自然是快意。

张居正在京城的宅邸甚是简朴，他为住得宽敞和舒适一些，便计划建一座阁楼，隆庆皇帝为示恩宠，便给他拨款一千两白银，而实际上张居正建这座阁楼，用了一万两白银。

当时锦衣卫正在江陵给张居正修府邸。张居正京城的宅子中，修了一座阁楼，办事讲究光鲜体面的锦衣卫，得到消息后，就立刻鸠工庀材，在江陵张居正老家的宅子中，也修建了同样的一座阁楼。

东厂是冯保的天下，冯保和张居正更是莫逆之交，锦衣卫自然不甘落后，他们也想和张居正搞好关系。

张居正在《与楚抚赵汝泉言严家范禁请托》书牍五中，这样写道："小宅，原拟赐金构一书舍耳。不意锦衣庞君遂摹京师第宅，大事兴作，费至不赀。屡屡垂念，给与频蕃，既乖本图，复益罪过，赧怍之衷，口不能悉。"

张居正表达的是，本想建一座小宅，可是锦衣卫一心想着京城的宅邸，修得超过了标准，真是罪过，搞得自己都不好意思说了。

万历皇帝不仅给张居正宅邸之中的两座建筑，赐名纯忠堂、捧日楼，还御笔亲提了社稷之臣、股肱之佐两幅匾额。

万历六年（1578年），有人提议替张家创山胜；万历八年（1580年），又有人提议建三诏亭；万历九年（1581年），众臣提议为张家重行建坊表宅，而且这些建筑，都不等张居正同意便开工了。有人说，这是"营私第以开贿门"，张府从湖广巡抚汪道昆的手里开始建造，到继任巡抚赵贤完工，而这两个人都得到了升迁，这让世人有了"官于楚者，必慕为之"的感慨。

而朝中和外放的官员，对张居正的"雅贿"不仅停留在"营建"之上，比如，当年因为天旱，荆州江滨的沙州出水，荆州府便撺掇张家人前来报领。张居正在书牍六《与荆南道府二公》中，这样写道："老亲高年，子弟驽劣，诚不愿广地积财以益其过也。"可是张居正远在京城，张家在荆州"广地积财"，他鞭长莫及，根本管不了。

张居正曾经让父亲来京，他也好晨昏问安、朝夕尽孝，可是张文明是个离不开酒肉朋友、任侠放荡的性格，京城是天子的脚下，而江陵却是他张文明的天下，让他放弃当"土皇帝"的日子，到京城去当"受气包"，他才不会去。

张居正在京城，不收贿，但不代表张文明就不接礼，对于父亲的所作所为，张居正就是三九天的冻豆腐——完全没法拌（办）。曾经有一位郧阳巡抚，被解职后四处活动，就曾经将礼物送到了江陵张文明的手上。

张居正在《答刘虹川总宪》书牍七中，这样"委屈"地写道："委之于私家，陷之以难却。"就是说，张文明代替他收了礼物，令他很是为难。

宰相门人七品官，而张居正的父亲张文明的官威，甚至比宰相都大。万历初年御史李颐前往广西，实在看不惯张文明的嚣张，便与其顶撞了一下，张居正当即取消了李颐御史的身份。

巡抚辽东的刑部御史刘台在奏疏中,曾经这样写道:"居正之贪,不在文吏而在武臣,不在内地而在边鄙。"又称张居正"辅政未几,即富甲全楚",这事是有真凭实据的。

江陵有张文明,京城有游七,他们一个仗着是首辅父亲的身份,另外一个借助张居正的宠信,收受贿赂,以权谋私,干了不少损害张居正名声的事。

可是不久之后,一件更让张居正"窝心"的事,在内阁之中发生了。

当时正是隆庆三年(1569年),内阁只有三位阁臣,分别是:李春芳、陈以勤和张居正。

徐阶致仕后,李春芳代为首辅,李春芳是一个老实人,面对谨言慎行、轻易不表态的李春芳,张居正心里自然轻视……徐阶致仕,李春芳就曾经向天子递上了辞职的奏疏,可是隆庆皇帝不准。

李春芳是一个明白人,他治理下的内阁,有人说是"任上务求安静,颇称帝意",真是那样吗?很显然未必。隆庆朝内忧外患,国库空虚,官吏怠政,纲纪松懈,可以说问题多多,李春芳作为首辅,可以用手牢牢地捂着,但不等于那些弊端就都消弭于无形,一旦爆发,隆庆朝一定会地动山摇,引发几场大地震。

李春芳有一次,在内阁中叹曰:"徐公尚耳,我安能久,容旦夕乞身耳。"

他说的意思很明确,徐阶都离开了,自己在内阁能做多久,只不过旦夕之间罢了。张居正听李春芳讲完,他立刻说道:"如此庶保令名。"

李春芳听张居正说完,不由得愣住了,他也终于明白了张居正心中的想法,自己是该卸下首辅担子的时候了,如果不知道进退,依然要负重前行,恐怕到最后,不仅名声不保,恐怕自己的身家性命,都得丢在京城。可是李春芳几次以亲老身衰提出"悯臣多疾,放归田里"的致仕要求,最后还是被隆庆皇帝拒绝了。

隆庆皇帝这样回答李春芳:"卿德望素著,年力未衰,朕方切倚任,用图治理,岂可遽求休退。宜即出供职,以副眷怀,不允所辞。"

隆庆皇帝为了加强内阁的力量,为李春芳分担压力,并暗地里让内阁的权力,牢牢掌握在自己的手中,这位天子准备让一位老臣入阁,这个人就是赵贞吉。

赵贞吉可是一个人物,如果论资历,高拱都得往后排,为何他没有在高拱之前入阁?只因他的仕途异常坎坷,甚至可以用"山路十八弯"来形容。造成这种情况的原因有三点:严嵩等奸臣当道,忠臣受到了排挤的朝代;他本人争强好胜,恃才傲物的性格;赵贞吉经世致用、就实黜虚的学术思想。

嘉靖十四年(1535年),二十八岁的赵贞吉,考中了乙未科进士,可是在嘉靖十七年(1538年),赵贞吉因劝诫嘉靖皇帝不应该沉迷方术,荒疏朝政,上了一道《乞求真儒疏》,引发了天子不满,他只得请假归乡治学。

嘉靖二十九年(1550年),俺答汗进兵南下,直逼京师掳掠,并漫书求贡,在这场"庚戌之变"中,复归京师任国子监司业的赵贞吉不畏强权,仗义执言道:"大明朝廷在京城之下和敌人缔结和约,这件事一旦写进《春秋》堪称是洗刷不掉的耻辱。"并怒斥赵文华"权门犬安知天下大事"。他得罪了严嵩奸党,被严嵩构陷为"漫无区画",嘉靖皇帝传旨将其下了诏狱,廷杖四十,贬谪到广西庆远荔波任典史。一路之上,赵贞吉不仅重病两个月,而且在飞雄岭中了瘴毒,羸瘦的只剩下皮包骨,他与妻子相拥哭啼,可以说境况之惨,无以复加。

嘉靖四十年(1561年),官场起落沉浮的赵贞吉改任户部右侍郎,严嵩准备派他到蓟州去督运粮草,可是这个位置,已经有人在坐,于是赵贞吉予以拒绝,严嵩心中大怒,对赵贞吉进行了弹劾,他又一次被夺官去职。

张居正想想赵贞吉的遭遇,不由得心生感慨,在奸臣当道的时候,有徐阶为他指路护航,否则他岂不又是一个赵贞吉?

隆庆元年(1567年),隆庆皇帝重新启用赵贞吉为礼部侍郎兼翰林院学士,两年之后,赵贞吉任礼部尚书兼文渊阁大学士,开始帮助首辅李春芳执掌朝政。

赵贞吉在官场三起三落，除了性格还有更重要的因素，赵贞吉是阳明心学的忠实追随者，当时的心学学者，大多没有真正地做到"知行合一"，而是空谈性理，鼓吹"我心即使宇宙"，导致目标和志向沦丧，一味地沉迷于经史典籍之中，让"心学"成为自己追名逐利的工具。

阳明先生的弟子实在是良莠不齐，面对心学弟子不争气的局面，嘉靖皇帝在阳明先生去世后，对其作出如此评价："守仁放言自肆，诋毁先儒，号召门徒，声附虚和，用诈任情，坏人心术。近年士子传习邪说，皆其倡导。"

赵贞吉坚持的经世致用、就实黜虚的学术思想，很显然属于另类，比如大家都三天打鱼两天晒网地怠政，唯有你干活，干活的驴子一定会"啪啪"地挨更多的鞭子。

王阳明的心学难道真的错了吗？我们需要看一下阳明心学的三大核心思想，即心即理、知行合一和致良知，这些全都没有错，可是其心学体系与儒家"三纲五常"的体系背离。

皇帝号称天子，就是人世间最大的"理"，王阳明号称心即理，他主张人人都可以成为尧舜，人人都可以成为圣贤，接下来，是不是人人都可以成为皇帝？很显然这是不被皇权所接受的。甚至，很多道貌岸然之徒，他们打着阳明心学的幌子，不行不做，开馆收徒，一味空谈，背离了阳明心学的主旨。"心"本来就是一个空泛的概念，追求个性的自由，追求心灵的自由，但一不小心，这种自由就成了掩盖"自私"的工具，甚至《明史》编撰者写道："明之亡，实亡于王学。"

明末清初的理学家张履祥直接把明朝灭亡的原因，归纳为三点：党争、流贼和王阳明的《传习录》。

顾炎武也曾经说过这样的话："置四海之穷困不言，而终日讲危微精一之说，致使神州荡覆，宗社丘墟。"

阳明心学是本好经典，可是被很多歪嘴的和尚，将其给念歪了。曾国藩曾经说过："明代论学，每尚空谈，惟阳明能发为事功。"明朝亡于阳明心学，这显然是不对的，但阳明先生的不少弟子，确实是不争气，不仅没将心学发扬光大，反而将心学恣意解读，搞得心学门派四分五裂，理论庞杂，让人不知道相信哪个。

《庄子·天下》篇曾经这样写道："道术将为天下裂。"意思为，天下大乱，道德不再统一。阳明先生去世后，他的心学，分为了七大学派：江右学派、南中王门学派、闽粤王门学派、北方王门学派、楚中王门学派、左派（浙中王门学派）和泰州学派。

这些学派除了江右学派继承了阳明先生的衣钵，号称心学正宗之外，其他学派的观点，都与阳明心学有一些本质的出入。

南中王门学派认为：慎独即是良知。

闽粤王门学派认为："心"是世界的本体，所谓"天由心明，地由心察，物由心造"。

北方王门学派被王阳明说是"自以为是，无求益之心"，此学派中的一位重要干将，亦由心学转为"气学"。

楚中王门学派认为：心产生气，即太和，气一分殊产生世界万物。

左派认为：良知不由学虑而能，天然自有之知也，而"良知"说是当世学术的精髓。

上面的几个学派，虽然他们对阳明心学，有各种深入或者是不同的解释，也并没有太背离阳明先生的主张，可是排在最后的泰州学派，他们激进的"心学"观点，让当时的权贵接受不了。

泰州学派的代表人物是王艮，标榜"百姓日用即道"，还说："庶人非下，侯王非高。"王艮不仅终身不仕，而且他还教自己的五个儿子"皆令志学，不事举子业"，就是精心的研究学问，让他们不要参加科考。

另一位代表人物何心隐，他竟提出"无父无君非弑父弑君"的观点，因为观点激进，在万历七年（1579年）被湖广巡抚王之垣乱棒杀害。而更有名的一位人物是李贽，他就曾经直言："天下之人，本与仁者一般，圣人不曾高，众人不曾低。"众生平等的观念是好的，但在明朝阶级等级，壁垒森严的社会，怎么可能实现？李贽也为上层社会所不容，被下狱后自杀而亡。

当时的学术思想比较庞杂，坚持经世致用、就实黜虚的赵贞吉进入内阁，按照道理来说，理应有一番作为，可是赵贞吉经常在李春芳、陈以勤和张居正等阁臣面前摆老资格，其傲慢的态度，让众人难以忍受。

更让张居正心生芥蒂的是，他竟舌尖带刺地直呼张居正为"张子"，这个子非孔子之"子"，而是小子之"子"，很显然，这是对其的蔑称，更有甚者，张居正和臣僚在议论朝政之时，他在旁边冷嘲热讽地道："张子也知国政乎？"

每当张居正和内阁的同僚在谈论经史子集、诗词歌赋的时候，他就会挖苦道："高深的道理不简单，你们只知道韩愈和柳宗元罢了！"

张居正参加科考的时候，陈以勤便是考官，张居正的进士，就是他提拔的，可是陈以勤依旧对后辈张居正客客气气。

《明史》评论赵贞吉："学博才高，然好刚使气，动与物迕。九列大臣，或名呼之，人亦以是多怨。"

高拱、张居正都是赵贞吉的后辈，可是二人的才能超过了赵贞吉。赵贞吉仗着自己是前辈，如此欺压同僚，气焰嚣张，一副不用正眼瞧人的样子，确实过分了。

李春芳和陈以勤都是老实人，敬畏赵贞吉是前辈，故此，事事都让着他，张居正虽然心里怒火燎原，可是他的脸色如常，并没有表现出对赵贞吉的不恭。

张居正深知，通过自己的努力，进入内阁，他要实现自己的理想和抱负，而不是来听赵贞吉的嘲讽。

赵贞吉现在并不是首辅，尚且这样对待张居正，一旦担着首辅虚名的李春芳致仕，他要坐实了首辅的位子，岂不是更要行云布雨、作威作福？一旦赵贞吉成了老大，恐怕内阁就再也没有张居正的位置了。

张居正如果坚持谁都不得罪、左右逢源的中道，应该暂时对赵贞吉逆来顺受，接着联合李春芳和陈以勤抱团取暖，再做出成绩让隆庆皇帝青睐，然后找准机会，对赵贞吉进行适当反击，令其收敛态度，最后再图夺首辅的位置，争取有所作为……

可是张居正为了快速自救，竟抛弃了见效缓慢的中道，他要活下去，他要在最快的时间内，处理掉赵贞吉这个政敌。对付赵贞吉这条"狂龙"，必须要有一只"凶虎"，自己收拾不了他，那就找一个"霸道"的人物，他将朝野上下的能人挨个掂量，觉得有一个人最合适，这个人就是已经致仕的高拱。

高拱曾是天子最信任、最倚重的老师，虽然他得罪了徐阶，被言官弹劾，黯然致仕，可是他在朝堂的威信尚在。高拱一旦帮他斗败了赵贞吉，做了首辅，基于他们两个人曾经相知相识、相许相期的友谊，日后一定能联手做出一番成就。

更何况高拱的年纪比张居正大，他致仕后，张居正就有机会问鼎首辅的宝座，一旦权力在手，《陈六事疏》上的治国方针，就可以一一得以实施了。

为了打鬼，借助钟馗。张居正将"宝"押在高拱身上，究竟对不对，需要高拱回朝再说。在举棋不定的时候，两害相较取其轻，往往是最应该采取的办法。

张居正虽说和前掌印太监李芳交好，但与藤祥、孟冲、陈洪这一群权势正盛的太监们，表面的关系也还过得去，张居正虽然心里膈应藤祥，为了成事，还是找到了他，并用诚恳的语气说道："内阁事务繁忙，亟待扩充阁臣，高阁老德高望重，闲置家中实乃国家社稷的损失，仆有心上奏疏，将高阁老请回来，不知道藤公公认为可行否？"

张居正讲罢请高拱复出的道理，藤祥听罢一竖大拇指道："张先生的想法高屋建瓴，正合吾意！"

根据藤祥透露的消息，半个月前，隆庆皇帝还向藤祥打听过致仕回家高拱的消息，对于隆庆皇帝来说，高拱就是一个念兹在兹的存在。更何况高拱和藤祥等宦官的关系甚好，而赵贞吉根本就不买宦官们的账。

说句现实一点的话，看着赵贞吉如此目空一切的势头，如果他做了首辅，估计藤祥掌印太监的位置，就得泡汤了。

藤祥是一个利己主义者，他对张居正的提议表示了支持，当即双方敲定了行动细节。藤祥首先在隆庆皇帝的耳边，念叨高拱的好处，接着张居正在金銮殿，上了一道邀请高拱复出的奏疏。

隆庆皇帝与高拱感情深厚，对之倚重，更胜他人，当年他作为裕王，与弟弟景王争位，处境最艰难的时候，是高拱不离不弃，为他策划，为他奔走，这份情义，他怎会忘记？其实在他的心中，早就有启用高拱之意，只不过怕言官的"门槛"难过，如今张居正提出了请回高拱的奏疏，他立刻准奏，并下旨迎请高拱复职。

高拱闲居河南老家一年有余，朝中高党通过密信，将朝中的形势一一告知，当他得知经过张居正的举荐，藤祥的支持，他即将复位的时候，高拱那颗不甘寂寞的心，仿佛生出两只小翅膀，兴奋地"忽悠悠"飞了起来。

高拱当年看轻了绵里藏针的徐阶，还曾鲁莽地惹怒言官，以至于致仕返乡。如今徐阶离开了内阁，李春芳和陈以勤不管事，张居正和自己一条心，只要两个人联手，扳倒一个狂傲的赵贞吉自然不在话下。

高拱早早地准备好了行李，他在隆庆三年（1569年）十二月，终于挺起胸膛，锦袍貂裘，坐在华车中，迎着冬日的暖阳，一路疾驰北上，并以最快的速度到达京城。

高拱来到京城，正赶上吏部尚书杨博致仕，隆庆皇帝以"殚忠远谋"和"劳绩可嘉"为由，命高拱为大学士，并兼掌吏部。

张居正是礼部尚书，是主管朝廷中的礼仪、祭祀、学校、宴餐、科举和外事活动的大臣；而吏部尚书掌管全国官吏的任免、考课、调动、升降和封勋。吏部是六部的最重要部门，为中央六部尚书之首。可以说，高拱一复出，便压了张居正一头。

张居正对于高拱复出，官职超过自己，心里是有准备的，但让他没有准备的是，高拱对于他的力助，好像并不怎么领情，也许在高拱的心中，张居正作为自己的好朋友，帮他复出，这是应该的，至于他欠张居正的情分，将来有机会一定会补报。

在张居正的心里，认为高拱是一个寡恩的人。徐阶也曾经帮助过高拱，高拱却没有一点感恩的意思，因为高拱在朝廷上，有个最大的主心骨，就是隆庆皇帝，他作为隆庆皇帝的讲官、智囊和臂助，即使徐阶不帮助他，他也会进内阁，这次张居正不帮他，他也是一样回内阁，只不过也许时间会晚一些罢了。

高拱的心中，总是认为张居正不如自己，而自己天生就是张居正的领路人，这次他回到内阁，在接风宴上，他握着张居正的手，以引领者的姿态，豪情满怀地说："当年相期之事，今日能成矣！"

张居正举起酒杯，用敬神祭祖的口气说道："为国事操劳，为圣上尽忠，敢不效犬马之劳！"

司马牛曾问孔子："人皆有兄弟，我独无。"孔子回答："德不孤，必有邻。"高拱回到朝廷，张居正本以为"吾道不孤"，后来他发觉并不是那么一回事。张居正不管用多么炙热的一颗心，都无法焐热高拱那高高在上的心，他在内阁里搞一言堂，并视张居正为跟班，根本不存在"相许相期"的事，所谓的"相许相期"只不过是两个人年轻时的一句玩笑罢了。

张居正没有办法，只得对高拱敬鬼神而远之，一旦有事，不再谈感情，干脆公事公办。不久之后，张居正就找高拱办公事来了。早在隆庆元年（1567年），广西古田的土人，就爆发了一次起义，当地的官服围剿不利，丢城失地，官兵被杀，请朝廷发兵围剿的奏疏，多次急火火地递到了朝廷。

古田土族人起义，从洪武年开始，便一直如同野火般绵延不断。古田地区号称八山一水一分田，因为富豪劣绅对土地的兼并，再加上官府苛以重税，当地的土族人没有饭吃。隆庆元年（1567年），土族人由韦银豹、黄朝猛带领，举起了造反的大旗。张居正看大明版图的时候，甚至都会怀疑，乱情肆虐的广西是否归大明朝管辖。

面对愈演愈烈的起义，张居正觉得想要取得以汤泼雪的效果，必须要找一个杀伐果断的人物，而心狠手辣、桀骜不驯的殷正茂，就成了剿灭起义军的最佳人选。

高拱对张居正推荐的殷正茂，一开始是拒绝的，他对张居正说道："太岳，你让殷正茂领兵剿匪，这事万万不成啊！"

高拱反对的道理很简单，殷正茂因为贪财，官声不佳，由他领兵去广西剿匪，估计不仅不能解决问题，反而会让兵部调拨的军饷"哗哗"地流入他私人的口袋。

张居正和殷正茂是同榜进士，对于这位嗜杀的同年，他还是有一定了解的。面对广西匪患如疮癣般蔓延的局面，如果不能派一个狠辣人物，明王朝在广西的执政根基就会地动山摇。

张居正解释道："高公，欲得非常之功，必用非常之人，形势危急之下，不能再顾忌其的道德瑕疵了！"

张居正面对匪乱"痼疾"，推荐了一个绝非"善男信女"似的人物，就好像治疗顽癣，必用砒霜一样，真的有可能收到奇效。高拱思前想后，最后拍板道："就用他了！"

高拱为了让殷正茂一心剿匪，便让兵部多调拨了二十万两白银，并让张居正转告殷正茂："如果不能平叛成功，那就提头来见！"

殷正茂摇身一变，成了右佥都御史，负责巡抚广西，并和广西提督李迁调一起，调集兵将，对古田的造反土族开始了清剿……

徐阶当年借助言路，令高拱致仕归家，这次高拱复出，最紧张的就是言路的官员，胡应嘉说是吓破了胆而亡，欧阳一敬也在归乡的途中身故。高拱面对惶惶不可终日的言官，他知道如果将其逼进绝路，他们真的有可能聚集到一起，再对自己来一场更胜从前的大弹劾。

高拱通过门生，对言官进行安抚，并说自己和徐阶关系尚佳，虽有小隙，不足挂齿，他还通过门生，信誓旦旦地保证：我应该改变自己过去不好的想法，与诸位一起同理朝政！

言官们面对安抚，惶恐的心情稍安，高拱运用政治手腕，很快就在吏部和内阁中站稳了脚跟。

赵贞吉知道张居正和高拱关系颇佳，张居正为了自保，请回高拱就是针对自己，他就与首辅李春芳打好了招呼，在都察院左都御史致仕后，他执掌了都察院，抢先一步将监察权抓在手里。

高拱手中握有行政权，赵贞吉握有监察权，高拱是权力派，赵贞吉是实力派，大家旗鼓相当，谁也难压对方一头。

高拱致仕一年有余，即使处世圆滑了一点，手段高明了一些，但他的暴脾气并没有改多少，面对腰里别着扁担，在内阁横逛的赵贞吉，高拱直接就是硬刚。

高拱本来是就大嗓门，一旦训斥起不称职的官员来，声音犹如雷鸣，可是赵贞吉连严嵩都不怕，更别说高拱了，一旦高拱对他大叫，他立刻以更大的声音吼回去。内阁中唾沫星子横飞，怒吼声不绝，高拱和赵贞吉竟将内阁变成了充满"火药味"的战场。

张居正在双方的恶斗中，开始发挥居中调停之能，他在两方面都可获益，开始扬眉吐气，不像以前那样受气了。在高拱和赵贞吉的恶斗中，伤的是陈以勤。

在《明史·陈以勤传》中，有这样的记载："以勤与拱旧僚，贞吉其乡人，而居正则所举士也，度不能为解，恐终不为诸人所容，力引疾求罢。"

隆庆四年（1570年）七月，陈以勤觉得高拱是自己的同事，赵贞吉是自己的同乡，在内阁中，他们斗得乌烟瘴气，而他自己却无法站队，于是他当即上奏疏，向隆庆皇帝正式提出致仕的要求，理由是"有恙"。隆庆皇帝对于自己的这位老师，感恩之心颇重，当即"进兼太子太师、吏部尚书，赐敕驰传归，诏其子编修于陛侍行"。

陈以勤是一个有智慧的人，试想他一个老实人，在"硝烟弥漫"的内阁，注定是被无辜殃及的炮灰角色，与其灰头土脸地离开，还不如光明正大地致仕，更何况他还有一个儿子进翰林院，光明正大地做了编修，他作为内阁成员，掰着手指头一算，最后还是赚了。后来，高拱再一次被万历皇帝驱除出内阁，他曾经有过一句感慨"南充，哲人也！"，这个哲人，指的就是陈以勤。

陈以勤回乡后，还捐资修建了一座"广恩桥"（即今西桥），这座桥几经复修，至今仍在，默默地记载着陈阁老对家乡和桑梓做出的贡献。

陈以勤"挥挥手，不带走一片云彩"地走了，李春芳难过得一个劲地跺脚，并连声说陈以勤不仗义，即使走也不和他说一声。很显然，两个人曾经相期相许，要在内阁中同进同退，如今陈以勤一走，让李春芳陷入了一种孤掌难鸣的状态。

李春芳作为徐阶的嫡系，可谓是萧规曹随，基本上是按照《嘉靖遗诏》《隆庆登极诏》上的治国框架，实施政令。

可是高拱作为内阁中最大的实权派，他根本没将首辅李春芳放在眼中。待他坐稳了"地下首辅"之后，一个早就想好报复徐阶的计划，很快被他"霹雳闪电"地实施了。

当时，内阁正在实施《嘉靖遗诏》中的承诺，对大议礼中贬谪的大臣，对生者予以复官启用，对死者进行恤典封荫。徐阶这样做，绝大多数是公心，但也有私情，他假借这道遗诏，以天子的口吻，对先皇做错的事情进行拨乱反正，拯救一批耿直忠臣的同时，也为自己增加一点贤名。

高拱沉浸官场多年，徐阶的手段他岂有不懂的道理，当下进宫，献上奏疏，并跪在隆庆皇帝面前哭诉："我皇上嗣登宝位，志隆继述，所谓不改父之政，实本心也……献皇尊号已正，《明伦大典》颁天下已久矣。而今于议礼得罪者悉从褒显，将使献皇在庙之灵何以为享？先帝在天之灵何以为心？皇上岁时祭献何以对越二圣？则岂非欺误皇上之甚者乎？"

高拱用《嘉靖遗诏》中的大漏洞，狠狠地对徐阶所拟的《嘉靖遗诏》进行"将军"。献皇尊号已正，就说明"大礼议"是正确的，如果给那些反对"大礼议"的官员平反，就等于间接否认"大礼议"。

一旦否认"大礼议"，隆庆皇帝的皇位不稳，而且在祭奠的时候，又该如何面对嘉靖皇帝？高拱的"四问"，确实都是在为隆庆皇帝考虑，唯独没有考虑那些臣子们受的冤屈，更没有考虑到那些被贬谪的臣子，满怀报国激情，因为高拱的一番哭诉，彻底丧失了为国效力的机会。

隆庆皇帝在高拱的奏疏上朱批道："大礼，皇考圣断，可垂万世，谏者本属有罪；其他谏言被遣诸臣，亦岂皆无罪者？乃今不加甄别，尽行恤录，何以仰慰在天之灵？……以后敢有借例市恩，归过先帝者，重罪不饶。"

高拱打击徐阶，属于私愤。但在"大礼议"中，有十六名官员被打死，有一百三十四名被关进诏狱，涉事的官员高达二百二十名。这几百名罢黜、发配、去世的官员，高拱拒绝给任何人平反，这就有违公心，很显然是大错特错，要知道，这些官员每一个在朝堂上都有三亲两友，高拱这一次的"倒行逆施"就等于得罪了半个朝廷，也为他最终的失败，埋下了伏笔。

看来睚眦必报真的不是好事，高拱这种不顾众人利益，来报私仇的行为，用"吃人血馒头"来形容都不为过。

10 / 退田，清官为何受"排挤"

张居正将高拱请回内阁，目的是钳制赵贞吉，没想到误伤了陈以勤，看来有些失控后的结果实非人力可以控制。

高拱是一个视倾轧如甘饴，斗争精力特别充沛的人，如果是一般人，对付一个整日找别扭的赵贞吉，都已经烦不胜烦、筋疲力尽了，哪还有机会干工作，可是高拱偏偏是一个吵架归吵架，正事却一点都不耽误的人。

高拱在任内，曾经召回致仕的吏部尚书杨博、礼部尚书高仪，并启用他职，让他们继续为国效力。工部尚书朱衡，擅长水利，被高拱派去督理河工。侍郎陆树声、杨巍，以及浙江左布政使王宗沐等人，都被加以重用。事后证明，他们不仅都是称职的官员，而且效率甚高。

明朝的吏部，决定对一个官员的升迁贬谪，必须进行一番调查，耗时耗力不说，有时候并不能很快地发现人才。高拱就命人将明朝的所有官员，按照姓名籍贯造册，并安排专人对其优劣进行必要的调查，一旦需要人才，便不必"矬子里面选将军"，只需要按照册子上的名单信息，就能找到可用的才俊。

对一些不合格的官员，吏部也会随时对其进行贬谪和调整，可以说这种动态的调查和评定，弥补了六年一次京察制度的不足。

高拱对明朝的军备亦很重视，当时兵部有一个弊端，就是一位尚书，两位侍郎，这个旧配置已经延续了两百多年，张居正在致友人《答耿楚侗致理安民》私函中，曾经写过这样的话："本朝立国规模，章程法度，尽善尽美，远过汉唐……今不必复有纷更,惟仰法我高皇帝。"

张居正的私函,说明了一个事实,那就是当时的明朝官员,都认为朱元璋订立的法律和制度已经完备,不需要再去改动了。

高拱想要改革,没有"纵使刀山火海,虽千万人吾往矣"的勇气不成,道理简单不复杂,因为他进行的改革,全都是前无古人的举措。一旦改对了,当时没有功劳,毕竟成果要在半年或者一年后才会显现出来;可是一旦改错,那就是误国欺君,丢官罢职,甚至是下诏狱,赴法场,砍脑袋,留下万世骂名。

兵者,国之大事,死生之地,不可不察。高拱的改革重点除了吏治,就是兵备,他首先提出了巡边八事,即:积钱粮、修险隘、练兵马、整器械、开屯田、理盐法、收塞马、散叛党。这八点为纲目,为方向,为主旨。

落实到具体的实施阶段,高拱针对当时明军边关的弊病,开始一一下刀,比如当时边关有一个久任制度,就是对敌作战有经验的将军,属于专门人才,很难得到升迁回京的机会,高拱针对这个症结,推出了"特迁"的制度。

对兵部的改革,高拱最重要的成果就是建立了"一尚书,四侍郎"的格局。明朝兵部"一尚书,二侍郎"的格局有很大的弊端,按照惯例,一旦边关总督出现空缺,便会调兵部的一位侍郎前去顶缺,兵部尚书总揽全局,真正干活的是兵部侍郎,调走一位侍郎,剩下的活儿就得另一位侍郎来干,一旦边关有事,一位侍郎根本忙不过来。

高拱便将兵部的旧体制改为"一尚四侍",这一不是换汤不换药的冗官,二不是大耍花枪的场景,而是切实地增强了领导力量,开强军之先河。这一改革的成效,在隆庆四年(1570年)八月,便开始显现,当时蓟辽总督谭纶奏报,俺答汗欲进攻古北口,高拱面对敌情,做了以下部署:尚书陈希学,率领两位侍郎曹邦辅和王遴背城列阵,面对北房严阵以待。

京尹粟永禄(后任兵部侍郎)护守山陵,都御史刘焘(后任兵部侍郎)于天津守护粮道,兵部侍郎戴才负责后勤保障。京师的明军枕戈待旦,做好部署之后，边关总督王崇古、谭纶专事征剿来犯的俺答汗。

俺答汗一见明军各司其职，防护得滴水不漏，未敢犯边，竟引兵离开。高拱的"修举务实"改革，确实起到了振奋人心、精兵固边的作用。

用高拱的话说就是："数月之间，三陲晏然，曾无一尘之扰，边氓释戈而荷锄，开城熄烽而安枕，此自古希觏之事，而今有之实。"

高拱整饬吏治、稳定边防的多种实用方法，可以说，开张居正改革之先河。

张居正确实从高拱处，学到了很多的关于管理吏制和整饬兵备的诀窍。与此同时，高拱和赵贞吉的针尖对麦芒，这场"顶牛"大戏竟愈演愈烈，最后的决战即将展开。

高拱为了削弱赵贞吉，首先对言路的官员来了一个"为让其灭亡，先令其疯狂"的办法，鼓励言官继续畅所欲言，隆庆皇帝面对言官们的喋喋不休，亦是深感厌烦，高拱便趁机献上了一策：全面考察六科给事中和十三道监察御史，应该能者上，庸者下，只有这样江山社稷，才能够长治久安。

隆庆皇帝欣然同意，随着旨意传下，高拱手握"尚方宝剑"，就开始对弹劾过自己，以及支持赵贞吉的言官们，展开了一次大清洗。

赵贞吉其性如生姜，手段赛砒霜，自然不会坐以待毙，他立刻脚跟脚地上了一道奏疏，凡是高拱麾下的言官，皆是只吹冷风，不填热火之辈，全都被他编派成不合格，请隆庆皇帝下旨予以辞退。

高拱一见赵贞吉"反戈一击"，觉得硬碰硬，自己一方也得不到多大好处，为避免"伤敌一千，自损八百"的局面出现，因此与其订下了攻守条约。亲近赵贞吉的言官可留，高拱的亲信言官地位可保，但徐阶提拔上来的言官，那些与高拱不和的言官，一共二十七位，全都被贬谪。

党同伐异需要悄悄地做，可是高拱"一朝权在手，便将令来行"，他手起刀落，竟一口气处理了二十七位言官，这种"杀人不眨眼"的行为，也是惊得赵贞吉倒吸一口凉气。

赵贞吉还没等缓过一口气，想出一个对付高拱的狠辣点子，高拱针对他的"杀招",就劈头盖脸地反击了起来。徐阶曾经通过言官的手,逼迫高拱致仕,高拱也要通过言官的嘴巴,让赵贞吉离开内阁,他要搬开这个直通首辅宝座的障碍。

高拱的亲信吏科给事中韩楫首先在金銮殿,对赵贞吉展开了弹劾,弹劾他在对言路的考察中,使情任性,挟私报复。

赵贞吉面对弹劾,临危不乱,他除了自证清白,更重要的是反唇相讥,他说:"真正使情任性,挟私报复的人是高拱,如果臣对其坏乱选法,纵虐大恶之事不发一言,臣岂不成了庸吏!"

高拱面对赵贞吉的反击,他的办法更直接,立刻在金殿上向隆庆皇帝请辞。高拱入阁,不务虚,干实事,将分内的工作做得有声有色,隆庆皇帝将其视如左膀右臂,便对其恳切地挽留道:"卿辅政忠勤,掌铨公正,朕所依赖,怎可避嫌而求退?宜即出安心供职,不允所辞。"

隆庆皇帝既然说高拱秉公忠贞,赵贞吉的弹劾自然是捕风捉影,高拱在金殿上这样做,就等于当着群臣的面,劈头盖脸给了赵贞吉一记耳光。

很显然赵贞吉对高拱的弹劾是捕风捉影、诬陷忠良。虽然隆庆皇帝对他没有深究,但赵贞吉也是觉得脸颊发烫,脸面无光。

赵贞吉低着头,灰溜溜下殿的时候,才清晰地意识到,不管自己为朝廷做多少事,高拱在隆庆皇帝心中的地位,始终不可动摇。

高拱成功挫败赵贞吉,令其羽翼受损、元气大伤,估计赵贞吉最近一段时间,不会再和自己针锋相对了。高拱空下手来,就对前任首辅徐阶举起了"屠刀"。

对徐阶举刀,持刀人绝对不能是高拱,徐阶做首辅虽然时间不长,可是他在内阁期间,培养了大量的羽翼,据高拱所知,李春芳、张居正都可以算作徐阶的忠实追随者。一旦高拱报复徐阶的事,被天下的士子们知晓,恐怕北京和南京的言官,还会刮起一场弹劾他的"旋风"。

高拱决定借刀杀人,他要利用海瑞这把快刀,斩徐阶这团理不清的乱麻。

嘉靖皇帝驾崩后，海瑞出狱，不久之后，在大理寺任职，高拱便在隆庆三年（1569年）六月，调任海瑞为右佥都御史、钦差总督粮道，负责巡抚应天十府及广德州。

高拱为何会委任海瑞去巡抚应天十府，因为这里是明朝最大的"税仓"，而且还是徐阶的家乡。徐阶的儿子们为富不仁、巧取豪夺，成为当地第一士族豪强，海瑞是一个秉公办事之人，他焉有放过徐阶父子的道理？

可是张居正蒙在鼓里，对于高拱的安排，一开始没有看明白，他觉得高拱安排海瑞去巡抚国家的"税仓"，实属为国为民之举，还对高拱的安排甚为满意，在暗中竖起了大拇指。

右佥都御史官阶为正五品，虽然海瑞的官不大，权力却不小。在巡抚应天十府及广德州的时候，正遇到了江南的水灾，海瑞面对"惟淮海龙王始能开得"的疏浚难题，他竟"乘轻舸往来江上，亲督畚锸，身不辞劳"。对于这样的好官，老百姓是信服的，海瑞用以工代赈的方法，凭着个人的号召力，振臂一呼，数十万灾民便聚拢麾下，他们开始疏浚吴淞江，令太湖水患告解。

海瑞接下来，又领人治理白茆河，两项工程的花费加在一起，只用了白银十一万两，史载："通流入海，民赖其利。"堪称是治河的奇迹。

一位从京城前来找茬的督查官员，不仅没找到海瑞贪墨、渎职的证据，反而惊叹道："不曾想海瑞竟得此万世之功！"

海瑞来到了应天十府，当地的官吏知道"海青天"的威名，有卖官鬻爵、贪墨劣迹的官员大多挂印离职而去，那些无法搬走的缙绅豪强，也开始收敛，竟将朱门纷纷漆成了黑色，目的是暂避风头，逃过海瑞这次声势浩大的巡察。

海瑞来到应天十府，为了处理那帮"鸡零狗碎"，他首先鼓励贫苦的百姓申冤，为了维护伦理纲常，还总结出一个"偏颇"的判案原则，即：凡讼之可疑者，与其屈兄，宁屈其弟；与其屈叔伯，宁屈其侄；与其屈贫民，宁屈富民；与其屈愚者，宁屈刁顽。事在争产，与其屈小民，宁屈乡宦，以救弊也；事在争言貌，与其屈乡宦，宁屈小民，以存休也。意思是缙绅豪强和黎民百姓打官司，前者无论什么原因，最后大多数会输，这也导致了一些居心叵测的百姓，利用海瑞的这个秉性，对富豪进行诬告，并连连得手。

在处理诉讼的过程中，海瑞发现，多数的状纸，竟然都是在告徐阶父子。

徐阶是海瑞的恩人，徐阶不仅提拔过海瑞，而且还救过他的性命，可以说，没有徐阶，就没有海瑞的今天，在隆庆元年（1567年），徐阶被御史齐康弹劾，海瑞曾经仗义执言："阶事先帝，无能救于神仙土木之误，畏威保位，诚亦有之。然自执政以来，忧勤国事，休休有容，有足多者。"

海瑞对于徐阶在朝为官的评价是"有功有过，功大于过"。可是他到了应天府，发现这里最有权势、欺压百姓最狠、民怨最重的士绅就是徐阶。

海瑞一开始怀疑徐阶是"名高引谤，树大招风"，经过调查，这才知道，徐阶的名下竟有二十四万亩地，根据《世宗实录·四十四年三月》条目记载，严嵩被籍没家产时，田地山塘仅为两万七千三百余亩。徐阶的土地，竟高达严嵩八倍。

当时海瑞丈量完徐阶家的土地，感慨地说："产业之多，令人骇异。"这件事记录在《四友斋丛说》中，应该属于证据确凿。

徐阶有三个儿子，长子徐璠、次子徐琨、三子徐瑛，徐璠和徐琨靠父亲的荫功，被封为太常卿和尚宝卿，徐阶致仕后，他的两个儿子挂着虚职，回家侍奉父亲。

徐阶的三个儿子，可以说一对半都是"混球"。他们放高利贷，欺压良善，兼并土地，鱼肉乡里，经过鲸吞蚕食，家中的土地竟多达二十四万亩，当时的一个小康之家，也不过拥有十几亩地，这二十多万亩地的后面，隐藏着多少倾家荡产、流离失所的悲剧。

徐阶并非昏聩无能，他的三个儿子秽迹斑斑，都是其舐犊情深、刀尖削不到刀柄造成的"恶果"。

当年的海瑞有两个绰号，黎民百姓称呼他为"海青天"，贪官污吏诅咒他是"海阎王"。徐阶对海瑞有擢拔和活命之恩不假，但徐阶的三个儿子，借着父亲的权势，无法无天，鱼肉百姓，这也是事实。

徐家三子，属徐瑛最嚣张，他顶风作案，强抢民女赵小兰，海瑞觉得不能养痈为患，他将徐瑛抓住，直接下狱。接下来，海瑞开始勒令徐阶父子"退田"，毕竟太祖皇帝，早就有"诸人不得于诸王、驸马、功勋大臣及各衙门，妄献田土"的规定。

海瑞觉得自己师出有名，必获胜利。

海瑞为了达到目的，发动民众，开始围攻徐阶的府邸。"时刁民皆囚服破帽，率以五六十为群，沿街攘臂，叫喊号呼。而元辅（徐阶）之第，前后左右，日不下千余人。徐人计无所出，第取自泥粪贮积于厅，见拥入者，辄泼污之。"

徐阶为了对付这帮"刁民"，竟然搞来臭烘烘的粪汁泼之，可是面对蜂拥而至的民众，徐阶也觉得无力招架，再加上徐瑛被抓，等于刀把子握在海瑞的手中，海瑞又抬出了祖训，山穷水尽的徐阶父子一商量，觉得除了退田，实在没有第二条路可走，便开始大面积地退田。徐阶本以为退一些田地，给足了海瑞的面子，让其赚一个清官的名声，他就能高抬贵手，放徐家父子过关，谁曾想海瑞并不是走过场，他是来真的，徐家父子霸占来的田产，必须要"退之过半"，才可以结案。

高拱正是利用了海瑞"为民立命，不畏权贵"的性格，将他派到了应天十府，并巧借了海瑞手中的这把快刀，为"斩"徐阶所用。

大明朝的官员，除了海瑞，可能真的没有人敢于得罪徐阶了。徐阶自然不会坐以待毙，他写了两封比"鸡毛"信还要急的求救信，一封信写给张居正，另一封信写给了给事中戴凤翔。

张居正接到徐阶的求救信，这才知道高拱"借刀杀人"的厉害，当即写了两封信，一封信给海瑞，让他从中转圜，保住致仕首辅的脸面，另一封信给了应天巡抚朱大器。在《答应天巡抚朱东园》的书信中，张居正这样写道："存斋老先生，以故相家居，近闻中翁再相，意颇不安，愿公一慰藉之。至于海刚峰（瑞）之在吴，其施虽若过当，而心则出于为民。霜雪之后，少加和煦，人即怀春，亦不必尽变其法以徇人也。惟公虚心剂量之，地方幸甚。"

张居正给朱大器写的信，向他表达了"敌惠敌怨，不在后嗣，忠之道也"的意思。意思是：不管对敌人有多大的仇怨，都和他的后代无关，这属于忠诚的道理。张居正表面上叮嘱朱大器要恩威并施，忠心报国，其实中心的主题就是朱巡抚对徐阶要多多照顾。

海瑞接到张居正给他写的信后，他这样回复了一封信："（徐阶家）产业之多，令人骇异。若不退之过半，民风刁险，可得而止之耶？为富不仁，有损无益，可为后车之戒……退产过半，为公百年后得安静计，幸勿为讶。"

海瑞觉得物有本末，事有始终，他并非一味地勒令徐阶清退田产。为了替民申冤，徐阶的长子徐璠、次子徐琨，相继被他缉捕，准备发配边疆，后来因为徐阶年事已高，徐瑛被留下照顾父亲，总算是为耄耋老臣保住了一点脸面。

这时候，徐阶寄到京城的另一封信，开始起作用了。给事中戴凤翔接到求救信后，精心准备了一份奏疏，准备弹劾海瑞。其实早在戴凤翔弹劾海瑞之前，都给事中舒化曾经弹劾过海瑞，他说海瑞为了博取名声，不惜牺牲士绅利益，甚至还说："滞不达政体，宜以南京清秩处之。"意思是：让海瑞到南京做一个清闲的官，才是对他最好的安排。

戴凤翔弹劾海瑞：纵民为虎、鱼肉缙绅；滥受诉状，刁民猖獗；甚至海瑞的妻子病死，七天后，他的侍妾自缢身亡，都被戴凤翔说成这是海瑞"不近人情"的罪状。

戴凤翔为何会对海瑞下如此重手，据说徐阶明着给他写了一封信，暗中却派人给他送了三万两黄金。

海瑞得知戴凤翔弹劾自己的消息，连夜给张居正写了一封求救信，张居正看罢求救信，他在回信中，避重就轻地写道："三尺之法不行于吴久矣。公骤而矫以绳墨，宜其不堪也，讪言沸腾，听者惶惑。仆谬忝钧轴，得参与庙堂之末议，而不能为朝廷奖奉法之臣，摧浮淫之议，有深愧焉。"

张居正这段话的意思是说：应天府是一个法制薄弱之地，你用重典，搞得谣言四起，听到的人也都感到惶恐和疑惑。我说的话，对皇帝也不起多大作用，真是深深地感到惭愧。

张居正在信里，有四个字他没说，那就是海瑞已经：讨人嫌了。

有人说，张居正替徐阶向海瑞求情，海瑞驳回了张居正的面子，这次风水轮流转，海瑞找张居正疏通，张居正也没有担负起救助的责任了。

也有人说，徐阶对张居正和海瑞皆有恩，可是海瑞在处理徐氏父子一案时，并没有从中转圜，甚至没有保住致仕首辅的脸面，于公这叫秉公执法，于私这叫翻脸无情，于是张居正对海瑞有了看法，他对戴凤翔对海瑞的弹劾，采取了袖手旁观的态度。

隆庆四年（1570年）春，隆庆皇帝下旨，海瑞卸任应天巡抚，改督南京粮储。还没等海瑞上任，高拱就对失去利用价值的海瑞下手了，他借口南京户部可以兼管粮储，海瑞的新职位被人"占窝"，所以他无职无权，相当于被朝廷闲置挂职了。

海瑞面对高拱的算计，愤怒之余，便向朝廷上疏辞职，并痛斥"举朝之士皆妇人也"，海瑞的这道奏疏，等于是一竹篙，打翻了一船的人。

海瑞四面树敌，当时言官们并没有表现出对清官应有的同情。隆庆皇帝更是寡恩，不仅没有对其挽留，而且直接下旨令其致仕。海瑞手捧这道"长使英雄泪满襟"的圣旨，仰天叹息："这等世界，能做成何等事！"

海瑞是明朝历史上有名的清官，可是"人至察则无徒"，他的做事方法，并不适合当时的社会。想要做成大事，有两条路，一个是让环境适合自己，另一个是自己适合环境。

海瑞的官职不高，没法让政治环境适合自己；他的脾气执拗，更不可能去适合灰色的政治环境。他只能离开权力场，去做一个"日求三餐，夜求一宿"的山野闲民。

隆庆四年（1570年）九月，隆庆朝遇到了一件大事，需要以张居正为首的礼部出面解决，这件事就是"俺答封贡"。

俺答封贡事件的起因，是张居正接到了宣大、山西总督王崇古，山西巡抚方逢时联合署名的一封私人信件开始的。信中写道："俺答汗的亲孙子巴汉那吉，竟率领着几十名的亲信手下，前来投诚！"

张居正得到这个惊人的消息，当即灵光一闪，觉得这是彻底解决"北虏"之乱的大好机会。

在嘉靖三十年（1551年），明朝和俺答汗曾经约定，双方开放了大同马市，可是这次开放马市，只是当时执政者煮出的一锅夹生饭，甚至可以说，那是大明朝面对强大的"北虏"，不得已而为之的权宜之计。

嘉靖三十一年（1552年）九月，双方"磕磕绊绊"的马市开设了一年有余，嘉靖皇帝下旨，开始关闭各处马市，有胆敢要求再开市者，一律押赴刑场，开刀处斩。

张居正那时正在翰林院潜心做学问，深深知道嘉靖朝积贫积弱的窝囊历史，可是经过二十年的负重前行，隆庆朝并没有达到"兵强将勇，拒敌于国门之外，斩将搴旗，灭虏在荒漠草原"的程度，但经过高拱的一番改革，明朝的军力总体有了一定的提升。隆庆四年（1570年），大同巡抚方逢时和宣府总兵的马芳决定主动出击，痛击"北虏"。

马芳是一位军事人才，他认为俺答汗的军队"天生骑射，弓马娴熟，来去迅即，顾此失彼，居无定所，进退自由"，骑射为其长项，明军与之对阵，应该发挥火器的威力，只有这样，才能扬长避短，弥补骑兵战力的不足。

隆庆四年（1570年）六月，马芳领兵利用手中的火铳，对俺答汗盘踞在咸宁海子的主力发动偷袭，顿时"四面合围，驰突奔杀"，俺答汗手下的部落首领被斩杀十多人，马芳夺得"北虏"一千五百匹战马，史称"大创之"。王崇古得到消息，道："大同可暂无事也。"

俺答汗胆敢孤军深入，面对军力提升的大明朝，再也捞不到以前诸多的好处了。

更让俺答汗投鼠忌器的是，他的亲孙子巴汉那吉，竟然投降了大明朝，目前就住在大同城中，王崇古待若上宾，巴汉那吉更是乐不思蜀。

张居正手拿王崇古和方逢时的信件去找首辅李春芳商量对策，李春芳早就"蔫巴"了，他态度消极，正在绞尽脑汁地考虑如何写辞呈，朝廷才会恩准自己致仕回家，他才懒得再管朝廷这摊子烂事。他听罢张居正兴冲冲的报告，推托道："此事可以找高阁老商议处之！"

李春芳即使对巴汉那吉"来降"之事，提出了自己的处置意见，估计也没人会听，他干脆来了一个一推六二五，将问题重新踢给了张居正和高拱。

高拱若论对全局的把控能力，在当时的内阁之中，应该稳坐第一把"金交椅"。面对送到嘴边的肥肉，焉有不吃之理？高拱和张居正都表示，他们会对隆庆皇帝苦心劝谏，并借助这次千载难逢的好机会，争取一劳永逸地解决"北虏"的问题。

高拱作为隆庆皇帝最信任的人，他讲的话自然比张居正的话更有分量。隆庆皇帝虽然懦弱，但他对高拱和张居正提出的策略——借助巴汉那吉来降的契机，彻底解决"北虏"的问题给予了充分的肯定和支持。

张居正回到府内，便给王崇古和方逢时各自写了一封私信。首先说巴汉那吉来降，是十年九不遇的好事，这是对大明朝天邦上国国力的肯定，更是二人固守边廷、树立威德的彰显，让他们二人一定要枕戈待旦，谨慎办差，遇事三思，千万不能让桃松寨事件重演。

桃松寨事件发生在1557年，堪称是大明的耻辱。桃松寨是俺答汗之子辛爱的小妾，因为与人私通，故此，她向明朝投降，辛爱领两万凶兵前来攻打大同，并威胁大同总督杨顺，只要交出桃松寨，他可以交出白莲教投降过去的"叛徒"，如果不交出桃松寨，他定当血洗大同城，斩掉杨顺的脑袋，将其高高地挂在城头之上。

嘉靖皇帝觉得这笔生意划算，便下旨令大同总督杨顺遣还了桃松寨。没想到辛爱并不诚信，他在大同城下，举刀杀死了桃松寨，归还白莲教的"叛徒"，更是不要想了，杀完人他还没有解气，当即对大同城开始猛攻……想起这件"憋屈"的往事，张居正觉得殷鉴不远，可为前车之鉴。

张居正在这封信的后面，还给王崇古和方逢时如何应对俺答汗，提出了三条建议。巴汉那吉可以还给俺答汗，但俺答汗必须写一份措辞客气的官方书信；必须要用叛贼赵全来交换人质；最后一点很关键，双方歃血为盟，互不侵犯。

王崇古和方逢时接到了张居正褒奖的书信后，无不感觉备受鼓舞，如今主动权在手，终于可以出一口被俺答汗欺负的恶气了，他们便联手拟了一道奏疏，将巴汉那吉来降之事，正式向朝廷禀明。

张居正被赵贞吉压制许久，他觉得反击的机会来了，赵贞吉思想守旧，他只要一提起俺答汗，就要用刀枪解决"北虏"问题，可是隆庆皇帝不是嘉靖皇帝，这位懦弱的天子已经开始支持他们提出的"消灭'北虏'，可以不用刀枪"的观点。

巴汉那吉来降的奏疏进京，就好像沸腾的油锅中加了一瓢滚水，当时在金銮殿上就炸锅了。在隆庆皇帝主持的廷议之上，高拱缄口不语，张居正更不说话，他们都在等着赵贞吉发表意见，然后群起而攻之。

赵贞吉已是穷途末路，心理上急于翻盘，故此他沉不住气，第一个跳出来反对。

赵贞吉的意思是：巴汉那吉来降，这对于朝廷来说，绝对不是好事，为了避免俺答汗恼羞成怒，应该速速将其退回，否则一场兵燹战火，势必不可避免。

赵贞吉手下的言官们，开始对其随声附和，巴汉那吉不是一块馋人的肥肉，而是一只棘手的刺猬；他不是谈判的筹码，而是害人的瘟疫。如果不将其速速送归，势必导致大同的边关重燃战火。

张居正在朝堂之上，便开始与这帮言官们讲理，不管巴汉那吉是否来降，俺答汗都会出兵袭扰大明的边关。巴汉那吉来降，就是一个千载难逢的好机会，只要打好了这张"王牌"，不愁俺答汗不被他们牵着鼻子走。

赵贞吉对张居正大声提醒道："难道你忘记了桃松寨事件吗？"

张居正反驳道："当今天子圣明，经过励精图治，大明朝兵强马壮，已非二十年前发生桃松寨事件的时候可比，再说有巴汉那吉做人质，不愁俺答汗不签城下之盟！"

赵贞吉怒道:"张子你是礼部尚书,宴餐祭祀、科举取士尚可,安知如何用兵?俺答汗一旦引凶兵悍将来犯,我大明的百姓就要受苦遭殃了!"

"孟静(赵贞吉的字)不要抱着隔年的老黄历不撒手。"赵贞吉还想继续反驳张居正,被高拱用更大的声音打断道,"谁说谈判不能让我们取得战场上得不到的成功?再说,我们即使无条件地归还人质,你就能保得住俺答汗不来攻城抢掠?"

赵贞吉听罢高拱的话,他用眼角瞥了下隆庆皇帝,发现隆庆皇帝面对高拱,眼睛里全是信任的神色,并对其一个劲地点头,他当时就不说话了,因为赵贞吉发现,不管自己如何反对,他的意见在金銮殿上都是多余的。

赵贞吉第一次感觉,自己的脑袋还停留在前朝,难道严禁"互市封贡"的观点,已经落伍了?

在隆庆皇帝的支持下,在张居正的遥控指挥下,王崇古和方逢时开始了与俺答汗的谈判。

王、方二人对这场谈判的成功,可以说一点把握都没有,他们只是通过巴汉那吉的描述,简单地知道了他投诚的原因,草原上有个尤物,这个尤物名叫三娘子,史书称三娘子"骨貌清丽、资性颖异、黠而媚、善骑射、通达事务,盖房中女品之绝代者"。

这样的女人不仅巴汉那吉喜欢,他的亲爷爷俺答汗也喜欢,可是一个女人不能分成两半,更不能谁都嫁,最后俺答汗横刀夺爱,娶三娘子为妃,巴汉那吉丢了心爱的女人,这才一怒之下,向明朝投降。

俺答汗和巴汉那吉虽然是亲祖孙,却是"不共戴天"的情敌,巴汉那吉向明朝投降,更是让俺答汗颜面扫地,故此,王、方二人觉得巴汉那吉连人质都算不上,俺答汗恨不得借明军之手,早日杀掉巴汉那吉。

可是事实与他们想的并不是一码事。王、方二人派舌辩之士鲍崇德前往俺答汗的军营中,鲍崇德也觉得此行凶多吉少,他壮着胆子向俺答汗讲出了张居正的观点:"中国之法,得虏酋若子孙首者,赏万金,爵通侯。吾非不能断汝孙之首以请赏,但彼慕义而来,又汝亲孙也,不忍杀之。"接下来,鲍崇德又开始讲张居正提出的三个条件，退兵、止战、交人，特别是第三点——交出叛变明朝的赵全最让俺答汗恼火，他好像被恶狼咬了一口，大吼道："岂有此理，如果我让你交出内阁的大臣，你们能答应吗？"

赵全是白莲教的教徒，在明朝只是个蚂蚱大小的人物，后来为了躲避缉捕，投到了俺答汗的麾下，成了头牌军师。他来自大明，知道明朝的软肋，他给俺答汗献上了一条绝户计，开垦河套地区的丰州荒地，修城种粮，招兵买马，令丰州成了俺答汗向大明进攻的跳板，丰州也成为了一颗威胁大明北方安全的"毒牙"。

俺答汗虽然气得暴跳如雷，却没有一刀杀死鲍崇德，很显然，他有些色厉内荏了。鲍崇德壮着胆子继续劝说："尔能缚我叛人赵全等献，盟誓于天，约以数年一骑毋穿我塞，乃得归而孙耳。"

鲍崇德的意思是：只要交出赵全等叛徒，双方签署和平约定，巴汉那吉便可安全归来！

俺答汗这时候屏退左右，说出了真心话："我本意要进贡，都是赵全在耳边哄我坐天下……今天使我孙投顺南朝，乃不杀，又加官，又赏衣服，恩厚若此。我今始知中国有道，悔我前日所为。若果肯与我孙，我愿执献赵全等赎罪。我今年老，若天朝封我一王子，掌管北边，各酋长谁敢不服？再与我些锅布等物为生，我永不敢犯边抢杀，年年进贡。将来我的位就是巴汉那吉的。他受天朝恩厚，不敢不服。"

俺答汗性实狡诈，但鲍崇德觉得这次他说得是真话，他回去后，就蛮有信心地告诉王崇古和方逢时，说："此事可成！"

巴汉那吉虽然是俺答汗的情敌，但俺答汗的哈屯（皇后）却视巴汉那吉为心肝宝贝，一旦巴汉那吉有个三长两短，估计俺答汗的哈屯必会心痛而亡。俺答汗哈屯的兄弟们手握重兵，如果俺答汗不想妻离子散、众叛亲离，那只有一条路，就是咬牙同意张居正的三个"优渥"条件。

俺答汗当时的心境在典籍中的记载是"日夜恐中国戕其孙"，他便用谦卑的语气，写了一封用赵全及其手下，交换巴汉那吉的书信，然后在信尾还约定，交换完毕，双方可以喝血酒，盟誓言，止干戈，互不侵犯。

赵全以及手下被俺答汗交给了明朝，隆庆皇帝下旨，将这些叛徒凌迟处死。巴汉那吉被礼送出关，俺答汗抱着自己的孙子，祖孙二人一个劲地痛哭。

俺答汗和王、方二人喝过血酒，盟下互不侵犯的誓言，当即足不旋踵地离开了大同。

除掉赵全，等于断了俺答汗的一条臂膀，俺答汗退兵，不仅提高了边关将士的士气，也让"北虏"的边患，暂时得到了缓解。在张居正和高拱等阁臣的筹谋下，宣大总督王崇古做事可圈可点，他升任为太子少保、兵部尚书；方逢时升兵部右侍郎兼右佥都御史；而兵部尚书郭乾，侍郎谷中虚和王遴等人，全都得到了赏赐。

张居正虽然取得了平"北虏"的阶段性胜利，但他并没有沉湎其中，他的第二封密信随后被传驿送到边关，王、方二人看罢张居正的书信，当即惊得目瞪口呆。

张居正在密信中，首先对王、方二人褒奖了一番，然后他"得陇望蜀"地又提出了一个更大胆的计划——让俺答汗接受明朝的封贡。俺答汗这些年一直对明朝攻城掳掠，他怎会甘心自废武功，竖起白旗，俯首称臣？

张居正虽然远在朝堂，但他深知边关将帅的担忧以及俺答汗的想法。他在提议的后面，给俺答汗开出了一个无法拒绝的条件：只要他接受封贡，一直盼星星、盼月亮的"互市"便有可能实现。

如果二十年前，让俺答汗接受封贡，他一定不会同意，道理有三点：当时的明朝软弱可欺；俺答汗年轻好胜；俺答汗如果接受了明朝的封贡，会被所有的部族人嘲笑。

可是现在他们的共主是小王子，挟天子以令诸侯的实力派却是俺答汗。接受明朝的封贡，俺答汗将获得明朝这个大靠山，更重要的是，俺答汗一旦被明朝封王，他就是这片草原真正的主人。

大明朝取缔"互市"，就等于对俺答汗进行了"经济封锁"，俺答汗则用暴力掳掠的办法，解决草原上物质短缺的难题。明朝将士面对掳掠，也会采取针锋相对的报复行动，比如秋季的时候，明军会深入草原放火烧草场，称作"烧荒"，明军还会偷袭俺答汗的营地，劫走大量的牲畜，称作"捣巢"。

这种针尖对麦芒的军事对立，令大明和俺答汗都成了受害者，这些年的刀兵相见，让牧区的生活越来越难过，不过这倒是让俺答汗明白了一件事，军事对立只能是越走越窄的死胡同。

虽然俺答汗在草原部族中，实力最强，但他现在已经六十四岁了，他年轻的时候，遇到事情喜欢用刀把子解决，现在已经拿不动刀子了，遇到事情就会问自己，如果这件事不动刀枪，该如何解决？"互市"不仅可以互通有无，一旦促成了"互市"，他在塞外的地位将得到空前的提高，可以说无人能望其项背，所有部族的首领都得向他臣服。俺答汗经过权衡利弊，终于给出了令人雀跃的答复，只要能够"互市"，他可以接受明王朝的封贡。

接受封贡，就等于俯首称臣，王崇古和方逢时也没有想到，大明朝依靠武力得不到的东西，竟然被张居正在纵横捭阖中轻易得到。俺答汗崇信的第一不是气节，第二不是忠义，而是利益。

张居正以利益为刀枪，杀得俺答汗溃不成军，最后只能高高地举起了白旗。

王、方二人一开始对张居正的对敌之策"半信半疑"，到最后他们真的是奉为圭臬了。

当时"封贡和互市"的事，都在秘密地进行，巡按御史姚继的耳朵挺长，不知道从哪里得到了王崇古等人和俺答汗频频接触的小道消息，他便上了一道言辞犀利的奏疏，弹劾王崇古等人通敌。

如果换作一般人，很容易被"通敌"两字吓住，但张居正和高拱都是当事人，并没有被这两个字所困，隆庆皇帝也知道想要实现"封贡和互市"的目标，就要和俺答汗进行频繁接触，接触和通敌并不是一回事。

巡按御史姚继捕风捉影的弹劾，虽然没有落到实处，但张居正觉得王崇古等人也许会被"通敌"两字所绊，做事会"畏手畏脚"，便给王崇古等人写了一封《与王鉴川计送归那吉事》的信,信中写道:"姚子之言甚妄,恐金湖(方逢时的号)闻之,意或灰阻,愿公曲加慰勉。"

王崇古得到鼓励,促成"封贡和互市"的心情更甚,他提起笔来,斟酌再三,写了一道议封贡和开市共八事的奏疏,这八事分别是:议封号、定贡额、议贡期、立互市、议抚赏、议归降、审经权和戒狡饰。

11 互市，一招解决了"北虏"

王崇古的奏疏递到了朝堂，造成的影响比上一次还要有过之而无不及。当时隆庆朝的兵部尚书是郭乾，郭乾少时孤贫，刻苦读书，考中了举人，他在嘉靖三十九年（1560年）奉命"以原官总督三边"的时候，还曾整顿边备，裁四镇冗费，惩贪官，明赏罚，振废弛，励精图治，以至于军威大振。

由此可见，郭乾年轻的时候，是一位有上进心的官吏，可是到了老年，被官场不正的风气所浸染，不求有功，但求无过。王崇古的奏疏送至京城，郭乾面对如此军国大事，他不能不闻不问了。

俺答汗上一次与王崇古达成和平协议，礼部曾经全程参与，但如果细算的话，与俺答汗"过招"应该是兵部所辖之事，郭乾之所以没有插手，他觉得俺答汗是难搞的刺猬，捧着扎手，丢了是块肉。

郭乾就"多一事不由少一事"地躲得远远，令他想不到的是，王崇古和方逢时等人，在张居正的筹谋之下，竟借助巴汉那吉归降的契机，让俺答汗归还了叛徒赵全，并签署了和平约定。

如果郭乾在"封贡和互市"的关键时刻不出手，他这个兵部尚书，就真的成为摆设了。郭乾找到首辅李春芳，李春芳将事情推给了高拱，高拱听罢郭乾的要求，接着踢皮球："太岳懂军事，你和他协商处理吧！"

俺答汗"封贡和互市"，张居正的礼部可以管，郭乾的兵部更可以管。就在张居正点头同意郭乾可以参与此事之时，郭乾说的第一句话，竟让张居正有一种被"雷"到的感觉，据《三云筹俎考》记载："郭乾曾经这样说：'虏方求款即要我以不烧荒不捣巢，他日者若要我以不乘塞不设备，其将如何？更何况先帝明禁，不宜轻许！'"

郭乾到了这个时候，竟与张居正唱反调，他说话带刺："本尚书觉得'互市'万不可开，俺答汗为利而来，反复无常……"

张居正对俺答汗"封贡和互市"之事，进行太多的斡旋，才使这件事得以艰难地进行，可是突然他又遇到了郭乾这样的榆木脑袋，他想让其开窍，真比将泰山推个跟斗都难，张居正就提出了一个建议：由兵部申请廷议。

可是廷议还没有开始，赵贞吉就"起哄"似的上了一道辞职的奏疏，隆庆皇帝心内踌躇，是否恩准他致仕请求的时候，高拱发难了……

高拱决定不能再给赵贞吉机会，更不能让赵贞吉借着"封贡互市"获得更多的政治资本，于是高拱就唆使手下的言官韩楫弹劾赵贞吉，说他"指斥朝政，暗邀人心"。

《石匮书》上有这段记载，应该是确有其事，而绝非捕风捉影，以赵贞吉"眼睛里不揉沙子"的性格，说他指责朝政，没人不相信。言官韩楫的弹劾，即使是言过其实，但隆庆皇帝和满朝的大臣们，估计也全都信了。

赵贞吉之所以会选这个关键的节点辞职，很显然是在报复高拱：你挖我左眼，我挖你心肝，你断我仕途，我拆你封贡互市的"戏台"。

隆庆皇帝答应了赵贞吉致仕的请求。幸亏张居正和高拱等人，继续推动俺答封贡之事，否则这件利国利民的大好事，真的有可能胎死腹中。

赵贞吉致仕回家后，他在万历三年（1575年），准备汇秦汉而下三教遗言，写两部书，内篇名叫《经世通》，外篇名叫《出世通》。可惜的是，万历四年（1576年）赵贞吉去世，这个"汇三千年未经折衷之籍，聚为一书"的伟大心愿，并没有来得及完成。

赵贞吉有做事的能力，却缺少做成的方法，他受性格、才情和其他方面的影响，以至于眼高手低，屡屡碰壁。

隆庆五年（1571年）三月，第一次廷议开始，郭乾带头反对"封贡和互市"，支持他的给事中章端甫，更是指责王崇古"邀近功，忽远虑"。

第一次结果很快出来了,兵部尚书郭乾根据廷议的结果,提出了对俺答汗"封督不封王,使臣不得进京,不得售予铁锅……"等保守的条陈。

很显然,这是一份裹足不前的廷议,更是一份无法令俺答汗放下刀枪的廷议,不仅在张居正、高拱等人的面前通不过,也遭到了隆庆皇帝的否定。

张居正在内廷指挥,一封密信送至边关,王崇古按照张居正的意思,接着上了一道奏疏,奏疏上这样写道:"朝廷若允俺答封贡,诸边有数年之安,可乘时修备。设敌背盟,吾以数年蓄养之财力,从事战守,愈于终岁奔命,自救不暇者矣。"

第二次廷议很快就召开了,参加这次廷议的主要有九卿、科道和勋戚等四十五位官员。如果第一次廷议,臣子们纷纷将自己的条陈和建议,当成问路的石子,来试探隆庆皇帝的态度,更具有实际意义的第二次廷议,臣子们就要找准支持和反对的方向。

如果隆庆皇帝对"北虏"继续实施经济封锁,不准备答应俺答汗的"封贡互市",那就不会有第二次廷议。这次廷议开始,有不少反对"封贡互市"的言官,便开始倒戈,加入支持的行列。

当时,定国公徐文璧、吏部左侍郎张四维等二十二人皆认为"封贡互市"可以定"北虏"、安边廷,亦可早行;英国公张溶、户部尚书张守直等十七人以为俺答汗奸诈反复,"封贡互市"不可许;工部尚书朱衡等五人是骑墙派,他们认为封贡可以实施,但互市是以肉饲狼、抱薪救火,对大明朝不利,实施的时候,需要格外的谨慎和小心。

虽然第二次廷议,主张"封贡互市"的臣子数量,已经占据上风,可是性格瞻顾的隆庆皇帝,他不会不考虑嘉靖皇帝曾经下过严谨"封贡互市"的圣旨。

隆庆皇帝推翻嘉靖的旨意,是不是不孝?隆庆皇帝虽然主张"华夷一家","封贡互市"一旦出现执行不力、苍黄反复的局面,会不会令他这个皇帝的面子无处安放?更让他顾忌的是,一旦"北虏"渝盟而致"封贡互市"失败,俺答汗恼羞成怒,举兵来攻,如果再上演一次"庚戌之变",那就等于用草棍捅老虎鼻子,纯属自己找不痛快了。

第二次廷议,虽然局面已经成了一边倒,但隆庆皇帝还是没有下"封贡互市"的决心。

张居正为了让隆庆皇帝下决心,他去找在天子面前说话最有分量的高拱商量。高拱在内阁中正在为两件事蹙眉发愁:第一件事是,兵部尚书郭乾在俺答"封贡互市"的事件中,竟与皇帝唱起了反调,他已经没有脸面在兵部尚书的位置上再干下去了,郭乾接连上了几道辞职的奏疏,高拱正在考虑新的兵部尚书人选;第二件事是,京城军粮,多取自南方,为了运输方便,高拱提议开凿胶莱河,可是这个提议,遭到了张居正的反对,反对的理由是没钱!

两个人为开凿胶莱河争持不下,虽然出自公心,但高拱想得到张居正的支持,必须要采取一些手段。

张居正来到内阁,向高拱讲出自己准备尽快促成天子"封贡互市"的想法,高拱不置可否地道:"我要筹集银两,全心处理开凿胶莱河之事,'封贡互市'还是你来解决吧!"

张居正闻弦歌知雅意,想促成"封贡互市",只能与高拱"交换"支持。他说道:"开凿胶莱河耗费甚巨,兹事体大,可以派胡嘉去山东考察河情,然后拿出一份具体可行的方案!"

张居正提议高拱的第一亲信胡嘉去考察胶莱河,并拿出开河方案,就等于变相同意了高拱开河的主张,高拱满心欢喜,随后领着张居正直奔大内。见到隆庆皇帝后,他就直接讲出了永乐八年(1410年),明成祖时代的一段历史,朱棣将瓦剌的三个首领马哈木、太平、把秃孛罗分别分封为顺宁王、贤义王、安乐王,令瓦剌臣服,边关安宁了多年。

隆庆皇帝听罢永乐封瓦剌三王的历史,他的心才稍安,既然有前朝的故事,就等于自己并没有离经叛道,违背祖宗成宪。这时候,首辅李春芳又不失时机地面奏"北房封贡"之事,李春芳在条陈上写的八个字,也让隆庆非常安心，八个字是"外示羁縻，内修守备"。羁縻是马缰和牛索，意思是：对外要给俺答汗等人进行羁绊和牵制，而内就是要修缮关隘，加强武备，令敌人不敢入侵。

张居正在《答吴环洲策黄酋》书牍三中，曾经具体地描述对俺答汗的策略："犬摇尾乞怜，固可投之以骨，如其狂噬，则大杖加焉。"意思是：肉骨头加大棒，一定能让俺答汗俯首帖耳，不敢再有不臣之心。

隆庆皇帝面对内阁中三位阁臣的支持，他亦获得了信心，当即传下口谕："卿等既议，允当其即行之……"

隆庆皇帝虽然答应了俺答汗"封贡互市"的要求，但张居正看得出，天子心中尚有踌躇，还有无法言明的担心，张居正并没给隆庆皇帝反悔的机会，他返回内阁，并以最快的速度拟出了一道圣旨。

俺答汗被封为顺义王，赐红蟒衣一袭；昆都力哈、黄台吉授被封为都督同知，各赐红狮子衣一袭；指挥使巴汉那吉被封为昭勇将军；其余授官的，一共六十一人。

俺答汗接受了大明的封贡，就等于承认隆庆皇帝为人主的地位，他自然不能再向自己的主人持刀抢掠。可是大明朝如何通过互市，将俺答汗部所需的生活物质正常地贸易给他们，这是一门学问。

嘉靖三十年（1551年），嘉靖皇帝在大同开设马市，那是在"庚戌之乱"中，大明朝在俺答汗"予我币，通我贡，即解围，不者岁一虔尔郭……"的威逼之下，造成"北虏"用劣马换取大量明朝优质生活物质的"互市"，这种"互市"让大明接连吃亏。

为了避免将这次"互市"煮成一锅"夹生饭"，张居正提起笔来，斟酌再三，给王崇古写了一封信，他在信中提出了开贡市、互市和民市的几点原则：俺答汗来贡，贡使携带马匹、畜产品和箭袋、马鞍等物来到边廷，贡使不准入京，只能住在边堡，贡使得到朝廷回赐的绢缎、茶叶、首饰、钞币和纸张后，可择日离开。

俺答汗第一次派人来贡，就大方地送上了三十四名马，隆庆皇帝心中大悦，所赐甚丰。俺答汗通过明朝廷对贡市"厚赐"的政策，得到的是实际利益，明朝得到的是发展和安宁。对于俺答汗派来的贡使，既要保证其安全，又要对其防范，既不能让其借助贡使的特殊身份，刺探明朝的军情，也不能令其骚扰地方。

因为明朝回赐丰厚，俺答汗就不断增加贡使数与次数，致使"贡使络绎乎道，驼马迭贡于廷"。但贡市很难满足俺答汗和明朝的贸易和交流，接下来的"互市"必不可少，在宣府、大同和山西开设的"互市"之上，明朝需派人管理，马匹有侩人定价，定价的原则是"毋欺慢虏，务使客商有利，夷价无亏"。边关的"互市"尽在张居正的指导下，尽可能地做到公平交易。

因为"贡市"和"互市"交易和间隔的时间过长，张居正又提出，可以开民市（包括私市和月市）对其作为补充。交易的商品可以有锅釜、针线、绵帛、米谷、棉花、食盐和糖菜，但是火药和硝磺必须严禁，参与交易的锅釜必须是软铁制成的广锅，因为这种锅无法被锻打成兵刃。

曾经官拜宣大总督的梅国桢在其《再请罢榷税疏》中，记载了月市的情况："每月小市一次，每次不过三二日。虏人摄甲市口之外，官兵摄甲市口之内，两相戒防，无异对垒。各夷或以羊皮，或以马尾，或以板木、谷米之数与口内军余互相贸易。原无奇货异产，每年所税银，少不过二三百两，多不过四五百两，俱佐前开赏功等项支用。"

果然如张居正所料，"通贡互市"取代了以前的军事征战，边关出现了"数月之间，三睡晏然，一尘不扰，边氓释戈而荷锄，关城熄烽而安枕，此自古希觏之事而今有之"的大好局面。

在历史留下的典籍中，还留下了这样的记载："九边生齿日繁，守备日固，田野日辟，商贾日通，边民始知有生之乐。"

俺答封贡达成，就代表着"隆庆和议"的成功，这堪称是彪炳史册的一件事，也是张居正平生引以为傲的一件事，他曾经这样自诩："我不烦一士，不役一兵，坐而得之，此天赞我也。"

在这次"俺答封贡"的事件中，如果说全部归功于张居正，那是在"贪天之功",也是不现实的。高拱、李春芳、赵贞吉、王崇古、方逢时全都出了力气,可是若论功劳最大者,绝对不能妄自菲薄,还是非张居正莫属。

张居正以超一流的目光,发现了把汉那吉归降的绝好契机,并在熄兵、定约、斩杀叛徒赵全之后,促成了"俺答封贡"的成功。

张居正还曾经下大力气,做朝中一帮大臣的工作,这才令廷议之上,支持"封贡"的大臣占据多数,张居正在封贡和互市开始,为保证其成功,又帮助王崇古等人找到最佳的"互市交易"方案。

"互市"成功后,他又提出了两条更重要的稳定边廷之策,一条对内,另一条对外。

对内之策是:限制明朝边将私军(家丁)的掳掠行径。当时边关的武将,私养家丁成风,这些家丁武艺高强,唯主人之命是从,他们没有薪俸,靠的就是对俺答汗"烧荒捣穴"抢来蒙人的牛羊,然后出售得到的银子作为军饷。故此,张居正说:"沿边将士的私军失去掳掠的机会,不免生怨,应当加意防备。"

对外之策是:明朝廷不仅为俺答汗等人封王封贡,更具有长远目光的是,对"始封事成,实出三娘子意""夷情向背半系三娘子"的三娘子,给予嘉奖和封赏,三娘子地位陡升,成为了堂皇的忠顺夫人。

在典籍记载中,三娘子"通达事务,盖虏中女品之绝代者",俺答汗娶了三娘子之后"事无巨细,咸听取裁"。可以说,在封贡和互市这两件事之上,三娘子发挥了不可替代的作用。

张居正奏请隆庆皇帝,封三娘子为忠顺夫人,就等于抬高了她的地位,后来,俺答汗去世,三十三岁的三娘子,听从明朝边臣的劝说,改嫁俺答汗长子黄台吉。黄台吉去世,三十七岁的三娘子,又嫁给黄台吉的长子扯力克。1607年,扯力克去世,其子卜失兔应该袭位,1611年5月,六十二岁的三娘子又嫁给卜失兔。

孟子曾经这样说:"吾闻用夏变夷者,未闻变于夷者。"意思是:都是华夏文明改变了夷狄,夷狄并不能改变华夏的文明。根据《明史》记载,俺答汗和三娘子于隆庆六年（1572年），在塞外共同主持修建了一座名叫库库和屯的城池。万历三年（1575年），城池建成，万历皇帝将其赐名为归化。

有城即是有家，俺答汗手下的骑兵在和明军征战中，因为来去无踪，快比旋风，这才占据了上风，现在他们修建了归化城，遵照"跑了和尚跑不了庙"的原则，俺答汗已经无法再和大明起刀兵了。

三娘子一生四嫁顺义王，为了蒙汉稳定的大局委曲求全，她的一生充满传奇。而张居正对三娘子施加的影响，终于让边关出现了"和平、生息和发展"的大好局面，甚至在三娘子去世后，出现了沿边将士人人思三娘子"保塞有功"的动人情景。

俺答封贡，对张居正就是一个绝佳的机会，对兵部尚书郭乾来说，则是一场交了白卷的大考，他原本以为遵循祖制就不会错，可没想到是，"封贡互市"的成功，等于劈面给了他一记老拳，将他从兵部尚书的宝座上打落至尘埃。

郭乾上奏疏请求致仕，隆庆皇帝恩准了他的请求。高拱随后启用致仕的吏部尚书杨博，让他以吏部尚书的身份管理兵部，而高拱以大学士的身份继续管理吏部。

杨博曾经号称"天下三才"之一，堪称当时第一流的军事人才，由此可见，他管理兵部，确实是实至名归。

更让高拱满意的是，李春芳多次上奏疏，隆庆皇帝经过多次挽留，最后还是答应了李春芳回乡养老的要求。

李春芳也是一位有才的首辅，他曾经主持编修了《世宗实录》，还校订了《大明会典》《永乐大典》等书籍，他崇尚节俭，减免赋税，特别是奏疏中的一句"天下苦工役久矣"的名言，让世人记住了他。可是他深深知道，自己治理天下的手段，要远逊于高拱和张居正，就好比俺答封贡，他虽然是主要的发起人，可是后来的谈判、落实与后续的维护工作，都是张居正在做。

李春芳曾经试问，如果换成自己做这件事，很可能会知难而退，"隆庆合议"极有可能流产,与其才不配位,还不如尽早让贤。

张居正与李春芳同殿称臣二十余载,李首辅虽然治国的才华有限,却是一个最佳的合作伙伴,张居正这样形容两个人的关系:"弟生平孤子寡与,独受知于门下。及同居政府,一心协德,庶几有丙魏同心之谊。中外士民,各适其意,不啻坐春风而饮醇醪也。岂意风云倏起,阴晴顿殊。昔为比目鱼,今作分飞鸟,人生聚散离合,可胜叹哉!"

张居正称呼李春芳为自己的比目鱼,如今变成了分飞鸟,其实在京城倾轧的权力场上,哪有"不散的筵席"。

隆庆五年(1571年),不想讨人嫌的李春芳终于致仕成功,他回到家里,本以为父亲会埋怨他,毕竟自己成了官场的逃兵,令族人的脸面无光,没想到他的父亲却带着全家人,非常热情地欢迎他,一家人其乐融融地吃饭,用李春芳的话来讲:可以真正地享受天伦之乐了。

李春芳的父亲李镗是豆腐匠出身,见识却高人一筹,明朝的宰相从李善长开始,便难有善终,李春芳能够荣归故里,可以说是一个特例。

李春芳的儿子科举不顺,而张居正的三个儿子纷纷通过科举,成为了朝廷的官员,有人便给李春芳出主意,何不利用过去的人脉,打通关节,为子嗣后代铺平仕途之路?

李春芳正色地回答:"彼子贵不如吾子安也。"

如果富贵和平安让李春芳选一样,已经感知过官场高处不胜寒的李春芳,一定会选择平安。如果论结局,李春芳这个"太平宰相"堪称是嘉靖、隆庆两朝中最为圆满的首辅。

如果让张居正选择,他绝对不会选择平安,道理很简单,如果选择了平安,他就要做李春芳这样碌碌无为的首辅,张居正为"伟大"而生,他的世界不仅要波澜壮阔,更要目标高远,这就注定他要去拓荒,他脚下的路,是一条没有人走过的崎岖坎坷、荆棘遍途的路。

隆庆朝内阁的陈以勤、赵贞吉和李春芳相继致仕,现在的内阁之中,只剩下了高拱和张居正两位阁臣。礼部尚书殷士儋作为裕邸讲官,眼看着高拱、张居正和陈以勤三位讲官都以入阁,他也想得到高拱的提携而进入内阁,可是殷士儋桀骜不驯,高拱觉得他难以驾驭,便对他敷衍了事,转而提携了恭顺谦和的翰林学士张四维。

张四维只是一个翰林院学士,殷士儋却是堂堂的礼部尚书,张四维能入阁,殷士儋为何不能入阁?既然高拱不能提携自己,殷士儋一咬牙,决定走偏门,他找到内监陈洪,并得到了他的帮助。隆庆五年(1571年)十一月,隆庆皇帝下旨,殷士儋心愿得偿,昂然地步入了内阁的大门。

高拱对殷士儋的入阁,心中是排斥的,他暗下决心:我既然阻止不了你入阁,却可以从内阁中将你一脚踢开。

殷士儋入阁之时,正值"隆庆合议"谈判到了关键之时,当时的首辅是李春芳,等李春芳致仕归乡,"隆庆合议"取得成功,高拱终于得偿所愿,升任首辅,他现在心无旁骛,可以一心一意对付殷士儋了。

殷士儋是一位山东大汉,性格耿直,隆庆四年(1570年)正月初一和十五,相继发生了日食和月食,就在满朝的文武大臣,尽皆三缄其口,生怕惹祸上身的时候,殷士儋两次上疏隆庆皇帝,请求其施行德政,宽缓刑罚,节约用度,由此可见其一身上下,尽是堂堂正气。

蒲松龄在写《聊斋志异》的时候,其中有一则《狐嫁女》就是以殷天官(殷士儋)为主角,意思是:殷天官因为心正,鬼叫门都不怕!

这样一位鬼都不怕的人物,自然不会惧怕高拱。当时,殷士儋面对高拱的步步紧逼,他决定对其反击,反击的突破口,选在了高拱的亲信张四维的身上。

张四维的父亲张允龄是一位大盐商,而王崇古是张四维的舅父,王崇古的弟弟也是一位大盐商。殷士儋便派御史郜永春视盐河东,收集张允龄和王崇古弟弟借势横行,败坏盐法的证据,并对其弹劾。

张四维偏偏是一个很会做事的人,他的尊座是高拱,但和张居正的关系很好,也甚得隆庆皇帝的信任,不得罪人是他的办事原则,经常在朝廷上"唱喜歌",甚得天子的欢心,他遭到弹劾,便请辞致仕,可是被隆庆皇帝挽留了下来，张四维就这样轻易过关了。

高拱一见殷士儋敢挑起战火，当即决定"以其人之道，还治其人之身"，利用言官，对其发起攻击。为高拱发声的两位言官，一位是御史赵应龙，他弹劾的问题是，殷士儋靠太监陈洪的关系入阁，不配参政。都给事中韩楫直接对殷士儋放出话来，如果你不自己辞职回乡，我就弹劾得你脱下官服，灰溜溜地"滚蛋"。

根据明朝的惯例，每逢初一、十五，给事中都到内阁和阁臣们见面，汇报工作，沟通感情，被称为"会揖"。隆庆五年（1571年）冬，殷士儋面对咄咄逼人的韩楫，进行了一番开导和劝说，在《明史·殷士儋传》中，有这样的记载："闻君有憾于我，憾自可耳，毋为他人使。"意思是：你对我有意见是可以的，但为何要给别人当枪使？

高拱一见殷士儋明目张胆地挑拨他和韩楫的关系，怒吼道："不合礼法！"

殷士儋既然敢当众发难，就不怕高拱的还击，他的吼声比高拱的声音更大："若逐陈公，逐赵公，复逐李公，今又为四维逐我，若能常有此座耶！"

殷士儋也急了，他大吼的意思是：你驱除了陈以勤、赵贞吉和李春芳，今天又因为张四维来驱逐我，你难道能干一辈子首辅吗？

殷士儋讲完了这段"虎狼之词"，他一把抓住高拱的脖领子，挥动老拳，就要对其痛殴，阁臣殴打首辅，这种暴力之事，在历史上从来也没发生过，当时内阁的臣子，以及会揖的言官，全都看懵了。幸亏张居正反应快，他展开双臂，抱住了殷士儋，让殷士儋在高拱脸上开染坊的计划"流产"了。

张居正用双臂抱住殷士儋，很明显是在拉偏架，殷士儋虽然没有"殴"到高拱，却对张居正一顿痛斥。《明史·卷一百九十三·列传第八十一》的记载是："居正从旁解，亦谇而对。"（谇：骂也）殷士儋在内阁欲殴首辅，很显然朝堂之中，已经没有他的容身之地了，殷士儋再度上奏疏，称疾求去，隆庆皇帝便答应了他的请求，还"赐给道里用费，乘驿传而归，月给库粮四石"。

殷士儋要殴打高拱,除了他脾气暴躁的原因之外,还有一个更重要的原因,就是隆庆皇帝不理朝政所致。张居正在《奉谕整肃朝仪疏》中,这样写道:"近日以来,朝参之礼委觉少懈,百官衣带多有僭越。入班之时,吐唾在地;进退行走,舒徐摇摆;谢恩见辞,致词不恪。"张居正的意思是:上朝的礼仪,甚至都被大臣们忘记,偶有朝参,臣子们在殿上大摇大摆,高声喧哗,甚至随地吐痰,可见君威不再,人心已散。

隆庆皇帝因为怠政,基本失去对权力的控制,朝政处于一种紊乱状态。而高拱才得以窃主之权,"(臣子)有所忤,触之立碎,每张目怒视,恶声继之,即左右皆为之辟易。既渐得志,则婴视百僚,朝登暮削,唯意之师,亡敢有抗者"。

高拱的脾气现在是大得没边,将驱逐自己的敌对势力,已然当成最大的乐趣。

当时有人说:"嘉隆以来,纪纲颓坠,法度凌夷。"这是铁一般的事实,并非是妄自虚言。

高拱出手,确实狠辣,他一口气驱除了四位辅臣,现在内阁之中,只剩下了他和张居正。两个人理政治国的这段时间,还被称作为"周召夹辅",这段掌故是指周成王时,共同辅政的是周公旦和召公奭,这两人分陕而治,皆有美政。

这时候的张居正,不仅没有品尝到"周召夹辅"赞誉带来的快乐,反而被徐阶发来的一封求救信所困扰。

海瑞虽然辞官归籍,可是徐阶的事始终还未得到最终的解决,徐阶的两位公子徐璠和徐琨还被关在监狱里,被判充军,最终如何处置,决定权在高拱的手中,面对徐阶的求救信,张居正写信回复道:"鄙怀种种,亦嗫不敢言,临楮,惆怅而已,统惟台原。"

张居正目前只能屈身于高拱的羽翼之下,向高拱求情,不仅于事无补,而且会将自己和徐阶的关系,毫无遮掩地暴露在高拱面前,这样做,对于藏器待时的张居正是非常不利的。

高拱为了报复徐阶，经过挑选，找到了一个松江知府最佳的人选蔡国熙。蔡国熙本来是徐阶的门生，可是因为在苏州做知府时，按律严惩了徐璠手下的一名恶奴，以至于得罪了徐阶，他卸任之时，这名恶奴领人到他乘坐的船上去辱骂。蔡国熙这些年赋闲在家，如今被高拱启用，他去松江赴任之时，到高府辞行，高拱面授机宜之时，曾经不怀好意地怂恿道："有冤报冤，有仇报仇！"

蔡国熙来到松江，对外贴出告示，徐氏父子欺压良善，鱼肉一方，当地的民众尽可到府衙告状，蔡知府定当为民做主。

面对蔡国熙的倒徐之举，张居正给他写了一封《答松江兵宪蔡春台讳国熙》的信件，在这封信中，他先夸高拱光明正大，宅心平恕，即有怨于人，可言立解。接着说，蔡国熙去松江赴任，"必不藏怒蓄恨而过为已甚之事者也"。最后说徐阶父子："且存翁以故相终老，未有显过闻于天下，而使其子皆骈首就逮，脱不幸有伤雾露之疾，至于颠陨，其无乃亏朝廷所以优礼旧臣之意乎。"

张居正在信尾表达了自己的真实意图：仆上惜国家体面，下欲为朋友消怨业，知公有道君子也，故敢以闻，惟执事其审图之。张居正的意思是：徐阶是前任首辅，处理他关系国家的脸面，我从为朋友消除命中怨业的角度说一下，我知道你是君子，故此提醒你一下，希望你能秉公处理此事。

张居正的信件到了蔡国熙的手中，就等于到了高拱的手中，徐阶作为张居正的坐师、提携者以及引路人，高拱知道张居正和徐阶走得很近，但他和张居正相期约，相扶持，关系如父如兄，二人志同道合，也想在内阁中携手，努力要干成一番事业。

高拱也不知道，究竟是自己和张居正的关系更近一些，还是张居正和徐阶的关系更紧密一些。

张居正至少在自己面前，并没有为徐阶求情，这让高拱还是满意的，但为了试探一下其心中真实的想法，这天高拱在内阁中，对忙碌的张居正道："言路得到消息，说你处处维护徐公，是因为得到了他三万两银子的缘故！"

张居正放下了奏疏，他站起身来，指着天发誓，并激动地说："这消息纯属捕风捉影的污蔑，道听途说的诽谤，哪有此事，请元辅一定要严查造谣之人，还仆一个清白！"

高拱自认在很多地方，都超过了张居正，只有一个地方，张居正比自己厉害，这个地方就是冷静，如果有人当面说自己收了三万两赃银，相信高拱一定会扯着嗓子咆哮了。

高拱也是第一次看到了不冷静的张居正，他得意地一笑道："太岳请放心，我怎么会相信这些流言蜚语？"

蔡国熙深处权力斗争的旋涡，面对高拱"饬查并严办"、张居正"惜国家体面"的双重压力，他觉得首辅高拱的实力更强一些，便开始对徐阶父子进行了"秉公处理"，徐瑛被削职为民，徐璠和徐琨被判处流刑，发配边关效力。如何处理徐阶，却让蔡国熙为难，因为徐阶毕竟做过首辅，朝中故旧甚多，一旦处理不当，势必给自己引来祸端，他干脆来了一个两边都不得罪，准备将徐阶解往京城，交给高拱处理。

徐阶面对"山雨欲来风满楼"的紧迫形势，他一方面继续写信给张居正，希望他援手。另一方面，他开始自救，那就是营造蔡国熙奉高拱之命，构陷和迫害致仕的首辅，手段阴险，其心可诛。

随着徐阶的手下四处活动，蔡国熙和高拱联手构陷致仕首辅的流言，成了当时庶民百姓、王侯公卿茶余饭后、津津乐道的话题。

高拱的耳目众多，汹汹的流言很快传到了他的耳朵里，高拱虽然声雄气壮，气势凌人，可是对手是前任首辅徐阶，他对其也是有所顾忌的。蔡国熙如此高调地处理徐阶父子，最后很可能将言官的弹劾之火，引到自己的身上，为泄私愤而引实祸，岂不是得不偿失。

高拱思前想后，决定送给张居正一个人情，顺便再试探一下张居正对徐阶态度，以及张居正做事的最后底线。

他在内阁的值房中，再一次见到了伏案书写票拟的张居正，道："太岳，你最近可听到一些关于蔡国熙处理徐阶父子的传言?"

张居正抬起头来,语气平静地说:"元辅,我最近几日忙于公事,并没有听到什么传言!"

高拱就神情激动地将有人污蔑他公报私仇的事说了一遍,高拱讲完话,问道:"太岳,你看此事该如何处理?"

按照正常的思路,高拱是给了张居正一个替徐阶求情的机会,可是张居正深知高拱做事的风格,如果他不是试探自己,怎么会用这种商量的口气说话?

张居正说道:"蔡国熙秉公执法,一定有心怀叵测之人,用徐公和元辅过去的罅隙做文章,正所谓人言可畏,不可不防!"

高拱一见张居正并不给徐阶求情,他无奈地点了点头道:"太岳,你的城府,你的城府甚深……呵呵!"

张居正也怕高拱误会自己,就开始站在高拱的角度说话:"元辅为国选官,命蔡国熙出任松江知府,可是蔡知府携私抱怨,高调处理徐阶,如今搞得人言汹汹,仿佛一切皆是元辅所为……"

高拱长叹了一口气,他用疲惫的声音问道:"太岳,你看这事该怎么办?"

张居正的意思很明确,在处理徐阶父子的问题上,高拱最多是犯了用人不当的错误,想要挽回损失,还需在人事方面做些文章,他说:"解铃还须系铃人!"

高拱哪能不懂张居正的意思,随即写了一封信,命驿传急送松江府,蔡国熙看罢高拱"为国家颜面,应放过徐阶父子"的秘信后,不由得怒吼道:"高拱匹夫,竟出卖我!"

蔡国熙下重手处理徐阶父子,等于得罪了官场上所有维护徐家的人,甚至开罪了张居正,他坏人做尽,本该得到高拱的赏识,谁成想高拱收起了屠刀,竟一抹脸上的血迹,做起了好人,许诺自己的好处,不仅尽皆黄账,还将松江府的烂摊子,全都丢给了自己。

蔡国熙慌神了，他本想破罐了破摔，再对徐阶父子动些手脚，目的是坐实高拱谋害徐阶的罪责……可是师爷低声告诉他，松江府的不少官员，都已经接到了高拱的亲笔信，现在他就是想办徐阶，估计也没人再听调遣了。

接下来，张居正悄悄地出手，蔡国熙很快被调离松江府，在张居正的关照之下，笼罩在徐阶头上的阴云散尽，他的颜面也得到了一定的保全。

徐阶也被人称作："家居之罢相，能逐朝廷之风宪。"意思是说：徐阶坐在家里，就能控制朝廷动向，其实真正能控制风向的，是他的忠实心腹，位于朝廷权力中枢的张居正。

徐阶父子被处理一事，明着是高拱秋后算账，公报私仇，暗中也是高拱摸清朝野"底牌"的手段，通过整饬徐阶父子，他终于知道了哪些是自己人，哪些是中间派，哪些是徐阶父子的人。朝堂中，深受徐阶之恩，对徐阶念念不忘的大有人在，比如：隐身在内阁，对自己逆来顺受，实则对徐阶念兹在兹的代表人物就是张居正。

张居正在内阁中只是小字辈，可以说被高拱驱逐的四位首辅和阁臣，随便挑出一个，资格都比张居正老，可是张居正高举公心至上的旗帜，从来不与高拱发生实质的对抗，现在放眼内阁，唯一能挑战首辅之位的，就只有张居正了。

高拱是权力斗争的斫轮老手，怎么会给别人觊觎自己首辅之位的机会，他就不失时机地拉拢老好人高仪入阁，目的是分割张居正手中的权力。

高仪是杭州府钱塘县人，在张廷玉撰写的《明史》中，有这样的记载："仪性简静，寡嗜欲，室无妾媵。"一个无欲无求的人，没有野心，让高拱放心，但高仪不适合做权力在手的阁臣，更适合做道士，或者是做学政，这样也许能发挥他教化一方的作用。

12 / 驾崩，天造地设好"机会"

如果现在将隆庆朝的内阁比喻成一块田，首辅高拱占据五分的收成，高仪占据二分的收成，那张居正也就占据三分的收成，高拱对其有压倒性的优势，张居正实力不如人，他只能低头干好自己的阁务，暂时不敢窥视高高在上的首辅宝座。

可是树欲静而风不止，高拱不会放过对自己有潜在危险的人，更不会放过张居正这个实力派。他经过观察，发现张居正声名甚佳，在朝野人士眼中，他是极有才能的一位次辅，是将来能接高拱手中相位"接力棒"的最佳人选，更让高拱感到害怕的是，张居正竟没有可以攻击的软肋。

张居正师从徐阶，徐阶就是一个守刚示柔、善打太极的高手，张居正在徐阶的调教之下，堪称青出于蓝而胜于蓝，他打的不是太极，简直算得上是"无极"！

高拱报复徐阶的恶果很快显现，尚宝司刘奋庸率先站出来，上奏疏陈述了五件事：保圣躬、总大权、慎俭德、览章奏和用忠直。很显然，这五件事直指高拱滥用权力，报复归籍的老臣，可见高拱并非忠直之臣，而是奸党。

吏部言官曹大埜接着弹劾，直言高拱十条不忠之事：不顾圣体违和，群臣不安，而与姻亲刑部侍郎曹金饮酒作乐，此为一不忠；东宫阁讲甚为重要，高拱敷衍了事，此为二不忠；高拱复出，将昔日弹劾他的言官一概罢黜，此为三不忠；高拱掌管礼部，其亲家曹金，门生韩楫都是庸才，却都得到越级提拔，此为培养亲信，当为四不忠；高拱安排自己的门生为两京御史、给事中，意欲闭塞言路，结党为恶，此为五不忠；高拱主管吏部，官员取舍，皆出其门，专权放恣，此为六不忠；高拱贪财纳贿，并借寿辰，大肆敛财，此为七不忠；高拱大肆打压前朝旧臣，寒了天下才子之心，此为八不忠；高拱排挤同僚，接连驱逐了四位首辅和阁臣，大权独揽，此为九不忠；高拱勾结陈洪，陈洪去职，冯保本该上位，可是他找到一个冯保惹恼了皇帝的机会，让目不识丁的厨子孟冲继任司礼监掌印，内外勾结，窃主之权，此为十不忠！

高拱看罢曹大埜的十不忠奏疏，只觉得脑袋"嗡"的一声，若不是扶住了椅子，估计得一屁股滑到地上。这十不忠虽然有夸大的嫌疑，但都有所指，并非胡说八道。

随便举一个例子，高拱曾借寿辰，大肆敛财，可是收上来的寿礼，据说被他给"捐"了出去，但是全捐，是半捐，还是捐了一小部分，这是高拱长一百张嘴，也说不清的事。故此，这份十不忠，如果递到隆庆皇帝的手中，如果隆庆皇帝想继续用高拱，事情还有的商量，如果想处理他，高拱又将是致仕回家的命运了。

高拱在内阁中，被这份十不忠奏疏气得一阵狂吼，他瞪着充满红血丝的眼睛，问张居正："太岳，你给我一个处理意见！"

张居正不动声色地道："元辅，谁不知道您清正廉明，忠心为国，那些贪墨枉法，卖官鬻爵，排挤同僚和结党为恶等的诬陷，纯属恶人先告状，无有人信！"

高拱握起拳头，将桌案擂得"咚咚"作响，他命令手下的言官，立刻对刘奋庸和曹大埜分别发起反击。在金銮殿之上，刘奋庸和曹大埜两张嘴，根本讲不过其他言官们的十多张嘴，隆庆皇帝面对激烈的分辩和争吵之声，他的头都大了，他转头问高拱："高爱卿觉得如何处理为佳？"

高拱毫不留情地道："应该将刘曹二人逐出朝廷！"

隆庆皇帝揉着太阳穴，说了一声："照此办理！"然后就在太监的搀扶之下退朝了。刘奋庸被贬谪为兴国知州，而曹大埜被贬谪为乾州判官。

高拱胜利了，隆庆皇帝站在他这边，说明他的首辅之位不可动摇。他回到内阁，兴奋地对张居正说道："经过调查，刘奋庸为名臣之后，他还做过潜邸的讲官，眼看着其他的讲官都已经入阁，他心中嫉妒，故此才有了弹劾之举！"

张居正不动声色地点了点头，说道："曹大埜弹劾首辅，又是什么原因？"

高拱咬着牙，用两只眼睛盯着张居正道："他的背后一定有人指使！"

张居正问道："谁指使？"

高拱的话语中，透露着凛冽的杀机，道："当然谁得利最大，谁才是曹大埜的背后主谋！"

张居正是次辅，高拱一旦致仕，只有他才最有资格接替首辅之位，他才是得利最多者。高拱虽然没有当面挑明，但以张居正的睿智，哪能听不出来高拱是在怀疑——主谋就是张居正。

高拱手中掌握着吏部尚书的权力，他对张居正的反击从削弱入手，张居正的几个忠实门生，被高拱以各种理由，调离京城，张居正的势力本来就比不过高拱，受到高拱釜底抽薪的打击后，明显地感到，自己的力量变弱了。

张居正绝对不是坐以待毙之人，既然高拱举起了手中的"屠刀"，他也只能见招拆招，不然他这些年的努力，终将付诸东流。

高拱怀疑张居正，绝对是有道理和证据的，为何这样说？首先，在刘奋庸和曹大埜兴起弹劾之风前，高拱的手下，见到张居正的门生王川和管家游七，曾与二人秘密接触。

更让高拱对张居正起疑的，就是曹大埜的十不忠奏疏，这份奏疏有凭有据，力度非常，可以称之为弹劾界的教科书。

如果高拱没有猜错，在大明朝能将这"十不忠"罪状收集得如此详细的衙门，只有一个，那就是冯保掌管的锦衣卫。因为隆庆皇帝身体不佳，满朝文武皆不敢宴乐，高拱去姻亲刑部侍郎曹金家走动，两个人只是在密室中小酌了几杯，这种天知地知，除了高拱和曹金知，如果说还有人知道，那就是冯保手下无孔不入的锦衣卫了。

而曹大埜的"招招见血，利比刀枪"的十不忠奏疏，极有可能出自张居正之手，因为以曹大埜的本事，高拱还从来也没见他能写出如此缜密周详，又全部能打在自己"痛处"的奏疏来。

十不忠奏疏的策划者必是张居正，证据的提供者是冯保，面对这两个可怕的敌手，如果高拱不将其清除，他的首辅宝座，真的将岌岌可危了。

就在高拱暗命手下开始搜罗张居正的罪证之时，一个不好的消息传来了。最近一直病恹恹的隆庆皇帝身体出现了大问题，这位天子自幼便体弱，可是偏偏喜好女色，他的皇后有三人孝懿庄李氏、孝安陈氏和孝定李氏。后妃就很多了，在《隆庆实录》中记载："隆庆四年，朱载垕曾经册封魏氏为英妃、秦氏为淑妃、李氏为德妃、刘氏为庄妃、董氏为端妃、马氏为惠妃。"

在隆庆六年（1572年）闰二月，又册封庄氏为敬妃、李氏为恭妃、于氏懿妃、叶氏为奇妃。屈指一算，隆庆皇帝，在两年之间，一共娶了十名妃子。

隆庆皇帝身体本就不佳，为了与后妃们欢会，他还会借助媚药的强大功效。张居正根据冯保透露的消息得知，虽然媚药具有一时之功，却有一世之害。隆庆皇帝很快就病倒了，而且一病就是两个月。

在这难熬的两个月之中，隆庆皇帝似乎知道了女色的危害，他在养病的时候，真的做到了清心寡欲。两个月后，他觉得身体恢复，便在太监的搀扶之下，来到金銮殿，召集群臣准备听政。

隆庆皇帝坐在金銮殿的龙椅之上，这才发现，外面的阳光刺眼，让他的双目视物不清，臣子们嘈杂的朝议之声，更让他心乱如麻，隆庆皇帝强行支撑了一会儿，便连打冷战，汗出如雨，竟有一种要晕倒的感觉。

高拱和张居正在这次朝会之上，正在唇枪舌剑地争辩一位臣子的罢黜问题，隆庆皇帝脸色蜡黄，实在坚持不住了，便示意太监搀扶自己，然后从龙椅上费力地站了起来。

司礼太监一见情况不对，急忙高呼一声——退朝，张居正和高拱距离隆庆皇帝最近，他们一见当朝天子身体摇晃，急忙将其左右扶住，高拱惊问道："皇上，龙体无恙吧？"

隆庆皇帝摆了摆手，口中含混地说了一句令人听不懂的话，便在太监们的搀扶下，急匆匆地回后宫休息去了。

张居正根据冯保透漏的消息，已经明显地感觉到，隆庆皇帝恐怕距离宫车晏驾、巡兴西天不远焉。

张居正的心中，已经做好了面对"天子驾崩"的准备，可是令他没有想到的是，这场变故竟来得这样急、这样快。

为了能在和高拱的倾轧中，立于不败之地，早在两个月前，张居正就开始布局，第一件事就是主动与冯保歃血为盟，拜了把子，以后两个人共同扶持，并以兄弟相称。

冯保掌管着东厂，可谓是位高而权重，但朝堂的大臣们，并没有几个真正看得起他这个太监。臣子们对冯保爱答不理者有之，敬鬼神而远之者有之，当面是笑脸背后翻白眼的更有之，而真正拿他当人看，与他拜把子、称兄弟的只有张居正一个。

冯保感动之余，说道："太岳在朝堂，仆在大内，只要我们互相照应，一定能辅佐君主，做出一番事业来！"

张居正点了点头，道："鉴于目前的形势，我们有一件紧要的事，必须立刻就做！"

徐阶当年借嘉靖皇帝驾崩，曾与张居正一起拟了一道遗诏，并借此牢牢占据了主动，隆庆皇帝一旦驾崩，必须要事先写好遗诏，一旦写遗诏的事，让高拱掺和进来，再想夹带私货，那就黄花菜都凉了。

张居正提起笔来，运笔如风地写了两道遗诏。冯保看完第一道官样文章的遗诏，只是点头，当他看完第二道遗诏，不由得倒吸一口凉气，张居正果真是个厉害人物，他今日能与张居正联手，堪称是走得最正确的一步棋，如果第二道遗诏的内容能够实现，他们就会在朝廷的"官斗"中取得大先手，高拱以后的日子可就不好过了。

时间一转眼，过了两个月，隆庆皇帝这天突然得了"中风"，御医百药罔效。隆庆皇帝彻底倒在了床上，成了一条卧龙。

传旨的太监急匆匆地来到了内阁，急宣高拱、高仪和张居正觐见。三名内阁大臣跟随传旨太监的脚步，一路急驱，来到了隆庆皇帝的寝宫，张居正跪在高拱的身后，他的眼睛一看隆庆皇帝，心中不由得"咯噔"一下，暗叫不好，只见隆庆皇帝歪倒在龙床之上，嘴歪眼斜，脸色灰黄，口涎正顺着唇边滴滴地落下。

陈皇后不停地为隆庆皇帝擦着口涎，李贵妃和太子朱翊钧站在床旁，他们三个人的饮泣之声，让寝宫之中倍添不祥的气氛。

张居正虽然不是郎中，但略懂医术，他一眼就断定，这是典型的中风症状。高拱做了隆庆皇帝的讲师多年，为了让他能够顺利登基，可谓是绞尽脑汁，想尽办法。高拱入阁以来，更是殚精竭虑，将隆庆朝颓废的江山打理得充满兴旺气象，高拱这样做，除了尽人臣的本分，这里面也包含着一种他对隆庆皇帝的深厚感情。

高拱第一个哭泣出声，张居正和高仪也随后潸然泪下。在嘉靖朝张居正基本上是一个藏在徐阶身后，学习做官的"见习"角色；到了隆庆朝，张居正虽然被高拱压制，可是凭着他高屋建瓴的见识，以及纵横排闼的操作，还是促成了"隆庆合议"的成功。

隆庆朝的朝野人士，一致认为，张居正一旦成为首辅，必定是一位好首辅，必能一改大明朝财力、吏制、军事和外交等的颓势。张居正被当时的大多数人看好。可是张居正目前囿于形势，只能站在高拱的身后，等待着一个能够让他翻盘的好机会。

隆庆皇帝半倒在龙床之上，嘴里"呜拉呜拉"地说着什么，站在龙床旁边的大太监冯保听了一会儿，便拿出了第一份由张居正拟好的遗诏，对三位阁臣念道："朕嗣统方六年，今疾甚，殆不起，有负先帝付托。东宫幼，以属卿等，宜协辅遵守祖制，则社稷功也……"

隆庆皇帝的第一道遗诏讲得很明白，天子由朱翊钧来当，高拱、张居正和高仪当顾命大臣，辅佐小皇帝朱翊钧坐稳江山。

冯保宣读完第一道遗诏，歪倒在龙床之上的隆庆皇帝对着三位顾命大臣，一个劲地招手，高拱、张居正和高仪急忙跪行到了龙床前，隆庆皇帝用手抓着高拱的胳膊,他喉咙里的声音更加含混,冯保听了一会儿,代替隆庆皇帝说道:"皇上说,太子年幼,请高阁老尽心辅佐,遇到事情可以与冯保商量,江山社稷就全靠你们几个人了。"

隆庆皇帝驾崩之前和嘉靖皇帝不同,嘉靖皇帝驾崩在先,徐阶和张居正拟旨在后,可以说凡是写在遗旨上的话,不管是否合理,全都是嘉靖皇帝的遗言,臣子们必须要不折不扣地去执行,谁要质疑其真伪,那就是大逆不道。

隆庆皇帝却不同,他只是得了中风,耳朵听得见声音,嘴巴表达不出意思,含混的语声,只能靠冯保翻译。

张居正为冯保设计了几个隆庆皇帝归天时,所要面对的局面,而当前皇帝说话"卡壳"的局面,对冯保来说,并不是最难掌控的危局,因为现在冯保说什么,就是什么,他讲的话,就是隆庆皇帝的遗旨。

隆庆皇帝"呜拉"了一阵,他的头一歪,晕倒在了龙床之上,冯保急忙命太监去找御医,看着陈皇后、李贵妃和朱翊钧哭成了一团,高拱领着张居正和高仪退到了寝殿的门外。

这时候,紫禁城中已经夜色阑珊了,高拱脑袋嗡嗡作响,他一边流泪,一边激动地说道:"十岁天子,如何治天下!"

张居正一见高拱口不择言,他低声提醒道:"元辅,小心隔墙有耳!"高拱被夜风一吹,当时清醒了不少,他并非天生的大嘴巴,可是隆庆皇帝的驾崩,让他心中悲痛,再想一想满目疮痍的大明帝国,还有自己肩膀上的巨大压力,这一句完全是有感而发,也就是这句话,彻底断送了高拱的仕途。

高拱稳定了一下心神,他看附近的宫廷侍卫和内宦太监们,没人注意自己,他心中稍安,便转头对张居正和高仪问道:"为何传遗旨的不是孟冲,孟冲去哪里了?"

孟冲是隆庆皇帝的掌印太监不假,但他和藤祥、陈洪一起,争献奇技淫巧,助情媚药,令隆庆皇帝掏空了身子,成了恹恹待毙的病龙。孟冲斗大的字不识两筐,他与琴棋书画样样皆精,有谋略、有操守、有风度、有才华的冯保根本没法比。

冯保虽然是秉笔太监，他作为太子朱翊钧的大伴，还曾经在《清明上河图》上有过题跋。由此可见，他的水平绝非一般。隆庆皇帝很有自知之明，他殡天在即，不能让孟冲、藤祥和陈洪之流再去祸害太子，故此，孟冲作为人人喊打的"丧门星"，就被处理掉了，永远地在皇宫上消失，而冯保成了宫内炙手可热的大太监。

可是秉笔太监想要升任掌印太监，也不是一件容易的事，首先需要隆庆皇帝点头，接着需要内阁的支持，否则这个职位冯保就很难坐稳。

冯保经张居正精心的策划，他首先通过自己的嘴巴，讲出隆庆皇帝的遗言"有事可以与冯保商量"，先行确定了自己升任掌印太监的既成事实。

隆庆六年（1572年）五月二十六日一个闷热的深夜，年仅三十六岁的隆庆皇帝，便匆匆地走完了自己的一生，紫禁城的号哭声冲天而起。在哭声告一段落后，冯保不失时机地拿出了张居正密拟的第二道遗旨，这道遗旨才是真正的关键，核心只有一个内容，就是：隆庆皇帝遗诏，命冯保为掌印太监，并与阁员一起，成为了顾命大臣。

《明史·冯保传》写道："保又矫遗诏，令与阁臣同受顾命。"《明史纪事本末》的记载是："阁臣与司礼监同受顾命。"

不管是矫遗诏，还是真遗旨，冯保现在已经是名正言顺的掌印太监，兼任顾命大臣。一个太监，怎么会成为顾命大臣？张居正通过一系列的操作，终于实现了这个看似不可能的目标。

张居正这一招堪称高明。高拱本事大，可以搞掉宫中的掌印太监，但他本事再大，同为顾命大臣的掌印太监冯保，他就搞不掉。高拱想通过掌印太监孟冲，在朝堂上下其手、为所欲为的时代，已经结束了。

徐阶不愧是一代名相，他对张居正的栽培是真的栽培，他在提携张居正的时候，也教会了他许多高拱不知道的狠招。高拱和张居正也是亦师亦友的关系，如果说治国理政，张居正也向高拱学到了不少的真东西，可是论倾轧斗争，高拱尚且不知道，张居正通过徐阶的真传，在遗诏上做手脚的手段,已经让他望尘莫及。

比如这次冯保"矫诏"升任掌印太监,并成为顾命大臣,就是张居正用了徐阶教给他的"矫旨"大招,堪称一记黑虎掏心,打得高拱再也找不到北。

高拱回府后,他头脑冷静了下来,越想越不对,他一讲情况,高门弟子吏科都给事中韩楫和雒遵全都跳了起来,他们一个劲地叫着:"矫旨,这一定是矫旨!"

两个人准备写一份奏疏弹劾冯保"矫诏",太监做顾命大臣,这怎么可能,他们不仅要将冯保从司礼监除名,而且要送他去刑场,坐实他的欺君之罪。

可是这份看似三个指头抓田螺,十拿九稳的弹劾,却被高拱给制止了,因为当时冯保"矫诏"之时,不仅他们内阁三位辅臣在场,而且陈皇后、李贵妃和太子朱翊钧都在场,韩楫和雒遵一旦弹劾冯保,等于蔑视朝廷,怀疑天子,丢官罢职,上刑场的人反倒是他们。

故此,想要弹劾冯保"矫诏"必须慎之又慎。

高拱放眼天下,能想出这样高明的"矫诏"手段的人只有一个,这个人就是张居正,甚至徐阶都不成,因为徐阶现在已经老了。

高拱首辅的卧榻之侧岂容他人酣睡?如果他不能将张居正在内阁中一脚踢开,他真不知道什么时候,张居正就会将自己给算计了。

高拱视张居正为眼中钉、肉中刺,但将张居正踢出内阁,不是一件容易的事,因为张居正为官谨慎,口碑极佳,根本没有能被攻击的地方。

高拱心里一个劲地怪隆庆皇帝,他去世得太早了,如果晚死几年,高拱何苦要面对如此困难的局面?

隆庆皇帝堪称是历史上最容易被"忽略"的皇帝,有人说他是"垂拱而治的悠闲天子",有人说他是"爱美人不爱江山的短命皇帝",还有人说他是"承上启下的太平君主",也许隆庆皇帝真的不适合当皇帝,高拱帮着他千辛万苦地争来的皇帝,仅仅做了六年天子,便"清泪尽,纸灰起,魂魄西归,想见唯梦里了"!

高拱思前想后，决定调转枪口，攻击更容易对付的冯保。只要扳倒了冯保，就等于砍掉了张居正的一条手臂，然后自己在宫中扶持一个掌印太监，来一个内阁加中官的里应外合，张居正想不倒台都难了！

高拱凭借首辅的权力，在隆庆皇帝尸骨未寒，万历皇帝朱翊钧皇位未稳之机，首先上一道《陈五事疏》，这五件事是：

"御门听政，凡各衙门奏事，须照祖宗旧规，玉音亲答。"目的是剥夺司礼监批红之权，把事权收回内阁。

"视朝回宫后，照祖宗旧规奏事二次……则下情得通，奸弊可弭，皇上亦得晓天下之事。"目的是加强内阁权威，奏疏发内阁票拟，等于削弱了司礼监之权。

"事必面奏，方得尽其情理。"万历只是一个十岁的皇帝，面奏根本没有意义，高拱的目的还是揽权。

"事不议处，必有差错。望皇上于一应章奏，俱发内阁看详拟票上进。若不当上意，仍发内阁再详拟上。若或有未经发拟径自内批者，容臣等执奏明白，方可施行。权归内阁，禁中旨（皇帝的旨意）内批。"没有经过内阁票拟的旨意，内阁有权力不执行。

"官民本辞，当行当止，未有留中不发之理。"奏疏发内阁票拟，皇帝不得留中不发。

高拱所陈五事，尽皆是安邦之道，治国良策，一旦执行起来，会让内阁的运行更加高效，可是他不该在隆庆皇帝驾崩未葬、万历皇帝登基未稳的时候提出来，这完全是大权独揽于内阁，视"两后一帝"及司礼监如无物。高拱不是奸臣，现在他在两位"垂帘听政"的皇后眼中，也已经是"包藏祸心"的奸臣。他的所谓"安邦之道，治国良策"，也都成了夺皇权、为私利、藏祸心，甚至是篡位谋国的名目和手段。

高拱《陈五事疏》很快得到了回复，"两后一帝"经过研究，觉得江山未稳，为了安抚高拱，他们只得"憋屈"地同意了"权归内阁"的奏疏。高拱首战胜利，其党羽备受鼓舞，接下来，一场声势浩大的倒冯保的弹劾展开了。

高拱授意六科给事中程文、吏科都给事中雒遵和刑部御史陆树德,分别对冯保和司礼监展开了弹劾。他则坐镇内阁指挥。当然,在弹劾展开之前,高拱将自己的计划,郑重地通知了张居正,他希望张居正能认清形势,加入倒冯保、清君侧的行动。

高拱知道张居正和冯保走得近,他为何还要通知张居正,让冯保有所知觉?这道理很简单,高拱掌握首辅的权力,言官皆唯命是从,幼帝和后宫属于孤儿寡母,势单力薄,只能听命于自己。这等于他和张、冯二人下棋,他祭起了车马炮的绝杀,他通知张居正,就等于对张居正和冯保大声地叫"将"了。

高拱越大声地对张居正和冯保叫"将",越觉得过瘾,冯保面对高拱无解地叫"将",该如何应对?

在《明史·二百一十三卷》中记载:"拱使人报居正,居正阳诺之,而私以语保。"张居正表面上答应了高拱,准备和他一起倒冯保,暗中却将消息告诉了冯保。

冯保得到消息,一想要坏菜,急忙派管家徐爵到张府找辙来了,徐爵见到张居正"扑通"一声,跪在了地上,口中哀声道:"张阁老救命!"

冯保虽然先后伺候过三位皇帝,而且手握东厂厂公的大权,可是论官场的明争暗斗,还是比张居正差了一个层次,更何况这次面对的敌人是大权在手的高拱,如果没有张居正给他背后支招,冯保必将很快翘辫子。

"冯公公并没有到山穷水尽的时候,何谈救命?"张居正伸手将徐爵搀扶了起来,说道,"君子藏器于身,伺时而动,现在局面看似危急,其实正是行动的好时机!"

徐爵听张居正说完话,也愣住了,冯保的意思很明白,他是想请张居正在言官弹劾他之时,能够当殿据理力争,让局势不至于一边倒,可是张居正竟说这"山雨欲来风满楼"的形势是一个可以行动的好机会,这话该如何讲?张居正领着徐爵来到密室,便开始给他分析形势。

如果高拱的弹劾,发生在万历皇帝成年亲政的时候,被弹劾的冯保真的很危险，即使不被下狱，万历皇帝为了平息言官的怒火，很可能会将冯保贬黜出京。可是在隆庆皇帝尸骨未寒，万历皇帝登基未稳的时候，高拱搞出一个声势浩大的弹劾，会让人以为这是在"逼宫"！

徐爵不解地说道："逼宫？"

张居正说道："现在我们应对的办法不是釜底抽薪，也非针锋相对，而应该是火上浇油，将事情闹大，坐实高拱等人对'孤儿寡母'的万历母子'逼宫'的事实！"

什么是"逼宫"的事实？隆庆皇帝刚刚驾崩之时，高拱曾经情不自禁地说了一句"十岁太子，如何治天下"，这就是事实。这句话张居正亲耳听到，而且还有高仪佐证，不怕高拱抵赖。张居正的意思是：徐爵将这句话带给冯保，只要冯保在这句话上做足文章，相信弹劾之事定有转机！

而且张居正还将冯保在接下来的官斗过程中，需要注意之处，也都一一讲给徐爵。徐爵来的时候，还是满面愁云，他离开张居正府邸的时候，脸上挂着微笑。他相信有了张居正的指点，冯保即使不胜，也不会一败涂地。

高拱为了在弹劾冯保的时候，稳操胜券，他给张居正派了一个重要任务——巡视大峪岭，为隆庆皇帝的昭陵选一个最佳的风水宝地。

高拱将张居正支走只是他准备弹劾冯保必走的一步棋子，其实，他让张居正巡视大峪岭，暗藏一个削弱张居正相权的目的。

1572年六月初十，朱翊钧就要继位，张居正因为人在大峪岭，就将失去参加这次重要的继位大典的机会，这让朝野人士怎么看？很多不明真相的大臣都会认为，张居正已经被朝廷边缘化了。

而张居正已经做好了布局，他离开京城这个血雨腥风的"角斗场"，真可以置身事外，然后进可攻退可守的"坐山观虎斗"，并根据事态的变化，作出下一步的反应。

令高拱没有想到的是，张居正并没有按套路出牌，张居正经过勤奋工作，很快便选好了一块最佳的风水宝地。昭陵勘址的工作完成之后，张居正因为工作勤勉，在褥热的天气里，竟中暑了，张居正在《谢召见疏》奏疏二写道："祗役山陵回还，中暑致病，具奏请假调理。"

张居正因中暑而病，提前回京，但他还是以生病为由，没有参加万历皇帝的继位大典。高拱不欢迎他参加继位大典，他干脆满足其要求，自己称病在家。相较于继位大典，他其实更关心冯保的去留。

一旦冯保被驱逐，张居正就等于断了一条臂膀。张居正人在巡视大峪岭，可是心却留在京城，如何保住冯保，他苦思了几日，当他想出了一条"妙计"之后，这才借着中暑的病情，于六月十九日急匆匆地回到了京城。

张居正虽有中暑的症状，身体却并无大碍，他到家不久，宫内的太监就到了，万历皇帝传旨，命他宫内觐见。这是张居正第一次去见登基不久的新皇帝，万历皇帝对他勉励一番，说："先生为父皇陵寝辛苦受热，已追述先帝凭几未命，称先生忠臣。"

张居正当时感动得直流眼泪。当万历皇帝问及他今后施政方针的时候，张居正这样回答："臣受先帝厚恩，亲承顾命，不敢不竭才尽忠，以报国恩。方今国家要务，惟在遵守祖宗旧制，不必纷纷更改。至于讲学亲贤，爱民节用，这是行君道所优先做的，恳请陛下多加留意。"

当时张居正的这份回答，很是保守，他还不是首辅，并没有一个成熟的"改革"方案，只能从稳出发，用"遵守祖宗旧制"的角度回答了万历皇帝的问策之举。

其实以目前纷乱的形势来分析，张居正求稳，不仅可以给"两后一帝"更加"靠谱"的形象，也为即将到来他与高拱之间的决战，增加了几分获胜的把握。

以不变应万变，张居正的这份置身事外的冷静，确实是要比急吼吼的高拱高上一筹。

张居正离开皇宫回府，入夜之后，徐爵乘坐着一辆普通的马车，从后门来到了张居正的宅邸，这次徐爵给张居正带来了高拱手下言官的弹劾奏疏。看罢这三份奏疏张居正也是倒吸一口凉气，他在心里感叹，这要是在几年前，面对这样字字如刀、陷人于绝境的弹劾，他除了在朝堂上针锋相对地被动应战，真是毫无破解之策。

高拱和徐阶斗法的时候，曾经被徐阶策动而起的"弹劾大军"掀下马来，高拱深知言官的厉害，故此，这次对阵冯保，用的就是徐阶的"故伎"。

陆树德攻击冯保掌司礼监一事，在他的奏疏中，这样写道："先帝甫崩，忽传冯保掌司礼监。果先帝意，何不传示数日前，乃在弥留后？果陛下意，则哀痛方深，万几未御，何暇念中官？"

这段话的意思是说：如果隆庆皇帝想要冯保做司礼监的掌印太监，为何不提前宣布，而宣布的时候，是在隆庆皇帝的弥留状态，这个事有悖常理！

雒遵作为高拱的班底，他的奏疏是弹劾冯保不守礼法、蔑视朝廷。当时万历皇帝在上朝的时候，冯保站在御座旁边，他说："保一侍从之仆，乃敢立天子宝座。文武群工拜天子邪？抑拜中官邪？欺陛下幼冲，无礼至此。"

雒遵弹劾的理由是：群臣在给万历皇帝施礼的时候，臣子们究竟是在拜皇帝，还是在拜冯保？

陆树德和雒遵的两道奏疏，如果是"开胃小菜"，那程文的弹劾就可以称之为"压轴大餐"了。经过高拱和程文的彻夜谋划，这篇洋洋两千言，分列十大罪状，条条直取冯保性命的弹劾，就炙手可热地出炉了。

这十条罪状分别是：冯保平日造进诲淫之器，以荡圣心；冯保"矫诏"窃取了司礼监掌印太监的高位；冯保私营庄宅，置买田产，一切取诸御用监内官监及供用库；本管太监翟廷玉言少抗违，遂陷廷玉死；而接下来就是他贪赃枉法、草菅人命等等一系列罪证，在程文的弹劾中，他甚至说冯保的行为"虽王莽曹操未敢为也"。

在这道奏疏中，程文说："伏乞皇上，俯纳职愿，敕下三法司，亟将冯保拿问，明正典刑。如有巧进邪说，曲为救保者，亦望圣明察之。则不惟可以除君侧之恶，而亦可以为后人之戒矣！"

为了防止有人在金銮殿上替冯保说话，高拱命程文在"明正典刑"的后面，还加了这样吓人的一句："如果有大臣，在金銮殿上用邪说救冯保，请圣上一定要明察，这个人就是朝廷中的奸恶之人，也应该一并除之，并让后人引以为戒。"

这句话的分量很重，意思就是，谁要给冯保求情，就将被算在清除之列。高拱这次下了"死"手，真可谓是刀锋所向，寸草不生。

张居正看罢这三份让冯保寝食难安的奏疏，他神色如常地道："你家主人可按照仆所定的计策在行事？"

徐爵应道："我家主人完全是按照阁老大人的吩咐在行事！"

张居正点头，目送徐爵离开。冯保听罢徐爵转达的张居正的授意后，他急忙安排一番，随后一路小跑地来到后宫，向万历皇帝的生母李贵妃，控诉高拱意欲不轨的"罪行"。

冯保按照张居正的吩咐，开始快马加鞭地做着"倒"高拱的工作。《明史列传第一百九十三宦官二》记载："保谮于后妃曰：拱斥太子为十岁孩子，如何作人主。后妃大惊，太子闻之亦色变。"

冯保是东厂的厂公，栽赃诬陷的事不用别人教，他将高拱顺口说的话修改成"十岁孩童，如何为人主"。

"十岁太子，如何治天下"，只是欺君罔上，可是"十岁孩子，如何为人主"，却是想谋朝易主、意欲不轨。前者视情况可以原谅，而后者必须除之。

冯保为了让"两后一帝"相信自己说的话，他还找了一名心腹的厂卫做证，证明这句话确实是出自高拱的嘴巴，冯保煞有介事地说："据说，高拱正在和小周王暗通款曲，莫非他想立小周王为皇帝？"

周王是隆庆皇帝的兄弟，万历皇帝的叔叔。冯保这一番"没影子"的话说出口，万历皇帝和李贵妃的脸当时就吓白了。冯保的话，别人可以不信，但万历皇帝和李贵妃却不能不信，因为一旦周王当上皇帝，王公大臣们，只要膝盖一软，他们都可能官升一级，可是他们母子却不成，不是被囚禁余生，便是死路一条。

因为万历皇帝年幼，只要高拱和众多居心叵测的王公大臣们达成共识，高拱确实可以高举为国为民、为江山、为社稷的旗号，然后找一位年富力强的朱姓藩王，将万历皇帝从龙椅上"请"下去。而高拱就可以获得拥戴新君、拱卫社稷的非常之功，牢握首辅的权柄十年，甚至几十年。

这原本是霍光废立海昏侯刘贺的故事。所以冯保说的这事，并非是在危言耸听。

张居正一步一个脚印，堪称是踏踏实实地做事。可是高拱作为首席顾命大臣，他为达目的，却走了另外一条近乎"逼宫"的危险路子。

高拱和他手下的言官，实属咄咄逼人，李贵妃面对孤儿寡母被欺负的局面，拿高拱当恶臣。可是冯保和他讲明，高拱心存不轨，意欲立周王为帝之后，李贵妃就和高拱变成了不共戴天的仇人。可是凭借皇权，处理掉高拱容易，让人担心的是，高党会不会狗急跳墙？谁又能取代高拱的位置呢？

六月十五日清晨，也就是万历皇帝即位的第六日，程文、雒遵和陆树德并没有在金銮殿上递交弹劾奏疏，他们怕自己的奏疏会被留中不发，弹劾冯保不会落到实处，他们竟在午门之外，一起敲响了登闻鼓。

登闻鼓制度是朱元璋所设，他曾经对廷臣说："自古人君所患者，惟忧泽不下流，情不上达。"登闻鼓确实可以破除"壅蔽"，其监督的威力巨大，并形成有效威慑。一旦登闻鼓敲响，就等于高拱和冯保的斗争，由暗转明，李贵妃想要回护冯保，甚至想要包庇他，就真的很难了。

可是在隆庆朝，登闻鼓从来都没有被敲响过，这倒不是说隆庆朝没有冤情，而是不遇到大事，如此惊动朝野的登闻鼓万万不能被敲响。

在七年前，嘉靖皇帝当政之时，海瑞曾经抬棺上殿，并上了一道《治安疏》，上殿之前，海瑞就曾经敲响了登闻鼓。登闻鼓不敲则以，一旦敲响，就等于皇帝和臣子将处于敌对的立场，双方都没有转圜回旋的余地。

1590年时，万历皇帝就下旨"禁擅击登闻鼓，令各王室宗府军民人等，非系重大事情，蓦越禁地击鼓称冤者，依律重惩"！

高拱手下的言官，本以为操之必胜，故此他们敲响登闻鼓，开始向掌权的陈李两位后妃"摊牌"了。这形势，完全就等于高拱脱光膀子，大吼一声："皇帝，有他没我，有我没他，留他留我，你看着办吧！"

三位言官将弹劾冯保的奏疏递了上来，看到奏疏上的内容，李贵妃就更生气了，这帮言官，真的是捕风捉影，无法无天，有时候信口诬陷，甚至连眼睛都不眨一下。

比如程文弹劾冯保平日造进海淫之器，以荡圣心——这完全就是胡说八道，因为冯保反对"海淫之器"的态度，比任何太监都坚决，这才能获得了李贵妃的信任。

当时的隆庆皇帝喜欢女色，孟冲为讨主子欢心，便命顺义王俺答汗送几名塞外美女到京，其中有一名叫奴儿花花的美女，其举止轻佻，极擅媚功，最受隆庆皇帝喜爱，被册封为宸妃。

这个宸妃风流成性，还与其护卫努亚私通，面对日日笙歌、夜夜宣淫的塞外妖妃，李贵妃和冯保借着隆庆皇帝生病的机会，用计除掉了奴儿花花，让其死于簸玉泉井中。要说孟冲平日造进海淫之器，以荡圣心，这是对的，但用这些乌七八糟的东西诬陷冯保，李贵妃根本不信。

李贵妃和陈皇后的脸色阴沉，冯保看得也是心中打鼓，因为他搞不清，李贵妃在这个非常时刻，究竟是要保自己，还是要将自己一脚踢开。

李贵妃并没有看三位言官的弹劾奏疏，而是以写经为由，让冯保下去先将其看了一遍。其实李贵妃先让冯保看弹劾奏疏，目的就是给他时间，让他事先想好辩解的理由。一个时辰后，冯保来到了两位后妃面前，他跪在地上，面对弹劾奏疏，开始一条条地为自己辩白。可是冯保发现，自己的辩解，基本上是孱弱无力的，因为平日里挂在两位后妃脸上的春风笑意，早就不见，代之而来的则是凛凛的寒霜。

三位言官的弹劾奏疏真的太厉害，他们指责冯保"三奸、四逆、六大罪"，冯保纵使有一百张口，都无法辩解明白，他觉得自己的努力都白费了，等待他的必将是驱逐下狱，甚至直奔刑场的悲催下场。

陈皇后和李贵妃，为何对冯保一改和善的态度？原因有两个，第一个是，敲打一下尾巴快要翘到天上的冯保；第二个是，先打后拉，让冯保以后更忠心。

高拱的实力，强于冯保和张居正的联合。冯保虽然按照张居正的布置，做了不少工作，可是最终做决断的还是两位后妃。高拱率领言官步步紧逼，就是算准了在这个隆庆驾崩、万历继位的非常时刻，"两后一帝"离不开自己，而冯保就是一块俎上肉。

张居正从大峪岭回来，一直以中暑为由，在府内养病，并没有给"落日余晖"的冯保站脚助威，高拱更相信张居正已经招穷技尽，留给他的只是等待宰割的命运。

李贵妃、陈皇后还有十岁的万历皇帝，在冯保退下后，他们看着面前的三道弹劾的奏疏，曾经有过一番交谈，他们都认为，明朝自开国到今日，已经两百多年，掌印太监这个职位，先后也换过了几十个，但从未有一位掌印太监，刚刚应职不到十日，便收到了三道弹劾的奏疏。很显然，妄兴弹劾的背后，一定是有人暗中使坏，而这个人一定是高拱。

李贵妃和陈皇后说到这里，管事太监觐见，并给万历皇帝呈上来一个小纸条。

万历皇帝在金銮殿上听证，两位后妃怕朱翊钧年幼，面对臣子的奏疏，会出现什么纰漏，故此命冯保立在龙案的旁边，却被言官一口咬定，"立于御座旁，挟天子而共受文武百官之朝拜"。

万历皇帝对于冯保这个"大伴"也是信任有加，一旦遇到什么不解的问题，他都会向其询问，冯保如果知道，自然立刻做答，一旦搞不明白，他就会派太监骑马出宫，向张居正请教，而这个纸条，就是张居正写来的答案。

陈皇后看罢纸条上面挺拔飘逸的字迹，她点了点头，李贵妃问道："高先生学问也好，你为何不请教他？"

万历皇帝回答："母后，高先生凶得很，要是有学问上的事，我还是请教张先生吧！"

两位后妃互相看了一眼，一个悬而未决的难题，在她们的心中，终于有了一个答案——没有了高屠户，咱们也不用吃连毛猪。真是一叶障目不见泰山，张居正就是现成的首辅人选。

13 夺位，首辅等于被"火烤"

令人意想不到的反转，总是在不经意间发生。1572年6月16日辰时，"两后一帝"召集朝臣到会极门，并宣布一份重要的诏书。

高拱得到这个消息，神经一下子兴奋了起来，"两后一帝"到会极门召集朝臣，应该有一件事，也只能有一件事，那就是驱除冯保，他只要扳倒了张居正这个宫中的合伙人，孤掌难鸣的张太岳就逃不出自己的手掌心了。

当内阁是高拱的天下后，他再遴选一批与自己同进退、共声息的阁臣，只要用五年，或者十年的时间，高拱就可以革除时弊，整顿朝纲，令大明复兴，建不朽之功，开创只属于自己的大明朝第一贤相的万代英名。

可是高拱忘记了《论衡·累害篇》"处颠者危，势丰者亏"的名言。当他挺着胸膛，迈着阔步，来到会极门的时候，他发现张居正领着一班的文武大臣已经早到了。张居正平静地与高拱打了一声招呼，高拱只是傲气地点了点头。

东方已经露出了鱼肚白，高拱借着晨光，用眼一看会极门的城楼，城楼上"两后一帝"都在，他们面色森整，仿佛在酝酿着什么重大的决定，而冯保就站在万历皇帝身边，看到这个与他不共戴天的仇人，高拱不由双拳握紧，牙关紧咬，同时心中也是连画问号，难道今天不是处理冯保？除了让冯保这个讨厌的太监离开，朝廷还有什么重要的大事要发生？

冯保这时展开了"两后一帝"的圣旨，高拱急忙率领群臣跪地接旨，只听冯保用尖细的嗓音念道："告尔内阁、五府、六部诸臣：大行皇帝宾天先一日,召内阁三臣御榻前,同我母子三人,亲受遗嘱曰:东宫年少,赖尔辅导。大学士拱揽权擅政,夺威福自专,通不许皇帝主管,我母子日夕惊惧。便令回籍闲住,不许停留。尔等大臣受国厚恩,如何阿附权臣,蔑视幼主!自今宜洗涤忠报,有蹈往辙,典刑处之。"

这道圣旨,记录在《明史纪事本末》卷六一中,意思是:高拱有负先帝圣恩,他不仅没有对幼帝起到辅弼的作用,反而揽权擅政,令"两后一帝"每日提心吊胆,故此,将其官职掠夺,纯属是咎由自取。"两后一帝"的意思是令高拱回家乡闲居,不许在京城停留,立刻上路!

高拱作为三位顾命大臣之首,还没干满十天,便被解职,想一想也真的够悲催。而且这道圣旨中,不许他在京城停留,立刻上路,更隐藏着深意。

高拱历经三朝,党羽众多,一旦令他从容布置,让其门人弟子意图不轨,或者振臂而起,岂不成了乱政的根源?高拱跪在会极门前,他听冯保宣读完圣旨,就好像被晴天霹雳击中,当时脸色蜡黄,浑身颤抖,汗落如雨,甚至都不知道接旨谢恩了。

今日早朝时分,高拱还是颐指气使的首辅,可是到了日出三竿的时刻,高拱就被褫夺官职,成了野岭村夫。

张居正就跪在高拱的身后,他低声提醒高拱叩头谢恩后,并亲手将"汗徒下如雨,伏不能起"的高拱扶了起来。这时候,高拱浑身的衣裳,都已经被冷汗打湿了,太阳的白光对于高拱好似凛冽的冰霜,让他在刺骨的寒意中,竟瑟瑟发抖。

张居正久居庙堂,在感知天恩浩荡的同时,更多的感受是天威不测,高拱身为百官之首,威风得不得了,可是一道圣旨后,高拱就成了平民百姓,落魄得不敢看。如何做官、如何做事、如何卫名真的是一门大学问,值得张居正好好研究,谨慎体察。

冯保将圣旨宣读完毕,锦衣卫上前,便欲将高拱押送回府,张居正知道高拱已经难以行走,他便"掖之出,僦骡车出宣武门",给他雇了一辆骡子车,将其送回府内,随后,锦衣卫便将高宅的前后门封锁,任何人等不许进出。

高拱离开了会极门，葛守礼和杨博等为首的九卿大臣急忙围了过来，他们都急吼吼地对张居正提出了一个要求——赶快写一道奏疏，挽留高拱，高阁老不仅是贤臣更是忠臣，一旦离开内阁，那是大明朝的损失。

张居正明知这道奏疏纯属赘疣，但为了照顾百官的情绪，他回到内阁，还是用最快的时间，写出了一道奏疏，在这道奏疏中，张居正这样写道："臣等看得高拱历事三朝三十余年，小心谨慎，未尝有过……惟以不克负荷为惧，岂敢有一毫专权之心哉！"

第二天凌晨，张居正和高仪联袂上了这道奏疏，恳请朝廷收回圣旨，留住高拱，让他继续为国效力，张居正甚至在奏疏中这样说："如果朝廷非要将高拱贬官回乡，我们也愿意同进退。"

可是当天下午，圣旨便到内阁，上面写着这样一段不容反驳的话："卿等不可党护负国！"

"两后一帝"可以驱除高拱，但怎么可能让张居正和高仪也辞官归乡，对他们的请辞，以"不可党护负国"为理由进行了拒绝，并为这件事，画上了一个大大的句号。

第二天中午，高拱雇用了一辆骡车，车上装满日用所需之物，便风尘仆仆地归籍上路了。高拱家在河南，距离京城千里之遥，高拱乘坐骡车，至少也得颠簸半个月的时间，才能到家。

在明朝的时候，臣子被贬官解职，朝廷体恤官员的辛苦，一般会特准"给驿"，意思是使用驿站的车马，让解职的官员能够顺利和体面的归籍。

可现在的情况是，高拱的骡车在前面行走，一旦走得慢了，后面押解的锦衣卫便会吆喝"牲口"似的驱逐。张居正为了报答高拱的情谊，特请朝廷准许高拱使用"给驿"制度，高拱被锦衣卫呵斥的窘境，总算有了改善。

首辅是百官之首，不仅是官员的榜样，更是大明朝的脸面，张居正这样做，表面上是不让天下人看高拱的笑话，其实也是让史官记录这件事的时候，能够这样写：张居正没有忘记他和高拱亦师亦友的关系，经过在朝堂上的据理力争，让高拱从容归家。

高拱对张居正的特请"给驿"并不领情，相反，他对自己努力多年，打开的改革局面，却为张居正做"嫁衣"耿耿于怀，他在《病榻遗言》中，这样写道："至真空寺，有亲故以饭相送者，予下车见一吏持文书随入，予问何人，是何文书。吏云：'此老爷（张居正）驰驿勘合也。张爷已票旨，准驰驿矣。本部即写勘合伺候，待旨下即送上也。'"

高拱接下来写道："俗言又做师婆，又做鬼，吹笛捏眼，打鼓弄琵琶，三起三落任意搏，播弄君父于掌中乃至此也。拱乃北向祝曰：'吾皇虽幼，然聪明天纵，出寻常万倍，愿天地鬼神祖宗先帝之灵益加启发，早识奸谋，勿使为社稷之祸，拱虽万死亦甘心。'"

从《病榻遗言》的记录中，我们可以发现，高拱将朝堂的倾轧斗争，上纲上线，他自认是光明磊落之士，败给了"奸邪荆人"张居正。他首辅之梦的凋谢，张居正就是罪魁祸首。

楚人被戏称为"九头鸟"，豫人被戏称为"偷驴贼"，"偷驴贼"自然不是"九头鸟"的对手，这个铁的事实，高拱至死不认！

如果放在国家用人的层面，确实可以将臣子分成三六九等，即一心为国的忠臣干吏，也有以权谋私的奸邪小人，可是到了政治斗争的层面，这就只能论手段的高低，不能谈人品的优劣了。

高拱可以对张居正削其羽翼，限制权力，甚至还能将其排挤出权力中心，张居正为何不能联合冯保，将高拱的相位宝座掀翻，然后取而代之？

高拱做初一，就得允许张居正做十五，高胡子既然能够漫山"放火"，就得允许张太岳点一盏"孤灯"。

高拱自诩是忠臣，可是张居正和冯保在"两后一帝"的眼中，更是忠臣。高拱自认驱除张居正和冯保后，只要给他十年时间，他就可以令大明朝的经济和吏制焕然一新，成就他千古一相的事业。

可是在"两后一帝"的眼中，他们认为高拱颐指气使，热衷权力，窃国威福，心中甚至有拥戴藩王、改朝换代的可怕计划，与其每日担惊受怕，还不如抢先动手，将其铲除。而恭敬谦和、能力卓越、让他们安心的张居正才是万历朝首辅的最佳人选。

张居正借着高拱除冯保之机,故意示弱,并趁机布局,给高拱造成了"逼宫、揽权、换帝、欺主"的事实,等于是给他挖了一个竖满竹签子的大坑,高拱被手中的权力迷住了双眼,被一边倒的形势蛊惑了内心,他在"大明江山离不开我"的信心支持下,一路飞奔直落坑中,最终将自己给搞残了。

改朝换代,新君登基,完全就是一朝天子一朝臣,高仪在高拱贬职回乡后不久,便呕血而逝,偌大的万历内阁,竟然只剩下张居正一个人。

张居正成了高拱之后的首辅,他虽然不相信奇迹,但他这个"其高无上"位置,就是最接近奇迹的地方。

张居正纵然能力高超,见识卓越,但他一个人两只手,显得独木难支,现在他需要做三件事。

他面对堆积如山的公文,雪片疾飞般的奏疏,也需要觅几个和他"人和心,马和套"的阁臣,帮他处理阁务。他要整理高拱给他留下来的官员怠政、吏制腐化、缺粮少俸的大明朝的烂摊子。可是上述两个事可以缓一缓,因为面对高拱的咄咄逼人,"两后一帝"全都成了惊弓之鸟。

现在他们都躲在皇宫里,睁大眼睛,紧紧地盯着张居正,张居正目前最紧要的事,就是让他们在这场的政变中,不会感到"雪后寒",要让他们感到"小阳春",让他们认同自己。

张居正还没等行动,冯保已经等不及,他先找张居正商量事来了。

隆庆皇帝驾崩之后,按照惯例,应该给隆庆皇帝的陈皇后加徽号,而万历皇帝的生母,也就是李贵妃没有徽号,冯保觉得这样不公平,他为了维护李贵妃的利益,便与张居正密议,上徽号宜早不宜迟。可是冯保的心里却直打鼓,因为给李贵妃上徽号之事,廷臣们一定反对。

如果给李贵妃上尊号,发生在"大议礼"之前,估计很难得到群臣的支持,因为按照明朝的祖制,皇帝的嫡母(陈皇后)可称皇后,而生母(李贵妃)只能称皇妃。虽然到了弘治朝,两宫皇后,都可以称为皇后,但嫡母皇后必须要比生母皇后多加两个字的尊号,否则就是不合祖制。

没有金刚钻，不揽瓷器活。张居正几乎是拍着胸脯说："这件事想在礼部通过，估计会很难，但请冯公公向李贵妃说明，不管多么难，仆都要将其办成！"

张居正在商议之前，先做礼部尚书潘晟的工作，可是李贵妃是都人（宫女）出身，潘晟怎么会同意给其加尊号？因为这事与礼法不和，一旦加了尊号，势必与陈皇后并驾齐驱，这让群臣怎么看，让天下人怎么看？张居正就用真情感动之，用道理明悟之，用官位压服之，最后，潘晟终于想明白了，给李贵妃加尊号，与礼法不合，但不给她加尊号，她就不会一心一意地支持张居正的改革。

张居正的改革一旦失败，最苦的就是老百姓，为了全天下百姓的饭碗里能多一勺米，身上能多一块棉，袋子里多一个铜钱。潘晟咬牙跺脚，决定为生人，不再顾死法，他要说服群臣和言官，为李贵妃加尊号。

潘晟就是一个风向标，有他做榜样，张居正很快就取得了众多臣子和言官的支持，接着在召开廷议的时候，给李贵妃加徽号的事，没费多大的劲儿，就顺利通过了。

最后拟定陈氏为仁圣皇太后，尊李氏为慈圣皇太后。以前陈皇后为尊，李贵妃为卑的局面，在张居正的干预之下，局面得到了彻底的扭转，现在两位皇太后并驾齐驱，从身份上便无区别。

陈太后住在慈庆宫，李太后住在慈宁宫。张居正觉得应该继续在万历皇帝生母的脸上贴金，当殿请求李太后应该看护万历皇帝的起居，于是李太后迁居乾清宫。

李太后迁居乾清宫，朝夕能与儿子住在一起，亲情圆满的同时，其身份和地位自然不比陈太后低了。

李太后和万历皇帝心里的石头落地，看来终于明白了，他们任用张居正为首辅，堪称是走得非常正确的一步棋。

冯保通过张居正，帮李太后完成了这件超难的事，冯保的地位在李太后面前，又得到了进一步的提高。

张居正为了能让李太后更安心,李太后父亲李伟的官职也得到了提升,万历皇帝在张居正的提议下,将其晋爵武清伯,追赠三代,食禄千石,赐乘肩舆。李伟万万没有想到,自己一个穷苦的瓦匠,因为女儿飞上梧桐枝头,成了凤凰,他也成了可以昂首阔步、颐指气使的武清伯。

李伟是个一瓶子不满、半瓶子乱摇的角色,他并不想窝在家里,只拿武清伯的俸禄,他就一个劲地伸手向女儿要官,李太后找到张居正,张居正便给猥琐的李伟,在户部安排了一个别人抢不到的职位,那就是看管外库。

内库是皇宫的府库,里面装着皇帝的私财,而外库就是国库,里面装着国家的银两,看管外库虽然权力不大,可是油水丰厚,堪称肥差。

李伟一见李太后的面,便夸张居正会办事,还夸女儿孝心,李太后听到父亲的夸奖声,心里真比喝了蜂蜜水还甜。

张居正知道万历皇帝年少,国政多决断于两位皇后,他想要政令通畅,就要与皇室保持良好的关系。正巧翰林院的屋檐之上,母燕孵出了一窝白燕,而内阁的荷花缸中,开出了一株并蒂莲。

张居正就找人将这两种稀罕物取下来,然后一起献给了两位皇后。

万历皇帝登基不久,就出现"白燕和并蒂莲"的吉兆,这自然是皆大欢喜的事情。万历皇帝还下了一道《谢宸翰疏》的手谕:"白燕、莲花俱进献圣母,甚是喜悦,却独产翰林院中,先开于密勿之地,上天正假此以见先生为社稷祥瑞,花中君子。朕赖先生启沃,固不敢颠纵,何德之有!"

张居正提笔写下了《白燕曲》和《白莲颂》,记录下了这件事,其中《白莲颂》已不可考,《白燕曲》可以查到,张居正这样写道:"白燕飞,两两玉交辉,生商传帝命,送喜傍慈闱。有时红药阶前过,带得清香拂绣帏。"

可是白燕和并蒂莲献上去不久,冯保就来到内阁,传来了皇后的懿旨:"主上冲年,不可以异物启玩好。"这句话的意思是:皇帝年少,不应该献上这些奇异的东西,让皇帝贪玩。

张居正虽然碰了一鼻子灰,但他并不气馁,他不仅写过《白燕曲》,还写过《恭颂母德诗》《皇上祝圣母诗》等,诗词中写有:猗钦我圣母,世德宜重光,扶天致升平,毓圣纂灵昌……女中颂德称尧舜,膝下承欢有帝王等褒奖的诗句。

大明的江山是朱家的,张居正只有博得两位皇太后的好感和信任,才可以施展高远的政治抱负,实现宏大的政治主张。

李太后是宫女出身,虽然经过张居正等大臣的抬举,地位似乎已经超过了陈太后,可是事实上,制度就是制度,宫女出身的皇后属于名不正、言不顺的皇后,在不少人的心中,她的身影还是隐藏在陈太后的阴霾里。

李太后如何能实现身份的"逆袭",张居正觉得这是一个机会,他暗示冯保后,冯保教给李太后一招,这招就是"黄粱一梦亦成真"。

李太后这天果真做了一个怪梦,梦醒之后,他找来了几位精通玄学的臣子,要他们为自己解梦。李太后做的梦是这样的,随着动听的仙乐飘起,一位菩萨骑着金凤凰,缓缓地自九天落于紫禁城中,这位菩萨教给了李太后一部《九莲经》,然后菩萨骑上凤凰,复归天庭。

李太后醒来后,发现身轻体健,思路敏捷,最让人觉得不可思议的是,从天而降的菩萨,教给李太后的《九莲经》,她张口就会背诵,而且这篇经文,竟是谁都没有听说过的"真"经。

李太后讲完梦境,对解梦的几个大臣接连发出疑问,这个梦境究竟代表什么意思?九莲菩萨的道场在哪里?去哪里可以给九莲菩萨烧香祭拜?

那几位善于解梦的官员们也愣住了,因为这世间根本就没有九莲菩萨,没有这位菩萨,就没有它的道场,这个梦境难道代表着要修建一个寺院,然后供奉这位菩萨?

可是大明朝的国力刚刚好转,府库和太仓中钱粮稍见丰盈,以张居正为首的内阁,正大肆推动厉行节约的廉洁之风,现在修建耗费甚巨的寺庙,张居正能同意吗?

一边是凭铢积寸累为办事原则的以张居正为首的内阁,一边是意欲不惜财力修建寺院的李太后,这让解梦的官员也是不敢信口雌黄,妄做主张了。

紫禁城里的英华殿、南城的长椿寺应声而动，他们首先将"九莲圣母菩萨"供奉了起来，而《九莲经》也被录入《大藏》之中。

因为事关重大，冯保在几天后，小心谨慎地去内阁见张居正，说道："张先生，李太后做的梦可不简单，莫非是上天神示，应该建一座九莲菩萨寺院？"

张居正人在内阁，早就得到了解梦官员的禀报，他已经知道李太后做梦的事，道："应该为九莲菩萨修建一座道场，这座道场何不叫慈寿寺？"

冯保游说张居正，目的是让张居正同意建一座九莲寺，达到李太后建庙造佛，供奉九莲菩萨的心愿。他本以为，自己游说张居正一定会费一番口舌，可是让他想不到的是，张居正竟一口答应了下来。而且慈寿寺正应了李太后的封号，可比俗气的九莲寺要名正言顺得多。

冯保眨了几下眼睛，他怀疑张居正是在试探自己，毕竟建庙和目前节约的风气相悖，他说："李太后得到上天神示后，准备用内帑（私房钱）建寺，内阁提出的节约之风要一以贯之……"

张居正摇了摇头，道："国之大事，在祀与戎，修建慈寿寺关乎国祚，岂可动用李太后的内帑，其费用理应由国库支出！"

冯保直到这时候，才知道张居正是真心支持李太后修庙，他兴冲冲地回到了大内，向李太后禀明了情况。李太后心情雀跃，但她没有被得意冲昏头脑，自己在内阁提倡节俭的时候，大兴土木修庙，张居正不反对，就等于给足了自己的面子，再让国库为修庙买单，这个实在说不过去，她沉吟了一下说："修建慈寿寺，不能动用国库中的银子，还是用内帑吧！"

冯保为了修建慈寿寺，究竟是用国库中的银子，还是用内帑，第二次去了内阁。

冯保的担心是有原因的，张居正是一个讲究原则的人，他倡导节俭，反对奢侈，如果动用国库的银子，为李太后修庙，这不是自己打自己的脸吗？但张居正说用国库中的银两，为李太后修庙，就等于表明了态度，故此，李太后坚持用内帑，也是给张居正一个台阶下。

冯保表明来意后，张居正笑道："冯公公，其实不用国库和内帑银，还有第三条聚银修庙的法子，不过需要您配合一下才成！"

冯保诧异地问道："张先生，你就不要和我打哑谜了，究竟怎样配合，你就直说吧！"

张居正的意思是：李太后修庙，冯保第一个解囊相助，捐银积福，冯保捐出一笔银子后，京城的王公贵胄们哪有不跟进的道理，这个一千两，那个三千两，然后可着头做帽子，根据捐银的数目，再谈修建慈寿寺的规模。

这种"集资"的模式，并非是张居正的首创，却被他运用得炉火纯青、登峰造极，不仅厉行节约的内阁高兴，利用九莲菩萨提升名气的李太后称心，那帮掏钱帮李太后修庙，趁机献殷勤的王公贵胄们也是非常满意。

张居正命工部在京西阜成门外的八里庄选择了一块风水宝地，并于万历四年（1576年）破土动工。经过两年的建设，一座富丽堂皇的寺院，就拔地而起，出现在人们的面前。

李太后对这座寺庙非常满意，可是在筑造九莲圣母骑凤造像之时，却遇到了难题，因为工匠并没有制作这尊圣母像的蓝本。李太后便找到万历皇帝，让他下旨，从内府之中取出唐代"画圣"吴道子的观音图，并以此图为蓝本，开始筑造佛像。这尊圣母像的面容，却是李太后的脸庞，李太后一跃由皇后，变成了菩萨，她的身份和地位，都得到了大幅度的提升。

张居正首先给李太后加尊号，接下来让她成为人人尊敬的女菩萨，并让李伟成为了武清伯，目的是彰显李太后的孝心。李太后身份有了，孝心有了，名声有了，她哪能不感谢张居正。

感激只是一时之效，张居正做了第三件事之后，李太后对张居正就由感激变成了尊重，而尊重才是一世之效。

作为父母，没有不关心子女的教育，因为即使是天才，一旦教育不好也是废柴。万历皇帝年仅十岁，张居正为了得到李太后尊重，他决定亲自当万历皇帝的讲官，并给他最好的教育。

明代皇帝的教育，采用的是两种制度，一种是经筵，另一种是日讲。

万历皇帝的日讲地点设置在文华殿，早在隆庆六年（1572年）八月就已经开始了，每日有读官、内阁学士待班，张居正对万历皇帝所学的内容，还作出了如下的规定，这件事记载在奏疏二《拟日讲仪注疏》中：

"上午时分：伏睹皇上在东宫讲读，《大学》至传之五章，《尚书》至《尧典》之终篇。今各于每日接续讲读，先读《大学》十遍，次读《尚书》十遍，讲官各随即进讲毕，各退。近午初时，进讲《通鉴节要》，讲官务将前代兴亡事实，直解明白，讲毕各退，皇上还宫。

"每月三、六、九，视朝之日，暂免讲读。仍望皇上于宫中有暇，将讲读过经书，从容温习。或看字体法帖，随意写字一幅，不拘多少，工夫不致间断。"

日讲的时候，张居正有时候亲自充当讲官，有一次万历皇帝读《论语》"色勃如也"，他将"勃"读成"背"字。张居正厉声纠正，当时万历皇帝"悚然而惊，同列皆失色"。

可见张居正对万历皇帝的教导，堪称严厉。但如果说张居正对天子一昧严厉，这也是不对的，比如宫中的进侍太监，拿着《论语》对张居正等讲官说："上于宫中读书，日夕有程，常二四遍覆背，须精熟乃已。"

张居正对着讲官，夸奖万历皇帝："相顾嗟异，以为上好学如此，儒生家所不及！"

相信张居正说"万历皇帝比那些的儒生聪明甚多"的话，通过太监之口，一定能被万历皇帝知道。严厉归严厉，但张居正还能摆正臣子和君主的关系。

相较于日讲，经筵就显得更为隆重了。明代规定，每月逢二的日子举行经筵，除寒暑假，每年春讲从二月十二日开始，到五月初二日结束；秋讲在八月十二日开始，到十月初二日结束，一年十八次经筵，不仅勋臣、大学士、六部尚书、都御史、翰林学士等都要到齐，而万历皇帝也需要亲自参加。

经筵的讲官都是由翰林院的春坊，以及国子监祭酒等学问高深的官员担任，而讲解仅限于"四书五经"里的内容，"四书五经"集合儒家文化之大成，汇聚政治、军事、外交、文化等经典，里面不仅讲明了为官从政之道，亦讲明了为人处世之道。"五经"中，最先讲的就是《尚书》，而其他的经典因为远离治国，又加之晦涩难懂，故此，鲜为讲授。而"四书"中，经官经常讲述的重点课程是《论语》和《孟子》。

而日讲的课程就比较宽泛了，也更趋于多元，这就是第二门课程"史鉴课"，《皇明祖训》《贞观政要》《通鉴纲目》和《训录类编》等都在讲述之列。

张居正是想让万历皇帝通过"史鉴课"的学习，掌握前朝历史的经验和教训。他接下来，对《训录类编》做了重点的编订，这部书中的"训"是指《大明宝训》等书籍，也就是大明朝各位皇帝的实录，实录没有保密性，公开发行，可是从实录中摘录的宝训，也就是大明朝各位皇帝的精华语录，却被收藏起来，秘不示人。

张居正便选择有价值的宝训，进行编订，共计编写了四十个类目，以供皇帝"学古鉴今"之用。为了将万历皇帝培养成一代圣贤之君，他还联合吕调阳、马自强等人，编写了一部《帝鉴图说》。这部书采集了历代帝王"可法者、为戒者"的故事百余则，因事绘图，汇编成册。在《圣哲芳规》中，包含"善为可法"的历代帝王故事共八十一则，而《狂愚覆辙》中，囊括"恶为可戒"的天子的故事三十六则。

张居正为了吸引小皇帝看进去，特意在书中绘图，让这本枯燥的书变成了饶有趣味的"连环画"。《明史纪事本末》记载，万历皇帝看书之后"喜动颜色"，可见张居正制作的课本，确实是很吸引人。

张居正等人作为编写者，自然会在书中，体现出自己的想法，比如，在上篇《圣哲芳规》中，共收了十八篇故事，告诫万历皇帝一定要器视贤臣，而其他的故事，还被分成十个章节，分别是：虚怀纳谏、爱物仁民、惜福节用、笃用孝悌、敬天法祖、崇儒重教、屏黜奸佞、勤政务学、不信祥瑞、绝弃释道。在《狂愚覆辙》中，收录的故事可以分为八个章节，分别是：戒酒色、戒贪奢、戒虚妄、戒营建、戒渎神、戒酒色、戒嬖幸和戒游逸。

张居正选择的这些故事中，没有一例是提醒皇帝要重视武将，国家本来就是文安邦，武定国，注重文臣不重视武备，这个国家一定会出现问题，故此，这个漏洞便是这本书中最大的问题。

书中的第十一则故事是"五侯擅权"，讲的就是外戚干政；第十五则故事"十侍乱政"讲的就是宦官会乱政。张居正通过"外戚会干政、宦官能乱政"的表达，告诉皇帝还是应该信任文官集团，只有文官集团，才是国家的柱石。

张居正在文华殿日讲的时候，针对万历皇帝的具体情况，给予了深入浅出的启蒙和引导。

有一次，万历皇帝在学习《帝鉴图说》，冯保也恭恭敬敬地坐在皇帝的身后，当他看到唐玄宗宠幸安禄山一章时，他指着勤政楼的楼名，说："楼名甚佳，乃不于此勤理政事，而佚乐宴饮，何也？"

张居正面对万历皇帝"开悟"似的提问，他侃侃而谈道："人情靡不有初，鲜克有终。故有始治而终乱，由圣而入狂者。古圣帝明王，兢兢业业，日慎一日，盖虑克终之难也。玄宗不能常持此心，故及于乱。"

张居正说的意思是：唐玄宗一开始是想勤政，却没有坚持下来，以至于发生了安史之乱，而古代的圣贤帝王，他们无不兢兢业业，纵然坚持很难，但他们也一以贯之，故此，开创了千古的伟业。

张居正深入浅出地讲解，虽然当时的万历皇帝不见得能懂，但张居正相信，只要在万历皇帝的心中，种上"贤圣"的种子，总有一天，这颗种子生根发芽，会开出明君的花朵。

有时候，万历皇帝坐久了，身姿有些变化，冯保就会低声提醒他："先生是先帝托孤的忠臣，先生说的话，皇上要得仔细听！"

张居正为了让万历皇帝，尽早领会"四书五经"的奥意，便将这些艰深难懂的经典，用比较容易理解的语言，进行了翻译，这就是《书经直解》。

在"四书五经"中，有一本号称"政书之祖、史书之源"的书籍，就是《尚书》。在《尚书序》中，就已经阐明，孔子编定《尚书》，是为"恢弘至道，示人主以轨范也"，意思是《尚书》就是弘扬大道，它可以作为后世帝王的教科书。

《尚书》分为虞书、夏书、商书、周书四大部分,《尚书》自古便被视为极其难读的经典,甚至韩愈都说"周《诰》殷《盘》,佶屈聱牙"。

《尚书》为何难懂,就是因为中间包含许多治国理政、为人处世、修身养性的高深智慧,比如《五子之歌》中的"民惟邦本,本固邦宁"的民本思想;《尧典》中的"百姓昭明,协和万邦"的协和理想;《洪范》中的"无偏无党,王道荡荡;无党无偏,王道平平"为政公平的思想;《仲虺之诰》中的"好问则裕,自用则小"的谦逊好学的思想;还有《说命中》的"非知之艰,行之惟艰"鉴识笃行的思想……这些治国、处世、修行和人生的智慧和道理,经过张居正深入浅出的讲解,可以说让万历皇帝获益匪浅。

这一天,张居正给万历皇帝讲的是《尚书·虞书·大禹谟》中的四句名言:"人心惟危,道心惟微,惟精惟一,允执厥中。"

而上述四句话,堪称是《尚书》的精华。

这四句话是舜将天下交给大禹时,传给他四句治理天下的不二心法,张居正说道:"这四句话,非常重要,不仅包含着修身的大道,还深纳着治国的真理,更蕴藏着帝王之学的无穷智慧。"

万历皇帝听张居正说得如此诚恳真切,他疑惑地问道:"张先生,这四句话果真如此玄妙,它们究竟讲的是什么意思?"

张居正给出的解释是:人只是一个心,但其发于形气之私的,叫作人心;发于义理之正的,叫作道心。如耳欲听声音,目欲视美色。又如顺着意的便喜,逆着意的便怒,这都是人心。此心一发,若无义理以节制之,便流于邪恶而不可止,岂不危哉!

如当听而听,当视而视,当喜而喜,当怒而怒。各中其节,这便是道心。这道心人皆有之,但为私欲所蔽,才觉发见,又昏昧了,所以微妙而难见耳。

人心、道心二者,杂于方寸之间,若不知辨别,则危者愈危,微者愈微。天理之公,卒无以胜夫人欲之私矣!

所以治心者,要于吾心念虑萌动的时节,就精以察之,看是人心,看是道心,分别明白,不使混杂。既精察了,就要克去了人心,专一守着道心,使常为一身之主，而不为私欲所摇夺。

夫既察之精，而又守之一，则方寸之间，纯是天理，凡百事为，自然合着正当的道理，无有太过不及之差，而信能执其中矣。

盖天下之治，皆本于心，而端本之学，正心为要。故舜之命禹，丁宁告戒如此。先儒说这十六个字，开万世心学之源。道统之传，实自此始，为君者不可不知。

万历皇帝尚属冲龄，张居正修为太深，他为了让万历皇帝明白《书经直解》的意思，只能讲得较为通俗。在解释"舜将传位于禹，遂授他治天下的心法"中，他将重点放在了前两句，就是"人心惟危，道心惟微"之上，张居正给出的解读是：为自己为私利的心，叫作人心；而为道理为正义的心，叫作道心。只有克去了人心，守着专一的道心，这才是我们努力的目标。

人心惟危，道心惟微，说的是目标。"惟精惟一"讲的是休养的路径，而"允执厥中"说的是达到这种目标的方法。首先是"守着专一"的道心，接下来更重要的，就是如何达到"允执厥中"的境界。而张居正的解释只有一句，就是"而信能执其中矣"，意思是用"诚信"可以找到治国做事的"中道"。

"允执厥中"，从字面上解释就是：如何能够均匀合适地找到一根断木的中点，就能平稳地将其持在手中。

想要找到不贪功、不冒进、不偏不倚的"中道"，不是一件容易的事，对于这件超级难的事，张居正只是一笔带过，并没有给万历皇帝讲透……

"惟精惟一，允执厥中"虽然写在《尚书》中，但儒家对其解释不多，被后人誉为"极力掩盖"的王道。王道不可以被人知之，张居正深深地懂得这一点，他有可能给万历皇帝，法门不入六耳地讲了"惟精惟一，允执厥中"所包含的王道，但在《书经直解》中，却对其避而不谈。

在张居正的教育之下，万历皇帝年纪虽小，但已经隐隐地露出了明主圣君的迹象。

有一次，隆庆的遗孀恭妃偷偷地将紫禁城中的金壶携带出宫，送给了家里。这件事被万历皇帝知道后,说:"他家家贫,可赐金一百两,但那只金壶,必须要还回来!"由此看见,万历皇帝虽然年幼,但已经彰显公正处事的能力。

冯保每日将讲官授课的内容,万历皇帝学习的状态,全都禀报给李太后,特别是张居正充当讲官之时,他都会向李太后美言几句。

而张居正负责的"高大"形象,就在李太后的心中根深蒂固了,她也经常对冯保说:"由张先生担任'知经筵'(主持经筵的官员),确实是事得其人!"

张居正对万历皇帝的教育,并非是简单而严厉的"填鸭式"教育,他不仅重视循序渐进、逐步提高,而且注重灌输与启发相贯穿、学习与提问相结合,鼓励万历皇帝在课堂上发问,张居正一番心血的倾注没有白费,"居正受册,北面立。上覆诵终篇,不失一字",万历皇帝很流利地背诵唐代张蕴古所撰的《大宝箴》,可见其学得非常扎实。

李太后耳畔是冯保对张居正的嘉许之声,身边的太监们禀报的都是张居正辛苦育人的高大形象,再加上万历皇帝的进步和成长更是有目共睹,她也就成了内廷中,最铁杆的"挺张派"。

张居正一边和内廷搞好关系,一边开始酝酿阁臣的人选,按照张居正的设想,阁臣最好不要再出现"雄才大略"之辈,只要"俯首听话"之徒就好。如果内阁中,再出现敢于揪住高拱的脖领子,对其挥动老拳的殷士儋之流,或者是整日摆老资格,做狮子吼状的赵贞吉之辈,他就不能集中心思,步履如飞地实现自己的政治理想以及偌大的救国抱负了。

"两后一帝"知道内阁匮乏,便传旨让张居正推荐阁臣,当时外界一致传言,已经接替高拱成为吏部尚书的杨博应该入阁。按照明朝的惯例,吏部尚书有掌管官员评选之权,为六部之首,甚至在路上遇到阁臣,吏部尚书也不会避让,就像当初高拱入阁一样,他为了避嫌,就明着是让杨博主管吏部,其实杨博的工作是主管兵部,高拱却在暗中,将吏部的权力,牢牢地掌握在手中。

吏部尚书入阁，势必造成权力的过于集中和泛滥，这显然于国于政是不利的，如果没有皇帝的特旨，杨博不可以被张居正推荐入阁。

张居正经过对朝臣的权衡，他觉得杨博虽然不能入阁，但他可以继续做吏部尚书。

杨博虽有能力，但他是高拱的人，高拱被贬归河南之后，杨博知道自己在朝的时日无多，与其被张居正穿小鞋，令自己灰溜溜地离开内阁，还不如急流勇退，可保令名，他就写好了辞呈，还没等递上去，张居正就来找他了。

张居正怕他胡思乱想，几句客套话过后，直接开门见山地说："杨公，我希望您能够留任！"

杨博壮志未酬，若不是形势所迫，怎么舍得离开朝廷的权力中心？可是张居正是新晋首辅，手下的门人弟子人才济济，怎么会挽留自己，莫不是高拱突然离开，张居正心中的恶气未出，要拿自己开刀？杨博想到这里，不由得浑身上下"激灵灵"地打了一个寒战，他抹了一把额头上的冷汗，口中道："杨某人老体衰，已不堪用，吏部尚书这个职位，还是请首辅大人另请高明吧！"

"我自宫中而来，天子的意思是也希望杨公能够留任。"张居正一见杨博误会了自己，他正色说道，"杨公还记得太宗皇帝和魏征的一段故事吗？"

在《旧唐书·魏征传》中，魏征和太宗皇帝曾经有过这样一段对话：(玄武门之变)及败，太宗使召之，谓曰："汝离间我兄弟，何也？"徵曰："皇太子若从徵言，必无今日之祸。"

在玄武门之变前，李建成是太子，魏征帮助李建成，限制甚至剪除李世民的势力，这都是在为大唐的前途筹谋和策划，所做的事就是对的，故此他就不能算是奸党，只是各为其主罢了。而唐太宗也是明白人，他最后选择留下魏征，两个人开始了亲密无间的合作。

张居正讲出这段典故，目的是告诉杨博，高拱权力熏天之时，他也只能仰其鼻息，小心做事。杨博虽然是高拱的人，却有一颗为大明的公心，既然大家的目标一致，就能够联袂携手，干一番彪炳千古的事业。

1572年杨博只有六十四岁，张居正的一番话，让他明白了张居正的境界，要超过高拱甚多，并对他这个前朝老臣极尽包容。杨博当即跪地发誓，宣誓忠心，留任吏部，成为了张居正得力的左膀右臂。

张居正经过挑选，推荐了"外温而心辨，中毅而貌和"的吕调阳入阁，当时吕调阳的职务是礼部尚书兼文渊阁大学士，补入内阁后，晋太子少保武英殿大学士。

吕调阳在嘉靖二十九（1550年）年，以榜眼入仕，他身处腐败官场，而"门无私谒"，始终保持一身正气，纵然是在严嵩为相，朝政伸手不见五指的时候，他亦能做到不攀附奸佞，官职亦只升不降。

吕调阳最大的长处就是不争，没野心能做好副手，万历皇帝曾经亲书"枢机克慎"和"同心夹辅"，送给吕调阳。高拱和张居正曾经相期相许，希望出现"同心夹辅"的情形，在高拱离开京城后，这个只存在与传说中的好局面，在内阁中终于出现了。

吕调阳入阁后，陆树声补礼部尚书之位，原户部尚书张守直、刑部尚书马自强相继致仕，在张居正的推荐之下，王国光和王之诰补了这两个位置，工部尚书朱衡、左都御史葛守礼继续留任，最让张居正踌躇的就是兵部尚书的位置。

高拱是有眼光的，杨博不仅懂军事，也是兵部尚书的最佳人选，可是在张居正的权衡之下，还是让他做了吏部尚书，而空下的兵部尚书的位置，就有三个人待选，他们是：前任蓟辽总督谭纶，现任宣大总督王崇古和前任三边总督王之诰（明朝可以一个人兼任两个尚书）。

张居正和杨博经过商议，决定用谭纶为兵部尚书，张居正怕宣大总督王崇古闹意见，他就给其写了一封信："昨本兵虚席，公论咸归公与西石（王之诰）乃太宰（杨博）谓渠复铨之始，嫌于首用其亲，且贡市方殷，犹借重望以镇之，计非久当别有简命也。"

这封信就是书牍四《答王鉴川》中的内容，张居正虽然没有推王崇古做兵部尚书，在这封短信中，却送给了王崇古三顶高帽子：你是我的亲信，第一任兵部尚书用你，怕别人说闲话；俺答纳贡到了关键时刻，我怕别人干不好；你不要着急，我将来有更重要的位置交给你！

张居正这封信发出，相信王崇古虽然没得到兵部尚书的位置，但他接到信后，等于吃到了定心丸——能够得到首辅的肯定，相信以后的仕途，一定会无比的顺畅。

张居正为三省六部九卿人员如何安排操心的时候，冯保也没有闲着，他恨死了高拱，他要报复，决定借助东厂的力量，通过一个刚刚抓到的刺客，除掉贬谪回家的高拱，出一口胸中恶气是小事，永绝后患才是他真正的目的。

这个刺客的名字叫王大臣，王大臣身穿太监的衣服，混进了紫禁城后，因为道路不熟，懵懂之间，竟摸到了乾清宫外。当时万历皇帝正在读书，一抬头就看到在门口窥视的王大臣，虽然他年纪小，警惕性却不低，他厉声问道："什么人？"

冯保一听皇帝喝问，急忙领太监们冲出了宫门，王大臣还没等逃走，便被侍卫和太监给擒住了，万历皇帝看到从王大臣身上搜查出的利刃，他便传张居正来见，张居正一听有刺客，竟要行刺天子，急忙来到了乾清宫。

万历皇帝问道："张先生，有人刺朕，该怎么办？"

皇宫大内，侍卫众多，有人行刺，必有内应，张居正说道："可将刺客交给东厂审理，一定要挖出宫中的内应，以及背后的主使！"

刺客能混进宫来，不仅紫禁城的锦衣卫有渎职之责，内阁也有督查不严之责，东厂作为情报机关，亦有失职怠慢，没有起到提前示警，并防止刺客来京行刺之责。

但若论职权划分、刺客入宫、深挖入宫的渠道以及幕后的黑手，这件事理应交给锦衣卫指挥使负责审理和调查，可是张居正绕过了锦衣卫，让冯保来审理这件刺驾大案，就等于让他变被动为主动，找到宫中的黑手，挖出背后的主谋，争取立功赎罪。

冯保本来一脸的惊慌，亦怕皇帝会归咎于他。万历皇帝在张居正的建议之下，将王大臣交给东厂审理，这说明万历皇帝还是信任冯保的。

冯保经过简单的初审，王大臣竟然全部交代，他本是一名蓟州的逃兵，按照其说法，戎马倥偬的戚继光多年为朝廷卖命，可是隆庆皇帝的封赏纯属是糊弄小孩，故此戚继光心怀怨恨，派他身怀利刃，进京行刺。

可是王大臣的脑袋里好像缺根弦，一个人进皇宫行刺，这不是打灯笼捡粪——找死吗！他说戚继光是背后主谋，这个有人信吗？

张居正将刺客交给冯保的东厂来审理，其实他也是有私心的，因为这个王大臣来自蓟州，曾是戚继光的手下，戚继光可是张居正的心腹，以他对戚继光的了解，他不可能派刺客来刺杀万历皇帝。

张居正回到府中，便写了一封"此案不宜与戚将军有牵连"的密信，然后交给尤七，命他送给宫中的冯保。

如果说都察院和刑部是国法森严之地，东厂就可以称作暗无天日之所，冯保所督东厂的酷刑，别说是活人，就是铁金刚都承受不起。果然第二天中午，在内阁办公的张居正接到了徐爵送来的密信，刺客王大臣招供了，他背后的主使就是高拱。

张居正一见冯保要借刀杀人，他连说："胡闹！"当他准备去见冯保的时候，送信的徐爵却告诉张居正，冯保已经急不可耐地绕过内阁，去向"两后一帝"禀明情况去了！

张居正来到宫中的时候，冯保已经将王大臣"行刺"一案的真相禀报完毕，不仅两位皇后怒不可遏，年少的万历皇帝也是艴然变色，口中嚷嚷着一定要诛杀高拱。

"两后一帝"见到张居正，就好像看到了主心骨，李太后说道："张先生，高拱窃主威福，目无君主，意欲另立藩王为帝，可是当今圣上顾念他是顾命老臣，只是将其褫官归籍，没想到他竟包藏祸心，派刺客意欲对皇帝不轨，对这种逆臣，就应该即刻传旨，赐其自尽，并诛其三族！"

张居正谨慎地道："太后已确定王大臣'行刺'圣上，是由高拱指使的吗？"

李太后余怒未消，她对冯保说："你给张先生说一下案情！"

冯保急忙将案情的具结以及王大臣的供状递给了张居正，道："据查，王大臣行刺圣上，确实由高拱唆使，而且宫中还有其内线，不是发现得及时，圣上可就危险了！"

张居正将冯保递给他的具结和供状翻看了一遍，然后对李太后说："这个王大臣是蓟州的逃兵，初审时，让人觉得他和戚继光将军有关，可是东厂经过二审，他又供出是受到前首辅高拱唆使，这个案子定有藏得很深的隐情，为了社稷的安危、圣上的周全，何不来一个三堂会审，查出此案的真相？"

"两后一帝"中，李太后最具睿智的头脑，东厂诏狱恰似地狱的恶名，她是知道的，高拱被贬归籍，传下一道旨意，将其满门抄斩也容易做到，可是朝野之中，高拱的死党一旦狗急跳墙，恐怕朝廷面临的局面，将更难以收拾。

李太后看了一眼陈太后，他对朱翊钧道："皇上，你看这事怎么办？"

万历皇帝听冯保添油加醋地一说，他本想立刻传旨，来一个先下手为强，将高拱满门抄斩，灭其三族，可是他听张居正一分析，才知道不能听冯保一面之词，而三堂会审，应该是一个最稳妥的办法。

万历皇帝心中的火气消了大半，他说道："此案就按张先生的意思办吧！"

张居正怎么可能为高拱求情？冯保当时还对张居正很不满意，可是他回到东厂，随后游七就给他送来了一封张居正的密信，看罢密信，冯保的额头上就冷汗直冒，他这才知道，利用王大臣除掉高拱，不仅是一个昏招，甚至会连累张居正丢掉首辅之位。

一旦张居正失势，冯保的覆灭之期，必定屈指可数了。为何利用王大臣除掉高拱，会有如此严重的后果？道理很简单：高拱百足之虫死而不僵，他在朝野的实力甚强；冯保诬陷名臣的手段技术含量太低；张居正升任首辅的时间不长，根基不稳，他并没有真正掌握内阁的大权……

张居正离开紫禁城，刚刚回到家里，家人便进来禀报，太仆卿李幼滋来府拜见。

李幼滋不仅是张居正的亲家，还是至交好友，他虽然生病，但还是挣扎着来到了张府。

李幼滋一见张居正，开门见山，便道："太岳为何做这种诬陷高公之事？"

张居正剖白心迹地道："王大臣入宫行刺，他被捕后关押在东厂，并由冯公公审理，虽然按照刺客的口供，怀疑是高拱在背后唆使，但高拱怎么会做这种无法无天之事，我已禀明圣上，准备三堂会审，相信一定能查个水落石出！"

李幼滋语重心长地道："太岳，小心众口铄金、积毁销骨啊！"

张居正送走了李幼滋，他的挚友大理卿陆光祖的密信就到了，陆光祖的密信写得还算隐晦，他写道："主少国疑，前首辅高先生在这非常时期，应于保全，如果无法周全，太岳将陷入难堪的窘境，我为了这件事忧心如焚，目不交睫，我们是好友这才为你着想，并不是为了前首辅！"

吏部尚书杨博和左都御史葛守礼又上门，杨博果然比李幼滋办事老辣，他不说张居正默许冯保诬陷高拱，而是张口就给他戴了一顶高帽子，他说："东厂以诬人构陷为能事，目前能救高先生的只有太岳了！"

张居正面临的局势，非冯保所能想到，高拱生命无虞，高拱的死党就有一条活路，如果高拱被处死，高拱的死党必定为了活命而反扑……冯保官场倾轧的经验不丰，以目前的形势，就等于冯保给自己挖了个大坑，他蒙着眼睛跳进坑底，还对坑口围观的人高声大叫——填土。

李幼滋、陆光祖、杨博和葛守礼可以说全都是张居正的人，他们众口一词，都劝张居正不能动高拱。因为现在是非常时期，一旦张居正动了高拱，张居正必将成为众矢之的，再加上高拱留在朝野的死党们反扑，那就天下大乱了。

张居正为了让冯保和自己逃过此劫了，他提出的三堂会审，就是想利用都察院、锦衣卫的势力制衡东厂，他不想要真相，他只想要一个能让他渡过此劫的理由。

当然，如果能通过这次三堂会审，打压一下冯保为所欲为的嚣张气焰，令其低调收敛，那就是意外的收获了。

都察院、锦衣卫和东厂一起开始审理王大臣行刺案。在这三个衙门中，比冯保还要着急的就是锦衣卫，锦衣卫有两大职责，一是"直驾侍卫"，二是"巡察缉捕"。如今宫中发生刺天大案，刺客被捕获后，竟绕过锦衣卫的门槛，交给东厂审理，冯保滥用酷刑，势必导致很多无辜的锦衣卫成为替死鬼。

张居正批准了三堂会审后，态度最积极的便是锦衣卫。代表都察院出审此案的人是左都御史葛守礼，代表锦衣卫出审此案的是左都督朱希孝，而东厂自然由冯保亲自操刀上阵。

三堂会审开始，面对桀骜不驯的王大臣，朱希孝首先来一个下马威，他吼道："马不吊不肥，人不打不招，先赏他五百杀威棒。"王大臣被按倒在地，面对锦衣卫手起棒落，打得他痛彻心扉的酷刑，吼道："说好许我官做，打人做甚？"

冯保一见王大臣没按照他的嘱咐行事，急忙阻止了行刑的锦衣卫，问道："王大臣，究竟是谁指使你行刺皇上，如实招来！"

王大臣用眼睛一瞪道："行刺皇帝就是你指使，还要问我！"

朱希孝和葛守礼也是被王大臣的虎狼之词惊得目瞪口呆，这案子还没等刨根问底，真相就如秃子脑袋上的虱子——明摆着，看来是没法审理下去，一旦王大臣当堂招供，是冯保主使他诬陷高拱，那可就无法收拾了。

当天晚上，冯保给王大臣强行灌下了一杯毒酒，第二天，王大臣被押到了公堂，他不识字，突然变成了"咿咿呀呀"一个劲用手乱比划的哑巴，可是他嘴里想表达什么，没人知道。

朱希孝与葛守礼从来也没遇到过这样尴尬的案子，他们经过几天的努力，最后证明这案子真的审不下去了。

朱希孝对张居正说道："太岳，我觉得这案子的背后，定有隐情！"

张居正回答:"事实就是事实,有隐情只是你的猜测!"

葛守礼不甘心地道:"这件案子办得不体面!"

张居正回答:"只要皇帝认为体面就可以了!"

王大臣竟变成哑巴了,他现在态度癫狂、神智紊乱,已经审不出一点有用的线索了。

冯保便将案情禀报给了"两帝一后",李太后和陈太后都不甘心,万历皇帝也是一个劲地要揪出幕后的黑手,当他们问张居正的时候,张首辅冷静地说道:"我觉得可以结案了!"

王大臣混进宫来,欲行不轨,想要刺杀皇帝,他就是一个胆大妄为、目无国法的狂妄之徒,根据实际情况可以判断出来,他的行刺纯属个人行为,与戚继光和高拱都没有关系。

李太后是一位很有头脑的女性,现在隆庆皇帝驾崩,新皇帝继位,国祚不稳,在这个多事之秋,还是尽快结案,牵连越少越好。王大臣被押解到菜市口斩首,这场"刺天"的大案,就虎头蛇尾地收场了。

高拱的"死党"们,正在秘密联系,他们为反击张居正,已经积蓄了很大的力量,甚至将弹劾张居正的奏疏都已经写好,准备要与其拼个鱼死网破。

可是王大臣"刺天"案,起点很高,落点极低,经过张居正的"妙"手处理,就好像一团棉花落到了水面上,并没有激起多大的水花,最妙的是连一个不相关的人都没牵扯,便悄没声地结束了。

无论是河南老家闲居的高拱,还是高拱遗在朝野的心腹,一个个全都是胆战心惊,当王大臣的人头落地,他们才长长地出了一口气。

如果不是张居正技高一筹,令高拱死党准备"乱拳打死老师傅"的计划失去目标,冯保不是卷铺盖去南京守陵,就是被押赴刑场,被刽子手一刀两断去了。

冯保经过这次"彪呼呼"诬陷事件后,果然稳重了不少,他还与张居正保持了同襄举、共扶持的态度,并做到了"未尝内出一旨,外干一事",令张居正做事再无后顾之忧。

但还是有很多人,将"诬陷"高拱的这笔账,记在了张居正的头上。

张居正面对非议和责难,他在自书牍五《答李中溪有道尊师》中写道:"去年当主少国疑之时,以藐然之躯,横当天下之变,比时唯知办此深心,不复计身为己有。"

高拱去职归籍,高拱留下的亲信如何处置,堪称是考验张居正的难题,对于可用的人才,张居正的办法是尽力挽留,然后用各种手段,将其拉到自己身边,再用个人感情感化,争取为己所用。

徐璠、徐琨被发配充军后,徐阶的膝下只剩下一个徐瑛,高拱去职后,徐瑛觉得有张居正撑腰,又故态复萌,恶习不改,开始鱼肉百姓、侵占土地。应天府的巡抚是张佳胤,他看罢当地百姓告发徐瑛的诉状,便传下了飞签火票,将徐瑛缉捕下狱。

张佳胤就是高拱最心腹的门生,不然应天府巡抚这样重要的职位,也不能由他担当。张佳胤处理了徐瑛,自知会遭到张居正的报复,便提前收拾好行李,然后向朝廷写了一份致仕的奏疏,静等着去职的圣旨。

张居正真的很为难,现在不处理徐瑛,堵不住天下悠悠众口,处理了徐瑛,会让徐阶怨恨自己"忘恩"。张居正思前想后,便给徐阶写了一封信,首先承诺,一定给徐家的冤情平反;接着甩给徐阶一顶高帽子,师相不止一次地教育自己要秉公执法;最后讲起来了徐瑛的案子,这件案子已被朝野世人所瞩目,目前只能是秉公处理了,一旦人们在将来淡忘了此事,再做筹谋。

徐阶看罢这封信,也是长长地叹了一口气,家出孽子,让他这个当父亲的也是徒呼奈何。他做过首辅,设身处地想一想,最后也理解了张居正的难处,要怪只能怪徐瑛,在这个非常时刻,去撞应天府巡抚张佳胤的枪口。

张居正的第二封信,写给了张佳胤,在《张太岳集·卷二十五答张崌崃》中,他这样写道:"自公在郎署时,仆已知公,频年引荐,实出鄙意,不知者,乃谓仆因,前宰之推用为介,误矣。"

张佳胤看罢张居正用师长口吻写来的信,只觉得浑身上下,被一股暖流包围,他当即就决定不辞职了。张居正在信内向他透漏了一个秘密:世人都说张佳胤是高党余孽，这事堪称错误，你张佳胤在京城做官的时候，我就注意到了你，你的升迁，都是我的推荐，只不过你不知道罢了，其实你是我张居正的人。

张居正想要改革成功，就需要真正的人才，要知道，冠虽旧必加于首，履虽新必踩于足，而人才不分派别，只要能为自所用，就是张居正最需要的人才。

张佳胤看到张居正的信，感动得摆起香案，遥对着京城的方向，一个劲儿地叩拜，心里发誓：只要张首辅有命，下官定当万死不辞。

张居正用一封带着"热度"的信，便将高拱的人变成了自己的心腹，不可谓不高明。

张居正对有用的人才，尽全力挽留，这也让那些高拱的所谓死党，明白了一件事，张佳胤都可以成为张居正的心腹，他们也可以。官员的心中，不再猜忌，文臣武将的队伍，也安稳了下来。

可是张居正对那些依靠嘴巴干活，并和高拱走得特别近的言官，就没有那么客气。因为这些人经常扯张居正后腿，令他无法放开手脚治国理政，而且这些言官完全可以被自己的亲信所替代。

张居正等首辅之位坐稳，他随后便举行了一次京察，这次京察，重点打击的就是高拱的言路死党。以吏部员外郎穆文熙为首等三十余名吏部官员，被朝廷罢黜，吏科都给事中韩楫等五十余人，被调出了京城。从此之后，高拱的言路余党，再无兴风作浪的能力。张居正接下来，就开始扶持自己的亲信上位，并重点推荐翰林院中的庶吉士做言官，让他们成为自己一手培养起来的班底。

在《答汪司马南溟》中，张居正写道："二三子以言乱政，实朝廷纪纲所系，所谓'芝兰当路，不得不锄'者，知我罪我，其在斯乎！"

对待"以言乱政"的言官，张居正确实是不客气。《国朝征献录》记载，言官的队伍经过大清洗之后，张居正又罢免了几位不称职的尚书和巡抚，正是"一榜所黜皆高党"！

当时有人面对张居正打击异己的雷霆手段，曾形容"扬人如掖，摧人如掷，天下从风而靡"。一场大清洗过后，天下安定了。沉德符《野获编·吏部二·大计纠内阁》中，这样写道："张居正不恤人言，自负甚高，并说，内外大计，一出其手定，部院不过一承行吏书矣。"

张居正当时处于一人之下、万人之上的权力巅峰，他虽然手握重权，但也谨慎小心，重要的是要对皇室的三股势力应对得法。

首先是司礼监冯保的中宫势力，接着是李太后为首的后宫势力，最后是万历皇帝的皇权势力。

司礼监和内阁是互相制衡的存在，张居正拥有"票拟权"，而冯保手里掌握的是"批红权"。

如果说得清楚一些，不管张居正的票拟多么正确，冯保只要找茬，都可以让这份奏疏过不去。但万幸的是，冯保不是斗大字不识一筐的孟冲，他有文化、有操守，知道"船舱里的仓鼠不啃船底的底线"，两个人经过"刺天"大案的磨合后，合作变得很顺畅。

太监也有好有坏，汉代有吕强，北齐有田敬宣，唐代有杨复光，宋代有邵成章，而明代的郑和及怀恩等，他们都是可以名垂青史的好内宦。

冯保也想做一个好太监，但为自己的私利、低头打小算盘的时候，难免会因为不看路，而摔跟头。

冯保的侄子冯邦宁官拜都督，有一次，他在闹市酗酒，挥动鞭子，痛殴百姓，张居正的亲随姚旷前去制止，却被冯邦宁所殴，衣带都被其扯坏了。

张居正给冯保传了一个阐明事情经过的条子，让他自己去处理此事，冯保一见，不由得勃然大怒，首辅的人，他都敢打，冯邦宁纯属癞蛤蟆跳进秤盘里，不知道自己的斤两了。

冯保找上门去，命太监将其按倒，然后对其狠揍四十大板，算是给他一个深刻的教训。

张居正对冯保的所作所为，基本上是你过得去，我过得去，只要你不干政，你干的不上台面的事，我就睁一只眼，闭一只眼。

《张太岳集·序》中，张懋修在整理张居正的文集时，发现父亲曾经给冯保写信，信中说："今观其于豫藏文，倦恺勉以令名，固非阿私贿结者。"张居正的意思是：你冯公公如此有文采，绝不是一个只为私利的人，应该做一个青史留名的好太监。

冯保对张居正也是颇为敬重，正所谓"深慕人者，必成己质"，冯保的才学和品质，在张居正的熏陶之下，也在亦步亦趋地提高。

冯保作为万历皇帝的"大伴"，负责教育皇帝以及照顾皇帝的日常起居。李太后烧香修佛，不可能整日陪在万历皇帝身边，他将冯保安置在其身边，就等于在皇帝的身边放了一个耳目，冯保为了固宠，万历皇帝即使有了一些"小扞格"，就是和冯保性情相违背的地方，他就去找李太后打小报告，根据《明史》记载："皇后教帝颇严。帝或不读书，即召使长跪。"

一旦万历皇帝不知悔改，李太后就会搬出张居正，说："使张先生闻，奈何！"可是张居正让皇帝害怕，很显然这不是好事，毕竟搞不好自己的脑袋就没了！

万历皇帝被李太后罚跪，搞得他一点帝王的尊严都没有，正因为冯保可以让万历皇帝"被罚跪"，在李太后的宠信之下，他亦成了后宫中的"无冕之王"，一旦发现后宫中，有异己分子出现，他便会借助张居正的力量，立刻予以剪除。

冯保一旦被言官弹劾，张居正也会全力以赴、不留后手地为其摆平。根据《明史》卷二一〇《邹应龙传》记载，在一次北郊郊祭的时候，冯保不仅有专人传呼，直接进入祭祀的场所，甚至站在北面拈香，这都是超越礼法之事，如果深究下，完全就是大不敬之罪，轻则卷铺盖离开皇宫，为先帝去守灵，重则直接立毙杖下，连辩解的机会都没有。

右佥都御史邹应龙当时也在郊祭的现场，看到冯保如此嚣张的举止，不由得心中大怒，当即上了一道奏疏，弹劾冯保僭越放肆。

邹应龙是一位耿介之臣，别说冯保，当初严嵩父子他都照样弹劾不误。可是在张居正的干预之下，冯保并没有得到应有的惩罚，竟安然过关。邹应龙后来被巡按御史郭善梧、给事中裴应章构陷弹劾，削职回籍后，亡于家中。

冯保因为要忙于宫里宫外的事情，无暇抽身批阅奏章，便暗中命锦衣指挥同知徐爵进宫，代替他批阅奏章，对于此事，张居正采取了默许的态度，并支持自己的管家游七和徐爵结为兄弟，互相关照，并暗通款曲。

冯保为了扬名，他有在故乡深州建坊的打算，张居正得知消息后，便写信给保定巡抚孙丕扬，嘱咐其代为建造。冯保为求富贵，曾经自建生圹，张居正便写了一篇《冯公寿藏记》，在这篇记文中写道："调和两宫，赞成圣孝，侍上左右，服勤备至。凡宸居早暮，出入饮膳，皆有常度。执御供事，皆选端慎者以充。上日御讲幄，无间寒暑，公棬恺劝学，侍立终日，日无惰容。"

张居正投桃，冯保自然会报李，张首辅在《与南台长言中贵不干外政》书牍六中，曾经自信地写道："主上虽在冲年，天挺睿哲，宫府之事，无大无小，咸虚己而属之于仆，中贵人无敢以一毫干预，此公在北时所亲见也。"

张居正笔下的"中贵"指的就是冯保，他在冯保的支持下，办理政务的时候，就没有"一毫阻挠"了。

这上述三个关系中，最难应对的就是和后宫李太后的关系。可是张首辅凭着自己处变不惊的能力、随机应变的睿智，还是将彼此的关系处理得不错。

李太后算得上是比较贤明的皇后，举一个例子，万历帝年幼，她亦深深知道外戚的危害，为了限制自己的亲枝近叶、后嗣子孙，不至于成为干扰国政的外戚，她在宫中自备了一个锈迹斑斑的瓦刀。

一旦有穿着"破鞋烂袜子"的娘家子弟，进宫找自己要官，李太后都会拿出瓦刀，问："这是什么？"

要官的子弟说："瓦刀！"

李太后接下来，就会将其训斥一番，说："做人不要忘记了根本，当年你们在瓦刀上讨生活，如今即富且贵，还要做官？这岂不是人心不足蛇吞象？"

有了李太后的阻挠，李家大多数的裙带和姻亲，始终没有成为干政的外戚。

这一日，张居正的内阁收到李太后以万历皇帝口气发出的圣旨，宛平县衙每年代慈宁宫李太后收缴的"子粒田"银有八千两左右，可是今年少了一千多两，按照道理，这道斥责宛平县衙办事不力的圣旨，应该发往户部，然后由户部尚书详查处置，却传奉到了内阁，这说明李太后想让张居正过问此事。

张居正看罢圣旨，觉得宛平县衙办事不力，欠缴慈宁宫李太后的"子粒田"银可不是小事，他为了查明真相，当即找来户部尚书王国光，而王国光向张居正推荐了干练的户部员外郎金学曾。

金学曾办事仔细，很得张居正的赏识，他亦是调查宛平县欠缴李太后"子粒田"银的最佳人选。金学曾去宛平县衙十天后，写出了一份"子粒田"银为何短缺的奏疏，张居正得到这份奏疏后，只是看了几眼，便直奔大内而去。

李太后身份尊贵，衣冠、膳食、行辇和居所全都由十二监操办，她为何如此在意欠缴的"子粒田"一千多两银子？道理简单不复杂，因为不管是嘉靖、隆庆还是万历朝，由于入不敷出，以至于国库和内帑空虚，当时谁的手里都不宽裕。

张居正在宫中见到了李太后，冯保立在李太后身边，正在小心地伺候着。张居正和李太后一见面，两个人并没有先谈"子粒田"银，而是说起了给万历皇帝制作龙袍的事情。

万历皇帝虽属冲龄，但也是一国的天子，没有合适的龙袍，一旦有重大的祭祀，外国使臣觐见，不仅与礼仪不合，还会有失天朝上国的脸面。

明朝皇帝的龙袍，内廷织造局与工部共同出银操办，所需银子，每年有八十万两之多，冯保会从中得到不少好处。

张居正就和李太后讲《宋史》中的故事，宋武帝刘裕是樵夫出身，臧皇后在长女会稽公主出嫁时，将刘裕当年穿过的一件打补丁的粗布衣裳，给会稽公主做了嫁妆。

李太后自然是闻弦歌而知雅意，为了戒除奢侈、厉行节俭，她和张居正商议，最后将制作龙袍的费用，定为二十万两白银。

冯保虽然心里不高兴，可在大是大非面前，他还是分得清轻重缓急的。虽然张居正暂时断了他的"钱串子"，但他更不希望大明朝因为财政枯竭、入不敷出而寿终正寝，一旦那样，他就将彻底丢失"钱串子"了。

李太后处理完制作龙袍的款项，接下来话锋一转，便与张居正说起了欠缴"子粒田"银的事，她激动地说道："宛平县县令办事不力，应该罢职归籍，永不续用。"

张居正心里对李太后的自卑情结也是知道一些，她减少了六十万两的龙袍制作费用而面不改色，而宛平县县令欠缴一千余两的"子粒田"银，她便怒气冲冲，这原因挺简单，因为李太后是宫女出身，最忌讳文武百官看不起她，宛平县县令欠缴银两，李太后就觉得该县令就是狗眼看人低，故此才敢如此轻慢懈怠，否则一千余两的"子粒田"银怎么可能缴不上来？

张居正就将金学曾写欠缴"子粒田"银的奏疏，交给了李太后，李太后看罢这份奏疏，终于明白宛平县县令为何欠缴银两了，因为宛平县今年闹了虫灾，不少种植"子粒田"的佃户，收成只有去年的三到四成，如果真的收缴欠款，那就等同于敲骨吸髓，不顾黎民百姓的死活了。

张居正一见李太后知道了事情的原委，便开始给她讲"子粒田"的害处。皇帝赏给皇亲国戚子粒田，这无可厚非，可是任何事情，都是积久生弊的。

从洪武皇帝开国，到隆庆皇帝已历九代，在籍皇室宗亲便有八千多人，再加上外戚、勋贵、功臣、内侍、寺观等分到手中的"子粒田"，便有四百多万亩，这些土地不用向朝廷缴纳皇粮国税。

万历朝廷往外开俸禄，每年共需两千六百多万石，可是府库收上来税粮，只有一千多万石，给文官、武将、胥吏、卫所、旗军和廪膳生员薪俸发下去，尚有一千多万石的缺口，眼看着官吏们就要"扎脖"了……

张居正痛心疾首地道:"积羽沉舟,群轻折轴,如果任其发展下去,势必会出现不可收拾的局面!"

李太后在张居正给她算账之前,她坚定地认为收缴"子粒田"银是天经地义之事,可是听罢张居正一番语重心长的话,她这才知道自己的头发长、见识短了。

大明朝的江山,是万历皇帝的江山,而朱翊钧是她的儿子,她的儿子目前年幼,如果她不能为儿子的江山分忧,她就是一个不合格的太后。

李太后试探地问道:"张先生,你可有扭转朝廷财政困局的好办法?"

张居正绕了一个大圈子,就是在等着李太后问自己,他侃侃而谈道:"如果从全国的子粒田中,每亩抽三分税银,上交府库,兵部的军费,可解决一半。"

李太后也怕对着香炉打喷嚏,会碰一鼻子灰,便忧心忡忡地道:"只怕那些皇室宗亲会抵拒不缴。"

群蚁横路,垫不翻千斤重的马车,张居正用负责的语气,道:"只要李太后做个表率,相信皇室宗们亲定会踊跃缴纳!"

让吕调阳难以相信的是,几乎无解的"子粒田"缴税问题,竟被张居正如此轻而易举地解决了。李太后每亩"子粒田"带头缴纳了三分税银,这些税银全都上缴国库,这个消息传出,天下的宗室、勋臣无不震动,虽然让他们往外拿"白花花"的银子,有一种抽肋条般的疼痛,但总比李太后一怒之下,取消他们的爵位,并没收他们所有"子粒田"要强得多。

王国光掌户部尚书权柄两年多,他扪心自问,这七百多天过得都是捉襟见肘的日子,当他看着如潮水般涌进府库的"子粒田"银的时候,他真有一种额手称庆的感觉,有了这些银子,他这个户部尚书,就不会再巧媳妇难为无米之炊了。

张居正对于李太后,亦非全部迁就,1573年秋,又到一年一度的秋后问斩的时候,李太后在一次礼佛的过程中,心中生起了无边的慈悲,他找到万历皇帝,说道:"皇帝新登基,政通人和,理应再大赦一次,用以呼应上天的好生之德！"

可是万历皇帝征求张居正的意见时，却遭到了张居正的拒绝，张首辅拒绝的理由是："皇帝登基，已经大赦过天下了，而监狱中待决的囚犯，多是穷凶极恶之辈，如不根除，反对皇帝的江山不利！"

万历皇帝提醒道："这是母后的意思！"

张居正就给万历皇帝讲"设生以扬善，设死以威恶"的道理，接着说："大赦不可滥用，否则是自取其害！"

万历皇帝被张居正说通，他主动地回宫，劝说母后收回成命！

14 / 考成，根治怠政好"方法"

《韩非子·有度》写道："当今之时，能去私曲，就公法者，则民安国治。"在《三国志·蜀志·诸葛亮传》中记载："至于吏不容奸，人怀自厉，道不拾遗，强不侵弱，风化肃然也。"

张居正对治国之道深有感悟，并有独到的见解，上面的名言如果精简并具体一下，便是：治国必先治吏。

可是如何治吏？是敲山震虎地抓几个贪墨之徒，令官吏们心惊肉跳？还是罢黜几个不称职的庸劣官宦，令官吏们人人自危？还是给三省六部九卿的尚书、卿相们立规矩，给他们全都戴上"金箍"，令冗官怠政得以改善，令万历朝的吏制为之一新？

张居正来到内阁，找来了吕调阳，道："新官上任三把火，第一把火我想整顿吏制！"

吕调阳被张居正石破天惊的一句话吓了一跳，张首辅面色凝重，很显然不是开玩笑，他调整了一下思路，说道："我敬佩太岳的气魄和胆量，整顿吏制也直击国家体制孱弱的痼疾，但两百年的官场陋习，以至于各部门人浮于事，办事效率低下，最可怕的是，官吏们不以为耻，反而安适如常，我只怕这第一把火烧起来，在各方面的阻力之下，锅里的米会煮不透，以至于出现一锅夹生饭！"

张居正深深知道吕调阳"没主意"的性格，他嘴里反对，反对过后，一定会亦步亦趋地支持自己的主张，但想让他拿出什么立竿见影，或者高屋建瓴的办法，这就让他有些勉为其难了。

张居正想了想说道："那就请杨公过来一起研究吧！"

张居正说的杨公就是吏部尚书杨博。杨博辗转兵吏二部几十年，可谓官场经验丰富，他有胆识、有度量，且遇事冷静，曾经被严世蕃称为"天下三才"之一。

杨博来到了内阁，他一听张居正的想法，不由得倒吸一口凉气，他说道："太岳，你这一番话让我想起隆庆元年的高公！"

吕调阳听杨博说起了高拱，心中也是一凛，高拱离开内阁不久，张居正成了内阁的主人，而谈论高拱是一件非常忌讳的事。可是吕调阳发现，杨博嘴里的高拱，在张居正面前并不违禁，直到几天后，他终于想明白了。

所谓的违禁，是谈论高拱，会被张居正误认为是高拱的人，可是杨博本来就是高拱的人，高拱被贬谪回家后，杨博被张居正挽留，他就成了张居正的臂助，而他们谈论的高拱，说得只是高拱的成败得失，以及施政优劣留下的经验，这与党争和站队无关。

高拱第一次被贬谪回籍，就是因为整顿吏制，得罪了群臣，以至于言官弹劾他时，为其求情者寥寥，杨博提起高拱，目的是让张居正切莫跌入高拱"翻车"的旧辙。

张居正道："治吏确实太重要，只有官员惟以守己端洁，实心爱民，乃以上考称职，才可以政治清明而令国家昌兴！"

高拱虽然脾气暴躁、颐指气使、目中无人，堪称是不得人心的"名臣"，可他是一位"欲为皇上挽刷颓风，修举务实之政，遂于大计殚心竭力以综合名实"的好首辅。

高拱最大的成就便是整顿吏治，他强调"臣集其能，君总其功"，并重视人才的作用，高举"有非常之人，而后有非常之功"的大旗，实现"选贤任官，则天下教化"的具体目标。

在选官的过程中，他还特别注意司法官吏和边关官吏的选拔，这对国家政治的清明，以及边关的稳定，都发挥了重要的作用。

高拱在整顿吏治之时，曾经提出了一个考核的思路为："名为循吏者，当考其里甲均徭之如何，志在安壤者，当考其彻寇安民之如何。"

明朝的早期，洪武皇帝为了对官吏政绩进行考核，地方官每三年要"大计"一次，京官每六年要"京察"一次。可是由于吏治腐败，法令难行，这些看着很不错的制度，流于形式，考核官员没完成，却被某些人利用，成为了暗中打击异己的手段。

高拱显然意识到了考核的弊病，虽然他考核的思路已有创新，并能够落于具体实处，可是在张居正看来，还是没有戳中冗员怠政的软肋。

张居正告诉杨博和吕调阳，他要准备实施"考成法"，用以整顿吏制、打击卖官鬻爵、改善冗官惰政的局面。"考成法"的重要内容即是"立限考事、以事责人"。

听到"考成法"这三个字，杨博和吕调阳的手心都攥出了一把冷汗，吕调阳见杨博未说话，他踌躇地问道："实施考成法，本朝可有先例？"

张居正取过一本《大明令》，他指着《吏令·条例》一节，请两个人过目：凡各部事件在本部题结者，吏礼兵工等部及各衙门，俱定限二十日。户刑二部定限三十日。行查会稿系吏礼兵工及各衙门主稿者，定限四十日，户刑二部定限五十日。内所会各衙门定限五日，户刑二部各定限十日，逾限即行参处。

张居正放下了《大明令》，他又取过一本《大明会典》，在会典中，朱元璋曾经订下臣子们工作时候的规矩：凡各衙门题奏过本状，俱附写文簿，后五日，各衙门具发落日期，赴科注销，过期稽缓者，参奏……凡在外司、府衙门，每年将完销过两京六科行移勘合，填写底簿，送各科收贮，以备查考，钦此。

吕调阳看罢《大明令》，叹了一口气，说道："虽然洪武皇帝，制定了《大明令》，并做出了提办事件的具体办结时间，可是往往会被办事人员一拖几个月，而且道理还很充分，比如：呈文格式不对；办理人员不全；事实不清需发回清查；应慎重对待，待商榷回复等。总之一句话，想要在提结的时间内办结某事,很显然是搬梯子上天,连门都没有!"

杨博作为吏部尚书,对本部官员的人浮于事、推诿惰政亦是深恶痛绝,但他对张居正的睿智,不由得暗中竖起了大拇指。

王荆公变法失败,这与他主张"天变不足惧,人言不足恤,祖宗之法不足守"有莫大的关系,要知道,封建时代,讲究以"孝"治国,欲变祖宗之法,就等于大逆不道,故此,王荆公背离"祖制"的变法,就遭到了众多守旧派的抵制。

可是张居正不同,他高举遵从"祖宗之法"的大旗,让革新派、守旧派全都无话可说。他用朱元璋的"写文簿""填底簿"的旧法,为自己推行的新政服务,不仅遵从"祖法成宪",而且击中了官员怠政的软肋,可谓一石二鸟、事半功倍。

但有一件骨鲠在喉的事,令杨博不吐不快,他认为:"任何事情都是岁月既淹,袭以成弊,想要改变这种办事缓慢、老牛破车的局面,唯有定严法、下重拳,并持之以恒,才会收到切实的效果,可是这样做,势必会得罪高官,还有一点更重要,想让吏部高速运转,谁才具有真正的监督权……"

三国时代的陆景,在《典语》中,有这样一句话:"敬一贤则众贤悦,诛一恶则众恶惧。"国家政务,想要高效实行,避免姑息之弊,杜绝官僚主义,必须要有一个实权的监督部门,而这个监督部门的设置,才是重中之重。

让吕调阳担心的是,万历朝已经是人浮于事,难道再增加一个监督部门,这岂不是头上加头,冗员更多。

张居正说道:"监督权当然在内阁!"

吕调阳担心地道:"执行权和监督权都集中在内阁,会不会让圣上误认为内阁在大权独揽,如果被圣上误会,我们想要实施《考成法》势必困难重重。"

张居正大包大揽地道:"如何让圣上同意,我想办法吧!"

想要搞定宫廷,冯保才是关键人物,张居正找到冯保,首先讲明了整顿吏制,实施《考成法》的紧迫性,以及一旦实施《考成法》,监督权一定要归内阁的迫切性，冯保听罢，担心地道："只怕'两后一帝'会误会内阁，怀疑你张太岳想要大权独揽！"

如果严格地讲，明朝的内阁并没有行政权和监督权，他只相当于皇帝的秘书处，当时朝廷的六科对六部有监督之权，而冯保的司礼监才是六科和六部的监督机构，张居正这是要从冯保的手里取权。

张居正笑道："有人要权是为私，有人要权是为国，实施《考成法》只能增加内阁的工作量，并不能为阁臣们谋来具体的好处，这绝对是振兴大明王朝的好事，相信冯公公一定有办法！"

张居正不是高拱，虽然两个人都是大权独揽，可是张居正的揽权，却是在为国揽权。冯保首先去说服李太后，李太后被说服后，陈太后也开始支持张居正，两位皇太后的关过去之后，万历皇帝的那一关就相对好过了。

三天后，冯保手捧万历皇帝同意实施《考成法》的圣旨，来到了内阁，张居正跪接圣旨，他的心中充满了兴奋和愉悦，冯保看着面露喜色的张居正，他提醒道："太岳，整顿吏治虽然可以提纲挈领、一针见血地改变庸官怠政的局面，可是面对积弊难返的痼疾，《考成法》的实施，必然要得罪太多的官吏，一旦处理不好，势必作茧自缚，引火烧身……"

"多谢冯公公提醒！"张居正说道，"箭在弦上，已不得不发，太岳不是高公，只要我们勠力同心，相信《考成法》一定能够顺利实施！"

张居正的《考成法》，如果往具体里说，就是要通过三本账簿，改变万历朝政令不顺、有法不遵，只有部署、没有执行，扯皮推诿、效率低下的吏治格局。

这三本账簿是指各衙门分别设置底册、注销册和监督册。第一本是底册，就是将该衙门的收发文、计划和章程详列其中，让该衙门的官员，知道自己面对的任务。这本底册，就是一个公事待办的日程表。

第二本账簿送交该衙门的各科，上面的公事办完一件，便注销一件，如果某一件公事确实有难度，可以具奏候旨，然后办理。到了月底，六科根据这个登记册进行自查自检，保证其能够落实办结。

第三本账簿才是关键，就是将所办结之公事，送交内阁查考，而内阁负起监督的总责。

这就出现了一个层层监督、无法拖延的局面，因为本月所造的账簿，到了月底都会注销一次，注销前都会检查是否办完。一旦各省的官员拖延办事，就会被部院举报；部院有拖延怠慢的，就会被六科举报；六科有偷懒敷衍的，由内阁查实，一旦无正当理由，而推脱不办的，内阁会拟旨查问，并给予相应的处罚。

三省六部九卿的各级官员，拿着国家的俸禄，办事的时候沉瀣一气，甚至比"老太太走路踩蚂蚁"还慢的怠政局面被"雷厉风行"的《考成法》彻底结束了。

在《明神宗实录》中，对张居正有着这样的赞誉："沉深机警多智，时常替求国家典故及政务之切时者剖衷之。"张居正熟读经史典籍，历史的经验，给了他太多的政治智慧。

张居正在《请稽查章奏随事考成以修实政疏》中，阐述的立法和执行的道理非常经典，他说："天下之事，不难于立法，而难于法之必行；不难于听言，而难于言之必效。"

立法很简单，如何执行才困难。当时张居正凭"刀山火海吾往矣"的勇气，几乎是凭一人之力与全部怠政的官员在作战。可是在"江陵柄政"的时代，他身后有"两后一帝"的支持，外有冯保的辅弼，内有阁员的襄助，《考成法》这才得以顺利的实施。

僵化的明朝吏治，好像一辆多年徘徊未动的牛车，终于在《考成法》长鞭的驱赶之下，开始"蹒跚"地上路了。

上路伊始，这辆牛车自然有不少"不和谐"的声音发出，而处理"周倍阳事件"，便是张居正对那些想利用《考成法》钻空子的官吏，发出的最有力的回击。

周倍阳事件的起因和杨博有着千丝万缕的联系。

万历元年（1573年）八月，杨博奉圣命，在夕月坛分祭夜明之神和天上诸星宿时，突发重病，回府后便请求致仕，万历皇帝恩准后，杨博归乡养病，可是天不假年，不久便去世了，享年六十六岁。

万历皇帝为其辍朝一日，徐阶为其撰神道碑铭，杨博被赠太傅，他的一个儿子被任命为中书舍人。可以说是生前尽忠，死后也享尽了哀荣。

吏部尚书的位置被空了下来，当时这个位置的选官有三人，首推左都御史葛守礼，继推是工部尚书朱衡，垫底的人是在工部任职的张瀚。

为了避免出现遇事掣肘、牵制阻挠的不利局面，鲁莽的葛守礼，傲气的朱衡先后被张居正否决，张瀚就成了新一任的吏部尚书，历史资料记载："瀚资望浅，忽见擢，举朝益趋事居正，而瀚进退大臣率奉居正指。"

张居正要的不是官员的能力，因为他有能力决定一切，他要的是官员们"乖乖听话"和"认真干活"。张瀚为了给张居正的《考成法》推波助澜，他就递交了一份奏疏，奏疏的内容是："《考成法》实施后，六部、六科应选拔推荐廉洁能干的官员。"

张居正对这份奏疏欣然同意，写完拟批，送交大内，皇帝的批复很快下来，同意了张瀚的奏疏。在张瀚的督促之下，三省六部九卿上报三十五名执行《考成法》认真、应该树立为榜样并需要提请奖掖的官员。

这张名单要是在以前，三个月都不可能被报上来，现在一个月的时间，便圆满完成任务，张居正对《考成法》初施的效率也是甚为满意。

这份名单被张居正交给了六部科道进行审查，审查的结果在几天后出来了，审查结果是名单上的三十四人没有问题，可以给予升迁褒奖，只有一人不仅不能褒奖，还要进行处罚，这个应该处罚的人，便是张居正的老乡周倍阳。

周倍阳是湖北江陵荆州人，是张居正的不折不扣的"乡党"，可是这个"乡党"不仅没有能给张居正脸上增光贴金，反而是涂漆抹黑。

1562年周倍阳考中进士，1571年的时候，他被调到广西担任巡按御史。明朝的广西是一个山高林密、兔子都不拉屎的地方，很显然，周倍阳如果不能在任上做出一些拿得出手的成绩，他此生都休想有出头之日了。

就在周倍阳坐困愁城的时候，当地的瑶民为反抗官府的横征暴敛、鱼肉百姓，展开了一场声势浩大的起义。

张居正为了平叛灭乱，就给新上任的广西巡抚郭应聘写去了一封信，其中说："炎荒瘴疠区，役数万众，不宜淹留，速破其巢，则余贼破胆。"这封信的意思是：进兵灭乱一定不能姑息和手软，必须要一战成功，震慑乱患。

郭应聘虽然是个文人，却很能打，他调集六万军队，开始向府江瑶地区"剿灭民乱"。可是前方打仗，后方的粮草必须要跟上，郭应聘为填饱肚子，便向镇守贵阳的周倍阳请求粮草支援。

周倍阳不想让剿匪的功劳落在郭应聘的身上，他就不断地帮倒忙、搞小动作，粮草迟迟未动，一根草、一粒粮都没有送到府江瑶地区。

周倍阳根本没有大局的目光，只顾着打自己家的小算盘，果然，江瑶前线因为缺少粮草，以至于剿匪不力，眼看着郭应聘的军队阵脚不稳，已经濒临落败溃散。周倍阳甚至还幻想着郭应聘因为兵败，被押赴京城问罪，自己领兵开始剿灭民乱，斩将搴旗，因功而被调离广西，入京为官，开始了一段锦绣般的美好前程。

张居正运筹帷幄，决胜千里，他急忙从多地调集来了粮草，支持郭应聘，郭应聘最后将乱民连锅端了，立下了一件大功。郭应聘被朝廷封为兵部右侍郎兼右副都御史，而巡抚如故。

郭应聘受封后的第一件事，便是上本弹劾了"耍手段"的周倍阳，周倍阳本应按律治罪，可是正赶上隆庆皇帝归天，再加上倾轧和内斗，张居正疲于应付，如何处置周倍阳就被他暂时给搁置了。

随着张居正取代了高拱，郭应聘觉得因为"乡党"的缘故，张居正有可能放过了周倍阳，故此，他就收起了自己的第二份弹劾。

如果周倍阳能够痛定思痛、痛改前非，估计张居正为了大局着想，可能会放过他。可是万万没有想到的是，在《考成法》刚刚颁布实施的关键时刻，吏部右侍郎崔永年，竟将好友周倍阳的名字，浑水摸鱼地写进了执行《考成法》廉能臣子名单，大张旗鼓地向张居正讨赏来了。

珠丸之珍，雀不祈弹，金鼎虽贵，鱼不求蒸，崔永年和周倍阳胆子不小，竟直接往张居正的枪口上撞。

崔永年为何敢这样干？道理很简单，首先周倍阳和崔永年是好友，当初周倍阳离开京城，崔永年哭得如丧考妣，并发誓一定要将周倍阳弄回来，而暗中，崔永年也有自己的小心思，周倍阳扣押郭应聘粮草这样的"恶事"，张居正都不追究，很显然，张首辅就是有意对周倍阳进行"包庇"，如果他能顺应形势，借着《考成法》的实施，朝廷表彰廉能官吏的契机，让张居正的"乡党"得到重用，这岂不是创造了一个向当朝首辅表忠心的好机会。

崔永年完全是聪明得过了头，他的乱赢纯属是发癔症，张居正不处理周倍阳，并不是培养什么心腹和羽翼，他就是培养股肱之士，也不会选没有一点全局眼光的周倍阳，崔永年既然将周倍阳报了上来，这就等于揭开了遮羞布，露出了里面的脓疮，很显然，不处理简直就是说不过去。

张居正为示公允，他请来了张瀚、葛守礼和吕调阳共同商量此事，可是令张居正想不到是，张瀚虽然支持贬黜周倍阳，但他提醒张居正一定要谨慎行事。

因为周倍阳和崔永年都是杨博的门生，杨博刚刚入土，尸骨未寒，两位重要的门生就被贬黜，势必会引起一些人不必要的猜忌。

葛守礼性格鲁莽，直言快语，他的意思是：《考成法》刚刚实施不久，正好可以用周倍阳和崔永年"祭旗"，这样更有利于该法的实施；更何况，杨博生前是清官，对于辱没自己名声的门生，处理起来，也是毫不留情；现在只要将周倍阳和崔永年所犯之罪，昭示天下，相信天下人对其声讨鞭挞还来不及，没有人怀疑张居正是党同伐异。

吕调阳谈起处理周倍阳和崔永年，完全是一个和事佬的角色，他首先顾忌周崔二人是杨博的门生，不管是刻薄寡恩，还是包庇敷衍，难以处理公允。

张居正随后讲出了自己的处理意见：崔永年罢黜削职，离京回籍；周倍阳连降三级，调往他处为官；而郭应聘身为广西的父母官，只上了一道弹劾，便偃旗息鼓，实有纵容和惰政之嫌，张居正写信，亲自对其训斥。

张居正曾这样说过："不明赏罚以励之，则人孰肯冒死犯难，为国家用哉。"

明代张居正在《陈六事疏》中写过："有功于国家，即千金之赏、通侯之印，亦不宜吝；无功国家，虽颦笑之微、敝绔之贱，亦勿轻予。"

很显然，张居正对撞到了"枪口"上的周、崔二人，处理得从重从快了，在宅心仁政、待人以宽面前，张居正选择了盱衡厉色、严刑峻法。都说高拱因为变法，得罪了太多的人，被罢黜的时候，甚至连求情的臣子都没有，张居正为了保证《考成法》的实施，对犯错官员的处理，可以说霹雳雷霆，下手更狠更重。

张居正为了保证《考成法》的顺利实施，被儒家极力标榜的中道，在他身上竟一点痕迹都看不见了。

崔永年离开京城之时，想以同乡之情感动张居正，可是张居正竟然避而不见。崔永年一腔怨怼地离开了京城，当他坐在骡车上，望着被夕阳中逐渐隐没的京城城门，叫道："张居正，我等着看你的下场！"

张居正对罢黜奸佞毫不手软，对擢拔和保护良臣亦是不遗余力。张居正对汉代王符《潜夫论·论荣》"苟有大美可尚于世，则虽细行小瑕，曷足以为累乎"，非常认同，奉行只要你是人才，我就会保护你的策略。

早在隆庆年间，御史詹仰庇甚有才干，他因为上疏，要清查宫监的账目，宦官鼓动皇帝，要对其施以廷杖，张居正对隆庆皇帝说道："臣等再三参详仰庇疏意，止因该监钱粮未明，欲行清查，以资国用。原其本心，实亦无他。"詹仰庇免遭酷刑，就这样轻松过关。

漕运总督王宗沐是个人才，当时他海运十二万石米抵天津，因为八条船沉没，损失白米三千石，朝廷准备要对其降级使用，张居正说："海运初开，小有损失，无害大计，何必讳言处补乎？然其才足倚，未可深责也。"王宗沐就这样避免了惩处。

当时明朝选官，有三条途径，即：考取进士，官职晋升最快；获得举人、监生和贡生的身份，亦是为官的途径；最后一档是吏员，就是小吏出身的人，如果干得好，也可以为小官。

根据《明会要》记载，嘉靖皇帝曾"三途并用"选官，实行了两年，可是官员的队伍，还是"进士十之七八，举人百之一二，岁贡则绝不齿及"。

能考上进士的人，都是万里挑一的人才，却不见得是万里挑一的好官。最让人感到尴尬的是，进士出身的官员，看不起举人、监生和贡生出身的官员。很显然，这种选官唯"举人"出身的办法，很明显不是什么好策略。

张居正为了革除官场的痼疾，他主张"良吏不专在甲科（进士），甲科未必尽良吏"。为了令"不拘一格降人才"的新政不触礁，便对科道官员做出了一个人数规定，就是进士官员可占八成，余下的两成给举、贡人才，而太常寺卿、鸿胪寺卿及五城兵马司的指挥使，非进士出身也可以担任。

《考成法》在实施的过程中，张居正发现了一个底层人才，此人就是只考中过秀才，完全是吏员出身的黄清。黄清的资历不仅和进士、举人无关，更让人感到错愕的是，他还是瞎了一只眼睛、瘸了一条腿的残疾人。

黄清虽然是个残疾人，却因为才干超群，明于吏治，在县衙中，一直做到了通判，不管多么难的事，在他手里都会办成，但因为资历的关系，始终无法得到升迁。

当时张居正遇到了一个难题，大明的产粮大省都在江南，可是杭州到北京的大运河的漕运却出了问题。高邮、宝应两地的地势低洼，一到雨季，便会在这两个地方溃堤，致使运河失效，漕运受阻。

这个难题需要地方官员、漕运总督衙门与河道总督衙门三方合力解决，可是他们都揽功拒害，扯皮推延，致使大运河只能运送四百万石粮食，无法满足北方的需要。

想要解决这个"卡脖子"的难题，需要在高邮、宝应两地的运河旁修建内堤。张居正为了破局，直接破格提拔黄清为淮安知府，命他领人开始修筑内堤。

张居正对黄清的任命，遭到了多数官员明里暗里的反对。不仅黄清是吏员出身，令他们相形见绌；更是因为身有残疾，令那帮道貌岸然的官员们，觉得跟黄清站在一起颜面受损。

张居正的"铁腕"举荐，让不少的官吏敢怒不敢言，因为一旦公然反对，有可能会连累自己"遭殃"，大家便学金人三缄其口、作壁上观，静等黄清筑堤失败，然后看张居正的笑话。

可是这些盼望着张居正无法"收场"的官吏们，等到的却是黄清筑堤成功的好消息。

为何不少"能臣干吏"都无法完成的修堤工作，能让一个身有残疾的人完成？首先，黄清确实有高超的办事方法，他官声清廉，只要登高一呼，四方民众便积极投入到筑堤的工作当中；其次，黄清的出身很低，为了报答张居正的器重，自然要拿一天当十日地努力工作；最后，黄清不贪不占，公生明，廉生威，他自然用最少的修堤银，建成了这道最坚固的运河内堤。

活人怎么能让尿憋死？办法都是人想出来的，有钱可修堤，没钱照样办事。这道内堤建设成功，让反对张居正的人，全都闭上了嘴巴。大运河的瓶颈贯通后，漕运能力提高到六百万石，张居正得知捷报后大喜，黄清被任命为两淮运司同知。

令人扼腕的是，那帮嫉贤妒能的官员们，实在无法容忍黄清的存在，正所谓"功到雄奇即罪名"。他们就在一个冬天，趁着黄清到官船上，去见上司的时候，事先在跳板上淋水结冰，黄清一不小心，从跳板上滑倒，跌入江水身亡。

张居正在京城得到消息，心里悲愤莫名，他一边写信，命淮、扬二州为黄清办一场隆重的丧礼，还应总理河道大臣潘季驯的请求，为黄清立了祠，并破格提拔黄清的一个儿子做了监生，典籍记载是"赠特祭、赠太仆卿、荫一子入胄监"。

张居正用"特祭，赠官和荫一子"的行动，表明了自己不拘一格降人才的决心，也让那些混事的官员，感觉到了末日，更让那些出身低微、有能力、有本事的官员们，看到了出头的希望。

明朝初期，洪武皇帝至正德皇帝的时候，官员们实行的是"考满"制度，任期一般是九年，直到九年后才能调动。可是从正德皇帝以后，各地官员跑官要官成风，甚至官员到任，屁股底下的椅子还没等坐热，便走马灯似的离开，面对换官"频繁"的局面，有谁会安心办事，为民分忧？

张居正为了扭转这种图谋肥缺、"镀金"便走、不安心本位的情况，他明确了久任之法，正所谓"官不久任，则人无固志，治鲜实功"。

比如某地知府，通过了三年初考、六年再考，可以升为副职，只有过了九年通考，才可以升为布政使和按察使，而且贤能的官吏，可以就地加官，不必更换衙门，直接省去了官员们跑官的精力，以及付出的时间和金钱。

张居正说："吏之难，非治民之难也，事人之难也。非得下之难也，悦上之难也。"其意思是：作为一个好官，治理百姓不难，难的是取悦上级，让上级认同自己，因为考核权在上级的手中，故此，如果上级说自己不合格，想要升官那就难上加难了。

张居正为了改变这种"媚上便会升官"的困境，做出了三个规定："出身低不能作为是否进官地标准；得罪过大官，不能影响其提拔；考核要以事实作为标准，不许各地主官掺杂个人的爱憎。"

而《考成法》的监督权，由内阁及六科监督部、院，再由部、院监督各省主官掌握，让人人都处在被监督，一旦执行不彻底，就将被追责的高压状态。

在张居正的奏请之下，自万历二年（1574年）起，全国各地经过《考成法》选出的廉能官吏，都可以入京面圣。这些小官一辈子都没有入京机会，他们甚至都不会有走进大内的想法，如今能够目睹天颜，亲耳听到天子的嘉勉和褒奖，这份荣耀不仅可以光宗耀祖，甚至可以载入史册。

而那些考核不合格的庸劣之官，则要被押赴各级衙门治罪。万历三年（1575年），在该法在执行中，内阁共查出"未完成核查公事共计两百三十七件，其中凤阳巡抚王宗沐、巡按张更化，广东巡按张守约，浙江巡按肖廪，因为未完成之事甚多，被罚俸三个月。征赋不足而被降级和革职处分的官员共有十二名"。

当时黔国公沐英镇守云南,作为国公的后代,黔国公沐朝弼却目无国法,他奸污嫂嫂陈氏、夺兄田宅、藏匿罪人蒋旭,还用调兵火符遣人到京城,刺探朝廷情报。

面对云南巡抚的弹劾,朝中不少臣子认为,黔国公久镇云南,根深蒂固,一旦朝廷对其处理,他举旗造反,势必酿成浩劫。

张居正却不这样认为,随着《考成法》的实施,即使黔国公想造反,云南的官吏也不会随着他举旗。果然,圣旨传到云南,沐朝弼的儿子沐昌祚继承爵位,沐朝弼削去黔国公之位,只给一半的俸禄。后来,沐朝弼因为杀人通番之事,再度遭到弹劾,最后被禁锢在南京,于万历五年(1577年)去世。

沐朝弼看似不可一世,可是在朝政清明、廉能官吏都有努力方向的时代,他想造反,也没人跟着他去铤而走险,对于这一点,张居正看得很准。

张居正推出的《考成法》,以考核作为官吏升迁、奖惩甚至是罢黜的条件,让本来在暗箱中操作的考核制度,变得有法可依,朝廷官吏的升迁,也彻底打破了论资排辈的陋习,开始不拘出身和资历。

这部法最大的成就,就是启用了因为家贫,直到四十岁,一度以生员袭职的李成梁,让一代名将李成梁走上了大明的历史舞台。

《考成法》就好像一把尺子,"立限考成,一目了然",张居正主政的十年间,因为在《考成法》面前,露出原形而被裁撤的冗官冗员,而被罢免的庸官和贪官,竟占当时官员总数的三分之一。

该法初见成效,整顿铨政获益良多,张居正觉得应该对宣大总督王崇古兑现承诺了,王崇古本来是兵部尚书最佳的人选,可是为了俺答封贡的成功,张居正一直让王总督戍边。如果让其继续做下去,断了他升迁的渠道,不仅王崇古会有意见,张居正也于心不忍。

张居正在文华殿中向万历皇帝上了一道奏疏,提出了王崇古应该入理京营戎政的动议,万历皇帝问:"王崇古为宣大总督,恪尽职守,为何召其入京为官?"

张居正回答："朝廷用人，不当将其力用竭，可令其暂做歇息，如西北有变，可不妨再用！"

万历皇帝问："谁可为宣大总督？"

张居正回答："方逢时！"

《明史》中评王崇古为"崇古身历七镇，勋著边陲"，王崇古不仅督理西北，谙熟边情，更重要的是，他能放下身段，与俺答汗交朋友，并设身处地地为俺答汗解决实际问题。

不管张居正治边的策略有多高明，没有一个能"息大明五十年之烽燧"的执行人，他的目标也无法实现。

王崇古回京后，他在万历三年（1575年）九月，任刑部尚书。到万历五年（1577年）任兵部尚书。告老还乡后，万历十六年（1588年）病故，赠太保，谥襄毅。

张居正用王崇古给边塞的将士们，树立了一个榜样，那就是只要肯为朝廷效力，晋升的大门是永远敞开的。

万历三年（1575年）是不平静的一年，李成梁率兵取得了辽东大捷。当时辽东巡抚张学颜还没等将胜利的消息报到兵部，辽东的巡按御史刘台就越权行事，捷足先登，将消息写信报给了张居正。

张居正接到信后，不由得怒火满腔，他认为，边疆总督、巡抚，不应受御史的牵制，而巡按御史就是"丫鬟带钥匙，当家不做主"的角色，干好监督的工作，绝不能过问军事，否则就是越权。故此，在书牍十三《答苏松巡按曾公士楚言抚按职掌不同》对刘台"而侵越巡抚之事，违道以干誉，徇情以养交，此大谬也"，进行了申斥。

刘台作为张居正的学生，按照道理来说，被老师申斥，理应接受教训，幡然悔悟。可是他心胸狭窄，对张居正恨得牙痒痒，竟冒天下之大不韪，开两百年来，学生弹劾自己老师的先例，他在万历四年（1576年）正月，上疏弹劾张居正：擅作威福，胁制言官，目无朝廷，诬陷辽王，贪墨钱财等陈谷子、烂芝麻的旧事……

张居正真的没有想到，以严嵩之奸，尚无学生对其弹劾，自己呕心沥血地为朝廷做事，并严格要求自己的学生，无非是想让官员们各司其职，不让"小石头打碎大水缸"的事情发生，却被刘台恣意地揭伤疤，张居正当时跪在金銮殿上，痛苦到了流泪不起。

万历皇帝走下御座，并扶起了张居正，为了安慰一个劲儿要辞官的张首辅，万历皇帝决定对刘台廷杖一百，免官夺职，在张居正的劝说之下，廷杖被免，刘台被削职为民。

万历八年（1580年），张学颜成为了户部尚书，开始彻查刘台在辽东受贿一案，贬职的刘台最后流戍浔州，张居正总算出了一口闷气。

其实只要是人，身上就会有毛病，有高人说"有一念而犯鬼神之忌，一言而伤天地之和，一事而酿子孙之祸"等噬脐莫及的事不能去做。刘台只不过被张居正训斥了一通，他妄起弹劾，最后搞得自己削职为民、充军发配，等于落到了阴山的背后，这是典型的一事而酿子孙之祸。

张居正是一个言出必行，更是一个恩怨分明的人。湖广巡抚顾璘不仅是名臣，也是张居正一生最为感激的恩师和挚友，他在《与南掌院赵麟阳书》曾经这样写道："仆自童幼，岂敢妄意今日，然心感公之知，思以死报。中心藏之，未尝敢忘。"

嘉靖二十四年（1545年），顾璘去世，张居正对自己的这位大恩人，并没有进行过实质性的报答，他亦引为憾事。

为了让顾璘的儿子顾峻来京参加科考，张居正不仅让驿站对其全程接送，还承担了科考的全部花销。

顾峻的科考成绩不理想，为了让他能够得到朝廷的恤典，他分别致信南直隶及朝廷的官员，目的就是让他们为顾璘请求朝廷荫赏。

明朝曾经有一个规定，"文官一品至七品，皆得荫一子以世其禄"，但是想要争取承荫，必须要有过硬的官员对其推荐。吏部尚书杨虞坡对张居正的态度给予了积极的响应，顾璘曾经督工显陵，任劳任怨，功劳殊显，应该承荫。

在张居正的运作之下，顾璘之子承荫得以实现，可是顾璘是两个儿子，究竟谁该承荫？明朱国祯《涌幢小品·卷之九·张太岳》记载，张居正得知情况，还给南部中丞赵锦去信，信中写道："此乃翁见托之言，仆知己之报。"最后由顾峻承荫，了却张居正的一个心愿。

张居正对"耳朵塞鸡毛"一点听不进话官员的处理手段，也堪称"杀伐果断"。当初，辽王朱宪㸅因为种种恶行，御史陈省弹劾举报谋反，素有廉能之名的刑部左仕郎洪朝选升任尚书，被朝廷派江陵府，调查辽王造反是否属实。

洪朝选是明朝的清官，不仅有"芳洲气节"的美誉，而且因为廉洁身守、勤政为民还被称为"洪佛子"。张居正曾经说过这样的一段话，万历年间，兵部左侍郎汪道昆在巡视蓟辽前线时，他不查军事实情，对军备防务敷衍了事，却与当地文人饮酒谈诗、优哉游哉。

蓟辽总兵戚继光，就写密信将情况报告给了张居正，张居正写下了"芝兰当道，不得不除"的名言，罢免了汪道昆这位"文坛领袖"的官职。

一位贤臣，如果不能为自己所用，便是潜在的危险。当初，洪朝选离开京城的晚上，张居正亲自过府相见，可是他对张居正给辽王拟定的"造反"罪名，予以拒绝。

洪朝选来到江陵，他以辽王"淫虐有实，谋反无据"而复命，当时，洪朝选并没有认清形势，辽王不管是淫虐，还是造反，估计最后都是圈禁的命运。接下来不久，张居正的手下，就借着"京察"的机会，给洪朝选罗织罪名，令其罢官归籍。

张居正并不是圣人，他只是一个"救时宰相"，他在清除异己的时候，所用的手段与严嵩、高拱和徐阶等人用过的，也没有什么两样。

只不过严嵩清除异己，是为了私利；而张居正清除异己，是为了实现治国理想，令大明朝昌盛繁荣，让百姓安居乐业，完全是出于公心。

15 剿乱，都掌蛮终被"肃清"

明朝中期，特别是嘉靖和隆庆两位皇帝执政的时候，广东地区由于贪官恶吏横行，他们狂征暴敛，以至于民生凋敝，百姓们啼饥号寒，百姓为了活命，不惜铤而走险，纷纷举起大旗，走上造反的道路。

当时举旗造反的乱军首领有和平、龙南的李文彪、谢允樟、赖清规，到了隆庆年间，惠州举起义旗的有蓝一清、赖元爵，潮州造反的有林道乾、林凤和诸良宝等人。

张居正在《答两广刘凝斋言贼情军情民情》中写道："嘉、隆之间，广州处处皆盗，议者谓岭表非我版图矣。"幸亏殷正茂任广西巡抚时，剿乱有功，否则广西一地真不知道会乱成什么模样。

殷正茂总督两广军务，在书牍四《答两广殷石汀计剿广寇》中，张居正给他写信，并告诉他："治乱国，用重典。广固乱国也，其势非用兵威以震荡之，奸宄不畏，良民无依。"

殷正茂卸任广西巡抚后，他的继任者是郭应聘。郭应聘是嘉靖二十九年（1550年）进士，授户部主事，累擢广西布政使。郭应聘的家族真的不一般，宋朝时，他家的第十代祖郭义重、郭道卿和郭廷炜三人，曾经被南宋高宗帝赐封为"三孝子"。

其先祖郭子仪更了不得，那是一位居武庙十哲的伟大人物。郭应聘为了彰显"汾阳世第，魏阙名家"的风采，他接过殷正茂的官印，随后给张居正写了一封如何剿灭民乱的秘信，通过驿站的八百里加急，直接送到了京城。

张居正接到郭应聘的信件后，他略一思考，便给郭应聘写了一封回信，在《答巡抚郭华溪》的这封信中，他不仅对郭应聘面临的形势做出了分析，还为他如何剿灭民乱指明了道路："怀远之兵，既未得天时地利之便，暂宜解归，以俟大举。若有他巧可取之，尤妙矣。此事若非县令苛急，亦未遽叛。事之未形，一夫制之有余，祸端已构，数万人取之不克，至兵连祸结，师老财费，使朝廷厪南顾之忧，疆场有不讨之贼，彼激乱启衅者，死何足恤哉。以是知天下之事，推知几识微者，可与图成，而轻躁锋锐者，适足以偾事阶乱而已。"

张居正在信中，告诉郭应聘不可以"轻率躁进"，官兵有朝廷做靠山，一定要稳得住，应该借助天时地利，一旦贼兵露出了破绽，便可一举灭乱成功。

郭应聘接到了张居正的信件后，便开始了调兵遣将，准备一鼓作气，剿灭民乱。

张居正成为首辅之后，不管是实施《考成法》，还是改革吏制，增加财政税收，抑或是对土地的清丈，都需要一个安定的环境。殷正茂在广西剿匪，一开始也是步履艰难，险阻不断，直到张居正给他"南夷顽梗，德义所不能化，唯憎于威强"的策略后，殷正茂高举屠刀，杀戮不断，在血腥的镇压之下，广西民乱这才趋于平定，最终取得了决定性的胜利。

张居正本以为广西的民乱被镇压下之后，总能太平几年，让人没想到的是，一场更为声势浩大的民乱又在广西爆发了。在这次民乱中，怀远知县马希武被杀，消息传到京城，朝廷都为之震动。

张居正随后继续给郭应聘写信，在《答郭华溪》的信件中，他这样写道："一切剿处事宜，公所画俱当，惟公自裁，便宜行事，不敢中制。"

张居正可不想做个代庖人，他在这封信中，将前敌的处置权，都给了郭应聘，一切令他看情况做事。

明朝以儒教的"三纲五常"治国，最重教育和感化。在张居正的支持下，殷正茂高举"造反者罪不得赦"的大旗，杀人盈野，令朝廷的言官们对郭应聘直接展开了弹劾。

这些言官在金銮殿上，开始鸡一嘴鸭一嘴地乱呛呛，他们所持的论调是：王道是以仁义治天下，而霸道便是以刀斧治天下；昔日孔明七擒孟获，最终以德服人，使其心甘情愿地臣服，不再妄动刀兵，今天郭应聘手中高举屠刀，致使不少百姓惨遭毒手，即使民乱暂时被止歇，结果就像割韭菜一般，一旦条件成熟，民乱会再次暴起。

王道可以治天下，可是鲁定公十四年（公元前496年），孔子任大司寇，他上任仅七日，就将与自己学术思想相悖的少正卯杀死，并且暴尸三日。王阳明曾经设计杀了九十多名投降的匪首，杀完他开始吐血，说："报应竟来得如此快。"

没有霸道辅助的王道，是不堪一击的王道，没有王道相随的霸道，是注定失败的霸道。

郭应聘作为名人之后，身体涌动的血液里，自然是教化多于暴力，随着言官的鼓噪，他剿灭民乱的力度逐渐减弱，开始有些"耍熊"，广西的民乱延及多地，势焰更猛。

言官们的奏疏，从表面看来，非常有道理，可是张居正的改革已经全面铺开，并没有给郭应聘留下多少"教育和感化"乱匪的时间。

而那个时间的取得，需要昂贵的"维稳"成本，更让张居正承担不起的是，这场声势浩大的民乱，有可能令张居正的所有改革搁浅。

万历皇帝贵为天子，在他的思想中，剿灭民乱是对的，但滥杀无辜绝对是错的。面对言官的弹劾，他并没有发表意见，而是宣张居正觐见。

张居正来到大内，面对万历皇帝，侃侃而谈道："爝火之方微也，一指之所能息也。及其燎原，虽江河之水，不能救矣……"

张居正上面的一段话就是"星星之火可以燎原"的来源，虽然年幼的万历皇帝对这段"斩草于萌芽，一旦参天徒奈何"的话暂时还不能完全理解，但张居正跟万历皇帝讲这番话，目的不是让他理解，而是让他支持自己"见贼即杀，勿复问其向背"的策略。

张居正为何如此有信心，因为他是帝王师，在万历皇帝的心中，就是高山仰止的存在。万历皇帝在文华殿读书之时，一旦用心不专、贪玩享乐，冯保就会飞报李太后，李太后便会对万历皇帝罚跪，还会吓唬他说："张先生知道了该如何？"

万历皇帝听到这句话，都会凛然好几天。由此可知，张居正在万历皇帝的心中，甚至有"止夜啼"的效果，说句更容易让人理解的话，张居正的名字就是吓唬小皇帝的"狼来了"！

张居正得到了万历皇帝的支持后，他随后给郭应聘写信，在信中，张居正这样杀机毕露地写道："言路指摘你滥杀无辜，此乃妇人之仁，对付民乱，必诛杀殆尽，不留一人！"

郭应聘得到了皇帝和内阁的支持后，这才放开手脚，首先平定了府江瑶人之乱，接下来，又集中优势兵力，向怀远瑶人发动进攻。

按照当时的记载，府江瑶人之乱是官逼民反、聚众闹事。万历元年（1573年）春天，郭应聘在大举平乱之时，广西突降瑞雪，京城的言官纷纷上奏疏，指责郭应聘在平乱的时候，并没有摆正自己王师的位子，而是过于血腥残暴，与贼匪无异，导致天降瑞雪示警。

虽然在张居正的坚持下，万历皇帝顶住了言官的压力。可是由于怀远瑶人得到了当地民众的支持，不仅粮草丰盈，而且兵力不断，再加上怀远的瑶人占据有利地形，一场激战过后，郭应聘首先吃了一个败仗。

郭应聘打了败仗的消息传到京城，万历皇帝也觉得"嗜杀残暴，天降异兆"之事不可不信，张居正上有皇帝的压力，下有言官的鼓噪，一时间非常被动。

张居正提起笔来，给郭应聘继续写信，在信中，他首先驳斥了天象论，并告诉他，如果天象可信，还要你郭巡抚亲自上阵剿灭民乱吗！

怀远的民乱因为是官逼民反，造反者得到了当地庶民的支持，郭应聘想要将其平定，只有一个办法，那就是将其孤立起来，有通匪者，一律杀无赦。

怀远在古时叫牂牁，居住的都是瑶民，属于山高皇帝远的地方，明朝的政令和法制根本就到不了这里，堪称是一段游离朝廷之外的"盲肠"。

郭应聘接到张居正的信件，展开观看后，不由得流下一身的冷汗。张居正远在京城，可是怀远的情况，他掌握的竟比郭应聘还明白。剿乱平叛的前线确实可以打败仗，打了败仗不可怕，最可怕的就是不知道败在哪里。张居正的信件，就好像一根拔翳的金针，在他的心里面瞬间便打开了两扇亮堂堂的"小窗户"。

郭应聘连夜调集各路兵马，占据了白杲、黄土、大梅、青淇等侗、僮地区，令怀远的乱民成为孤立之势，随后李锡与众位将领们开始猛攻怀远乱民的城寨，怀远被攻破之后，他斩其魁首，并将乱民一锅端了。

消息传到了京城后，张居正感觉千斤的重担在肩膀卸下，他真的可以扬眉吐气一回了，一场胜仗，就会让"天象示警，嗜杀暴虐，欺天害理"的论调全都冰消瓦解、灰飞烟灭。

张居正为了毕其功于一役，不给乱民留下任何一点"春风吹又生"的空间，他写信首先褒奖了郭应聘，接着在《答广西抚院郭华溪》中，张居正这样着重强调"兵已深入，须尽歼之，毋使易种于斯土，又烦再举也"。

张居正一再叮嘱，要郭应聘不要学女人扭扭捏捏，必须要除恶务尽，不留祸根。张居正"得盗即斩"的残酷手段，也成为了一个永远抹不掉的瑕疵。

在剿灭民乱的时刻，张居正念兹在兹的"中道"，早就跑到了爪哇国，取而代之的尽是"霸道"。

张居正在信中，提到了"祸根"两个字，什么是祸根？单凭这两个字就可以令怀远血流成河。怀远地区那些通乱者，有可能将来就是叛乱者，甚至心中有叛乱两个字想法的青壮年都是祸根，只要将其全部清除，就可以保证此地二十年内不会有民乱出现。

可是清除谁，不清除谁，不是法律说了算，而是郭应聘说了算。随后他又领兵进行了一个月的血腥剿乱，然后给张居正写信，并在信中信誓旦旦地保证，民乱的种子已经被他剔除，怀远不会再发生民乱，一旦所报不实，他当提头进京,向张居正谢罪。

郭应聘接下来,借助胜势,派遣门崇文、杨照、亦孔昭等将领,对阳朔、洛容、上油、边山等地继续清剿乱民,随着这些地方的民乱一一被清除,广西的战火狼烟暂时止息了。

张居正将广西民乱止息的好消息,报给了万历皇帝,万历皇帝兴奋地道:"郭巡抚灭乱有功,张先生你觉得朝廷应该给他什么封赏?"

张居正想了一下说道:"兵部右侍郎兼右副都御史的位置可留给他,而他原的职务不变,让他继续巡抚广西地区!"

万历皇帝同意了张居正的所请,张首辅便回到内阁拟旨去了。不管是剿匪平叛,还是卫国戍边,一旦取得胜利和战果,朝廷的封赏一定要及时,而且要丰厚,只有这样,才能对浴血而战的将士们起到鼓舞和鞭策的作用。

广西的乱局得到了遏制,这场胜利让张居正四海宴平、盗匪不起、天下大治的雄心,得到了更大鼓舞,他想下一个剿灭匪乱之地在什么地方?

当张居正的眼睛在明朝的版图上一寸寸地搜寻的时候,四川巡抚曾省吾的一道灭贼奏疏,送到了内阁。

曾省吾是湖广人,嘉靖丙辰科进士,"娴将略,善治边"是他的长处,两年前,以佥都御史身份巡抚四川,他用了不到一年的时间,便治理了四川纷乱的形势,他在奏疏中,这样写道:"曾省吾靖年间以来,生齿日繁,逋逃助恶,每每骚动,县官随抚随叛,愈抚愈张。绑掳千百户,杀死巡检,抢辱知县妻孥,久益无忌⋯⋯不惟长效尤之恶,而地方三面濒彝,时有兵革一隅。忔惕他患可虞,此郡蛮之罪,在今日法所必诛,而以剿为抚,事后设官。"

曾省吾在信中说:"两广之地,剿灭民乱捷报频传,我心中亦燃烧起了剿灭匪乱的豪情。我请求剿杀都掌蛮,令四川之地匪患得除,长治久安⋯⋯"

曾省吾奏疏中所说的匪乱,就是僰人之乱。僰人最早见于《吕氏春秋·恃君览》中,在春秋战国时代,就有僰人聚居在宜宾。

僰人曾参加过武王伐纣的牧野之战,建立了战功,并在宜宾地区建立了"僰侯国"。僰人又被称为都掌族,他们雄踞云贵川三界的咽喉地带,不服历代王朝的统治,他们占据山寨,叛服不定,一旦拿起锄头,就是勤劳的农民,拿起刀枪,便是骁勇的战士,他们拥有自己的武装,俨然在四川成了"国中之国"的存在。

明朝开国后,亦视都掌族为"心腹之患"。明洪武年间,都掌族被"编氓,隶戎县",可是都掌族时常反抗,虽然朝廷派兵多次征剿,但他们占据的石寨山高城险,明军除了损兵折将之外,并无多大的斩获。

成化五年(1469年),"四川戎县、山都掌蛮数叛,陷合江等九县"。明宪宗为了四川的长治久安,便派李瑾为总兵官,率领二十万精兵征讨都掌族,经过四年苦战,焚寨"千四百五十,前后斩首四千五百有奇,俘获无算",明军只是攻破了都掌族的外围阵地,并没有真正攻陷其老巢。

明军在连年的征战中,遭到了很大的伤亡,以至于征剿都掌族之战,被迫停了下来,灭僰之战,就被做成了一锅"夹生饭"。

任何一位到四川理政的明朝官吏,都将上任视为畏途,他们看到"都掌蛮"三个字,就好像看到了头上压下来的三座大山。曾省吾是一个有使命感的官员,他看不起那些毫无作为的庸官,他上任伊始,心中便发出宏愿,一定要消灭剽悍凶猛、目无朝廷的都掌族。

曾省吾作为一个有责任、有担当的官员,他不想让"都掌蛮"成为自己仕途的绊脚石,他要让这个千年的"痼疾",成为自己晋升的台阶。

张居正新任内阁首辅,正所谓新官上任三把火,虽然他的第一把火烧到了《考成法》上,可以令吏制脱胎换骨,但让那些闲散自由的官吏们满负荷的工作,不用想也是一腔怨言,张居正就想将第二把火烧在剿匪平乱之上。

虽然郭应聘在他"除恶务尽"的谋划下,取得了广西等地平乱的胜利,但这种胜利并不能真正起到鼓舞人心的作用,因为广西等地只是民乱,在明朝的历史上,曾经多次被剿灭。

真正不能被剿灭的匪乱有一处,便是都掌族之乱。张居正看到了曾省吾的奏疏,他不由得精神一振,如果曾省吾能剿灭都掌族之乱,这场胜利,就能算作张居正烧起的第二把火了。

而且这第二把火,一定可以让张居正在朝廷的地位,得到空前的巩固,也会让那些心怀不满的臣公,知道《考成法》是正确的,让那些骑墙观望的朝臣们,以张居正马首是瞻。

张居正为何对这次剿灭都掌族之乱如此有信心?道理很简单,因为明朝以前,饱受"南倭北虏"之乱的影响,对于都掌族之乱,始终是无暇理会,随着戚继光等人的努力,"南倭"问题基本得到了解决,"北虏"问题随着"隆庆和议"的成功,俺答汗也已经由闹事的边患,变成息止刀兵的睦邻。万历朝趁着"兹值明良交泰之会,更当中外协恭之时",终于可以放开手脚,处理都掌族之乱了。

曾省吾本来就是一个有胆量、有头脑、够冷静的人,面对"二百年抚剿相寻,数十载猖狂益甚……而生杀一方,屡抗官兵,逞戈矛而震惊三省"的都掌族,曾省吾作为文官,确实有将其剿杀之心,却无将其消灭之力。故此,他向张居正要一员能够斩将搴旗、冲锋陷阵的大将,此人就是称雄福建平倭前线,与俞大猷、戚继光齐名的刘显。

如果说俞大猷是一条"龙",戚继光是一头"虎",那刘显则是一匹"狼"。在平倭的战斗中,他立下的战功不比俞、戚二人少,但为何名声不如前两位将军显赫?道理实在没法说,刘显目无法纪,贪赃行贿,作为一个桀骜武将的缺点,在他身上都有,一般武将身上的好习惯,在他的身上一星半点都找不到。

更让人大跌眼镜的是,在曾省吾点将之前,刘显正被朝中的言官弹劾,正处在丢官罢职、静等着下诏狱的边缘。

张居正之所以压着奏疏,没有处理刘显,就是因为这位刘将军,别看一身臭毛病,可是手中握有"能打"的金刚钻,平倭的前线根本离不开他。

张居正也怕曾省吾统御不了这种"滚刀肉"似的悍将,他在《与蜀抚曾确庵计剿都蛮之始》的书信中这样写道:"都蛮为害多年,不容不除……若其人果可用,不妨特疏留之,立功赎罪;如不可用,则当别授能者。公宜以此意明示刘显,俾鼓舞奋励。如玩寇无功,必将前罪并论诛之,不敢庇也。地方大事，唯公熟计之。"

张居正为了能在剿灭都掌族之战中取胜，他首先送给了曾省吾一把"尚方宝剑"，这把尚方宝剑的内容是：你告诉刘显，这次剿灭都掌族，对于他来说，等于是戴罪立功，胜了首辅大人负责摆平那些靠舌头杀人的言官，一旦败了，杀他个二罪归一，让他死的不能再死。

刘显为何贪污受贿，大把搞钱？因为他是穷苦人家出身，曾经被严苛的环境逼迫得差点上吊自杀，为了打胜仗，为了不受人欺负，为了出人头地，他养了一帮上阵打仗，敢于玩命的蛮夷凶兵，这帮斗大字不识一箩筐，看见银子就"嗷嗷"怪叫，唯刘显命是从的凶兵，需要拿银子来养，没有白花花的银子，刘显也指挥不动他们。

刘显一听剿灭都掌族、破城取寨就有大把油水可捞的消息，他兴奋得差点跳了起来，可是打仗不比过家家，那是要舍命流血的，对于这一点，刘显比别人更明白。

都掌族为何难以剿灭？那是因为他们几百年的经营，几处盘踞的老巢，都在"九丝山、鸡冠岭、都都寨和凌霄峰等四隅峭仄的大山中，其城寨高耸入云，防卫完善，易守难攻，故都掌蛮'浸淫至嘉隆时，桀骜益甚'"。

都掌族纵然凶悍，毕竟归属于蛮夷，虽然仗着地利，割据称雄，但最好的防卫武器不过是原始的弓箭、梭镖、滚木和礌石。刘显领兵去贸然强攻，势必损兵折将，纵然能够取胜，也是家底拼光，元气大伤。

这场硬仗怎么打？孟子就曾经说过："君子之志于道也，不成章不达。"意思是：你想干成事，必须要出口成章，也就是要有干事的本领。刘显决定露一手，他眼珠一转，有了克敌的主意，就通过曾省吾，向张居正上书，请求火器的支援。

刘显真是一位能打硬战的将军，张居正看罢请求支援火器的信件，立刻明白了刘显要用先进和犀利的火器，来克制敌方"地利"的优势。张居正命兵部传下谕令，调蜀地周围数省的佛郎机、三眼铳、虎蹲炮，并源源不断地送到了曾省吾的衙门。

张居正接着向万历皇帝申请剿灭都掌蛮的军费。正所谓兵马未动粮草先行，打仗就是在打后勤，这句话说得实在是经验之谈。

张居正在金銮殿上，面对天子和群臣，首先讲述了剿灭都掌蛮的必然性，以及面对的诸多困难。

平匪灭乱，哪能干手指头沾盐，那得真金白银才成。万历皇帝不无担心地问张居正："剿灭都掌蛮一定需要太多的军饷和粮草吧？"

张居正回答："只需军队十四万、军粮二十万石、白银七十万两，即可一劳永逸，取得成功。"

朝堂上的臣子们听到剿灭都掌蛮，所需军粮和银两如此之巨，一时间金銮殿成了菜市场。说此战困难，胜负不可预料者有之；说兵者不详，不如保持现状，待将来徐徐图之者有之；更有甚者，竟说以朝廷之威镇之，以钱粮之利与之，定能让都掌蛮俯首称臣，万世不叛者有之……

张居正一说调拨军饷，为何皇帝和大臣们都异口同声地哭穷？因为嘉靖和隆庆两朝，留给万历朝的摊子太烂。根据《明穆宗实录》卷十六记载，当时的国库空虚，隆庆皇帝实在揭不开锅了，陕西副使姜子羔竟出了一个馊主意为"朝官各有路费及馈遗私条，宜令进献余，以佐国计"。

姜子羔的歪招说的是，让进京的官员，主动给国家献银。虽然这个"丢脸"的主意没被采纳，姜子羔也被降职，但这也从侧面说明了一个问题，那就是大明朝的国库，穷得叮当响，连最后一只老鼠都被饿跑了！

这群紧盯着"钱褡子"的臣子们目光短浅，张居正心中不满，他转身用比剑尖还凌厉的目光横扫了过去，群臣缄口，朝堂立刻安静了下来。

张居正告诉万历皇帝，军粮在两广、贵州和福建等地即可调拨，而饷银可以先给一半，军队可用当地的土司兵力，再加上附近几省的驻军，可以说，筹粮饷、调军队皆不是难事。

万历皇帝对于剿灭都掌蛮之战，也是顾虑重重，他问道："张先生，此役真的能够一战而胜吗？"

张居正回答："以天子之威，文武毕力，将士用命，贼必摧枯拉朽，岂可当乎!"

张居正心里虽然对剿匪的事打鼓,可是他主战必胜的话,却声如雷霆,掷地有声,给了万历皇帝极大的信心,这位天子点了点头,用兴奋的口气说道:"准奏,都下去准备吧!"

万历皇帝也需要一场胜仗来给自己脸上贴金。虽然剿灭都掌蛮从没有成功的先例,但信心满满的张居正,还是让他看到了一线胜利的曙光。

刘显在福建灭倭前线,打的基本都是窝囊仗。那些不求有功但求无过的文官,为了自己的官帽,不仅限制刘显的权力,而且处处对他拆台掣肘,让他在平倭之战中,成了受窝囊气的童养媳。

可是他来到了蜀地,内有曾省吾要金子不给银子的支持,外有张居正搜罗几省,送他火器的帮助,刘显这才真切地感受到张首辅对他的器重,以及朝廷必灭都掌蛮的决心。

刘显如果不能取胜,那就上对不起天,下对不起地,中间对不起良心,等待他的必将是砍脑袋的命运。

万历元年(1573年)四月,刘显在四川叙州集聚了十四万军队,他兵出奇招,并没有雷公打豆腐——专挑软的下手,而是将首战升为"恶战",他要充分利用手下将士的锐气、火器弹药的充足,一战攻取第一座险关大寨。

都掌蛮的首领真的没有想到,刘显的第一锤子,竟砸向了最难啃的铁蒺藜——凌霄城寨。

刘显手下那些"蛮夷"族的凶兵,他们一部分手持火器,对城墙上的都掌蛮士兵,进行见一个杀一个的压制,接着一部分士兵,肩背火器,攀着藤条和寨墙而上,他们的战斗力实在惊人,攻城竟然不用云梯。

都掌蛮凶悍的士兵,一个个为保家园,纷纷冲上城头,射箭如雨,落石如雹,拼命抵抗。可是面对刘显手下士兵用的最新式的火器,他们才知道,今天真的是凶多吉少了。因为再结实的藤牌和甲胄,也不如火器犀利,面对纷飞的弹雨,都掌蛮士兵尸体遍地,血染城头。那些虎蹲炮发射的炮弹,飞过了城墙,直接打到了山寨中,炮弹落处,房倒屋塌,死伤一片,都掌蛮士兵英勇善战不假,但刘显的第一仗,用火器击毁了他们守城的信心。

凌霄城寨之战很快结束了,明军热兵器对冷兵器,打的就是一边倒的战争。都掌蛮士兵伤亡在十之七八,剩下的不降者尽皆被斩杀。凌霄城寨是个难啃的铁核桃,但刘显用火器,不仅敲开了铁核桃,而且将这个铁核桃砸了个稀巴烂。

刘显不辱使命,开篇就打了一个大胜仗。张居正没有看错人,刘显真的给他长脸。

张居正得知凌霄城寨被攻破的消息,他兴奋地提起笔来,给曾省吾写了一封信,在《与蜀抚曾确庵计剿都蛮》的信中,张居正写道:

"凌霄既破,我师据险,此天亡小丑之时也。宜乘破竹之势,早收荡定之功。计蛮众不过数千,我师当数倍之,无不克者。攻险之道,必以奇胜。今可征兵积饷,为坐困之形,而募死士,从间道以捣其虚。先年破香炉,取洮、岷,皆用此道。若不奋死出奇,欲以岁月取胜,此自困之计。兵闻拙速,未睹巧之久也。惟公熟计之。

"刘帅功名,著于西蜀,取功赎过,保全威名,在此一举。其一切攻围之计,宜听其自为便利,勿中制之。唯与之措处军前赏功、募士之费,计军中一月当费几何。与其旷日迟久,不若暂费速罢之为愈也。凡此皆书生之见,谩寄以备采择。"

张居正在这封信中,写了两件事,第一件是"攻险恶之城寨,必须要用奇计",写给了曾省吾。

第二件是"掂量一下手中的银子,此战宜速战速决,切莫旷日拖延",写给了刘显。张居正一再叮嘱曾省吾和刘显,一定要速战速决,差点就要打开天窗说亮话了,想要"白花花"的银子,破寨后可找都掌蛮去要,万历朝国库中的银子已经快要见底了。

明朝开国以来的国策,皆是改土归流,改流为土从未有之,而都掌蛮拥兵据寨,举旗杀官,完全就是造反,想让朝廷承认这股反叛势力,此事绝对不可能。不管是刘显还是曾省吾,面对都掌蛮这样的强敌,在剿匪的时候,都得将脑袋系在裤腰带上，一旦剿匪失利，不仅他们的前途没有了，朝廷对他们的信任没有了，张居正的心血白费了，四川万千黎民百姓翘首以盼的安居乐业的梦想也将完全破灭。

凌霄城寨被官军占据，以刘显的意思，下一步干脆直接攻击都掌蛮的老巢九丝城寨，但曾省吾觉得不妥，因为九丝城寨是都掌蛮的总寨，防守最严，寨墙最险，兵将也是最凶悍。凌霄城寨作为九丝城寨的右臂已经被斩，现在应该再接再厉，斩掉九丝城寨的左臂都都城寨。

一旦九丝城寨的左右臂尽皆失去，那么等待都掌蛮的，必将是引颈待宰的命运。

刘显直接攻都掌蛮的老巢，虽然打蛇击头，确实可以更快地取得胜利，但其中尽皆是冒险的成分，曾省吾稳扎稳打，虽然多耗费一些时日，但胜算的成分更大。

刘显本来就是桀骜不驯的性格，可是来四川剿匪之前，便被张居正借着曾省吾之口，敲打了一通，让他明白了一个道理：听话有肉吃，不听话被人吃。

刘显遵从曾省吾"独决策，先攻都都寨，寨破可断九丝之左臂也"的决策，先攻都都城寨。攻打都都城寨，已经不能利用火器开道，因为弹药在上一次攻城的时候已经基本用尽了。刘显经过仔细观察，他发现都都城寨虽然寨高隘险，却有一个致命弱点，那就在修建的过程中，动用了大量的木材。

特别是寨门上修建的哨楼，竟全部用木材建造，他就命手下准备大量的火箭。第二场恶战开始，刘显命手下用火箭急射，纷飞的火箭，直接令都都城寨的哨楼燃起了熊熊大火，但不巧的是，天空中阴云密布，降下了瓢泼大雨，哨楼燃起的大火被浇灭了。

第二日，刘显为了不让煮熟的鸭子飞了，他率军队对都都城寨发起了猛攻，哨楼重新被火箭点燃，寨墙上的木材，也都燃起了冲天的大火。都都城寨的头目阿墨王、阿廖王被斩杀。夜间的时候，刘显趁着都掌蛮的士兵人困马乏之际，继续用火箭，对寨中的木质建筑发起了更密集和猛烈的齐射。

夜空中，火箭划破黑暗，令都都城寨仿佛变成了白昼，万千的火箭落在寨中木质建筑的房顶，很快这些房顶就冒出黑烟，霎时，火光将半边天都照亮了，当时典籍中的记载是"火益炽，不可扑灭，遂烧蛮房至二千余间"。刘显借着火烧连营，最终一鼓作气，攻取了都都城寨。

张居正曾经给曾省吾和刘显定下了进攻的调子，那就是"奋死出奇，临敌而变"。但刘显领人攻取凌霄城寨，借助的是火器之利，而夺取都都城寨，借助的却是火攻之威，两次恶战，没有一次是"出奇"制胜。

都掌蛮三处视为凭持的城寨，如今被攻下了两个，剩下的九丝城寨，该如何攻破？有道是，兵贵神速，不可止歇，其锋所向，锐不可当。

刘显为了一鼓作气，攻取九丝城寨，他开始短暂地休兵。就在他养精蓄锐的几天时间里，曾省吾借助胜势，对都掌蛮的其他部族开始了规劝，是吃敬酒，还是吃罚酒。两条路摆好后，果然几天之内，鸡冠寨、黄土寨和内官寨的三股都掌蛮部落前来投降。

刘显修整完毕，这一次使用张居正的办法，开始出"奇兵"，这些"奇兵"攀登至九丝城寨后面的高山山顶，然后"士兵攀藤缘木，如自天而下，落入到了九丝城寨中，诸蛮皆大惊，亦殊死战"。

明军主力部队在前面攻打九丝城寨，从山顶攻入城寨之内奇兵进行侧应。都掌蛮的兵勇为了保命，一个个凶得没边，双方从早晨一直战到了日落，从山顶攻入城寨的明军奇兵尽皆战死，这第一场"奇正相合"的激仗失利了。

都掌蛮军队，若论单兵的战斗力，绝对不比刘显手下的虎狼兵差，而且他们还占据地利的优势。天黑之后，刘显决定收兵。

如何能够一鼓作气，攻下九丝城寨？刘显和曾省吾经过一番商量，虽然偷袭、火攻和围困等法，想出来了不少，但这些剿匪之计，都不能一招制敌，这些办法也都被否定了。

只有敌人才了解敌人，曾省吾觉得老虎都有打盹儿的时候，都掌蛮哪能一点破绽都没有。他想出一个办法来，鸡冠寨、黄土寨和内官寨的三股都掌蛮首领已经归降，何不将他们请过来，借着喝酒的机会，问清九丝城寨的虚实,然后再制订作战计划。

这三位都掌蛮的首领一开始还挺拘束,等几杯酒下肚,话匣子就打开了,他们都不约而同地告诉曾省吾和刘显,再有几天,就到了都掌蛮的"赛神节"。

"赛神节"是都掌蛮重要的节日,到了节日的时候,九丝城寨内的士兵和寨民都会载歌载舞,畅饮美酒,彻夜欢庆。曾省吾和刘显送走了这三位首领,不由得一起喊好,总攻九丝城寨的时间,就定在"赛神节"的夜里,只要都掌蛮过节,士兵们累了,酒喝多了,回去休息了,那就是明军发动总攻的时刻。

真是天遂人愿,"赛神节"到来之日,九丝城寨内号角响亮,铜鼓齐鸣,远在寨外,都嗅得到酒肉的香气,都掌蛮人一直庆贺到了傍晚,天空突降暴雨,为了避雨,"赛神节"的庆祝活动只能被迫停止了。

刘显看着帐篷外面飘泼的大雨,他一个劲地大叫:"天助我也。"有这场大雨做掩护,总攻九丝城寨的机会终于来了,他命令手下弓上弦、刀出鞘,"遂乘大雨,尽衔枚腰绲攀挽而上"。当大批的明军精兵,翻越过寨墙,他们呼喊一声,打开了寨门,随后一场灭敌的激战,便在雨夜中展开了。

都掌蛮的将士们,喝酒吃肉,唱歌跳舞,庆祝"赛神节",已经搞得人困马乏,他们有很多睡在被窝里,就成了明军的刀下之鬼。天亮时分,暴雨骤停,九丝城寨成了明军的地盘,寨主阿大、阿二被杀,方三鼠见猫似地逃跑了,不久之后,方三被刘显领人抓获。

此役,明军共斩俘敌四千六百多人,攻陷城寨六十多个,烧掉都掌蛮人的房屋七千间,都掌蛮三十六位大小族长被斩杀,共得铜鼓九十三面。

如果用最简单的话来总结一下就是:数百里间,蜂屯蚁引之穴,一朝棋画而戡定之。

曾省吾和刘显得胜的捷报传到了京城,那些乱嚼舌根的官员们,终于在铁一样的胜利面前,闭住了嘴巴,转而开始颂扬万历皇帝英明神武,万历朝的内阁剿匪得力,而张首辅的改革无比正确,张居正的政治声望,因为这场不平凡的胜利,跃上了一个崭新的台阶。

张居正为了防止都掌蛮"师且逾年,叛不旋踵"的事情发生,他又给曾省吾和刘显连写了几封信,并对如何剿灭残敌,如何改土归流,如何善后事宜都做出了具体的部署。

张居正在《答蜀抚曾确庵》中写道:"十月十四日,闻九丝捷音,不觉屐齿之折,殄此巨寇,不惟蜀民安枕,且国家神气藉此一振;四方有逆志干纪之人,亦将破胆而不敢恣睢矣……此地险要,宜屯兵设官以镇之。其有功、有罪人员及一切善后事宜,当次第具奏区处。"

屐齿之折就是因为欢呼雀跃过甚,鞋跟都折断了。张居正在这封信中,重重地夸奖了曾省吾,剿灭都掌蛮所取得的胜利,不仅能振奋国家的精神,更重要的是,也让那些敢于和朝廷对抗的人,无不胆寒。

张居正在《与曾确庵计平都蛮善后事》的信中写道:"自冲圣嗣位以来,方内乂安,四夷向风……所示善后事宜,便属所司覆行,更无异议。"

曾省吾曾经给张居正写了一份如何对都掌蛮善后,以及给功臣请赏的奏疏,张居正答复:"现在天下大定,你们的功劳甚大,就照你的意思办理,我无异议。"

张居正在《答蜀抚曾确庵计平都蛮善后事》的书信中,告诉曾省吾:"众蛮残孽,当其降服之初,乘吾兵威,分北而散遣之,仍宜怀之以恩义,久任刘显以弹压之。数年之后,人情定帖,畏威怀惠,皆吾赤子矣。"

从这三封信的开头看到最后,发现张居正已经不再用"尽皆诛杀,屠戮殆尽"等可怕的词语,有的只是"降服之、散遣之、宜怀之、以恩义"等较为怀柔的语言,张居正为何有了这样的变化?他并不是变了性格,亦是面对舆论和形势,无奈而为之。

曾省吾和刘显取得攻下都掌蛮三座城寨的决定性胜利后,按照张居正的想法是"根株悉拔,种类不遗",意思是:不管老幼,全部屠戮之,以绝后患。

可是这种惨无人道的屠杀行为,不仅有伤天和,更是让很多以"仁义"

治理天下的官吏联名抵制，其中家住四川内江的赵贞吉，就是代表，他向张居正上书，认为"欲灭之以靖华民"是魔道，而"欲生之以广舆宇"才是真真正正的王道。

张居正面对朝野上下的反对，这才悻悻然地放下了"屠刀"，指示曾省吾重新拿起了"仁义道德"，开始对都掌蛮剩下的几千人，进行王道的教化。曾省吾领兵打仗有一套，改土归流更有一套，都掌蛮的残余在他的"刀子加棒子"的强行推动之下，纷纷穿起了明朝的衣冠，并开始吃明朝的食物，逐渐适应明朝的习惯。

曾省吾向朝廷上了《经略平蛮善后疏》的奏疏，张居正基本同意了他提出的善后举措。篦子过三遍，绝对没虱子。曾省吾连用三招，都掌蛮之地立刻换了一个面貌。

实行的举措是：调整军事建制，整顿原有卫所，迁驿站至长宁县，使都掌蛮之地，实现了"庶事有统纪，边方之宪度一新而职有专司、善后之安攘有赖矣"的军事格局。

接下来是设流官治理都掌蛮，此管理名为安边同知，他就在新建的城池开始办公，主理兵饷、讼狱、税粮等一切事务。

那些城池和地名也需要更改，九丝城为平蛮城，凌霄城为拱极城，都都寨为都定寨，目的是消除都掌蛮的痕迹，为了新政权的施政顺利，铺平道路。

最后就是丈量土地，招募军民种植；拓展陆路，开浚水路，使都掌蛮不再是封闭之地；然后就是将险要地方建筑墩堡，派兵防守，使都掌蛮无险可据，再不敢生反叛之心！

曾经桀骜不驯的都掌蛮，就这样彻底消失于历史的最深处。

张居正力排众议，大胜一场，曾省吾和刘显虽然有功，但最大的功劳，应该属于张居正，没有张居正的"力排众议，总揽指挥"，就没有这场大胜利。刘显剿灭都掌蛮有功，进官都督同知、左军府都督、太子太保；曾省吾因为受张居正的赏识，万历五年（1587年）十二月升为兵部左侍郎，万历八年

(1590年)召拜工部尚书,万历十年(1592年)又加太子太保。

张居正剿灭都掌蛮之役,其手段之血腥,令人仓促读之亦胆战心惊,但张居正作为一个高瞻远瞩的首辅,他就没有少流血,甚至不流血的办法,令都掌蛮臣服吗?张居正也许有,但他不屑去试,面对事态百出,不可一步走错的局面,他真的没有必要在都掌蛮的身上浪费太多的时间,他为了改革的成功,只有用最保险、最彻底,也最野蛮的"屠杀"手段,最终取得了这场剿灭都掌蛮之战的胜利,并成功地堵住了敌对势力的嘴巴,让改革之舟驶出激流险滩,最后进入平稳的蓝海。

16 手段，一番施展终"善果"

张居正不仅平乱有功，在"江陵柄政"的十年间，他因为善用谭纶、王崇古、戚继光和李成梁四人，实现了西北边陲的长治久安。

谭纶和王崇古是文官出身，推崇以理服人，他们遵照张居正的指示，促进了俺答"互市通贡"的成功，并通过三娘子，使西北一线，刀兵止息，"北虏"湮平。

戚继光是山东登州人，能文能武，是著名的剿灭倭乱的将军。明朝的南倭之害，可谓由来已久，当时的明太祖朱元璋不仅给江浙两省施以重税，还实行了"片板不得下海"的海禁政策。伴随着海禁，一旦商品能运回东瀛本土，可以获利十倍，杀人越货的倭寇由此而产生。

从明洪武朝到永乐朝，倭患次数共为九十四次；从永乐朝到嘉靖登基之前，倭患记录为十七次；而嘉靖一朝的倭患侵边竟猛增到六百二十八次。

倭寇在当时有多凶恶，南京翰林院何良俊在《嘉靖东岸平倭通录》里记载："贼才七十二人耳。南京兵与之相对两阵，杀二把总指挥，军士死者八九百，此七十二人不折一人而去。"

当时的倭寇，竟完全压着明军打。戚继光为了剿灭倭乱，首先招募三千悍不畏死的义乌兵，组成了戚家军，然后研究新武器"狼筅"，再加上"鸳鸯阵"的加持，从此之后，他见到兔子就撒鹰，倭寇被他打得嗷嗷叫。

戚家军最著名的战役，便是在浙江荡平倭寇的九场战斗，史称"台州抗倭九战九捷"，当时共有两万多倭寇被击溃斩杀，而戚家军阵亡还不到二十人。

随着隆庆开关，在武力和利益的双重作用之下，历时三个世纪的倭寇之乱终被平定。隆庆元年（1567年）秋，经过张居正、谭纶的大力举荐，戚继光兼镇守蓟州、永平、山海等处，督师十二路军戎事，开始出任蓟镇总兵官。

可是很快，一件针对戚继光的"边防三将案"发生了，倘若不是张居正为其摆平，戚继光的戎马生涯，很可能会早早地落幕了。

戚继光在被调往北方蓟州之前，他想带走三员跟自己"耳朵不离腮"的勇将，他们分别是：福建参将王如龙、游击将军金科、都司佥书朱珏。可是这三员猛将，却遭到了福建御史杜化中的弹劾。

福建御史杜化中本是高拱的亲信，他弹劾三员猛将，目的是打击戚继光，因为戚继光是张居正的人。

明朝为了破解"朋党"之祸，戚继光被调往蓟州，但他手下的武将不能随调。戚继光却通过张居正，搞了一个"明修栈道，暗度陈仓"，首先免去了这三人的官职，让他们成为自己的亲兵，然后随调蓟州，再官复原职。

这种非法的操作被杜化中识破后，他接受当时吏部尚书高拱的指使，便对三员猛将进行了弹劾，令张居正一时间非常被动。高拱还以吏部尚书的身份，在杜化中的奏疏做出题覆：戚继光贪污腐化，大搞朋党，已经不是当初灭倭的大将了，应该予以严惩。

张居正面对高拱的步步紧逼，他充分利用自己主管兵部的优势，迅速做出有利于戚继光的题覆：金科、朱珏、王如龙三人，言官称其行贿钻营，查无此事；而纵欲贪腐确有其事，罪不容赦，请福建巡按御史再讯，从重拟罪。

兵部的官员们，大多与戚继光有袍泽之谊，为了不让忠臣志士灰心，更好地为朝廷效力，便做出了"轻描淡写"的题覆：戚继光包庇部下，任情引荐，亦宜戒谕。他只是被批评了，现官不如现管，戚继光在张居正强有力的庇护下，轻松过关。

如果说中道，张居正抛开了中道，他在国家破解"朋党"之祸的法律，以及处理戚继光去边关带三将的"朋党"罪行之间，并没有找到一个平衡点。张居正抛开了法律，选择了免去三员猛将的官职，对戚继光只是批评了事的解决办法。

为了保证改革的成功，必须要有边患不起的安定环境，张居正为达目的，"持偏"成了常态。

戚继光在灭倭的战场上，曾经过五关斩六将，他来到居中的蓟州，为改变蓟州军心涣散、纪律松弛的面貌，戚继光命戚家军在一场大雨中站立了一整天，让蓟州的"痞子兵"们，一夜之间懂得了军纪。

可是蓟镇的文官集团，对远路而来的戚继光，给予的是各种刁难和掣肘。张居正面对"强龙难压地头蛇"的解决方式很直接，就是将这些"成事不足败事有余"的文官调离蓟州，让他们去更偏远的地区反思错误。

《明史·戚继光传》中的记载是："居正尤事与商榷，欲为继光难者，辄徙之去。"当时，张居正将谭纶调为兵部尚书，而谭纶对戚继光非常欣赏，张居正又将自己的门生梁梦龙调任蓟辽总督，让戚继光的两位顶头上司，全都是自己人。张居正用最有力的支持，给戚继光创造了一个可以放手大干的环境。

戚继光为了在与鞑靼铁骑的战斗中获得胜势，很快便训练出一支精兵部队。他采用"因地制宜，用险制塞"的原则，对拒敌的长城，做了一番大刀阔斧的修缮，不仅加宽加高，还修建了可以御敌的敌楼。面对明军的攻防兼备、毫无破绽的长城，鞑靼铁骑就好像面对两扇铁门，始终无法攻破。

戚继光始终认为，有多大本钱，做多大生意，想要取胜，必须要动脑筋。为了弥补两军对战，明军因为马匹拙劣，无法取胜的不足，他发明了可以放置"佛郎机"的战车。

这种环绕着木屏风的战车，在与鞑靼铁骑的鏖战中，发挥了巨大的作用，在隆庆二年（1568年），戚继光以车营抵挡，竟全歼朵颜三万铁骑，立下了不朽的战功。

戚继光是一位清廉的将军，他曾经说过这样的话："臣官为创设，诸将视为缀疣，臣安从展布？"

戚继光的缺点就是为了获得张居正的支持，经常会给张首辅送一些贵重礼物，为了达到建功立业的目的，还干出一些"我行我素"的出格事。张居正便写信，劝诫戚继光"愿足下自处，务从谦抑"，意思是：要他不要与人争功，不要冒犯上司。果然，戚继光听从张居正的教导，蓟州边备修饬，蓟门宴然，蓟门军容遂为诸边冠。

戚继光文可安邦，能让俺答俯首；武可定国，可以叫土蛮称臣。他虎步中路，基本不让张居正操心，真正让张居正操心的人是戍边东北的大将李成梁。

李成梁驻守东北边防，堪称"惹祸精"，他领兵防御的敌人是穷兵黩武的土蛮，他本是高丽国人，他的高祖父李英因从国外归附，朝廷便授予他铁岭卫指挥佥事。到了李成梁这一代，因为他作战勇敢，独当一面，累功成为了辽东险山参将。

隆庆三年（1569年）四月，土蛮部族的张摆失等屯兵塞下，李成梁领兵对其发起猛攻，歼灭其部属一百六十多人。隆庆五年（1571年）五月，土蛮大举入侵，李成梁率领兵将，直抵敌老巢，杀死两名部落首领，斩首五百八十余级。

万历三年（1575年），土蛮部由平房堡向南一路抢劫，李成梁追赶敌人到河沟，杀死数千人，李成梁因功被封为太子太保，世代荫封为锦衣千户。

在明朝后期，斩敌几十名，即可称为大捷的时代，李成梁一次歼灭土蛮部族几百上千人，绝对可以称之为盖世奇功了。

李成梁接下来，又领兵直捣泰宁部与土蛮部进犯大军的营地——劈山营，斩杀敌军四百三十人，这就是劈山营大捷。万历七年（1579年），土蛮与泰宁部的速把亥合驻红土城，李梁成领兵直抵红土城，杀敌四百七十余人，此为红土城大捷。

张居正曾经这样说："有功于国家即千金之赏，通侯之印，亦不宜吝；无功国家，虽频笑之微，敝袴之贱，亦勿轻予。"意思是：有功则给予大赏，无功毫毛都不会给一根。

李成梁凭借战功，官职一路飙升。"他始锐意封拜，师出必捷，威振绝域。已而位望益隆，子弟尽列崇阶，仆隶无不荣显。"

根据《明史·李成梁传》记载："成梁镇辽二十两年，先后奏大捷者十，帝辄祭告郊庙，受廷臣贺，蟒衣金缯岁赐稠叠。边帅武功之盛，二百年来未有也……"

因为张居正会用人，大明朝的边境不再有刀枪交鸣的声音，在《罪惟录》中记载："东至四海，西至甘州，五千里几无烽火。"张居正的努力没有白费，真的达到了——西敌稽颡称臣，东番投戈授首的大好情景。

李成梁抱定"撑死胆大的，饿死胆小的"的原则，不仅贪污，他还善于将得到的赏赐送给朝廷的命官，让他们成为自己的"保护伞"，在典籍资料中记载："以是灌输权门，结纳朝士，中外要人，无不饱其重赇，为之左右。每一奏捷，内自阁部，外自督抚而下，大者进官荫子，小亦增俸赉金。恩施优渥，震耀当世。而其战功率在塞外，易为缘饰。若敌入内地，则以坚壁清野为词，拥兵观望；甚或掩败为功，杀良民冒级。阁部共为蒙蔽，督抚、监司稍忤意，辄排去之，不得举其法。先后巡按陈登云、许守恩廉得其杀降冒功状，拟论奏之，为巡抚李松、顾养谦所沮止。既而物议沸腾，御史朱应毂、给事中任应徵、佥事李琯交章抨击。事颇有迹，卒赖奥援，反诘责言者。"

大明朝的言官和御史并不是吃素的，李成梁几乎年年都会受到各种各样的弹劾，弹劾他的理由从谎报军情，到贪污腐化，再到杀良冒功，以至兵权太盛、意欲不轨等。

不管是李成梁贪污腐化，贿赂权门，还是掩败为功，杀良冒赏，张居正面对言官的弹劾，他都将其压下，而李成梁的那些劣迹，他也都忍了下来，因为有李成梁，辽东就是安全的，一旦换一个无能的将军去镇守，很有可能将辽东守丢了。

李成梁镇守辽东二十二年，心里知道辽东离不开他，故此，他为了保持"位望益隆，贵极而骄，奢侈无度"的状态，不仅需要养寇自重，而且还要时不时虚报战功。

万历三年（1575年）五月，李成梁谎称"土蛮部拥兵二十万来犯，前锋已抵制大凌"，辽东巡抚张学颜得到消息，竟未判断真伪，直接将其上报至兵部。

《万历起居注》中写道："请兵请粮急于星火，万历问兵部：'虏情如何？'"

土蛮部拥兵二十万来犯，这就等于明朝将与土蛮部展开一场存亡绝续的恶战，兵部尚书谭纶给出的回答是："兵部速调集辽东几省兵马，并筹集粮草军资，与敌决战……"

调集兵马，筹集粮草，让大明的所有军队处于备战状态，这可是牵一发而动全身的大事，幸亏张居正对兵事谙熟，他经过冷静的分析，说道："暑月非北骑狂逞之时，必无虑！"很显然，敌情不实，这就是李成梁耍的虚报图功手段。

张居正为何说土蛮部发兵不实？道理很简单，现在是暑天，辽东地区正是雨季，根本就不适合出兵。二十万土蛮兵，兵发辽东，马可以吃草，当时粮食并没有成熟，人吃什么？土蛮倾全族之兵，与李成梁交战，只有一个季节最适合，那就是秋收前的一个月，因为长在地里的庄稼就是取用不竭的军粮。

万历皇帝和兵部听罢张居正的分析，他们的心虽然还在"敲鼓"，但不至于那么紧张了，果然探马很快将消息报了上来，大凌地区风平浪静，并无土蛮兵的踪影，李成梁谎报军情，论罪该免职严惩，以儆效尤。

将李成梁免职，只不过是一道圣旨罢了，可是派谁去经营辽东，不仅兵部没有合适人选，张居正也没有合适的将领。张首辅立刻请旨兵部，对李成梁严词申斥："彼已虚实茫然不知，徒借听于传闻耳，其与风声鹤唳、草木皆兵者何异？似此举措，岂能应敌？兵部以居中调度为职，犹贵审察机宜，沈谋果断，乃能折冲樽俎，坐而制胜。今一闻奏报，便尔张皇，事已之后，又寂无语。徒使君父焦劳于上，以忧四方。岂仅以题覆公牍，谓已毕本兵之事耶。乞传谕兵部，诘以寇情虚实之由，使之知警。并请赈各边饥卒。"

兵部调查不实，自乱阵脚，被严峻的"圣谕"进行了申饬。可是毛病比小辫子还多的李成梁，只是被"诘以寇情虚实之由，使之知警"进行了训斥和敲打。张居正为了防止其得不到军粮，激起兵变，还以兵部的名义，给粮发米，令边卒可以吃饱肚子。

李成梁被张居正一边敲"棒子"，一边喂"甜枣"，果然老实了不少。张居正、戚继光和李成梁，组成了大明边关的铁三角，一举扭转了大明边防的颓局，张居正曾经这样评价李成梁："李帅用奇出捣，使贼狼狈而返，乃孙膑走大梁之计。比前长定之捷，杀降以要功者不侔矣。功懋懋赏，国家自有彝典。"

土蛮被李成梁打得丢盔弃甲，便学俺答，也提出了"封贡互市"的要求，却被张居正一口拒绝。土蛮人猰貐其心，魑魅其形，对付他们，唯用武力克之，怀柔堪称行不通。

怀柔俺答多久，就能制服土蛮多久，因为明朝不用两线作战，只要利出一孔，土蛮并不是李成梁的对手，只要土蛮不是李成梁的对手，则俺答就会永远地怀柔下去……

《张太岳集·答吴环洲》中，他写道："一举而树德于西，耀威于东，计无便于此者矣。"张居正对于自己"东制西怀"的妙计，也是相当自负，称其为"计无便于此"，就是没有超过这条妙计的了。

明代史家谈迁论及此时，高度赞赏，说"江陵能尽人之才"。万历皇帝为嘉奖张居正的用心辅政，传下了一道手诏，诏书上写道："朕以幼冲嗣位，赖先生匡弼，四方治安，九边宁静……自古忠臣如先生者罕，特赐坐蟒衣一袭，银五十两，以示优眷，用成美德，其钦承之。"

张居正为了表达谢意，他与太宰张公还有大司马谭公约一起，给万历皇帝绘制了一件御用屏风，在屏风的上面，不仅描画了万历疆域图，还在上面标注了各地郡守、文武大臣的姓名，这架屏风，就被万历皇帝摆放在文华殿中，供随时预览，天下官员们的名字，也在日积月累中，被他一一记熟，并做到心中有数。

从万历三年（1575年）起，张居正为了规范万历皇帝的行为，令其成为帝王中的圣者，便奏请两位皇后，命讲官开始记录万历皇帝的起居。讲官在《起居录》中，将万历皇帝制敕、郊祭、耕籍、幸学和大阅，全都记录其中，而且这些记录皇帝起居的讲官，手中还握有所记录之事，不受权力干扰的特权。将来他们所记录之事，是史官写史的第一手资料，一旦写进历史，便不可更改。万历皇帝自从知道起居录的重要性后，也是暂时收起了少年的狂放心性，自然变得规矩了不少。

李太后看在眼里，喜在心上，隆庆皇帝驾崩得早，张居正亦终日乾乾，夕惕若厉，他不仅是摄政大臣，亦是铁钺严父，更是苦心孤诣的恩师，为大明朝的国祚，为万历皇帝的成长，为江山社稷的安定，可谓殚精竭虑，呕心沥血。

万历四年（1576年）六月，张居正奏请重修《大明会典》。修完大典之后，国内发生了水患，张居正启奏万历皇帝，由于几年的经营，国家太仓中的粮食已经够吃八年，故此，应该减租减粮，只取往年的十分之三便好，目的是让灾民度过荒年，万历皇帝欣然准奏。

在李太后的示意之下，万历皇帝又给张居正下了一道褒奖的诏书，在诏书中这样写道："精忠大勋，朕言不能述，官不能酬，惟我列祖列圣必垂鉴知！"

张居正有李太后的支持，他手握权柄，可以做前朝首辅想做却做不了的事情了。张居正手中的权力有多大，高拱在《病榻遗言·顾命纪事》中，曾经这样写道："嗟乎！自古有国以来，曾未有宦官受顾命之事，居正欲凭籍冯保内外盘踞，窥伺朝廷，盗窃国柄，故以顾命与司礼监，而次日即传冯保掌司礼监印，大权系以归之，而托其为主于内，以蔽主上，威百僚，使人莫敢我何，其欺先皇之既崩，欺今上之在幼，乱祖宗二百年之法度，为国家自古以来未有之事。嘻！亦忍心哉！亦大胆哉！"

高拱作为张居正的政敌，所记之事，有夸大和贬低的成分，但他所写，亦有很大一部分是实情。

张居正经营的改革可以说是难题不断，但所有难题都被他一一克服。

令张居正没有想到的是，万历大婚的举行日期，竟也遇到了一个难题。

万历皇帝十五岁的时候，李太后就给他定了一门婚事，锦衣卫百户王天瑞的女儿王氏容貌端庄，温婉贤淑，被立为皇后，可是钦天监推断婚期时，认定唯有本年的十二月大吉。

可是本年万历十五岁，王皇后十四岁，又与英宗、武宗、世宗都是十六岁成婚的惯例不合。

李太后觉得这件事难办，便交给张居正处理，张居正根本没理钦天监，他就与李太后商议，将万历皇帝大婚的日子定在了万历六年（1578年）的三四月，当李太后问起月份不吉的时候，在《奏请圣母裁定大婚日期疏》中，张居正这样回答："臣等窃惟帝王之礼，与士庶人不同。凡时日禁忌，皆世人俗尚……况皇上为天地百神之主，一举一动，皆将奉职而受事焉，又岂阴阳小术，可得而拘禁耶？"

张居正告诉李太后，所谓的时日禁忌之说，就是世俗的说法，皇帝为天地百神之主，阴阳小术，必须辟易让路。

李太后对张居正的话深以为然，便将万历皇帝的婚期定在了明年的三月。

张居正解决了万历皇帝的婚期难题，他手握权柄，却对国家每年税银的收缴不利，感觉不满意。嘉靖时期到隆庆元年（1567年），各地所欠朝廷的银两是三百四十余万两；而隆庆二年（1568年）至隆庆五年（1571年），各地所欠税银是二百七十多万两。

而到了万历年间，除去隆庆皇帝驾崩、万历皇帝登基的费用，大明朝的国库，竟出现了一千万两白银的亏空，国库中没有银子，修筑河堤、赈济灾民、剿灭匪乱，乃至给官员们的薪俸赏赐、国家的祭祀典礼、修缮宫殿，等等，全都得暂缓，揭不开锅的日子真的很难过。

如何扭转这种"私家日富，公室日贫"的被动局面，张居正将要干一件得罪人的大事，就是清丈土地。当张居正提出这个想法的时候，两位阁臣吕调阳和张四维全都将脑袋晃成了"货郎鼓"。

张四维曾经被高拱驱除出内阁，高拱被贬官归乡后，万历二年（1574年），张四维被重新起用。他入京后，供职在翰林院，并掌詹事府，不久改吏部左侍郎，万历三年（1575年）八月，改任礼部尚书兼东阁大学士，再次成为张居正改革的班底。

张四维任吏部左侍郎的时候，"恂恂若属吏，不敢以僚自处"，显得非常忠诚老实，对待张首辅，更是"岁时馈问居正不绝"，他貌似不争官，不夺利，每日只是随"元辅办事"。可是张居正却将其心性看差了，张居正只是一味地想促进改革的成功，对人才的选择、对心腹的培养这一方面却欠缺。万历十一年（1583年），张居正去世后被抄家，张居正的长子自杀，他在血书后面写道："有便，告知山西蒲州相公张凤盘（四维别号），今张家事（敬修自指）已完结矣，愿他辅佐圣明天子于亿万年也。"

张四维能入阁，多亏张居正的帮助，可是张四维并不感恩，反而对专权的张居正心怀怨恨，如果不是他落井下石，张居正的长子也不至于自杀。

很显然，当时的张居正被貌似谦和的张四维给迷惑了，在扶持张四维成为首辅的这件事之上，张居正打眼了。

张四维斟酌了一会儿，他也开始给张居正泼冷水："太岳应该知道熙宁变法，王荆公（王安石）主张对宋初以来的法度进行全盘改革，革除宋朝存在的积弊，扭转积贫积弱的局势，变法虽然是好的，一到清丈土地，便受到重重阻力，最后令变法功败垂成！"

张居正回答："清丈当前，不能前怕狼后怕虎！"

吕调阳看着信心十足的张居正，说道："元辅，孟子有曰：'为政不难，不得罪于巨室。'如果你执意清丈土地，就等于将天下的巨室全都得罪了。"

张居正熟读历史，对于孟子的名言，还有王荆公变法的成败得失，他堪称了然于胸。面对踌躇观望、如履薄冰的两位阁臣，张居正就给他们分析为何这次必须要得罪巨室，他说："不清丈土地，就无法改变大明朝仓无税银、库无余粮的积贫积弱的状态！"

如果不得罪巨室，变法就无从谈起。而且得罪了，就不能"前面勾了，后面抹了"地得罪，而是要"丁是丁，卯是卯"地得罪。张居正为了不让大明朝的户部喝西北风，他索性也是豁出去了。

大明朝开国之后的洪武二十六年（1393年），曾经对国内的土地进行过清丈，当时的土地面积是八百五十万顷，可是到了嘉靖四十一年（1562年），朝廷大报黄册的时候，已减至四百三十万顷，丢失的四百二十万顷土地去了哪里？

大明朝并没有割地赔款，土地又不像是粮食和人口一样可以减少，缺失的将近一半土地去了哪里？真正的答案是：非拨给于王府，则欺隐于豪门。这些失去的土地，不是被王府、勋戚、豪门、官宦和地主等阶层侵占，便是被奸邪之人隐瞒了。

明朝是农耕社会，在当时最重要的财富就是土地，而国家的税收，很大的一部分来自土地，不找到丢失的四百二十万顷土地，万历朝府库中的钱粮就不会增加。

张居正深深知道改革的"重头戏"就是清丈土地，一旦敲起了开场的锣鼓，将会面临绝大的困难，他说道："本朝清丈土地，与王荆公时代清丈土地有三点不同，因为有这三点不同，这次清丈一定能够成功！"

张居正说的三点不同是：王荆公清丈北宋时代的土地时，首先是宋神宗用人不明，那些反对王荆公变法的富弼、司马光等大臣，都被委以重任，为王荆公清丈土地、变法维新设置了不可逾越的障碍。

其次是宋神宗意志不坚定，一旦新法遇到难以突破的关隘，宋神宗就会畏缩不前，甚至几度欲废除新法，这就给守旧派以生存空间。

最后是宋神宗对守旧派姑息养奸，惩罚力度不够，让他们积蓄力量，最后养虎为患，成功地反扑了新法，令王荆公功败垂成。

王荆公变法失败的原因还有一些，比如急于求成，设计超前，执行无力等，但最大的原因是宋神宗的摇摆不定，没有鼎力支持王安石去变法。

这些问题，在万历朝全都不存在，张居正不仅得到了冯保的帮助，还得到了内阁的支持，他更有"两后一帝"对他的信赖，他相信，只要内阁坚定清丈的决心不动摇，经过几年的努力，就一定可以找回丢失的四百一十万顷土地。

张居正得到吕调阳和张四维的支持后，他开始琢磨这份清丈的奏疏该如何写，以及如何通过冯保的关系获得万历皇帝批准的时候，一份大内转来的弹劾，放在了张居正内阁的案牍之上。

这份弹劾奏疏出自户科给事中温加礼之手，弹劾的内容是山东巡抚杨本庵庸官怠政，征税不力，令山东这个粮税大省，在国内各省的排名上一个劲地下跌，甚至已经跌到山西、湖广等贫困省份的后面。

山东沃野千里，水系丰富，适合农耕，再加上温和的气候，黎民百姓的勤劳，上缴国库的粮银不可能跌到山西、湖广等贫困省份的后面。

张居正本想派人去山东调查，可是一想耗费了时日，还不一定能查出实情，他就找来了户部尚书王国光，将这份弹劾，放到了他的面前。

王国光看罢奏疏，激动地道："太岳，根据本官对杨本庵的了解，他绝对不是怠政庸官，而是一个非常有担当和魄力之人！"

王国光与杨本庵曾经在山西为官，王国光做抚台的时候，杨本庵做的是学政，杨本庵掌全省学校政令和岁、科两试，不仅忠于职守，而且按期巡历所属各府、厅、州，察师儒优劣、生员勤惰，堪称身体力行。杨本庵不曾一次地说过："天下唯公足以服人。"他这种有操守、肯上进的官员，怎么可能是饱食终日、无所用心的庸官？

张居正对王国光的话深以为然，张居正对大明的土地清丈在即，他也想知道一下山东的吏弊深浅，便通知吏部给山东抚衙发了一道加急咨文，命杨本庵即刻进京。

杨本庵也不知道发生了什么事，但也觉得和好事不挨边，因为要是封赏，朝廷会直接派人到山东传旨，他心情忐忑地来到京城，直接去找王国光，他见到王国光之后，这才知道自己被人弹劾了。

在王国光的引领下，杨本庵在首辅的府邸见到了张居正。杨本庵担任山西学政时，张居正是礼部尚书，并做过隆庆二年（1568年）京城会试的主考官，故此，两个人有过交集，虽然没有私交，但彼此的脾气秉性还是有所知晓的。

杨本庵在客厅中给张居正见过礼，两人寒暄几句后，张居正就和杨本庵讲起了他被弹劾的经过。杨本庵嘴里一个劲地喊冤："首辅大人，山东粮税并非徘徊止步，每年都有小额的提升，作为山东的巡抚，杨某感觉已经尽力了。"

张居正问道："杨巡抚，其他省份收缴的粮银增幅甚大，其中'子粒田'银是拉动税收的主力，为何山东只是增加有限，最后上缴国库的皇粮和税银，竟落后于江西、湖广等贫困的省份？"

杨本庵从座位上站起，他激动地道："山东有两个收缴税银的绊脚石，如果首辅能命其缴纳，本省的粮税，至少可增加一半！"

张居正问道："不知道杨巡抚所说的绊脚石，指的是谁？"

杨本庵一字一顿地说："一个是第七代阳武侯薛汴，另一个是孔子第六十四代孙衍圣公孔尚贤！"

张居正现在是堂堂的首辅，可是听到这两个名字，他亦感觉自己对各省官员们的关心不够，因为言官确实冤枉了杨本庵。

山东的第一代阳武侯就是大名鼎鼎的薛禄，薛禄可是成祖皇帝的靖难功臣，薛家在山东经营七代，可谓根深蒂固。一开始的时候，成祖皇帝赐给他的"子粒田"，只有数百顷，但是，薛家历六世的经营后，到了薛汴这一代，实际拥有的田地约有数百万亩。

孔子第六十四代孙衍圣公孔尚贤就更了不得，他是真正含着"金汤匙"出生的世族贵胄，历代皇帝赐给的"子粒田"，比之薛汴还要多出几倍。

薛汴和孔尚贤积极响应李太后，对需要缴纳的"子粒田"银都能足额缴纳，但他们缴纳了"子粒田"银后，无不觉得吃亏了，便堤内损失堤外补，他们和庶民百姓，大搞"寄田"的把戏，那些百姓们，只要交给二人国家的税款一半，或者三分之一田赋，便不再给国家交粮纳税了，阳武侯和衍圣公每年靠着这些田赋，便可以过上挥金如土、穷奢极欲的生活。

他们不仅中饱私囊，更是揩足了朝廷的油水，就这样大明朝廷成了"冤大头"。

张居正本想找一个"清丈"的理由，杨本庵竟将这个最合适的理由，送到了自己的面前，张居正严肃地问道："杨巡抚，你所说的情况全都属实？"

杨本庵说道："下官愿以头上的乌纱帽担保，如果所说不实，任凭首辅处置。"

张居正说道："你敢不敢将对本首辅陈述的事实，写一份奏疏，明天当殿呈给圣上？"

杨本庵昂然地说："敢！"

王国光在一旁问道："太岳，你真的要清丈吗？可是不管是阳武侯，还是衍圣公，你都得罪不起呀！"

张居正从椅子中站起身来，他用凛然的语气说道："不得罪巨室，国家财政就要受损，拼了我一个人的身家性命，也一定要将清丈的事情完成。"

清丈是张居正改革的风标，他不仅要完成，而且必须要完成。

《张太岳集·书牍十二·答山东巡抚何来山》中写道："宜及仆在位，务为一了百当。"意思是：张居正在活着的时候，"亦自知身后必不保"，现在趁着在位的机会，将所有的事情都要干完。

张居正将好做的、难做的都做了，既得利益的阶层，几乎恨死了他，而他念兹在兹的大明朝，会感谢他吗？张居正一路前行，报定了惟精惟一的主旨，其他的事，他已经无暇去想了。

17 丁忧，一番争斗总"夺情"

杨本庵和王国光还没等说几句注意尺度，不能将天下巨室全都得罪的话，就见管家游七一脸惊慌地闯进了客厅。张居正与杨本庵、王国光正在商讨国家大事，游七冒失地闯进客厅，实属失礼，会让这两位大人笑话张居正没有家教。

可是张居正一想不对，游七跟随自己多年，他在自己见客的时候，从未如此冒失地打扰，难道发生了什么重要的事？

张居正沉着脸，用不满的口气问道："游七，你有何事？"

游七也不说话，他转身推了一把身后的中年人，这个中年人身穿黑衣，脸上挂满风尘，他"扑通"一声跪倒在地，声音嘶哑地道："老爷，小人名叫张禄，是江陵张府的下人，张老太爷在九月十三日因病仙逝了！"

张禄千里迢迢骑快马进京，竟是来送讣告的，张居正听说父亲张文明去世，身体摇晃，要不是被游七一把扶住，他差点跌坐到地上。

张居正口中悲痛地叫道："痛煞我也，痛煞我也！"

嘉靖三十七年（1560年），张居正曾经与父亲有过短暂的相聚，一转眼，十九年的时间过去了，他从一个小小的翰林成为大明朝的首辅，父子二人虽然时常鸿雁传书，却没有聚首见面。张居正经常会梦到家乡稻米饭的香味，他时常忆起荆江上盛开的灿烂烟霞，他更是垂涎父亲亲手为他烹制的美味家宴。

万历皇帝大婚在即，张居正本想等万历皇帝大婚过后，请假回江陵看望父亲，尽孝膝前，谁曾想回乡的计划还未成行，张文明竟驾鹤西去了。

万历五年（1587年），张居正担负着改革吏治、推考成法、财政征收、清丈土地等重任，随着"前无古人"各项改革的铺开，万历朝的国库充盈，冗员得减，边防稳固，出现了欣欣向荣、国运中兴的迹象。

汉武盛世、贞观盛世和仁宗盛世只存在于史书之上，谁都没有见到过，可是看到现在万历朝的盛世，大家也就知道那些盛世的模样了。

万历皇帝为表彰张居正，加其为左柱国、升太傅，并荫五子张允修为尚宝司丞。张懋修会试考中进士，张居正进宫谢恩，万历皇帝这样说道："先生大功，朕说不尽，只看顾先生的子孙。"

张居正位高权重，荫及子孙，其风光可以说一时无两。可是月有阴晴圆缺，让他没有想到的是，家严病故，按照大明祖制，他需要回江陵守制三年，丁忧期满才可以回内阁履职，称为"起复"。

在皇权帝王时代，国人最重视"三纲五常"，其中有一条就是"父为子纲"，意思是：儿子必须要服从父亲，父亲就是儿子的天。张居正的父亲去世，他如果不能回去守制三年，那就是大逆不道的事。

可是张居正推考成、改吏治、收子粒银、清丈土地，他不仅得罪了巨室，还被众多官吏所仇视。张居正现在背后有"两后一帝"的支持，巨室和勋臣暂时奈何他不得。

可是这种成功，只是推着"碾子"上山，一步一滴汗，十步一滴血的成功，一旦张居正收手，不仅前功尽弃，而且巨大的"碾子"反压回来，势必让张居正骨断筋折，甚至有粉身碎骨的危险。

张居正送走了杨本庵和王国光，随后布置灵堂，易服志哀，忙得一塌糊涂的时候，内阁的吕调阳和张四维上奏，他们引用宣德朝首辅金幼孜和杨溥、成化朝的首辅李贤等夺情旧例，恳请万历皇帝下旨，允许张居正"夺情"。

金幼孜、杨溥和李贤的家中都曾有丁忧之事，可是国事繁杂，一刻离不开他们，皇帝便特批起复，这三位大学士穿素服办公，不用丁忧三年。这就是"夺情"。

可是"夺情"毕竟与"孝"治天下的典制不符，明英宗七年（1442年），天子曾经传下旨意："凡官吏匿丧者，俱发原籍为民。"意思是：官员的父母去世，不得隐匿消息，以逃避丁忧而匿丧不报，官员一律削职为民。

明英宗正统十二年（1447年），皇帝下旨："内外大小官员丁忧者，不许保奏'夺情'起复。"意思是：所有官员丁忧通通都要回家，一律不准"夺情"复官。

张文明九月十三日在江陵去世，报丧的家人九月二十五日才到京，张居正接到父亲去世的讣告，张文明已经去世十几天了。两宫皇后闻到丧讯，便赐给张居正银五百两，纻丝十表里，新钞一万贯……还有米、香、蜡烛和麻布等物，由慈庆宫管事太监张仲举送到了张居正的府邸，张居正提笔写了一份"不胜激切，仰戴之至"的奏疏，表达了对两宫皇后的谢忱之意。

万历皇帝接到吕调阳、张四维的"夺情"奏疏，他亲笔颁旨，写道："朕今览二辅所奏，得知先生之父，弃世十余日了，痛悼良久……今宜以朕为念，勉抑哀情，以成大孝。朕幸甚，天下幸甚。"

万历皇帝的心中，充满了犹豫和踌躇，如果准许张居正"丁忧"，等于国失干臣，他这个幼帝将失去一座坚实的"靠山"。而特批张居正"夺情"，又与祖制不和，言官会不会群起而攻之？

万历皇帝患得患失的时候，朝臣也分成了两派，一派称之为"夺情派"，以御史曾士楚、吏科给事中陈三谟等人为代表，他们联合上疏，恳请万历皇帝留住首辅，现在的改制大计，正全面铺开，张居正一旦离开，万历朝最好的政改局面，势必会反复，甚至会失去。

南北各院部官员也纷纷跟在曾、陈二人身后摇旗呐喊，在这场"夺情"的风潮中，甚至患病的都御史陈瓒不甘落于人后，他给礼部尚书马自强写信："挽留张首辅的奏疏上，一定要写上我的名字。我是献县的陈瓒，而非南直隶的陈瓒。"陈瓒急于向张居正表忠心，这件事还被写进《万历野获编》，成了历史上的笑谈。

丁忧为"经"，夺情为"权"，以孝治天下的道理，一定不可丢弃。当时的主流声音，还是认为张居正身为首辅，理应成为文武百官的圭臬，顺应形势，回籍丁忧。一旦背离了"孝"，必定会被政敌抨击，引起民愤，造成不好的影响。

张居正的门客、贡生宋尧愈，原大理寺卿陆光祖和戚继光，都劝说张居正"丁忧"。戚继光作为张居正的不二心腹，面对人言可畏的巨大压力，他写信劝说张居正，千万不可以授人以口实，毕竟言官之口，那是杀人不见血的刀子。

贡生宋尧愈还是觉得张居正应该遵守祖制，一旦违背纲常伦理强行"夺情"，势必处于风口浪尖，风险岂不更大？

可以将首辅之位暂时让给徐阶，因为徐阶年岁已高，张居正三年之后回来，徐阶有心无力，首辅的位置还得请张居正接手。张居正面对是去是留的选择，他的内心可以说是患得患失。可是内阁中发生的一件事，让他"恐一旦去，他人且谋己"的担心，恰是潮水一般，开始汹涌地泛滥。

内阁有个旧例，一旦首辅去职，三天之后，次辅就可以坐到首辅的位置上，并接受下属和阁臣身穿红袍的拜见。吕调阳就是次辅，他虽然高调地上奏疏，恳请皇帝批准张居正"夺情"，可是当他回到内阁，就开始接受文武百官的拜见。

吕调阳已经算准，张居正必定要回江陵"丁忧"，而张首辅占据的宝座板上钉钉就是他的了。

张居正一见吕调阳已经变得急不可耐，他生气地道："我还在内阁，他就如此迫不及待，我一旦出了春明门，估计就回不来了！"

春明门是唐朝京城长安的正门，后人就用春明指代京城，张居正只要离京，估计就真的回不来了，即使他辗转地回来，可是朝堂之上的臣子，一旦都变成吕调阳的心腹，他再想一呼百应，推行新政，那将变成以手挖山的事了。

张居正念兹在兹的就是他主导的新政。他主导的新政，让不少的庸官丢掉了饭碗；让很多挖国家墙角的巨室失去了利益；更让朝廷的守旧派感觉到芒刺在背。他们极力维护的伦理纲常，只是一个幌子，他们想用"丁忧"的大棒，迫使张居正离职守制，离开京城，使新政夭亡，重新恢复旧政，达到他们不可告人的目的。

张居正为了新政的成功，决定冒天下之大不韪，开始策划"夺情"之局，并坚持到底，寸土不让。

在这场"夺情之战"的成败之中，还有一个关键的人物，就是冯保。冯保和张居正是"盟友"，他居深宫大内，而张居正居庙堂，二人通力合作，可以说要风得风、要雨得雨。冯保自然不舍张居正离开，他不仅是张居正"夺情"之局最坚实的支持者，而且还对万历皇帝施加了一定要留住首辅的影响。

在《定陵注略·卷一江陵夺情》就有这样的记载："江陵（张居正）闻父讣，念事权在握，势不可已，密与保谋夺情之局已定，然后报讣。"

可见张居正离不开冯保，而冯保也离不开张居正，两个人的关系是一损俱损，一荣俱荣。

万历皇帝一开始传下圣旨，只是对张居正给予了慰问和同情，在冯保的旁敲侧击、循循善诱之下，他心中的天平已经向"夺情"倾斜了。

李太后不愧是女中豪杰，她深知张居正的价值，为了儿子的江山社稷，她来到了乾清宫，见到了踌躇的万历皇帝，问："张先生丁忧在即，你怎么看？"

万历皇帝毫无底气地道："应该允许张先生守制！"

李太后"嗖"的一声，从椅子上站起来，斥道："糊涂！"

文武百官的忠奸优劣、新政如何继续推行、边衅民变、救灾治国等，万历皇帝可以说全都一知半解，张居正走后，万历皇帝一旦做错一件事，等待他的都将是不可收拾的"烂局"。

万历皇帝被李太后当头棒喝，忽然之间就醒悟了过来，不仅步履维艰的新政离不开张首辅，自己的千古明君梦也一样离不开张太岳，大明帝国想要枯枝生花、中兴有望更离不开张先生。

万历皇帝明白后，说："朕说什么也不放张先生走！"

李太后点头，夸了万历皇帝几句，道："祖宗成法必须要坚守，但再大的成法，也大不过朱家的锦绣江山。"

这道理很简单，只要江山在，祖宗成法才在，江山要是没了，那一切都没有了。李太后一见万历皇帝明白了"孰重孰轻"的道理，她才安心地离开！

在冯保的运作之下，几位支持"夺情"的臣子用最快的速度写了几道奏疏，这些奏疏在二更天的时候，从宫门送进了皇宫，天不亮的时候，万历皇帝就传下挽留张居正的特旨，速度之快，让人咋舌。

万历皇帝的特旨写得很恳切："朕元辅受皇考付托，辅朕幼冲，安定社稷，朕深切倚赖，岂可一日离朕？父制当守，君父尤重。准过七七，不随朝。你部里即往谕，着不必俱辞。钦此。"

司礼监的随堂太监将皇帝的赏赐和圣旨专程送到了张府，并将冯保助他"夺情"的密嘱悄悄告诉张居正。张居正当时因为丧父之痛，病倒在床，面对传旨的太监，《定陵注略·卷一·江陵夺情》中的记载是："江陵时作擎曲状，令小史扶掖内阉，乃叩头谢，强之立而受，云：'此头寄上冯公公也。'"

张居正趴在床上，命手下强迫那位传旨的小太监，帮冯保"代受"自己卧在床上的响头。这个小太监回去，向冯保一说"代受"响头的经过，将冯保都给感动了，这样知恩、感恩的首辅可比高拱强太多，张居正真的要回去"丁忧"，吕调阳势必又要另起炉灶，清洗张居正的心腹，培养自己的班底，冯保的地位可就堪忧了。

冯保对张居正"夺情"之事，就更加勤奋和上心了。

张居正为了表明自己一定要"丁忧"的态度，并将自己"归籍尽孝"的局面做圆满，他随后连上了三份奏疏，在第一份《乞恩守制疏》中，张居正首先对"两后一帝"表示了感谢"平日所承隆恩异数，超轶古今"，以及自己的受此大恩，忠君报国之情，"臣于此时，举其草芥贱躯，摩顶放踵，粉为微尘，犹不足以仰答于万一"。

张居正接下来写道："又何暇顾旁人之非议，徇匹夫之小节，而拘于常理之内乎？"意思是：旁人的议论，我不在乎。

"今臣处君臣父子，两伦相值而不容并尽之时，正宜称量而审处之者也。况奉圣谕，谓'父制当守，君父尤重'。臣又岂敢不思以仰体而酌其轻重乎？"

张居正说自己处在君臣、父子两难之间，经过比较，还是"皇上更加重要"，故此，他要以二十七个月的"丁忧"报答父亲，以自己的一生来报答皇帝，"是臣以二十七月报臣父，以终身事皇上"。张居正在最后写道："伏望圣慈垂念乌鸟微情，曲赐允许……"

万历皇帝在圣旨中复道："朕冲年垂拱仰成，顷刻离卿不得，安能远待三年？且卿身系社稷安危，又岂金革之事可比？其强抑哀情，勉遵前旨，以负我皇考委托之重，勿得固辞。"

万历皇帝在圣旨中讲得也很恳切：我年幼继位，一刻都离不开张先生，怎么可能离开首辅三年，张先生你就不要推辞了。

张居正为了显示自己"回籍丁忧"之情的强烈，他接着又上了第二道《再乞守制疏》。

在这道奏疏中，张居正写道："但念臣父生身恩重，今纵不得再睹其音容，然及其未殡，凭棺一恸，身负蒉土，加于丘垄之上，犹得少道其违旷之咎，以慰冥漠之魂。比及襕除，臣当不俟宣召，驰赴阙庭，以听任使……臣岂敢以区区蝼蚁微情、仰于大义之重？惟圣慈哀怜臣下情，不胜沥血拉泪恳切祈望之至。"

张居正在第二道奏疏中，表达了自己想归家为父亲凭棺、蒉土，作为人子为父亲祭拜恸哭、出殡发丧的想法，他还告诉万历皇帝，一旦"丁忧"结束，自己立返朝廷，再为国家效力。

张居正还说，自己因为连日悲伤，已经"连日恫切穷苦、心蕴结而难纾，语荒迷而无次"，所以请万历皇帝原谅自己反复请求"丁忧"之罪。

万历皇帝随后传下圣旨，在圣旨中他说得更是恳切了："今朕冲年，国家事重，岂常时可同？连日不得面卿，朕心如有所失。七七之期犹以为远，矧曰三年？卿平日所言，朕无一不从，今日此事，却望卿从朕，毋得再有所陈。"

万历皇帝的意思是：朕年纪小，可是国家的担子重，在非同寻常的时候，先生怎么能离开朕？朕几天不见先生，心中好像失去了什么，三年的时间太长，朕等不了，平日里我听你的，这次你听我的，你就不要再说"丁忧"的话了。

张居正的奏疏中，写出了父丧心痛、为国事担忧之情，但若论真情实意，并没有万历皇帝言简意赅的圣旨来得实在。

张居正既然自请"丁忧"，那就要将戏做足，他接下来又上了第三道《三乞守制疏》。

在这道压轴的守制疏中，张居正首先说了一阵前两道奏疏中的"车轱辘"话，最后抬出了自己的母亲，他这样写道："且臣尚有老母，年亦七十二岁，素婴多病。昨有家人到，致臣母意，嘱臣早归。田野之人，不知朝廷礼法，将谓臣父既没，理必奔丧。屈指终朝，依闾而望。今若知臣求归未得，相见无期，郁郁怀思，因而致病，则臣之心益有不能自安者矣。皇上方以孝养两宫，何不推此心以及臣之母乎？"

张居正表达的意思是：我母亲盼着我回去，如果我不能按时出席葬礼，我母亲一定会悲伤成病的。张居正也怕这样都说服不了万历皇帝，他接下来又抬出了两宫皇后，说：皇上对两宫皇后有多孝心，我就对自己的母亲有多孝心，请皇帝用你自己的心，也替我考虑一下。

万历皇帝只是一个少年的天子，面对张居正的三道守制疏，估计早就理屈词穷，败下阵来，可是他的身边有一位高人冯保，要知道冯保的水平虽然不及张居正，但应答三道守制疏，还是绰绰有余的。

万历皇帝按照冯保的建议，又写下了一份圣旨："朕为天下留卿，岂不轸卿迫切至情，忍相违拒？但今日卿实不可离朕左右。着司礼监差随堂官一员，同卿子编修、嗣修驰驿前去，营葬卿父；完日，即迎卿母来京侍养，用全孝思。卿宜仰体朕委曲眷留至意，其勿再辞。"

张居正等的就是这句话——朕为天下留卿。因为矢忠于国的臣子，为了天下，别说是父亲的丧礼，就是面对刀山火海，抛却身家性命，都会在所不辞的。有了这句话，张居正觉得终于可以堵住天下悠悠众口了。

万历皇帝给出了一个解决问题的方法，就是皇帝为示恩宠，派司礼监差随堂官一名，领着张家的两位公子编修和嗣修，代替张居正去参加张公的葬礼。葬礼结束以后，陪伴张居正的母亲来京，这就是家事、国事两不误，忠君尽孝皆相全了。

如果以当代的眼光去看当时的"丁忧守制"，该制度非常"落后"，堪称是一个早该被"剔除"的制度。

放着正经工作不干，去为一个"逝者"守孝三年，虽然能成全孝名，合乎舆论，完璧礼制，却对内阁不负责任，对国家不负责任，对天下苍生不负责任。

张居正为了推行新政，他早就下了不惜得罪巨室勋臣，得罪豪强势力的决心，纵然是毁身毁家亦在所不惜，更何况是父亲的一个葬礼！

张居正倒在府内生病，连写三道《守制疏》请求"丁忧"，他能堵住天下人的议论，却按不住这些朝臣的弹劾奏疏。

张瀚是仁和县（杭州）人，万历元年吏部尚书出现空缺，张居正因为他的好脾气，这才推荐他上位。张瀚督抚陕西的时候，将地方治理得一片狼藉，他当上了吏部尚书后，便被御史郑准、王希元弹劾。张居正因为张瀚识时务，能够对自己马首是瞻，故此，这两位御史的弹劾全都落空。

张瀚真是唯唯诺诺，毫无主张吗？很显然不是的，张瀚在大是大非面前，也就是在儒家的"三纲五常"面前，他觉得张居正错了，为了报知遇之恩，他决定不能对张居正妥协，而是帮他纠正错误。

《弟子规》中有"亲有过、谏使更、怡吾色、柔吾声、谏不入、悦复谏、号泣随、挞无怨"。就是想尽一切办法，不管是跪求还是哭号，反正挨打也无怨，目的就是帮助亲人改正错误。

张瀚作为吏部尚书，万历皇帝传出中旨后，冯保暗示张瀚作为百官之首，应该倡议张居正的"夺情"，而张居正一边上奏疏"请归"，一边对张瀚吹风，要他应和皇帝的挽留。

张瀚偏偏是个拘守绳墨之人，面对"丁忧守制"又犯了一根筋的老毛病，他告诉冯保，倡议张居正的"夺情"与否，那是礼部的事，跟吏部一点关系都没有。

张居正没想到张瀚会如此不识抬举，他拟了一道"奉谕不复，无人臣礼"的圣旨，责问张瀚。当时朝堂上的臣子们，大多皆选择明哲保身，都远离了张瀚，并开始上奏疏，应合万历皇帝的"夺情"旨意。张瀚面对孤军奋战的局面，他拊膺叹息："三纲沦矣！"

张居正随后指示言官，弹劾张瀚，张瀚不久致仕，结束了自己的政治生涯。

张瀚可是吏部尚书、百官之首，皇帝对他开刀，这说明什么？万历皇帝急眼了。张瀚回到老家，面对一棵移植于天目山的老松树，写自己的《松窗梦语》去了。而吏部的全体官员，因为没有积极响应万历皇帝，被集体罚俸半年。

张瀚为了维护伦理纲常，竟然"硬刚"皇帝和首辅，几百年后都让人觉得不值。

张居正的两个儿子替父奔丧，御史曾士楚、给事中陈三谟等人也纷纷上奏疏，支持张居正"夺情"。张居正为了顾及舆论，安抚反对"夺情"的强硬派，他就在《乞暂遵谕旨辞体守制顶允归张疏》中向皇帝提出了如下要求：

"谨当恪遵前旨，候七七满日，不随朝，赴阁办事，日侍讲读。但乞圣慈俯谅愿哀，容令在官守制，所有应支俸薪，准令尽数辞免；应祭祀吉礼，但不敢与；人侍讲读及在阁办事，俱容青衣角带，出归私第，仍以镶服居丧；凡章奏应具衔者，仍容加'守制'二字。使执事不废于公朝，下情得展于私室。"

通俗一点讲，就是在"夺情"期间，朝廷给我的俸禄我不要；祭祀和典礼我不会去；不管是入侍讲读，还是在阁办事，都允许我穿普通的青衣；所拟的奏疏，准加"守制"二字；准许我明年乞假葬父，便迎老母一同来京。

张居正不要俸禄，可是他一大家子人，没有俸禄岂不是要喝西北风？万历皇帝为了显示皇恩浩荡，特批每月有关衙门给张家送柴米油盐，以助生活，光禄寺还每天给张府送去酒饭一桌，可以说，其恩典是无以复加的。

万历皇帝为了让张居正居丧期间安心，他以严厉的口气，传下了一道口旨："群奸小人，藐朕冲年，忌惮元辅忠正，不便己私，借纲常之说，肆挤排之计，欲使朕孤立于上，得以任意自恣。兹已薄示处分，再有党奸怀邪，欺君无上，必罪不宥。"

本来张居正"夺情"之事已经解决，偏偏有的大臣脑袋就是一根筋，不灵活，堪称是抱着葫芦不开瓢，对张居正展开弹劾的人有四个，他们是翰林院的编修吴中行、检讨赵用贤、刑部的员外郎艾穆和主事沈思孝。

而吴中行和赵用贤偏偏又是张居正的学生。吴中行首先上疏，为了显示自己光明正大，不在背后搞小动作，他上疏之后，还誊写了一份副本，亲自送到了张居正府中。

张居正展开这份弹劾自己"夺情"的奏疏，刚刚看了一个开头，额头上便已经流下了冷汗，只见上面写道："皇上之特眷元辅者，不以其贤乎，域中之共仰元辅者，又不以其贤乎。贤者礼义之宗也，矧位当天下之重任，则身系海内之俱瞻，必正己然后可以正百官，而后可以正万民，其理有必然者。"

张居正再往下看，只见下面写得就更厉害了："国家令甲丁忧守制，二十七个月为满，虽庸人小吏，匿丧有律……而未尝以介胄之士处辅弼之臣，即有往例可稽，亦三年未终，而非一日不去之谓也，且当时诤之后世讥之。"

张居正看罢，擦了一把冷汗，问道："疏进耶？"

《明史·吴中行列传》中这样记载道："吴中行答：'未进，不敢白也。'"意思是：如果这道奏疏没有送到万历皇帝面前，副本我一定不敢给您看。

就在吴中行上书，张居正想对策的时候，当天夜晚的天幕之上，竟出现了一颗彗星，据《明史·天文志》："万历五年十月戊子（1577年11月14日），彗星见西南,苍白色,长数丈,气成白虹。由尾、箕越斗、牛逼女,经月而灭。"

在明朝的时候,夜空中出现彗星,属于大大的不祥之兆,而且这个征兆还被星官报给了万历皇帝,万历皇帝按惯例,下了一道诏书,命文武百官修省。这道旨意,好像一瓢凉水倒进了沸腾的油锅里,彻底触动了反对"夺情"官员的政治神经,他们纷纷上奏疏,掀起了反对张居正"夺情"的新高潮。

赵用贤上疏《星变陈言以维人纪以定国是疏》中,就暗讽张居正因为没有回籍"丁忧",以至于出现了这场星变。

赵用贤在这份奏疏中写道:"臣窃怪居正能以君臣之义效忠于数年,不能以父子之情少尽于一日。国家设台谏以司法纪、任纠绳,乃今哓哓为辅臣请留,背公议而徇私情,蔑至性而创异论。臣愚窃惧士气之日靡,国是之日淆也。"

以天现彗星,暗讽张居正"丁忧"而未守制,这招堪称犀利毒辣,虽然赵用贤是一个无足轻重的小官,可是在人人相信天象示警的年代,没准儿有人就信了赵用贤,张居正好不容易争取到的"夺情"局面,就将一下子失去了。

刑部的艾穆和沈思孝借着赵用贤弹劾掀起的波澜,意欲卷起掀翻张居正"夺情"之舟的巨浪。最让张居正痛心的是,艾穆竟是他江陵的同乡。

两人联名的奏疏名叫《容辅臣守制以植纲常疏》,在这道措辞激烈的"诤谏"奏疏中,这样写道:

"家有大庆贺、大祭祀,为元辅大臣者,若云避之,则于君父大义不可;欲出,则于父子至情又不安。臣不知斯时陛下何以处居正,居正何以自处?……陛下之留居正也,动曰为社稷故。夫社稷所重莫如纲常,而元辅大臣者,纲常之表也,纲常不顾,何社稷之能安……陛下诚眷居正,当爱之以德,使奔丧终制,以全大节。则纲常植而朝廷正,朝廷正而百官万民莫不一于正,灾变无不可弭矣!"

艾穆和沈思孝的弹劾奏疏中语气写得非常重,他们说社稷所重纲常,元辅大臣堪称是纲常表率。如果连纲常都不顾,社稷怎么能安?张居正位极人臣，他如果不能以身作则，灾变就不可能消除了。

张居正被朝臣弹劾，被自己的门生弹劾，甚至被自己的同乡弹劾，他怒气难消地说："昔严分宜时未有同乡攻击者，我不得比分宜矣。"

张居正说这话的时候，很悲愤，也很苍凉，当初奸相严嵩误国的时候，张居正也没发现有一个同乡弹劾严嵩，他自诩为忠君报国的首辅，却被同乡弹劾，他难道做人为官都不如严嵩吗？

这些不顾国家、不管新政，弹劾张居正的官员们，有的是为了出名得利；有的是因循守旧，不喜新政；有的是深受儒教的毒害，极力维护伦理纲常，而最终的表现则是与张居正对着干。可是这些弹劾被送上来之后，为了保住张居正"夺情"的成果，冯保干脆来了一个留中不发。

万历皇帝看罢这些大谈伦理道德，根本不顾国家实际情况的弹劾，他义愤填膺地问冯保："这些臣子究竟想干什么？难道张先生离开了内阁，他们就能取而代之，获得首辅的权力吗？难道他们不知道新政实施的并不顺利，需要一个铁腕的首辅来坐镇吗？他们难道不知道，朕一日离不开张先生的教导吗？"

冯保面对万历皇帝的"灵魂"三问，他挑气拱火地道："这些臣子忌惮张先生，不敢对'夺情'的首辅如何，可是他们高举维护'纲常伦理'，其实是在欺负皇上年幼！"

万历皇帝对张居正"夺情"，是经过两位皇太后的首肯的，从皇权的角度说，不管什么样的伦理纲常都得为社稷的安危让路。更何况，旧政可以不做改变，可是一旦否定旧政，取而代之的新政就得在旧政的废墟上建立，在这一砖一瓦一石一木建设阶段，最怕的就是疾风暴雨，电闪雷鸣。而这些反对张居正夺情的弹劾，就是疾风暴雨，电闪雷鸣。

万历皇帝年纪尚幼，最忌讳被臣子们看不起，而吴中行、赵用贤、艾穆和沈思孝的奏疏，完全是在逆圣意而为，说得好听点是维护伦理纲常，保护国本，说得不好听一点，就是目无君主，别有用心！

万历皇帝怒不可遏地对冯保问道："对其廷杖如何？"

冯保怂恿道:"全凭圣意裁决!"

冯保在万历皇帝面前"拱火"的意思,就是要处理这四名"挑事"的官员,可是处理的话不能由自己说出来,而是要"幼帝"自己来讲,果然,冯保最终达到了自己的目的。

皇帝震怒,要对上奏疏,反"夺情"的四位官员施以廷杖,这消息虽然没有长腿,却一阵风似的传遍了京城。吏部尚书马志强作为百官之首,觉得四位官员虽然有犯上的嫌疑,可是主观上还是忠君报国,施以廷杖惩罚得重了,因为一旦有个差池,那是会出人命的。

马志强觉得解铃还须系铃人,想要让万历皇帝收回成命,赦免四位反"夺情"官员的廷杖,只能去找张居正。

张居正不能回江陵"丁忧",他就在首辅府中设置了一座灵堂。马志强见到张居正的时候,只见张首辅一身素缟,正在父亲张文明的牌位面前叩拜。

马志强在牌位面前祭拜后,站起身来,首先劝慰张居正节哀顺变,不要因为悲伤过度,而影响了身体。

张居正对马志强客气了几句,他从拜垫上站直了身体,马志强谨慎地说道:"首辅可知道最近朝堂上发生了什么事?"

张居正摇摇头,脸上完全是一种"居丧期间,事不关己"的神态,他说:"不知道马尚书所言何事?"

马志强说道:"吴中行等人年少轻狂,上奏疏妄议'夺情'和守制,实属胆大妄为,但他们也是为了国本担忧,一力维护伦理纲常,想来也没有针对首辅的意思……"

张居正自然明白马志强要唱哪出戏,如果他去找万历皇帝求情,相信只要他出面,这四位官员的廷杖责罚确实可免,可是以后呢?会不会有"张中行、李中行……"跳出来,继续没完没了在"夺情"这件事上,与自己纠缠不休?

廷杖虽然残酷,却是对付某些啰唆臣子最好的办法,与其解释半天,不如一顿廷杖，可以让他们立刻闭住嘴巴。张居正不可能，也不会去给吴中行等人求情。

马志强的想法真的是有些妇人之仁了。张居正说道："本首辅居丧期间，不办公，不理事，更不敢干涉朝政，马尚书之所请，实在是爱莫能助！"

马志强一见张居正冷漠的样子，他加重了语气道："吴中行等人一旦被廷杖，势必酿成一场'祸事'，到时候，知道的人说他们悖逆圣意，理应受罚，可是不知道的人，就会说，是首辅公报私仇，于您清誉有损，想一想，还是别让廷杖发生，对首辅最为有利！"

张居正听到"公报私仇"四个字，不由得一股怒火在心中升腾，他用严厉的口气对马志强说道："马尚书，你太高抬本首辅了，吴中行等人不顾身份，妄自上书，实属违背圣意之举，皇上对其施以廷杖，目的是以儆效尤，今日之局面，完全是他们倒行逆施，咎由自取，难道马尚书让本首辅也要忤逆圣意，令皇帝收回圣旨吗？"

张居正虽然严肃，但他与火暴脾气的高拱不同，他平日里对文武百官皆是客客气气。

马志强从来也没见过张居正如此严厉，他一见求情无果，反惹张居正怒火冲天，他正想要换个角度继续游说张居正，只见张居正"扑通"一声，跪在了马志强的面前，口中说道："公饶我，公饶我！"

马志强当时就成了泄了气的皮球，他没有办法，只得悻悻然地告辞。

张居正父亲去世，对于张家是大事，这件事放在推行新政面前，却是小事，但偏偏有人不分轻重缓急，非要让张居正离开牵肠挂肚的内阁，放下念兹在兹的新政去"丁忧"，这纯属是酸腐文人的想法，更是不切实际的做法。

张居正看着马志强愤然而去，他的心真好似被刀刺一般痛，他毁家纾难似的改革，甚至为了"夺情"还要背负骂名，不仅没有换来朝臣们多少理解和同情，甚至某些极端的大臣还怀疑他贪恋权力，不肯离开首辅的宝座。

张居正的改革，就是让那些王公巨室、地主豪强将吃到肚子里的民脂民膏"吐"出来，粮银归国库，土地归庶民。不在其位，不知其险，不在其位，不知其难，如今张居正手中掌握着绝对的权力，新政一旦推行失败，一定有勋臣和巨室浑水摸鱼，新政就会沦为害民的乱政，而大明王朝就会变得一蹶不振，到时候，社稷崩、国家亡的局面随时都有可能出现。

对于张居正本人，还有更残酷的一点。明朝后期的官斗严重，首辅一旦失势，鲜有好下场。夏言失势，被严嵩害死在刑场；严嵩失势，被徐阶搞得死无葬身之地；徐阶失势，被高拱挤兑得儿子流放边关；高拱失势，冯保借助王大臣，差点没让他的人头落地。上述四位首辅，加在一起，都没有张居正一个人得罪的人多，张居正一旦失势，那将是一个多么可怕的局面。

改革如逆水行舟，不进则退，张居正别说"丁忧"三年，即使离开三个月，他推行的新政就有可能在敌对势力的反扑之下，夭折早亡，他就会成为王荆公第二。

反对张居正"夺情"的人有他的门客，有他的学生，还有他的同乡，更让张居正想不到的是，反对他的人还有他的知己——翰林院学士王锡爵。

王锡爵反对张居正"夺情"，是由翰林院编修沈懋学发起。

翰林院编修沈懋学和张懋修是同学，他休书一封，托张懋修转给张居正，这封信中这样写道："而廷杖之举，老师竟不力救，门下（指张懋修）亦不进一言，不得称诤子矣！天下所系以为安危者在老师，而老师英风独智，位绝百僚，谀者不欲规，愚者不能规，而疏远者又不敢规，非门下谁尽言哉？往者不可谏，来者犹可追，惟门下深思而预计之，则人心尚可收，相业尚可广，天下久安长治，而祸机不启，门下家世亦永有休光。"

张懋修深深知道父亲的脾气，他为了避免沈懋学"搬石砸脚"不好收场，他就客客气气地给他写了一封信，并在信中为自己的父亲辩解："今日之事，尽孝于忠，行权于经。"意思是说："夺情"之举并非不妥，而是在尽忠中尽孝，在纲常中求权宜。

沈懋学一看张懋修的路子走不通，他就写了一封奏疏，向皇帝直陈，不应该对四位反对"夺情"的官员施以廷杖。可是这份奏疏，被冯保扣了下来，根本就没有机会被万历皇帝看到。

沈懋学又写信给张居正的好友兼亲戚、新任的工部尚书李幼滋，信中写道："师相之去宜决，台省之留宜止。"

李幼滋给他复信："以若所言，宋儒头巾语，此宋之所以终不竞也。今师相不奔丧，是圣贤之道，直接揖逊征诛而得其传者，若竖儒腐生安能知之！"

沈懋学看罢这份充满讽刺意味的信，气得两手直哆嗦。李幼滋可以说是张居正"夺情"最有力的支持者，除了李幼滋，还有一个右副都御史耿定向。耿定向是阳明门徒，平日相当推崇名教，可是在"夺情"之事上，他并没有拘泥于纲常理法，并大张旗鼓地为张居正辩护："首辅师法贤臣伊周，敢为天下先，移孝作忠，去毁誉，调风气，理朝政，安社稷，泽被黎民百姓。"

他在给张居正的信中写道："今之士大夫自束发以来惟知以直言敢谏为贤，耻其痛不切君民。惟伊任之重、觉之先，其耻其痛若此，即欲自好，而不冒天下之非议可得耶？夫时有常变，道有经权，顺变达权，莫深于易。易以知进而不知退者为圣人，古惟伊尹以之。兹阁下所遭与伊尹异时而同任者，安可拘挛于格式？乃兹诸议纷纷，是此学不明故耳。鄙心愿阁下时以往所觉，不摇撼于称讥毁誉而永肩一德，以安社稷为悦。"

张居正得到了李幼滋和耿定向的支持，对于"夺情"更有底气了。

沈懋学拿着李幼滋羞辱他的信，大肆在翰林院"上蹿下跳、煽风点火"，果然这封充满嘲讽味道的信件惊动了王锡爵。

王锡爵是一个人物，他是嘉靖四十一年（1562年）进士，万历元年（1573年），他掌管右春坊，接下来做会试的考官，对于那些在国子监读书的贫寒学子，王锡爵为了荐才，甚至可以用自己的俸禄资助其读书。

万历四年（1576年）的时候，王锡爵充任世宗实录副总裁官，书稿纂成之后，他成了詹事府詹事兼侍读学士。

王锡爵是一位铁骨铮铮之臣，最大的特点便是处世方正不圆滑、遇到不平敢说话。王锡爵考中进士，入翰林院之时，正是徐阶斗倒严嵩，朝廷万象更新的一刻，虽然徐阶起用了大量中青年官员，由于王锡爵资历浅，又不擅专营，故此，在徐阶掌权的时候，他没有获得升迁的机会。

接下来高拱斗败了徐阶，王锡爵的耿直和端庄，引起了高拱的关注，被授予翰林院侍讲学士之职。可是正直刚毅的王锡爵不仅没有对高拱"投桃报李"，反而直言上疏，对高拱指使吏科都给事中，以朝班不振，上疏要将史馆迁出午门的提议，展开了抗争，高拱一怒之下，将其贬谪到了南京的翰林院中掌翰林事。

张居正当政后，认为敌人的敌人就是朋友。张居正将王锡爵调回京城，担任了礼部右侍郎兼翰林院掌院学士，并让他获得了参与编撰《穆宗实录》的机会。

王锡爵认同张居正变法强国的新政，并成为推行新法的急先锋，却并不认同张居正"夺情"的主张，面对万历皇帝廷杖的旨意，他就成了张居正的"反对派"。

王锡爵为了让张居正出面求情，令万历皇帝收回"廷杖"的圣旨，他领着翰林和宗伯学士数十人来到张府的门外，张居正却给他们吃了一个闭门羹。

王锡爵脾气执拗，为了心中的正义，即使面对刀山火海，也可以奋不顾身地"冲"上去。他面对冷遇，义愤填膺，孤身一人径直地闯到了张府的孝帷面前。

王锡爵为了维护伦理纲常，他索性豁出去了。他先施礼，接着对正在为父守孝的张居正恳切地道："请首辅大人，设法营救吴中行等四位臣子！"

张居正早就知道王锡爵领人逼见的目的，他本不想见这帮伦理纲常的卫道士，可是让他想不到的是，王锡爵竟单枪匹马地硬闯了进来。

张居正说道："圣上怒甚，说不得！"

王锡爵说道："圣上为首辅而怒，而免去廷杖之祸，亦是为了相公！"

张居正摇了摇头，道："居丧期间，公事一概不理！"

王锡爵急道："可是这件事关系到首辅的清誉！"

张居正语气冰冷地道："王大人还是请回吧……"

王锡爵一见张居正拒人于千里之外，他也急眼了，吼道："首辅大人，您居丧期间，推荐官员，批阅奏疏全都未停，为何一到救人，就推三阻四？一旦廷杖实施，您如何堵住天下悠悠众口，天下人会不会说您见死不救，假天子之手以泄私愤！"

　　张居正的心情本就不好，王锡爵对他毫不忌讳地挖苦，高声大吼地讽刺，甚至是揭老底似的叫嚣，让他真的是忍无可忍了。

　　他脸色铁青，瞋目而视，本欲以更犀利的言辞回怼过去，可是一想，那样事情会变得更糟，一旦王锡爵领着门口的翰林和宗伯们一起上奏疏，他好不容易取得的"夺情胜局"必将陷于反复。

　　张居正强压怒火，他尽量将语气放得平缓，说道："国体羸弱，需要新政为其注血续命，而政改中的清丈土地，一定会受到来自王公巨室方面的巨大阻力，请问我离开内阁，谁人能替代我，吕调阳行吗？张四维行吗？他们二人不成，难道你王锡爵可以吗？"

　　王锡爵从来也没有赤膊上阵地和张居正谈论新政"掌舵人"的问题。吕调阳是老好人，他做个操国运舟楫的水手尚显不足，他绝非内阁"掌舵"的好材料。而张四维是个精明人，他怎么肯为天下苍生的利益，牺牲掉个人的命运和前途。而他王锡爵的资历和能力，全都不足，让他当新政的推手，恐怕用不了几天，新政这条船便会触礁沉没。

　　张居正不管王锡爵是否听得进去，他继续说道："我身为人子，父亲去世，难道我就不想回籍'丁忧'，守孝三年吗？可是皇帝接连下旨，令我'夺情'，而吴中行等人，又极力反对'夺情'，让我身处其间，该何去何从，你不妨给我拿个万全的主意……"

　　王锡爵嘴巴大张，只是讲了一个"我——"字，便说不下去了。

　　王锡爵为何说不下去了，假若换他面临回籍"丁忧"的形势，如果忠孝不能两全，王锡爵能否与张居正一样，舍了自己，舍了孝道，"夺情"留任，不忌毁誉，成全一个忠字？

　　张居正接着说道："我可以给吴中行等人求情，让他们免于廷杖的责罚,一旦更多的反对'夺情'的官员受到鼓舞,他们一起上奏疏请仆'丁忧',你让我该怎么办?"

王锡爵真的没有想这么多,他只是觉得张居正不顾伦理纲常,主张"夺情",就是贪恋权位,而万历皇帝要廷杖四位官员,便是夏桀之政,殷纣罪名,必须予以纠正。

可是他真的没有想到,万历皇帝廷杖四位反"夺情"的官员,竟然是以小错止大错。王锡爵想明白了这一点,他正要和张居正商议一下,是否有一个既可"夺情"又符合"礼仪"的好办法,可是张居正一个令人惊诧的举动,让王锡爵吓了一跳,张居正竟"扑通"一声,跪在王锡爵的面前,并"咣"地磕了一个响头,张居正直起身子的时候,他手中还多了一把寒光闪闪的刀子,他用刀尖指着自己的咽喉,用自刎前凄凉无助的语气叫道:"上强留我,而诸子力逐我,且杀我耶!"

王锡爵快步上前,正要伸手搀扶张居正,张居正将刀子硬塞到他的手中,口中高叫道:"你来杀我,你来杀我!"

张居正"跪地,拔刀,让人杀自己",他竟对王锡爵用上了"不入流"的手段。王锡爵想要应付,只能用更"不入流"的招数,最典型的一个办法是以头碰柱,接着满脸是血地倒在首辅府中,开始满地打滚,口中狂呼:"不免杖刑,我就死在这里了!"

可是王锡爵是个"君子",他根本不会用这种"不入流"的玩意儿,对张居正进行要挟。王锡爵吓得丢了刀子,转身逃出了首辅府,他深知,吴中行等人的廷杖已不可免,他本以为凭着自己的三寸之舌能够劝说张居正去万历皇帝面前求情,可是让他万万没想到的是,他游说失败了,最后仓皇落败,竟一路逃出了首辅府邸。

王锡爵领过来的几十人,他们也不明白发生了什么,既然领头的王锡爵败逃,他们也是一路跟着狂奔,张居正不是老虎,可是他权力在手,胜似"百兽之王"。

张居正这一跪,有人说是用祖上军户的"泼皮流氓"手段,也有人说,张居正这一跪胜过韩信受的胯下之辱，为何胯下之辱能够流芳百世，而张居正的下跪却备受争议？

因为韩信的敌人是青皮混混，张居正的敌人却是看似正义的"礼法"，为了战胜无比强大的"礼法"，张居正对其示弱跪下，真的不丢脸，虽说男儿膝下有黄金，可是战胜比三山五岳还要强大的"礼法"又有几人？

唯张居正等少数的几个精英而已。

18 / 清丈，千难万险吾"往矣"

万历四年（1576年）十月二十二日，根据《明实录》记载，当时京城的天气是"阴云忽结，天鼓大鸣，惨黯者移时"，万历皇帝下旨，命锦衣卫将吴、赵、艾、沈四人逮至午门前廷杖。

东林党三魁首之一的赵南星，曾经在自己的文章中做过这样的记载："天晴，阴云倏起，雷隆隆动城阙。"

吴中行得知即将廷杖的消息后，他神情自若，首先遥拜千里之外的常州母亲，说："儿死矣，有子事吾母也。"他向妻子毛氏托孤后，大声召唤儿子吴亮："取酒来！"

吴中行端起吴亮递上的酒碗，一饮而尽，酒杯被他摔碎在了地上，然后骑马跟随锦衣卫缇骑而去。在午门之外，根据书籍上的记载："艾穆与同刑人'相与言笑，随行如赴酒'。"

行刑的锦衣卫，为了效忠张居正，将吃奶的劲儿都使了出来。吴中行和赵用贤各被打六十廷杖，发原籍为民，永不续用；而艾穆和沈思孝各被打八十廷杖，发极边充军，遇赦不宥。

吴中行被打完六十廷杖后，口鼻都在流血，气绝昏死，中书舍人秦柱带来郎中，为其除掉臀部几十块的碎肉，敷药包扎后，这才苏醒了过来。吴中行被抬回家，只痛得彻夜呻吟不止，当赵南星来探病的时候，他说："廷杖时，张居正派太监在边上监视，欲击毙，其恶如此！"

吴中行被廷杖的"账"，果然记在了张居正的身上，其实派太监监视锦衣卫行刑的事，应该是冯保做的。

赵用贤受廷杖后，有资料记载："用贤体素肥，肉溃落如掌，其妻腊而藏之。"赵用贤的臀部有一个巴掌大的肉被打落了下来，妻子当传家宝一样珍藏起来，这就是赵用贤敢于谏言的证据，他留给后代学习和瞻仰，并准备一代代地传下去。

艾穆和沈思孝受杖刑后的遭遇，比之吴中行和赵用贤还可怕，他们被重责八十廷杖，随后还被戴上镣铐，关进诏狱，三天后，他们被抬回家时，仍然昏迷不醒。

艾穆遣戍充军到了陕西行都司的凉州卫（今甘肃武威），沈思孝遣戍充军到了广东高州府的神电卫（今广东电白东），这两个地方，皆为烟瘴蛮荒，可以说是兔子都不拉屎的地方。岭南的巡抚想杀掉沈思孝，以对内阁献媚，便下了一道手谕，命沈思孝到岭南来相见。

沈思孝路过恩平县的时候，从怀里摸出一把锋利的匕首，对县令说："巡抚大人要杀我，我只有和他同归于尽！……伏尸军府中，令天下士大夫皆知巡抚所杀也。"

恩平的县令急忙去报告巡抚，这位巡抚大人一听沈思孝要和他"玩"血流五步伏尸二人的把戏，当即收回了待诏令，沈思孝这才保住了一条性命。

这四个人因为敢于直言犯上，成为大明朝"文死谏"的楷模，他们离京前，竟有许多人为其写诗，比如胡元瑞赠给沈思孝："豆蔻花前千里梦，桄榔树下十年人。"

许文和穆方分别镌玉杯、犀杯，送给吴中行和赵用贤，杯上分别刻着"斑斑者何？下生泪。英英者何？蕳生气，追之琢之，永成器"和"文羊一角，具理沈勰，不惜刻心，宁辞碎首？黄流在中，为君子寿"等嘉勉和褒奖的诗句。

艾穆在流放的路上，还写了一首《西窜出都》诗："楚客江鱼身可葬，汉臣马革骨犹香。青山到处皆吾土，岂必天南是故乡。"读之真有一种"忠骨处处可埋，丹心照日不坠"的气概。

更多的官员面对午门之外，血肉横飞的惨景，心里还是怕了，而对"被杖诸公倾慕之至"的官员毕竟是少数。他们大多数人都已经知道皇帝震怒，在奏事的时候，甚至对于"夺情"两个字都是避之唯恐不及，果真是嘴上说得起茧，不由午门外一顿海扁。

可是廷杖后的两日，也就是十月二十四日，江西吉水人邹元标觉得吴中行等人的奏疏纯属是"温吞水"，不仅不够尖锐，且不能匡扶正义，还不能卫伦理、正纲常，令万历皇帝知错猛醒，复归以孝治天下的正路，他决定"蹚这场浑水"，便写了一道《亟斥辅臣回籍守制以正纲常疏》，旗帜鲜明地要求张居正"回籍守制"。

邹元标当年考进士，主考官把进士的试卷呈给了张居正，张居正看罢邹元标的试卷，感叹地说："此子性刚直，可堪大用也。"

性格刚直是好事，可是邹元标将自己的直性子用在了不该用的地方。

邹元标考中新科进士后，任刑部观察政务，本来只要踏踏实实地干几年，官职便可以得到提升。可是有抱负、有胆识、有不怕死的精神的邹元标，他决定走一条极险却可以快速成名的道路：用张居正"夺情"做文章，批皇帝逆鳞，不惧廷杖，成为一代"葵花向日，忠赤倾心"的名臣。

被无情的廷杖几乎打残打死的吴中行等人，写的奏疏还在与万历皇帝讲道理，皇帝按照臣子们的办法做，就是一位贤主。可是邹元标写的奏疏，完全就是在告诉万历皇帝怎么做，皇帝不这样做，就是一个昏君。

邹元标确实是愣头青，外加自大狂，张居正这样经天纬地之才，几百年才能出现一个的铁腕首辅，在他的眼中，完全是一个"进贤未广、决囚太滥、言路未通、民隐未周"等欺世盗名、贪恋权位的恶相。

他在开篇写道："孔子曰，苟正其身矣，于从政乎何有，不能正其身，如正人何，此之谓也，今观居正之于父也，凭棺泪奠，未尽送终之礼，在京守制，尚贪相位之尊，果能正身而正人耶，不能正身而欲正人，为居正计者，不可一日而不去，皇上为居正计者，不可一日而留矣，居正不去，天下人所共知也，皇上留之者，岂以其有利社稷耶，然不知居正之在位也。才虽可为。学术则偏。志虽欲为。自用太甚。诸所设施乖张者、难以数举。"

邹元标想表达的意思是：想要正人，必须先要正己，张居正父亲去世，他未尽送终之礼，如何能正人？张居正有才，可是学术走偏了，他虽有大志，可是太自以为是了。他乖张偏执的举措，可以说是数不胜数！

也许在邹元标的心中，论治国的才华他才是第一位的，如果张居正脱袍让位，他立刻可以坐镇内阁，行使张首辅的权位。

邹元标接下来开始讽刺万历皇帝依靠张居正，不能自立自决，而且所造成的后果严重："居正丁忧，可挽留之，居正脱有不测，陛下之学，将终不成，陛下之志，将终不定耶，此臣所未解也，皇上以英明之资，御历五稔，人皆曰将兴尧舜之道，三王之功矣，以居正而在京守制，天下后世，谓陛下何如主，纲常自此而坏，中国自此而衰，人心自此而弛……"

张居正"丁忧"，皇帝可以用"夺情"来挽留他，如果张居正一旦去世，难道皇帝的志向就完不成吗？陛下留张居正在京城"守制"，纲常坏了，国家衰了，人心散了……

邹元标一顿危言耸听，完全是不负责任地自说自话。万历皇帝虽然年幼，但他毕竟是皇帝，邹元标对他指着鼻子上脸地斥责，无一点人臣礼，万历皇帝看到后一定会气得暴跳如雷。

邹元标这不是在劝谏，而是在拱火。他要廷杖加身，他要用最快的速度出名，为了达到这个目的，他继续用更犀利的言语写道：

"恤匹夫之小节，非病狂丧心……今有人于此，亲生而不顾，死而不葬，指而名之曰，非常人也。然人不曰残忍，则曰薄行，不曰禽彘，则曰丧心，可谓非常人乎……居正学尚刑名，见臣此疏，祸臣必深，臣万万死矣。盖非严刑督责。以钳天下之口。则攻之者愈多也。噫臣甘为妾妇。自爱其生矣。堂堂丈夫。不忍为妾妇也。碎首玉阶奚憾哉！"

邹元标在自己的这篇奏疏中，匹夫、病狂丧心、残忍、妾妇甚至街头吵架的禽彘都用上了，不可不谓之狂妄。

这也是张居正当国，被骂得最"惨"的一次。

吴中行等四人被廷杖后，午门之外地上的血未干，邹元标就将《亟斥辅臣回籍守制以正纲常疏》写好，藏在怀里，悄悄找到了一位熟悉的太监，那个太监不识字，他看着邹元标的奏疏，机警地说："邹先生，您不要害我！"

邹元标给小太监塞了几锭银子，然后低声说："这是'告假疏'，请多帮忙。那个太监才将这篇'亟斥疏'送到了大内。"

邹元标犯颜直谏真的令人敬佩吗？后人讽刺他是"讪君卖直"，只为了提高自己的名声，但也有民谣称赞他，说"割不尽的韭菜地，打不死的邹元标"！

邹元标的"亟斥疏"送上之后，万历皇帝指着奏疏，高呼："邹元标这厮，狂躁可恶。"但邹元标作为一个言官，按照明朝的律例是不能砍脑袋的。

万历皇帝在针对邹元标的圣旨中，这样写道："姑着照艾穆例处治。以后再有迷顽不悟的，必遵祖宗法度置之重典不饶。"

根据沈德符留下的文字资料："廷杖诸人，吴、赵稍轻，沈、艾较重，邹元标最重。"

邹元标被打八十廷杖。可是吴中行等四人，全都是两条腿被并排按在地上，接受了廷杖，等于一条腿，接受了一半的廷杖，沈思孝在留下的文字资料中这样记录了邹元标被打八十廷杖的过程："杖之日，交右股于左足上，以故伤其半，出则剔去腐肉，以黑羊生割其臋，敷之尻上，用药缝裹，始得再生。"

行刑的锦衣卫，竟将邹元标的两条腿盘了起来，八十廷杖只打一条腿，甚至在接下来的发配途中，邹元标的腿伤都没痊愈，血还淌淌而下。

邹元标被杖伤的右腿受到了极大的伤害，以至于走路一瘸一跛，甚至在发配的途中，还流脓淌血不止，这让邹元标吃尽了苦头。邹元标的伤势比沈思孝更重，在伤好后，每遇阴天，腿骨间常隐隐作痛，晚年的时候，甚至不能作深揖了。

邹元标将自己的处境，搞得比十八层地狱还惨，这样做究竟值不值？有人说值，因为犯颜直谏，不惧杖责，让他青史留名，他亦成为明朝历史上著名的铁骨铮铮的臣子，成为了后来人学习和追捧的对象。

张居正去世后，万历皇帝抄了张居正的家，并削尽其宫秩，剥夺生前所赐玺书、四代诰命，以罪状示天下。同时，也诏回了被张居正被贬的官员，而邹元标就在被召回的官员之列。

万历十一年（1583年），邹元标回到朝廷，廷任吏部给事中，他心存报国的奢望，又多次上疏改革吏治，医治民瘼，惹恼了万历皇帝，再次被贬谪。悲催的是，从万历十八年（1590年）至万历四十八年（1620年），邹元标将自己最好的三十年青春全都用在了居家讲学之上……手握权柄、为民请命、为君分忧的仕途，已经变成了南柯一梦。

明光宗即位，征召邹元标为大理寺卿，这时的皇帝嗜酒宣淫，朝廷党派纷争，臣工卖官鬻爵，吏治腐朽败坏，邹元标忠言直谏，抨击时弊，改革朝政，举荐贤臣……可是他的努力，只是杯水车薪，完全不能改变明朝这驾老旧的马车，一步步地滑向深渊，最终"轰隆"一声跌落谷底，分崩离析的命运。

邹元标用了一辈子的努力，证明自己错了，而张居正是对的。张居正的十年改革，令国家的面貌日新月异，仓廪充实，吏制清明，处处焕发着勃勃生机，他对深孚众望的张居正十分佩服，便第一个上奏疏，为张居正的改革平反："江陵功在社稷，过在身家，国家之议，死而后已，谓之社稷之臣，奚愧焉！"

万历皇帝因为张居正，打残了邹元标的一条腿，邹元标还曾经骂张居正为"禽戏"，按照正常的道理，以邹元标恩怨分明、疾恶如仇的性格，他应该恨死了张居正才对。

朝廷上下的高官，势力庞大的巨室，他们全都不理解邹元标，一见邹元标要替张居正翻案，当即辱骂，威胁和弹劾好像潮水般向邹元标铺天盖地地袭来。

可是邹元标还是干了他一辈子最正确的事，他四处奔走，呼号发声，张居正终于平反了……

张居正为了改革的成功，确实是过于霸道，他也做过不少的错事，但不管是霸道还是错事，都掩盖不了他"舍身为国"的功绩。

张居正纵然平反，大明朝已经成为了一个满目疮痍、步履蹒跚的迟暮老人，任张居正重生，也是无力回天了。张居正平反的第三年，邹元标带着未竟的政治理想，以及对国家无尽的遗憾，双目难瞑地去世了，享年七十四岁。

在皇权的威压、在廷杖的责罚之下"夺情"的风波终于偃旗息鼓了，张居正没有举殇相庆，却给万历皇帝上了一道奏疏，说出了心中的苦闷："今言者已诋臣为不孝矣，斥臣为贪位矣，詈臣为禽兽矣，此天下之大辱也，然臣不以为耻也……今诸臣已被谴斥，臣不敢又救解于事后，为欺世盗名之事。前已奏称遵谕暂出，今亦不敢因人有言，又行请乞，以自背其初心。但连日触事惊心，忧深虑切。"

张居正表达的意思是：言官弹劾我不孝，贪位，骂我是禽兽，但这些巨大的侮辱，（为了新政，为了国家）我不以为耻；可是有一点，那些弹劾我的官吏，已经受到了发配、贬谪等惩罚，我又不能替他们求情，我的心很忧虑！

张居正为他们求情，就会被骂为虚伪，如果不对他们使用廷杖，"夺情"的争端就会没完没了，这会让张居正疲于应付，最后溺于口水流成的汪洋大海。

万历皇帝随后下旨，对张居正的忧虑进行了劝解和安慰："卿为朕备加恩恤，曲全父子之情；卿为朕抑情顺命，实尽君臣之义，于纲常人纪何有一毫亏损！这厮每明系藐朕冲幼，朋兴诋毁，欲动摇我君臣，倾危社稷。卿务勉遵谕旨，以终顾托。"

万历皇帝的意思表达得很明白：为国家你舍弃了自己的名节，你于纲常人纪没有亏欠，不管是谁诋毁你，就是动摇我们君臣的关系，危害社稷的安全，你不要想得太多，牢记遵守圣旨，不辜负先皇的托孤就成了！

张居正想要改革，可以说面临的形势，也许并非是最好的形势，可是他得到的支持，却是最佳的支持，不管是内阁、中宫还是"两后一帝"，在他们强有力的支持下，不管是言官、巨室还是手握权柄的勋臣，他们即使想对张居正下黑手、打冷拳、使绊子，最终还是被至高无上的皇权击成了粉末和尘埃。

张居正在府内设置了灵堂，万历皇帝恩准他可以在府内守孝七七之数，也就是四十九天，但张居正在家服丧期间，对于内阁的公事，他亦一件没有落下。

当时的情况是：内阁人员拿着奏疏，急匆匆地来到张府，张居正票拟谕旨后，内阁人员将其报给吕调阳和张四维过目，然后送到冯保手中，交给万历皇帝圣阅批红。

而冯保也经常派人到张府，向张居正请教：某人某事张先生云何？

张居正也一一进行认真答复。他为了接待官员方便，在丧服的下面，穿上了官服，每有官员拜见，他就会脱下丧服，身穿官服与之见面，交谈以毕，再穿上丧服衰绖，接着在父亲的灵位前焚香尽孝。

一转眼，张居正已经守孝七七四十九天了。万历四年（1576年）十一月初五，鸿胪寺少卿陈学曾来到了张府，传万历皇帝的一道圣旨："张居正父丧守孝七七期满，明日入阁办事。"

十一月初六，张居正身穿青衣便帽来到了内阁，又开始了办公，可是桌案上的奏疏没看几件，文书房太监孙斌急匆匆地来到内阁，见到张居正，道："皇上有旨，召张先生到平台议事！"

张居正第一天入值内阁，万历皇帝便急匆匆地召见他做什么？在张居正的《谢招见书》中记录下了这次召见的细节。

张居正来到皇宫，见到了万历皇帝，说："但臣赋性愚直，凡事止知一心为国，不能曲徇人情，以致丛集怨仇，久妨贤路。今日若得早赐放归，不惟得尽父子微情，亦可保全晚节。"

张居正表明态度后，万历皇帝说："先生精忠为国之心，天地祖宗知道，圣母与朕知道。那群奸人乘机排挤的，自有祖宗的法度治他，先生不必介怀。"

万历皇帝接近两个月没见到张居正，原来他是想张首辅了。接下来，皇帝赏赐白银五十两、彩缎四表里，并吩咐左右太监："与张先生酒饭吃！"用膳毕，张居正在太监孙斌的陪同下，前往内阁处理公务。可以这样说，一场"夺情"风波，并没有离间君臣的关系，反而让君臣的心贴得更近，万历皇帝真的离不开张居正。

"夺情"的斗争是你死我活的，午门外纷飞的廷杖就是最佳的证明，这风起云涌的变故，足以坚定一颗心，锻造一个人，改变一个时代。

《明史·张居正传》记载："居正自夺情后，益偏恣。其所黜陟，多由爱憎。"可见，一场"夺情"风波，让张居正认识到了斗争的残酷，更让他彻底丢弃了所谓的"允执厥中"，为了达到目的，他用的办法皆为偏颇，官吏的升迁罢黜，多从自己的爱憎出发。

可是这种偏颇能怪张居正吗？与怪兽搏斗，自己往往一不留神就会变成怪兽。张居正受到了太多的攻击，他发现一个真理——想要干掉敌人，最有效的办法就是用敌人的办法直接攻击回去。

当时明朝最重要的是农耕，而张居正以自己敏锐的洞察力，发现明朝重农抑商的做法是不对的，应该是恤商、惠商，只有商旅齐至，各地的榷税才能收上来丰盈的税银，否则必然陷入竭泽无鱼的尴尬状态。

张居正在与工部榷税使周汉浦探讨"建榷"的措施之时，他曾经阐明道理："古之为国者，使商通有无，农力本穑，商不得通有无以利农，则农病；农不得力本穑以资商，则商病。故商农之势，常若权衡。然至于病，通无以济也。"

张居正的意思是：国家的经济不能总是蹀躞徘徊，应该农垦和经商两条腿走路，否则国家不是缺粮，就是少钱，一定会走下坡路。

设置榷税，收商人税银，这无可厚非。可是"筹算及至骨髓，不遗锱铢"，是错误的，因为一旦省、府、州、县都向商人伸手，商业就会陷入困顿。他力主唯"不病商始可以裕国"的方针，让"汰浮溢而不骛厚入，节漏费而不开利源。不幸而至于匮乏，犹当计度久远，以植国本，厚元元也"。

张居正讲的是：应该对商人经商有充分的认识，只有经营的商贾多了起来，榷税收入国库的银子才会源源不断，而不是"征发繁科，急于救燎，而榷使亦颇骛益赋，以希意旨，赋或溢于数矣"。

张居正给出的解决办法是"开源和节流并重，不能杀鸡取卵，更不可竭泽而渔"！

张居正的恤商、惠商之策如果是开源，整顿驿站就是节流了。可是整顿驿站，为国家节省税银，最后演变成张居正结怨天下官员的一件大事。

明朝洪武皇帝朱元璋登基二十二天，便开始关心驿站的建立，"驿站者，在于传递使客、飞报军务也"。也就是说，朱元璋建立驿站的目的是为国家服务，《昭代王章》中也做了"非军国重要事不许给驿"的规定。

明朝的驿站存在一两百年，无不事久而生弊。明朝初期的驿站还是严格执行了"非国家大事或者军政要务，一律不许滥用驿站"的规定，可是后来，驿站就成了达官贵人、公差人员、近侍宦官的出行工具，甚至官员的亲戚和奴仆，也有使用驿站的权力。

明代使用驿站的凭持是勘合，相当于现代的护照。京城的勘合由兵部发出，而各省的勘合由巡抚和巡按发出。

一张勘合发出，因为没有使用期限，故此，得到勘合的人可以终身使用，他即使不用，也可以转送他人。随着勘合的滥发，驿站便开始处于疲于应付的状态。

驿站的主管官员是驿丞，官职虽不入流，薪饷却由国家发放。可是驿站的其他费用，需要当地百姓摊派，也就是说，官府收缴的正税，并不包含驿站费用这一项。随便举一个例子，本县驿站一年共花费两千两银子，而本县有两千名人口，则一人摊派一两银子，可以说，驿站的存在，虽然方便了国家，却等于直接加重了当地百姓的负担。

摊派驿站银还不是加重百姓负荷的主要方面，最让百姓们喘不过气来的就是夫役摊派。驿站的车、马、牛、驴和船只，都需要当地的百姓自筹，一开始，在驿站充当驿卒还免征粮税，可是后来这个免征亦被取消，驿站的驿卒不仅要缴纳粮税，而且还要自备工食，三年一轮，永不停歇。

这些官员手持勘合到了驿站，不仅草料、炭火、酒席、夫马等都免费使用，临走还要拿走一份礼物。如果本驿站实在派不出车马，那就是按照雇用车马的价格，给手持勘合的官员一笔钱，当瘟神一样将其送走。

更有甚者，这些官员们扣押驿卒的马匹，不给钱就伤马，或者割掉马尾，此之便是"惜马钱"。一有不顺心，官员就命手下对驿卒棍棒相加，驿卒想要免打，需要拿"免打钱"。驿站在某些官员的眼里，竟成了摇钱树。

孔子第六十四代孙衍圣公孔尚贤就是借助驿站发财的。其运作起来相对简单，他携带着大量的山东特产进京，每到一处驿站，驿站的驿丞为了讨好他，都得送他一笔礼物，而且给他付一笔不菲的雇车费用。因为任何一个驿站，即使将所有的车凑齐，也无法给孔尚贤提供运输服务，驿站只能破财免灾，打落牙齿往肚里咽。

从山东到京城几十个驿站，孔尚贤的土特产还没等到京城贩卖，就已经狠狠地赚了一笔"驿站银"，可是买单的却是沿途的百姓，还因为孔尚贤大肆占用国家资源，使驿站传递军事情报、政府文书的职能发挥受到阻碍。

张居正面对驿递痼疾，开始全力整顿，万历朝的《明会典》卷一四八中曾经做出这样的规定："凡官员人等非奉公差，不许借行勘合；非系军务，不许擅用金鼓旗号。虽系公差人员，若轿扛夫马过溢本数者，不问是何衙门，俱不许应付。凡内外各官丁忧、起复、给由、升转、改调、到任等项，俱不给勘合，不许驰驿。凡官员经由地方……不许办送下程心红纸札，及折席折币礼物。抚、按、司、府各衙门所属官员，不许托故远行参谒，经扰驿递；违者抚、按参究。"

《驿递条例》制定出来后，如何执行是一个大问题。为了让驿站的痼疾得以消除，张居正决定严格执法的同时，首先从张家自身开刀。

爱不足以彰善，严却可以止恶。张居正的儿子张懋修当时要回江陵应试，张居正叮嘱他自己雇车，不许骚扰驿站。张文明过寿，张居正命仆人背着寿礼，骑驴回籍，不许动用驿站的车马。

更让人警醒的是，张居正的弟弟张居敬生病回乡养病，本来保定巡抚张卤已经给张居敬发了勘合，张居正随即将勘合退回，并写了一封信——《答保定巡抚张浒东》书牍十二，信中这样写道："仆忝在执政，欲为朝廷行法，不敢不以身先之。小儿去岁归试，一毫不敢惊扰有司，此台下所亲见，即亡弟归，亦皆厚给募资，不意又烦垂怜也。此后望俯谅鄙愚，家人往来，有妄意干泽者，即烦擒治，仍乞示知，以便查处，勿曲徇其请，以重仆违法之罪也。"

张居正以身作则，令下效之。可是也有一些官员因为使用驿站方便顺手了，还想继续揩朝廷油水，顶风作案，却撞在了张居正的枪口上，张居正处理起来，亦是丝毫不留情面。

大理寺卿赵悖曾去郊游，路过京南驿，他与驿丞相熟，面对热情招待，他吃了一顿筵席，此事被张居正知道后，赵悖被降职一级。按察使汤卿出京公干，他因为找驿站多要了三匹马，载其手下的仆役，并索要酒食，这件事被张居正知道，将其官职连降三级。

更令人感到法不容情的是甘肃巡抚侯东莱之子，他擅自使用驿站，结果被言官弹劾，如何处置这位侯公子，确实让张居正踌躇。

甘肃不仅是北疆前线，侯东莱还是封疆大吏，属于不可或缺的制虏镇边的重臣。万历皇帝亦想下旨"薄责之，下不为例"，可是张居正还是革去了侯东莱儿子的官荫，令当时的官场都为之一凛。朝廷已经决心"综核名实"，缩减驿费，不允许无关的人员再去驿站揩油了。

当然令张居正感到最棘手的就是宦官和衍圣公。因为宦官是内廷的人员，张居正不好处理，他就叮嘱冯保，一定要约束好手下，不能在这个"枪打出头鸟"的时候出事。

张居正处理衍圣公，首先给徐中台写信，让他转告孔尚贤："承示大监、圣公横索驿递。今内官、勋臣小有违犯，动被绳治，而圣公所过，百姓如被虏贼，有司亦莫之谁何，以其为先圣之后也。夫圣人秉礼为教，志在从周，假令生今之时，亦必斤斤守朝廷之法，不可逾越，况其后裔乎？后若再行骚扰，亦宜一体参究，庶为持法之公也。"

张居正知会孔尚贤，骚扰驿站不是小事，不管是太监还是功臣，一旦违反，都将受到惩罚，而衍圣公所到之处，驿站就好像被贼偷匪抢了一样，这是先圣的礼法吗？如果再犯，当与平民同罪……

孔尚贤接到张居正的口信后，虽然有所收敛，但还是没有忘记他在驿站得到的甜头。张居正在几年之后，借助孙尚贤家庭发生风波解决此事，孙尚贤的庶母郭氏攻击孔尚贤，弹劾他滥用女乐、贿受船户及岁贺入京骚扰驿递等不法之事，将衍圣公入朝定为三年一次，这样处理后，孔尚贤对驿站的骚扰程度，就降低了甚多。

试问没有通天手段，谁敢对衍圣公下手？张居正处治了衍圣公，这件事让天下人为之一凛。

衍圣公如此难缠的人物，都开始遵章守法，不敢再骚扰驿站，官员们据此营私的痼弊，一朝得到消除，百姓们的压力骤降，整顿驿站后，朝廷每年可以省下一百多万两银子，可见其功是立竿见影的。

都说不能一口吃成个胖子，但一两百年的难题，竟被张居正在一年之内解决了。

如果将整顿驿站和清丈土地比较一下，前者可以说是开胃小菜，清丈土地才是真正的开胃大餐。

《孟子·滕文公章句上》曾有这样的记载："滕文公想施仁政，派遣臣子毕战去向孟子请教，如何才能'井地'，孟子给出了这样的回答：'子之君将行仁政，选择而使子，子必勉之。夫仁政必自经界始。经界不正，井地不均，谷禄不平，是故暴君污吏必慢其经界。经界既正，分田制禄，可坐而定也。'"

孟子说真正的仁政是从"清丈土地"开始的。因为国家的税收，最重要的是赋役，赋指的是田赋，役讲的是丁役，如果一个国家的田亩不清楚，户口人数不清楚，怎么可能做到不偏不倚，负担税赋平均，不至于让一部分赋税过重，而一部分人逃避责任。

从万历二年（1574年）开始，张居正便将整顿财政，改变税收日减、国库空虚的被动局面作为新政的核心内容。面对户部催征急切、民财疲竭、仓廪已空、边饷不支、薪俸无着的困境，张居正首先想到的是节流，"宫廷善行当为天下先"，想要节流，必须要控制宫廷浮费，也就是从"两后一帝"的开销上下手。

隆庆去世之前，曾命云南进宝石饰其居室，广东采珍珠装其冠冕，江西烧瓷器用之盛装膳食，其数量浩繁，种类多样，压得当地的财政喘不过气来，这些珍宝和器物被源源不断地送进宫廷，隆庆皇帝只是用了一小部分，大部分都被他堆放在仓库，或者赏赐给了嫔妃和臣子。

隆庆去世之后，张居正执掌内阁，当即向万历皇帝请旨，停掉了这些不必要的供奉，令云粤赣三省的财政紧张状态得到了些许的缓解。

当时的光禄寺卿负责祭祀、朝会、宴乡酒澧膳馐之事，其中制作筵席是最大宗的靡费，其主管的卿、少卿、丞、主簿等官员大肆捞取油水，冗耗冒滥现象十分突出。张居正为了杜绝这种浪费现象，奏请万历皇帝，不仅停止了各省每年以专款向光禄寺的解送制度，而且派员清查了其账目。隆庆六年（1572年），光禄寺该年用银十五点五千二百一十七万两，在万历五年（1577年），户科谏阻传取太仓、光禄寺银两，危言光禄寺银两"月费万金，仅足待三年之用"，可见每个月能够省下来四分之一，一年就能剩下三点五万两。

当时朝廷有一个外派太监制度，太监去江南等地督办监造宫廷用品。这些太监到地方后，横征暴敛，巧取豪夺，严重骚扰地方，张居正以《隆庆遗诏》中"罢一切斋醮工作及例外采买"为由，指示工部立即召回"督造内臣"，并严令以后不许再有外派。

当时苏杭督织贡品的太监赵玢，竟拒不回来，工部一边写弹劾奏疏，一边以严厉口气对其训斥，赵玢一见朝廷来真的，吓得急忙骑马星夜赶回。张居正的节流政策亦非常收效，上行下效之下，朝廷的风气为之一变，勤俭节约成了新的风气，奢侈浮华已经难寻其踪了。

面对坚冰初融的可喜局面，如何能够实现张居正"不加赋而上用足"的政改局面？张居正决定对勋臣巨室进行"清丈"，为了让法令顺利实施，实施的时候不走样,他首先对自己家的土地"开刀"。

张居正的次子张懋修,任翰林院编修,他奉父命,回到江陵,开始严查张氏家族的土地,果然经过一番核实田粮实数之后,那些诡寄、影射田亩的数量,就被查了出来。

张家原有土地七十四石(明朝土地计算方法和现代不同,当时每亩中等地可打白米两石,七十石地,相当于现代三十五亩土地),可是江陵的赋役册上却写着"内阁张氏优免六百四十余石",五百七十石,也就是两百八十五亩的土地,这些多出来的土地,竟然是亲族异姓影射者寄存在张家的。

一个张家,就占了国家近三百亩土地的粮赋"便宜",全国那些诡寄、影射田亩究竟有多少？这不仅令人痛心,也令人愤慨,是让张居正急迫解决的一件事。

张懋修查明自家田亩的真相后,禀明父亲,随后向江陵府呈上"揭帖",他不仅剔抉多出来的田亩且会"首革",还放弃"优免"的朝廷定制田亩,情愿将本宅田粮七十四石"尽数与小民一体当差"。

张居正通过此举,向天下人表明了清丈田亩、均平赋役之"新政"的决心和魄力。随后,一场声势浩大的清丈田亩的政策展开,那些以飞诡、影射、养号、挂虚、过都、受献等为名侵占田亩的勋臣巨室,因为手中掌握着大量的土地,一时间,皆惶惶不可终日。

张居正对李幼滋可以说是刻意提拔,让其做了工部尚书,可是对于耿定向却始终没有在背后推一把。张居正觉得耿定向虽然可堪造就,但还要先行历练几年,需要在关键的时刻才能起用。现在张居正推行的新政,已经到了清丈的关键时刻,耿定向究竟"是骡子是马,需要拉出来遛遛"了。

《孟子梁·惠王下》就曾经说过:"国人皆曰贤,然后察之；见贤焉,然后用之。"在张居正的心中,耿定向就是大破常格、破旧立新的"磊落奇伟之士",经过"夺情"的考验,耿定向坚定不移地站在了张居正的一方,这次派他到福建去清丈,张居正信心十足。

耿定向,字在伦,又字子衡,号楚侗。他应召来到了首辅府,心情忐忑,张居正清茶待客，两个人寒暄几句，张居正开门见山道："你是阳明先生的门徒，可是你知什么是王道，什么是霸道？"

当时有很多人在背后嚼舌，都说张居正为政"霸道"，张居正今日考耿定向这个问题，实则是考问耿定向的态度。

耿定向谨慎地开始探张居正的口气："以德服人是为王道，而以力服人是为霸道！"

张居正点点头，说道："后世学术不明，高谈无实。剽窃仁义，谓之王道；才涉富强，便云霸术。不知王霸之辩、义利之间，在心不在迹，奚必仁义之为王、富强之为霸也。"

孔子可以说是仁义的代表，可是他论政，第一句就是"足食足兵"；周公被称为元圣，他在《尚书·立政》中说："其克诘尔戎兵。"他们都在说，想要国家富强，必须要整治军事。

耿定向说道："唯国家富强，为王不可少，为霸不可缺，为王之时，需要霸道做凭持，为霸之时，需要王道做指引，这样才是运用自由，不偏不倚，就能达到在心而不在迹了。"

张居正对耿定向的回答很满意，他继续说道："阳明先生的《心学》的精髓，可以归结为三句话，即：心即理、知行合一和致良知。心即理可以解释成存在的目的，知行合一可以理解成实践的方法，而致良知可以看成是人生价值的归宿，不知道仆解释的对否？"

阳明先生的学说自成立以来，可以说派别纷杂，侧重不一，但张居正的解释与耿定向对心学的研究大同小异，耿定向心悦诚服地点头道："元辅言简意赅，解释得通俗易懂，令下官佩服！"

张居正继续说道："如果有一颗为国为民为江山为社稷的心，再加上不畏权贵、不达目的、誓死不回的行动，就可以达到阳明先生对得起百姓，对得起社稷，对得起自己的良知了……今命你去福建清丈土地，就是实现阳明先生学说的最好的一次机会！"

耿定向从椅子上站起身来，对这张居正施礼道："请元辅放心，下官定当不辱使命！"

张居正说道："你知道这些年仆为何没有提拔你？"

耿定向抱拳道："下官才疏学浅，蒙元辅错爱……"

"上损而下益，私门闭则公室强！"张居正捋须道，"我在给你寻找机会，而清丈土地，就是你实现人生价值的最好机会，只要你干得好，不辱使命，回来后，内阁中就有你的位置！"

耿定向直到现在才知道张居正的真正用意。如果耿定向和李幼滋一样，被过早地提拔为"位高权重"的尚书，他就没有去福建清丈土地、建立不世之功的机会了。

耿定向为了完成张居正的改革大业，面对清丈自然愿效犬马之劳，他站起来，激动地道："不管是刀山火海，还是龙潭虎穴，下官一定会竭尽全力，让清丈顺利完成！"

"岁月不居，时节如流。"五十之年，忽焉已至，孔融当年写这段话时，心中充满壮志未酬的感慨。耿定向今年已经五十六岁，他没想到一生苦等的机会终于来了，他以一种壮士出征的心态，直奔福建而去，他现在新的身份是福建巡抚。

耿定向是阳明先生的高徒，他深深知道"曾有官清民安、田赋均平而致乱者"的道理，只要庶民百姓手中有一块地，可以吃饱，他们就会按时缴纳税粮，肯定不会造反。

张居正为了配合耿定向在福建清丈土地，他在《答应天巡抚宋阳山论均粮足民》向天下的勋臣巨室表明了自己的态度："今主上幼冲，仆以一身当天下之重，不遂破家以利国，陨首以求济，岂区区浮议可得而摇夺者乎？公第任法行之，有敢挠公法，伤任事之臣者，国典具存，必不容贷。"

张居正所表达的意思是：万历皇帝年幼，我肩膀上的责任就是国家，我不惧毁家纾国，逞口舌之利的浮议，根本动摇不了我的决心。有谁敢阻挠清丈土地，国法伺候！

张居正清丈土地的号令一出，"天下奉行懔懔焉"。张居正为了给在福建清丈土地的耿定向鼓气，给其写了一封信，信中这样写道："苟利社稷，死生以之。仆比来唯守此二言，虽以此蒙垢致怨而与国家实为少裨。愿公之自信而无畏于浮言也。"

耿定向在清丈中面对豪强势力的作梗，他顶住了压力。一旦有宗室勋臣阻挠，张居正毫不客气，立刻请旨，或严厉处罚，或去除宗俸，再不老实就直接贬为庶人。

有些地方官敷衍了事，他们拿出以前的黄册，企图们蒙混过关；有的官员为了追求政绩，他们凭空虚增田地亩数，或将荒地算成良田；更有甚者，竟用小尺量地，以至于土地虚增。

张居正发现情况后，便给耿定向写信："丈地亩，清浮粮，为闽人立经久计，须详细精核，不宜草草……锄强戮凶，剔奸厘革，不得已而用威者，唯欲以安民而已。"

张居正通过信件，告诉耿定向，一定要恩威并重，锄强戮凶只是辅助措施，丈清地亩也只是一种手段，而安民才是要达到的真正目标。

耿定向得到张居正的鼓励和指点，他干得更有劲了，他采取的办法是，先由勋臣豪强自己申报亩数，弓尺手接着"自丈"，两组数据经过对比，基本吻合后，在图册上盖"丈验相合"章，然后制作出"万历鱼鳞图册"，这个图册很是精美，而且标注得非常详细，这个册子到了清朝，竟都在使用。

耿定向在福建清丈三年，因为顶住了压力，没有向勋臣和巨室妥协，他最后清丈出二十三万余亩隐漏的土地。历史记载是"闽人以为便"，可是"官豪之家殊为未便"，更有甚者"诸王孙遮道而噪"。

因为张居正动了一些人的既得利益，随着国内清丈土地行动风风火火地展开，果然有过硬后台的豪强劣绅、宗室王府开始蠢蠢欲动，硬往张居正清丈的"枪口"上撞。

当时嘉兴县和秀水县的豪绅们，暗中贿赂清丈官吏，隐瞒三万多亩田地，被称为"豪右扰法"；建德县的豪强徐宗武公然阻挠丈量，徽宁兵备道程拱展竟然派兵对其进行了"武装党护"；更有甚者饶阳王府镇国中尉廷扑、潞城王府奉国将军俊樟食国家俸禄，不思报国，对清丈行动横加阻拦。

根据《明神宗实录》卷一一二记载，张居正启奏朝廷，万历皇帝传下圣旨："丈地均粮，但有执违阻挠，不分宗室、官宦、军民，据法奏来重处。"

随着阻碍清丈的豪强劣绅、宗室王府丢官罢职，坐监下牢，那些观风向的人这才知道，朝廷动真格的了……

清丈之前，大明国内共有土地五点一亿亩，查出隐漏土地共两点六七亿亩，现在万历朝的土地总数可达到七点七七亿亩，国内土地一下子多出了三分之一。1567年，国库中收上的税银为两百零一万两，而到了1577年就变成了四百三十九万两，整整多了一倍还有零头。不仅"两后一帝"的脸上绽开了笑容，冯保也一个劲地说："张先生果真是古今第一贤相呀！"

清代蔡岷瞻在《广阳杂记》中曾经评价张居正，说他"明只一相，张居正是也"，这句话可以理解为：大明二百七十六年的历史，一共有一百六十七位阁臣，唯有张居正是有真本事的人。

根据《沧州志》记载："清丈之后，田有定数，赋有定额，有粮无地之民得以脱虎口矣！"虽然这次清丈并没有达到洪武年初次清查土地的数量（《明实录》记载是八点三六亿亩，有专家说，这个数目是测量错了，明朝没有这么多的土地），但世人的眼睛就是一杆秤，张居正取得的成绩已经完全可以让反对者闭嘴了。这也基本实现了张居正"民不加赋而国用足"的伟大设想。

19 回籍，权势恩宠到"巅峰"

张居正为了确保新政的成功，确实付出了很大的代价。张居正有一句名言："使吾为刽子手，吾亦不离法场而证菩提。"这句话的意思是：如果我当了刽子手，我一定干好杀人的工作，我不会又吃鱼儿又嫌腥，而去追求不切实际的菩提（良善）。

韩非子在《二柄》中曾经这样写道："明主之所导制其臣者，二柄而已矣。二柄者，刑德也。何谓刑德？曰：'杀戮之谓刑，庆赏之谓德。'为人臣者畏诛罚而利庆赏，故人主自用其刑德，则群臣畏其威而归其利矣。"

韩非子将明君治臣手中握有的两件"武器"说得很明白，一个是刑法，一个是赏赐。而刑法为何排在了赏赐的前面，因为韩非子觉得刑罚比赏赐更重要。

张居正为了对付那些尸位素餐的庸官，他主推改革变法。他严查驿站，以"钱谷为考成"的准则。张居正主政期间，共裁撤的九品以上的官员，就多达两千多人。以万历九年（1581年）为例，张居正在京城裁撤了官员四百一十九人，地方裁撤的官员为九百零二人，去职的官吏占据官员总数的十分之三。

张居正理政，令全国三成官吏"下场"可谓是手段决绝，不容私情。可是他的严刑峻法之路，在1574年正月元宵节前一天，遇到了一次极大的挑战，挑战张居正手中相权的人，便是李太后的父亲，万历皇帝的姥爷，当时最大的外戚武清伯李伟。

事发之日，工部尚书朱衡和户部尚书王国光急匆匆地来到首辅府，他们在查账的时候，发现国库中少了二点八万两银子，这些银两被用于修建了河北涿州胡良河与巨马河二桥。

修桥补路，这是在为李太后积功德，可是修桥的银子有五万两，二点二万两来自万历皇帝的内库，还有二点八万两是看守国库的李伟私自挪出去的。

王、朱两位尚书都觉得此事棘手，便劝张居正隐瞒不报为佳，千万不能招惹李伟，一旦处置不好，得罪了李太后，那可就是吃不了兜着走了。

张居正本想隐瞒不报，等将来有了机会再做处理，可是言官们从小道得到了消息，便开始了汹涌的弹劾，没有办法，张居正只得拿着言官们的弹劾奏疏来到了宫里，去见李太后。

李太后请张居正先拿处理意见，张居正以退为进地说："言官可以不理，此事应该是库吏所为，武清伯负有次要责任，申斥即可，不需坐罪，这件事就让他过去吧！"

李太后听罢，当时就愣住了，张居正的办事风格是——严峻刑法，她不仅深刻地知道，更是真切地明白，张居正不徇私情，是为了极力维护大明王朝的法律尊严。

张府的一个家人，因为用了驿站的马匹，被张居正知道后，将其送到锦衣卫处，打了一百棍。李伟挪用国库的银两，往大了说直接上刑场、砍脑袋，往小了讲也是丢官、发配、永不回京的结果。

张居正即使想让这件事过去，但言官们岂会答应？李太后本想在张居正面前求个情，争取罪减一等，可是张居正竟然说不处理李伟，这结果让李太后如何对天下人交代？

张居正越说不处理，李太后便越坚持，张居正最后装作无奈，只得按李太后的处理意见，将李伟罢职，并让他离开了值守的国库，而内阁给言官们的答复是："弹劾不实，等查明真相后，再做处理。"

张居正巧妙地让李太后处理了自己的父亲，其办事的手段确实是羚羊挂角，无迹可寻。张居正本以为武清伯李伟受过一次处理，应该老实一段时间，可是按倒葫芦起来瓢，在1577年的十一月，他又干出了一件耸人听闻的大事。

这次武清伯李伟惹祸更大，甚至大到了能将天捅出窟窿的程度。如果弑君造反是最大的罪，李伟犯的罪虽然没有弑君造反严重，但让人觉得更应该砍他的脑袋。

李伟是有名的吝啬鬼，他的儿子李高曾经花五两银子高价买了几个花盆，李伟手持棍子，竟满府追打李高，非要让李高退货。

李伟是瓦匠出身，当官后更是一头扎进了钱眼儿里。为了搞到钱，他向蓟州总督王崇光讨来了一桩生意，为边关的将士制作二十万套棉袄。

按理来讲，王崇光将这桩大生意给了李伟，李伟应该打起精神，制作一批上好的棉袄给前线的将士，然后从中小赚一笔。可是李伟鲸吞海口，二十万两银子的款银，他一下子就取走了十五万两，剩下的五万两给了南方制作棉衣的奸商。

李伟有女儿当靠山，他啥都不怕，即使将天捅一个窟窿，李太后也会捡起地那么大的补丁，帮他填堵上。

南方的奸商虽然用的是新的棉袄面料，里面却是发霉的劣质棉。棉袄送到了蓟州，寒冬来袭，十九名戍边的士兵被冻死。王崇光担不下冻毙兵卒的责任，他派人将劣质的棉袄送到了京城的首辅府。

张居正也没有想到李伟胆大包天，竟敢这样昧着良心胡干，如果李伟不是有李太后撑腰，他犯的这个"坏边防"的大罪，甚至都可以抄家灭门了。

当时，京城也下了一场大雪，张居正顶着雪花，连夜进宫，宫门外的小太监冻得瑟瑟发抖，不停地往手上哈气。他们一见张居正，急忙进去禀报，万历皇帝急忙传见，张居正将劣质棉袄放到了当今天子的面前，万历皇帝看着张首辅鬓角的白发，肩头上的雪花，还有害人的劣质棉袄，他也恼了，当即拿着这件棉袄直接去见李太后。

第二天一早，一夜未眠的李太后召见了张居正。张居正的眼睛里，也是充满了血丝，很显然他昨天晚上也是一夜没合眼。

李太后首先表明了态度："张先生，武清伯这次犯的重罪，一定不能姑息，要按国法严办！"

张居正扫了一眼声色俱厉的李太后，他试探地道："南方奸商制作劣质棉袄，令戍边将士冻毙十九人，实属罪大恶极，法不容诛，仆已经命江苏府台将南方的奸商缉捕抄家，所得款项，购进物料，火速赶制棉衣，已经星夜送往蓟州前线……武清伯对于南方奸商'肥私利、坏边防'之事并不知晓，若要严办，未免过重了！"

李太后听罢张居正的话，这才将悬在胸口的石头放下，但她却用更严厉的口气说道："张先生的盛情，本宫哪会不知，但徇私枉法，不对武清伯治罪，有司不会同意，言官也不会答应！"

"事有从权。"张居正说道，"言官这方面仆可以去解释！"

李太后感谢地看了张居正一眼，只要张居正搞定了言官，李伟这事真的可以大罪化小、小罪化无了。

张居正的心里其实早就怒火冲天了，可是为了获得李太后的支持，他只能不断地给李伟撇清责任，减罚少罪。最后，李太后授意万历皇帝，下了一道诏书，对李伟申斥罚俸，闭门思过，并警告其不得再接生意！

武清伯李伟面对大半年的俸禄没了，到手的十五万两白银，还得乖乖地吐出来的"尴尬"局面，他不敢怪自己的女儿，可是他敢恨张居正，因为张居正挡了自己发财的门路。

明朝的薪俸很低，李伟虽然有点棺材本，如果不做一些暴利的生意，他真的养不活自己的一大家子人。张居正知道李伟是个小人，但他不能不处理李伟，如果他不处理李伟，那他就不是张居正了。

李伟是一个心中没法律，眼中没道德，你可以臭骂他一顿，暴打他一通，但只要让他有钱赚，他就会感谢你的小人。张居正断了一个财迷的"钱串子"，就等于要了李伟的性命，李伟顺势成了倒张派的一员。

隆庆皇帝驾崩后，李太后一直居住在乾清宫，与万历皇帝在暖阁对榻而眠，规定宫人三十岁以下者俱不许供事左右。她还亲笔在文华殿上给万历皇帝写了一块匾，上书"学二帝三王，治天下大经大法"。

眼看着皇帝的大婚将至，李太后就搬到了慈宁宫，临走还给十五岁的万历皇帝留下了谆谆的告诫，在奏疏五《乞遵守慈谕疏》中留下了记载："尔一身为天地神人之主，所系非轻。尔务要万分涵养，节饮食，慎起居，依从老成人谏劝，不可溺爱衽席，任用匪人，以贻我忧。这个便可以祈天永命，虽虞舜大孝，不过如此。"

李太后虽然身份尊贵，但和世俗中的父母也没有什么两样，不仅在饮食起居上关心儿子，还要叮嘱儿子，不要留恋美色、任用奸臣……

当然还有更重要的嘱托，在奏疏六《乞遵守慈谕疏》中，李太后这样说：（张居正）先生亲受先帝付托，有师保之责，比别不同。今特申谕交与先生，"务要朝夕纳诲，以辅其德，用终先帝付托重义，庶社稷苍生，永有赖焉。先生其敬承之"。

万历皇帝结婚后，就等于成人了，李太后作为母亲，亦不可以多干政，她就将督导和监护的权力全都移交给了张居正。

在明朝的野史之中，甚至有张居正和李太后暧昧的传说，究竟是真是假，已经无法考证，但张居正对于万历皇帝确实是充当着慈父、严师和托孤之臣的三种身份。

万历皇帝的婚礼，在喜庆祥和中举行。婚礼完成后，李太后和万历皇帝曾经有一段谈话，谈话的内容是"元辅运筹庙谟，二辅同心协赞，才得建此奇功。我勉留张先生，这是明效"。

李太后告诉自己的儿子，留下张先生"夺情"治国，不仅边关大捷，而且皇上的大婚顺利举行，双喜临门，看来这是对的！

万历皇帝自然同意母亲的说法。历史上哪位母亲，不将自己的所有都给了儿子？

张居正等万历皇帝举办过婚礼，并确立了皇后。按照惯例，仁圣皇太后和慈圣皇太后都要加尊号。三月的时候，仁圣皇太后加尊号仁圣贞懿皇太后，慈圣皇太后加尊号慈圣宣文皇太后。

张居正办完了这些事，就写一道祈求给假、归家葬父的奏疏，递到了万历皇帝的面前。万历皇帝的意思是"养德保躬，倚毗方切，岂可朝夕离朕左右？况前已遣司礼官营葬，今又何必亲行"。

张居正在奏疏七《再乞归葬疏》中写道："言臣父葬期，择于四月十六日，如蒙圣慈垂怜，早赐俞允，给臣数月之假，俟尊上两宫圣母徽号礼成，即星驰回籍，一视窀穸，因而省问臣母，以慰衰颜。"

张居正为了能够让万历皇帝同意，他在奏疏七《再乞归葬疏》的最后这样恳切地写道："此臣之所以叩心泣血，呼天乞怜，而不能自己者也。若谓臣畏流俗之非议，忘顾托之重任，辜负国恩，欲求解脱，则九庙神灵，鉴臣之罪，必加诛殛，人亦将不食其余矣。"

最后万历皇帝准奏了，但是他还以不能远离居正为由，令其限期回京，上谕说："情词益迫，朕不忍固违，暂准回籍襄事。还写敕差文、武官各一员护送，葬毕，就著前差太监魏朝，敦趣上道，奉卿母同来，限五月中旬到京。"

万历皇帝为了能让张居正准时回来，不仅派了官员跟随，而且还派了两名太监，让他们伺候张母，一同归京。

张居正离京之前，还有一件重要的事需要他做——内阁群龙无首，需要增加人手。

张居正上奏疏请旨增加阁臣的时候，万历皇帝曾御批："卿等推堪是任的来看。"

张居正有心推荐在家赋闲的徐阶代替自己的位置，可是一想，万万不成。徐阶被罢相，他作为一个迁客谪臣，竟在府邸的大堂上高悬一副对联：庭训尚存，老去敢忘佩服；国恩未报，归来犹抱暂惶。很显然，他驰骋士林之心未泯，徐阶一旦入阁，势必会发展张居正的势力圈，而且那些支持徐阶的老臣会形成一股势力，张居正归葬回京，这个首辅的位置很可能就得拱手相让了。

张居正觉得请首辅，兹事体大，还不由多增加几个阁臣，这样权力分散，互相牵制掣肘，反而对自己最有利。万历三年（1572年）请求增补阁臣的时候，张居正曾经推马自强、申时行两人，他就写了一道奏疏，内容是："今臣等公同评品，堪任是职，似亦无逾于二臣者，敢仍以二臣推上，伏乞圣明，再加审酌。"

万历皇帝随后御批："俱着随元辅等在内阁办事。"就这样，马自强和申时行两人补了大学士，成了万历内阁的成员。

张居正定在万历六年（1578年）三月十三日，准备起行江陵。万历皇帝赏赐路费白银五百两，李太后赏赐白银五百两，陈太后赏银三百两，万历皇帝还赐给张居正一枚"帝赉忠良"的银印。

张居正在十一日的时候，来到文华殿对万历皇帝辞行。张居正初为太子师的时候，可以说长须飘飘，衣冠整齐，仪表堂堂，可是这一番丧父守制，张居正神情萎顿，面色灰黄，仿佛一下苍老了七八岁。看罢张居正辛苦操劳的样子，万历皇帝的眼睛湿润，他褒奖和嘉许了张居正一番后，问道："国家事重，先生去了，朕何所倚托？"

张居正回答："古语说：'一日、二日万几（机），一事不谨，或贻四海之忧。'自今各衙门章奏，望皇上一一省览，亲自裁决。有关系者，召内阁诸臣，与之商榷停当而行。"

张居正回籍两三个月，正是万历皇帝亲政的最佳时机，一旦有大事难决，可以将内阁的四位臣子召集起来，研究出一个对策。怎奈万历皇帝只是十六岁的少年，让他亲政，他自我感觉如履薄冰，不知如何下手。

张居正离京之后，内阁中本应该由次辅吕调阳代理阁务，可天子对这位吕次辅并不信任，为了让新政不至于出乱子，他传下了一道圣旨："一切事务都宜照旧，若各衙门有乘机变乱的，卿等宜即奏知处治。大事还待元辅来行，国家大事不得擅作决定。"

张居正回江陵，路途遥远，最为他的人身安全担心的是戚继光。万历新政推行，清丈土地，张首辅得罪了太多的勋臣和巨室，戚继光怕张居正回乡归丧，有居心叵测之人雇用刺客和贼匪，对其意图不轨，他就写了一封信，向张居正表达了自己的担忧之情。

张居正提起笔来，给戚继光回了一封信，在信中他这样叮嘱爱将：接任蓟辽总督的梁梦龙是张府门生，他定会对你照顾，为了边关的安宁，你遇到事情一定要与梁梦龙商议，谦逊忍耐，低调做事，静等自己回归内阁。

曾经有一位帝王说过："天下未有过不去之事，忍耐一时便觉无事。"忍耐确实是人生的一道窄门，过得去的，兴旺发达，过不去的，惨遭落马。

戚继光看到张居正的书信，不由得大受感动，当即派了一营的鸟铳手来京护送首辅返回江陵。从京城到江陵虽然千里迢迢，可是并不需要一营的鸟铳手保护，这也显得太过招摇，张居正只留下了六个鸟铳手，其余人被遣回了边关。

这些戍边将士手中的鸟铳，在明朝可以称得上是新式武器，有六个鸟铳手保护，张居正的安全有了保障，张居正更觉得满意的是，有他们在前面开路，让他的威仪又增添了不少。

张居正出京，乘坐的是十六人抬的大轿，这顶轿子比巡抚勋臣、皇亲国戚的八抬大轿，要威风和堂皇许多。张居正一路所经过的州城府县众多，这正是他了解民情，接触官吏，同时也是展示首辅权势的一个大好机会。

张首辅在回籍的路上，州城府县的官员们为了表示忠心，供给美肴佳羹的同时，给张居正安排的下榻之处也尽是精美的豪宅。

张居正路过真定府，知府钱普亲自下厨为他做了一桌无锡的菜品，无锡脆鳝、脆皮银鱼、镜箱豆腐、肉酿面筋等，皆是滋味俱佳、鲜香酥烂的梁溪美食。

张居正一路行来，"始所过州邑邮"，有的官员，"牙盘上食"，呈上的菜肴"水陆过百品，居正犹以为无下箸处"，唯独钱普制作的梁溪美食，能让张居正大快朵颐，张居正还说："此行百里，今日总算大饱口福。"

前路的官员探听到消息后，不惜高价，去雇用梁溪籍贯的厨师，以至于当时的厨师都供不应求。根据《万历野获编》记载："吴中之善为庖者招募殆尽。"

钱普不仅亲自下厨为张首辅做出了美食，还制作出一顶三十二个人抬的轿子,他给大轿起了一个名字叫"如斋阁",这顶大轿可以说是金碧辉煌,气派巍峨,里面不仅有办公桌案,还有休息的床榻,更妙的是还有两个妙龄的小童子,用于照顾张居正的生活起居。

张居正未做首辅之前,办事风格是低调的,那时的他一定不肯收下这个"如斋阁",更别说去乘坐了。可是他做了首辅之后,处处都要讲究体面,他的友人说:"居正性整洁,好鲜丽,日必易一衣,冰纨霞绮,尚方所不逮。"

这个"如斋阁"的确可以让他体面加上排面,外加威风八面。

张居正是一人之下万人之上的首辅,他虽然远离京城,但乘坐"如斋阁"还是太过招摇。但他乘十六人抬着的轿子赶路,真的是太辛苦,太劳累了,他觉得拥有了这顶"如斋阁",千里迢迢、风尘仆仆的归葬之旅将变得安逸舒适,信步闲庭。

"允执厥中"已经在他的头脑中被剔除,充斥他身体里的,全都是不该有的享受。

张居正最后还是收下了这顶轿子,让它成了炫耀自己通天权势的一种工具。可是钱普家的祖坟上并没长出将入相的蒿草,张居正将归葬父亲的事情处理完毕,回到了京城,钱普就开始丁忧,等他丁忧回来,张居正去世,他的一番努力竟成了官场的一个笑话。

张居正过了邯郸,来到了河南,在开封封藩的周王朱在铤,已经派人踮颈启踵地迎接,不仅送来了礼品,还有祭品。张居正面对周王的盛情,他只是象征性地收下水果,对于其他的礼品全都奉还。

张居正一路离京十几日后,朝廷发生了两件大事。第一件大事是户部通过传驿,送来的一道函札,按照新皇上登基成例,应从户部太仓拨二十万两银子,为后宫嫔妃打制首饰头面。

张居正看罢这道函札,不由得心头一紧,万历皇帝是个少年天子,遇到大事都会与张居正商议,张居正同意之事,他才会下旨颁行,一旦张居正反对,万历皇帝一定不会去做。

从户部调集二十万两银子可是大事,万历皇帝没有征求张居正的意见,而且调拨的口气强硬，户部连讨价还价的机会都没有。

张居正如果在京，他一定不会松口，可是他目前远在归葬父亲的路上，靠写奏疏很有可能将事情说不明白，一旦有奸人从中挑拨，万历皇帝会对"抠门"的首辅产生不好的想法。张居正思虑再三，他给户部尚书写了一封函札，让他从太仓中提银十万两，余下的十万两，等他回京再做规划和安排。

万历皇帝手中握有大明朝通天的权柄，张居正离开京城，很显然，他要尝试一下权力的滋味，他要深切地感受一下这次亲政的机会。可是张居正的心里充满了顾虑，因为这次索银，很可能是万历皇帝"权力出押"前的第一个试探，以后，相权对皇权的交锋将会纷至沓来，更让他难以应付的场面还在后面。

第二件大事是"长定堡之捷"。辽东巡抚张学颜上奏疏，土蛮和泰宁卫速把亥进犯辽东，辽东总兵李成梁领兵直捣长定堡，斩敌四百三十人，这就是历史上赫赫有名的"长定堡之捷"。

"长定堡之捷"的捷报送到京城，万历皇帝心中雀跃，他一边忙不迭地给离京的张居正送去上谕，一边备下五牲祭品，兴冲冲地告谢郊庙，感恩列祖列宗的保佑，以及皇天后土的眷顾。

张居正接到万历皇帝的上谕后，不久又接到了内阁四位阁臣的联名信札，看罢信札，张居正大致知道了事情的经过：土蛮和泰宁卫速把亥的手下有七八百人，他们带着牛羊，以投降为名，向辽东边关冲了过来，张学颜和李成梁亲率精兵开始迎战，一场血腥嗜杀，共斩杀四百七十余名鞑靼武士。

明军明将竟无一伤亡，这样的大捷可以说是亘古未有，万历皇帝已经去了太庙，祭告了天地还有先祖。张居正人在河南，面对"生米煮成了熟饭"的局面，自然不能妄言置评，更何况大捷是好事，他就写了一道《奉谕拟辽东赏功疏》："窃照辽东一镇，岁苦虏患，迩赖圣明加意鼓舞，屡奏肤功。乃今以裨将偏师，出边遇剿，斩首至四百七十余级，而我军并无损失，功为尤奇。况当嘉礼美成之会，两月之间，捷报踵至，而今次所获，比前更多，此诚昊穹纯祐，宗社垂庥，我皇上圣武之所致也。"这道奏疏被驿传，连夜送往京城。

万历皇帝大婚不久，再加上"长定堡之捷"，可以说是真正的双喜临门。皇帝要内阁从优叙录，不仅辽东总兵李成梁荣升世袭指挥佥事，蓟辽总督梁梦龙和兵部尚书方逢时都升官加俸，而内阁大学士吕调阳、张四维特加武荫，马自强、申时行特加文荫，可以说，一场"长定堡之捷"，不仅李成梁所赐丰厚，蓟辽总督、朝廷兵部、内阁的阁臣都利益均沾，皆有所获。

张居正人在河南，心中虽然觉得这场"长定堡之捷"有些不对劲，但鞭长莫及，想要调查土蛮武士为何如此软弱，只能回京再说了。

张居正到了河南的地界之后，原本平静的心情，竟掀起了阵阵的波澜。他回江陵，必须要路过河南的新郑，新郑有自己二十年的故交，六年的政敌，曾经做过六日首辅的高拱。

张居正心绪不宁地来到了新郑的地界，当他来到十里官亭，下意识地掀开轿帘，只看到新郑的县令，领着一众官员和士绅跪在官路两旁，正在迎接自己，当他的目光落在新郑县令身边跪着的老者身上，顿时如同遭到了雷击，喉咙中发出的语声已经不连贯，道："高公，是高公……"

跪在新郑县令身边的人竟是重病缠身的高拱，张居正掀开轿帘，从停住的"如斋阁"中冲了出来，他快步走向了高拱，口中还激动地叫道："高公请起，你身体有恙，快快请起……"

新郑县令正不知道如何回答张居正，就见张首辅伸手扶起了高拱，然后将他搀扶到了"如斋阁"。而张居正对跪在地上的新郑官员并未过多的理睬。

张居正搀扶着高拱来到了"如斋阁"坐定，张首辅心情激动，心中虽有千言万语，不知道从哪一句讲起……张居正的儿子从江陵回京的时候路过河南，他曾经叮嘱其子一定要去新郑探望生病的高拱，去年的高拱病情尚轻，可是张居正今年见到高拱，这才发现他行动迟缓，双手颤抖，语音含混，双目浑浊，很显然，高拱已经不是五六年前，那个意气风发、指点江山，一心想置冯保于死地，然后将张居正驱除出内阁的高首辅了。

张居正用激动的声音说："高公，您老了！"

高拱的眼泪在脸上流淌，他用含混的语声说道："太岳，你也老了！"

高拱一边说，一边咳嗽，他这句话说完，仿佛用尽了全身的力气。

张居正身为首辅，可以说是高处不胜寒。他不缺友谊，因为身边有太多唯唯诺诺、阿谀奉承之辈。他也最缺友谊，他是多么想再一次听到"大嗓门"高拱对自己的劝勉之言、训诫之语。

张居正用一只手握住了高拱瘦削的胳膊，然后开始回忆他们在翰林院修辞文章、畅游郊外、相许相期的那段日子，讲完了这段美好的日子，张居正又开始说起他们内阁联袂、共理朝政、同襄共举的温馨时光。讲完了这些，因为友谊的滋润，高拱的脸上也泛起了一丝红润。

张居正随后，话锋一转，说起了高拱致仕，他道："其实高公离开京阙是朝廷的损失，虽然仆上奏疏挽留，可是怎奈圣意难违，木已成舟，回想起来，只能徒留遗憾！"

高拱摇了摇头，等于否定了张居正的场面话，其实对于他这种在官场起落沉浮的老饕，早已经将得势上天、失势落地的事情看开了，他唯一看不开的，就是张居正和冯保里应外合，大唱双簧，在"两后一帝"面前，用"十岁孩童，如何为人主"来挑拨离间，让帝后误以为高拱要换天子，然后剥夺了他的相位，令他抱憾草莽，蹉跎时光。

可是参与这种掌权夺位的斗争的人，谁都不好说自己比别人干净，徐阶曾经对高拱有恩，可是高拱掌权后，不也曾想通过海瑞的刀子准备对徐阶赶尽杀绝吗？

张居正来到新郑，他将高拱请到"如斋阁"中，并非想向他炫耀自己的权势，而是想寻找当年的友谊，他见当年的知己挚情，相许相期的旧事打不动高拱，便转移了话题，道："王大臣刺王杀驾之事，相信高公早就知晓了吧？不是仆相信高公的清白，阻止那些诬陷高公的言官，险些让王大臣诬陷的事实成立……"

高拱脸色通红，神情激动，他一手指天，接着指地，接着又拍了几下胸口，口中呼呼声，好像喉头放着一个破风箱，张居正勉强听明白了几句，那就是：作为人臣，要上对得起天，下对得起地，中间对得起自己的良心！

张居正本以为高拱会感谢自己压下了王大臣的案子，令其脱离了行刺皇帝的危局，可是高拱明着说要对得起天地和良心，其实是暗中讽刺张居正做事，上欺天，下瞒地，中间对不起自己的良心。

高拱作为曾经的首辅，岂有不明白东厂借助王大臣之案，行打击自己之实，张居正只不过是做了一个顺水人情而已，感谢的话还是别说了，一旦说出口，说的人和听的人恐怕都会脸红。

高拱接着"夸奖"了一番张居正对"夺情"的处置方式，他说："不管是丁忧还是夺情，全凭太岳一言决之，可笑那帮'猖狂'臣子，竟异想天开，拿腐朽的成规旧法来影响太岳的决定，真是可笑之至！"

张居正就曾经说过："大明朝的官员'冠缨相摩，踵足相接，然而未必皆可与之言也'。"意思是：这些酒囊饭袋之辈众多，跟他们说一点用都没有。

张居正在《陈六事疏》中就曾经说过："谋在于众，断在于独。"他和高拱是一时瑜亮，交流起来，确实有太多的共同之处。

"高公所订新法，仆一以贯之地执行，丝毫也未敢更改！"张居正让高拱所订的新法，没有成为广陵绝响，这是事实，但他在高拱一双不揉沙子的老眼面前，竟有种被看穿的尴尬，他说道，"当今皇帝年少圣明，古今罕有，为了新法的实施落实，暂且令仆夺情，亦是非常之举，其实作为人子，父丧不能归家尽孝的苦楚，也唯有高公能够理解了！"

高拱推行的新政，亦是他一生中可以大书特书之处，张居正说自己萧规曹随，等于正面肯定了高拱的政绩，这也让他有了一种扬眉吐气的感觉。

事实上，高拱制定的新政是不错，但他只是搭建了一个框架，铺就了一个地基，甚至有人说他拆东墙补西墙，是个拼拼凑凑的裱糊匠，他并没有解决大明王朝"弊政、怠官、王室、土地和贪墨"等根本问题。而真正起屋架楼的人，就是张居正。对于这一点，眼睛生头顶上的高拱还是想不明白。

因为他始终认为，自己强过张居正。

高拱用天地和良心暗中讽刺过张居正，等于是出了一口气，他被张居正褒奖一番后，感觉心情颇佳，便借机一抱拳，道："太岳，高某有一事相求！"

张居正本想和高拱叙旧，然后找回当年的友谊，可是高拱并不给他修补的机会，看来他的努力徒劳了，张居正听说高拱有求于自己，爽快地道："只要高公有命，仆自当效犬马之劳！"

高拱这些年念兹在兹的就是恢复名誉，高拱也怕自己去世，写在明史典籍中的自己，会变成跳进黄河也洗不清的奸臣，这是他绝对不堪忍受的。

高拱讲了自己的要求后，张居正满口答应，高拱正要跪在"如斋阁"中，为张首辅磕头，却被张居正一把拉住。

高拱借机低声说道："太岳，据传辽东总兵李成梁取得了'长定堡之捷'，斩杀几百名北蛮之敌，不知可有此事？"

张居正点头道："确有此事，皇上论功行赏，本欲荫仆一子，可是已经被我写奏疏拒绝了！"

高拱点了点头，道："拒绝得对呀！"

北蛮部的外敌犯境，从来也不会选择冬日，不仅粮草无法解决，在滴水成冰的野地里宿营，更让北蛮部的将士视为畏途。而北蛮部的骑兵，战斗力绝对在明军之上，斩杀四百七十余名北蛮之敌，明军竟无一人伤亡，很显然，这是不可能之事。最让人不可思议的是，这队来犯之敌，竟然还带着羊群……

高拱综合上述三点分析，李成梁并非是斩杀了几百名北蛮部的敌军，而是杀了一队前来归降的百姓。张居正听罢高拱丝丝入扣的分析，只觉得纸里真的包不住火，他咬着牙道："等仆回京，定当严查！"

高拱下了"如斋阁"，重新跪在了新郑县令的身旁，张居正起轿后，他的眼睛透过轿窗上的轻纱看着高拱佝偻的脊背，已经渐离渐远，花白的头发，变得逐渐模糊，他的眼泪"唰"的流了下来。

张居正对于高拱的不理解，心里感觉到了委屈，对于无法接续的友谊，张居正觉得很无奈，对于高拱将会把自己的仇恨带进坟墓的后果，张居正只能被迫全盘接受。

如果当初不是联合冯保，驱逐了高拱，张居正深深知道，今日跪在地上的人就是他自己。这时候，天边高挂漫天如血的夕阳，当晚张居正下榻新郑驿站的时候，他的心比漆黑的夜色还要沉重。

当时有人在现场亲眼所见，并记录下当时两个人相见的场景："吾观江陵归葬过郑，与新郑（高拱）执手流涕，不忍言别；于其殁也，为之请爵谥，予祭葬，是亦可以谅其素矣。"素是平素的意思，可以理解为平时和生平。这句话的意思是：张居正见高拱时，真情流露，并为其平反祭葬，他（张居正）的所作所为，也都是可以原谅的。

自古相宰之权，几乎鲜有超过张居正，可是手握重权的张首辅，可以推行新政，可以升迁和罢黜官员，可以剿灭匪乱，更可以杀伐决断，却改变不了高拱的观念，改变不了高拱的怨怼，更改变不了高拱的心。

高拱在"如斋阁"特意提到了"长定堡之捷"，其实这种打开天窗说亮话的"假"坦诚，没安好心，他指出的三处漏洞，等于给张居正挖了一个大坑，这件事如果详查，则得罪皇帝和边臣，不查，张居正就对不起自己的良心，以及制定的国策，还会被高拱看笑话！

张居正一路归京，一路办公，后人称这段岁月为"马背内阁"，这也是大明晚期张居正创造的一段佳话。

20 / 归京，"一条鞭法"终"施行"

张文明本来只是一个穷秀才，他的死，如果放在从前，基本是马尾巴穿豆腐——提不起来，可是他的儿子张居正是朝廷的首辅，所以张文明的去世，就变成了一件轰动江陵府，甚至是影响全国的大事。

在张敬修编著的《太师张文忠公行实》中，曾经记载了张居正回到江陵，为父亲会葬的情形："既行，乃要绖素冠，乘步车。日行百里，见星而行，见星而舍。既至，则批发徒跣，悲号，趋入门而左，冯殡而哭，尽哀。远近送者，素车白马。同盟毕至，见太师焦毁过礼，皆大悦。遂以四月十六日葬大父青阳山之原。"

参加会葬的官员有奉圣旨经营葬事的司礼太监魏朝、工部主事徐应聘，有负责祭祀并宣读圣旨的礼部主事曹诰，还有护送张居正回江陵，且参加会葬的尚宝司少卿郑钦、锦衣卫指挥佥事史继书。

有不少地方官，也参加了这次会葬，有上一任湖广巡抚，目前升刑部右侍郎的陈瑞，还有都御史徐学谟等诸多官员。当时，曾经有一位府台身穿缞服前来吊丧，他一边哽咽一边道："死了老太师，何不死了小子。"意思是说他可以代替张文明去死！

张文明只取得过秀才的功名，因为张居正的缘故，死后能有诸多高官为其送葬，可以肯定地说，他这一辈子可以瞑目了。

张居正匆匆回到江陵，办完父亲的会葬，便开始接亲待友，会见官员，伺候母亲，等将事情一一打理完毕已经是四月末。想到五月的归京，以及一路的炎热，张居正给万历皇帝写了一道奏疏，请求宽限到八九月回京，到时候秋高气爽，张母不至于在暑天跋涉，遭受溽热的困扰。

万历皇帝看到张居正的奏疏，不由得心中大急，当即给张居正下了三道诏书，当地的"二货"官员们，为了纪念这不寻常的"圣宠"，便嚷嚷着要在江陵城外建一座"三诏亭"。

亭子建成，张居正却拒绝出席建成仪式，他在给湖广巡按朱琏的信中写道："作三诏亭，意甚厚，但异日，时异事殊，高台倾，曲沼平，吾居且不能有，此不过五里铺上一接官亭耳，乌睹所谓三诏哉？盖骑虎之势自难中下，所以霍光、宇文护终于不免。"

张居正对于月满则亏、水满则溢尚有认识，他不想做霍光、宇文护，他只想做"别太出格"的张居正。可是让人想不明白的是，他乘坐"如斋阁"一路都炫耀过来了，不出席"三诏亭"建成仪式，这个对他个人名誉会有所补益吗？

由于万历皇帝事事皆依靠张居正，次辅吕调阳心里不痛快，便请了病假，索性不到内阁办公去了，内阁的公事都由张四维等人在处理，一些重大的公事，则由驿传，用加急快马送往江陵，由张居正亲自票拟。

万历皇帝下了一道旨意，意思是：张居正需要先行回京，太监魏朝可以暂时留置，等待秋天的时候，伺候张母一起归来。

果真是国不可一日无张阁老。张居正每日在江陵老家批阅奏疏，表面上看来风平浪静，内心却是惊涛骇浪，他无时无刻不想着一件事，那就是如何处理"长定堡之捷"。

高拱作为一个在野的首辅，无论如何也不是张居正的朋友了，他利用"长定堡之捷"，精心挖了一个大坑，并逼着张居正去跳。

张居正为了查清真相，他一方面给蓟辽督军和巡抚写信，询问情况；另一方面，给兵部尚书方逢时也写了一封书信，在书牍十《答本兵方金湖言边功宜详核》的信中，张居正写道："然据报彼既拥七八百骑，诈谋入犯，必有准备；我偏师一出，即望风奔溃，骈首就戮，曾未见有抗螳臂以当车辙者，其所获牛、羊等项,殆类住牧家当,与入犯形势不同。此中情势,大有可疑。或实投奔之虏,边将疑其有诈,不加详审,遂从而歼之耳。今奉圣谕特奖,势固难已,但功罪赏罚,劝惩所系,万一所获非入犯之人,而冒得功赏,将开边将要功之隙,阻外夷向化之心,其所关系,非细故也。"

张居正在这封书信中表达了一个意思,那就是"冒功"的口子不能开,一旦开了这个口子,不仅奸邪之士以后为邀功会更加肆无忌惮,杀降也是堵死了外夷归化大明朝的赤诚,并让那些真正有战功的边关将士寒心。

方逢时远在京城,他接到张居正的信件,当即派人到边关查清"长定堡之捷"的真相。辽东巡按安御史接到了张居正的书信,不敢大意,他经过一番探查,虚报战功的事很快露馅了,那些被杀的夷族武士是真的,但他们并非是前来攻城,而是来举旗投降,他们被李成梁手下的陶副总兵无端所杀,真可谓是冤沉海底。

可是"长定堡之捷"发生后,万历皇帝祭告过祖先,而且杀的也是夷族武士,朝廷的恩赏也都落到了实处,难道张居正能改变这个既成事实吗?

张居正一定要戳破这个"弥天大谎",哪怕是得罪皇帝,得罪权臣,得罪边关那些跋扈的勋将,他也要让高拱代表的"民间"知道,张居正的眼睛里不揉沙子。

张居正"惟精惟一"的改革,一定要成功,而"冒功"的将领就是在"坏边防",就是挖改革的墙脚,张居正不能不管,如果不管,任由边将胡来,那就会闹出大笑话。

张居正"身在江湖,心在魏阙",他辞别老母,并安排司礼太监魏朝,在秋季护送太夫人入京。他五月二十一从江陵乘坐"如斋阁"出发,六月十五终于到了京城。张居正奉旨休息了一日后,第二天一早,来到了文华殿,并在西室见到了万历皇帝。

张居正跪地谢恩,说道:"事竣,臣母老,未能同行,又蒙圣恩,特留司礼监太监魏朝,候秋凉伴行。臣一门存殁,仰戴天恩,不胜感切。"

万历皇帝说道:"先生此行,忠孝两全了。"之后先行嘉勉了一番,接着询问一路的稼穑、民情还有边事，张居正都给出了令人振奋的回答，万历皇帝兴奋地道："此先生辅佐之功也！"

万历皇帝给了张居正十日假期，让他休息好了再入阁办事，并赏赐其银一百两、纻丝六表里、新钞三千贯，还有两只羊、两瓶酒，连带茶饭一桌、烧割（烤肉）一份。

张居正跪地谢恩，随后就开始回内阁办理积压的公务。1578年八月初四，一辈子没说过"软话"的高拱病逝，张居正上奏疏，请求对高拱恤典。

高拱立嗣以及身后请求恤典，对手握重权的张居正想要办成并不困难，在《太师张文忠公行实》中有这样的记载："十二月，前少师新郑高公卒。公夫人张请宽恤恩阙下。上怒，太师与张公、申公念高公无他大罪，徒以亢直得过君父，为婉言于上，得复其官，予祭葬。"

万历皇帝虽然不高兴，但看在张居正的面子上，给予这样的御批："高拱负先帝委托，藐朕冲年，罪在不宥。卿等既说他曾侍先帝潜邸讲读，朕推念旧恩，姑准复原职，给予祭葬。"

这一次祭葬是"半葬"，《答河南周巡抚》书牍十中这样记载："半葬是由国库担任葬费底一半，居正特为函嘱河南巡抚周鉴从速发出。"

张居正不仅亲自关心高拱的祭葬，而且在书牍十《答参军高梅庵》中，张居正还说："仆与元老交深，平生行履，知之甚真，固愿为之创传以垂来世。墓铭一事，虽委微命，亦所不辞，谨操笔以俟。"

不管高拱接纳不接纳张居正，张居正却当高拱是朋友，他将两个人的隔阂暂且放在一边，提笔为他写了墓志铭，可见高拱有张居正这样的朋友，真是烧高香了。

张居正接下来开始斟酌如何处理"长定堡之捷"之事，总之一句话，陶成啻和李成梁杀降冒赏的"恶"例，绝对不能开，如果不处理此事，明朝的诚信便会一扫而光，以后谁还敢来降？

张居正得到辽东巡按安御史提供的陶成啻杀降、李成梁冒功的确凿证据后，他将吕调阳和张四维找了过来，然后用手一指桌子上的书信，让两人看。

　　吕调阳和张四维看罢安御史提供的否定"长定堡之捷"的证据，他们的脸色当时就变了，吕调阳一边用袍袖抹去冷汗，一边低声问道："太岳，这可是皇帝下旨褒奖过的大捷，难道您要翻案？"

　　张居正虽然语调不高，却充满了严厉，他说："正义需要伸张，杀降冒功必须要罚，如果让陶成喾之流的计谋得逞，那将军纪沦丧，律法废弛，就等于敌不来攻，我们却自毁长城！"

　　张四维紧走几步，凑近张居正说道："一旦要翻案追究，恐怕伤害更大……"意思是：不仅君无戏言会成为笑柄，而张居正的心腹、友人、门生和同僚们获得的封赏也要被收回，大家的面子恐怕谁都挂不住，为朝廷整饬纲纪这个没错，但私人关系也要维护。

　　张居正早就抱定了"苟利社稷，死生以之"的决心，他说："不管是谁，谁想要拿江山社稷开玩笑，仆可以不要这种关系！"

　　张居正下定"拨乱反正"的决心后，他暗命给事中光懋，对陶成喾杀降冒赏之事进行弹劾，一旦事情摆到了金銮殿上，就不是谁能捂得住的了。

　　光懋连夜写了一道弹劾的奏疏，第二天一早便将陶成喾杀降邀功之事，当着万历皇帝义正词严地讲了出来。

　　万历皇帝听罢，只觉得面颊发热，手心冒汗，他当即命内阁和兵部严查。兵部经过一番调查，将杀降邀功之事正式报到了内阁，随后内阁的大学士、兵部尚书、兵部侍郎，还有蓟辽督、抚、总兵的恩赏一齐革除，用张居正的话说就是："赏罚明当，乃足劝惩，未有无功幸赏，而可以鼓舞人心者！"

　　张居正将朝廷的"恩赏一齐革除"，就等于一次性得罪了内阁的阁臣、朝廷的重臣、边关的亲信、多年的挚友，还有自己的学生。

　　陶成喾和李成梁杀降邀功，确实是有罪，可是张居正这样做，等于劈面给了万历皇帝一巴掌，让一国之君如何下台？后来有人说，张居正行事太过操切，实属急躁。可是任何有政治眼光的人，只要"一扒拉"小算盘就会知道，边关稳定，外夷熄兵，就是张居正新政顺利推行的基础，如果边关战乱不断，就等于基础不稳，他推行的新政势必受到不利的影响。

张居正处理完国事，便开始处理私事。张居正在江陵葬父的时候，湖广的高官们倾巢出动，都赶来参加会葬，可是唯有一人没有到，他就是湖广巡按御史赵应元。

赵应元给出的理由很勉强，他称自己出差的日程已满，正在襄阳和新任巡按郭思极办理交接事宜，故此不能前来。赵应元如此不给当朝首辅面子，确实是让张首辅心中不快。

赵应元交接完，理应回京城都察院听候考察，他却告病回籍，都察院左都御史陈炌对其提出弹劾，认为赵应元生病只是借口，而规避考察才是目的。张居正随即大笔一挥，便将其革职除名。

陈炌弹劾赵应元，便是受了张居正门生王篆的指使，王篆官任佥都御史，平日里与赵应元不睦，他一直寻找着机会报复，他借助赵应元拒不参加会葬的机会，突然发难，利用张居正的手，不仅报了私仇，还讨得了张首辅的欢心。

户部员外郎王用汲看不惯陈炌如此构陷耿臣，便上疏攻击陈炌，当然，矛头所指就是陈炌身后的张居正，他在奏疏中写道："夫威福者陛下所当自出，乾纲者陛下所当独揽，寄之于人，不谓之旁落，则谓之倒持；政柄一移，积重难返，此又臣所日夜深虑，不独为应元一事已也。"

王用汲在奏疏中，劝万历皇帝要大权独揽，不能被大臣篡权，一旦权柄倒持，天子很可能就斧锧加身了。王用汲虽然没在奏疏中点张居正的名字，但只要对朝政时局有所觉察的人都知道，王用汲剑指张居正，对当朝的首辅动了"刀子"。

张居正看罢王用汲的弹劾，心里非常气恼，这明明就是在离间君臣的关系，还暗指张居正不是在为国操劳，而是借推行新政的机会，蚕食和窃取属于皇帝的权力……

张居正在《乞鉴别忠邪以定国是疏》奏疏八中，这样愤慨地写道：

"先帝临终，亲执臣手，以皇上见托，今日之事，臣不以天下自任而谁任耶？羁旅微贱之臣，一旦处百僚之上，据鼎铉之任，若不得明主亲信委用，又何以能肩知负重，而得有所展布耶……

"如有捏造浮言，欲以荧惑上听，紊乱朝政者，必举祖宗之法，请于皇上，而明正其罪。此臣之所以报先帝而忠皇上之职分也。"

万历皇帝看罢张居正的奏疏，当即下谕："览奏，忠义奋激，朕心深切感动。今后如再有讹言俰张，扰乱国是的，朕必遵祖宗法度，置之重典不宥。卿其勿替初心，始终辅朕，仅臻于盛治，用副虚已倚毗至怀。"

很显然，王用汲的挑拨，在万历皇帝身上并没有显效，当今天子在谕旨中，重申了有胆敢扰乱国事，诬告首辅之人，一定从重处罚，绝不宽宥！

朱东润先生曾经在1943年写过一部《张居正大传》，在这部书中他曾经就张居正打击赵应元、王用汲写过一段很有深度的评论，原文如下：

"居正有综核名实，整顿纲纪的决心；同样也有修明庶政，安定内外的能力：然而居正采取的政治路线，在当时不是平常的政治路线。他曾经希望穆宗实行独裁政治，现在付诸实行，独裁者便是他自己。居正底路线，实际是从一般的君主政治走向独裁政治，但是对于这一点，居正自己没有意识到。

"他只觉得这是'报先帝而忠皇上之职分'。其实他那种'皇上以一身居于九重之上，视听翼为，不能独运，不委之于臣而谁委耶'的口吻，从神宗听来，未必怎样悦耳。当然，十六岁的皇帝，谈不到和居正争权，但是事态正在逐日地演变，神宗也正在逐日地长大。独裁者和君主底对立，成为必不可免的结果。

"假使万历十年，居正不死，我们很难推测他的前途，而居正一死，神宗立即成为他的最大的敌人，从政治关系看，正是最易理解的现象。这一切，在万历初年，神宗、居正都没有看到；而刘台、王用汲这一流人只觉得居正太专擅了，希望神宗给他一些应有的制裁。"

但是十六岁的万历皇帝，不依靠张居正，还能依靠谁？他能依靠唯唯诺诺、被人称为老好人的张四维吗？他能依靠张居正回籍，随后就以生病为借口，撂挑子"罢工"的吕调阳吗？还有治国能力不强，只是比较善于和稀泥的申行时？

当年九月，张居正的母亲赵夫人来到京城，万历皇帝和两宫皇后的赏赐亦是随后而至。张居正在奏疏八《谢赐母首饰等物疏》中这样写道："惊传闾巷，荣感簪绅，实臣子不敢觊之殊恩，亦载籍所未闻之盛事。欲酬高厚，惟当移孝以作忠，苟利国家，敢惜捐躯而碎首。"

张母进京，张居正可以说晨昏定省、扇枕温衾地尽孝，再无家事牵挂，即使母亲病逝，他也不用回江陵"丁忧"去了。接下来，张居正真正要做一件"移孝作忠，准备为国家捐躯而碎首"的大事，那就是实施"一条鞭法"。

"一条鞭法"看着让人懵懂莫名，其实它是"条编法"的借代名词，简单一点地说，就是"总括一州县之赋役，量地计丁，丁粮毕输于官"。

就是将朝廷规定征收的田赋（土地税）、徭役（农民需要无偿为朝廷服劳役）、杂税合并起来，将其折合成银两，分摊在实际的田亩上，按田亩多寡，以白银形式统一征收。

说得更明白一些，就要从明朝的"丁有役，田有租"的赋税制度上说起，田有租就是种地必须要缴粮，当时明朝的国有土地，出租给庶民，是按照十斗收一斗来收取的，虽然比民田高了一些，但朝廷会免费借给庶民农具和耕牛。

朝廷经济后来逐渐萎靡，便取消了这些免费的农具和耕牛，可是田租不变，庶民不种地没有粮吃。可是一旦种地，遇到灾年，不仅会欠债，还会更没有粮食吃。高额的田租，逼得百姓们流离失所，苦不堪言，官府为了改变有地无人种的"囧"境，便降低了国田的田租，经过"平均田赋"，这一问题得到了一定的解决。

相较于田赋，更让人诟病的就是"丁有役"，当时明朝各级府衙部门，都需要人手，比如催收粮食、押运物资、传递书信等的正役；比如门子、厨役、膳夫、狱卒、马夫、水手、脚夫等的杂役。不管是正役还是杂役，各级官员都是通过里甲，对庶民百姓进行硬性摊派。

一开始的时候，每十年轮一次正役，后面变成每一年轮三役。官绅富豪可以免二丁至三十丁的杂役，百姓却不可免，那些官绅富豪被免的杂役全都摊在贫苦百姓的身上。

老百姓想活着，就得下地劳动，可是服"两役"就没机会去种粮，因为服"两役"而饿死人的事在当时没人能管。

"一条鞭法"实施后，官府派人提前将服役的工钱算好，然后摊到田赋中，种地的庶民百姓，就能以缴粮的形式，一次性对官府交齐。换句话说，你在农闲的时候可以去服劳役，而农忙的时候，因为你交了粮银，故此，各级衙门可以用你缴纳的"丁银"雇人，你只需专心在田地里劳动，不用你再服役了。

以前的税法是"度人而税"，"一条鞭法"是"度地而税"，达到"轻重通融，苦乐适均"且日臻完善的程度，江南一带，也出现了"田不荒芜，人不逃窜，钱粮不拖欠"的佳景。

根据历史文献记载："盖自条编之法行，而民始知有生之乐。"甚至后来，于慎行在《与宋抚台论赋役书》中这样写道："邑民皆称其便。"

徐阶曾推行过"一条鞭法"，可是面对勋室豪强的巨大阻力，他并没有将其深入贯彻地推行下去。隆庆三年（1569年），海瑞在南直隶，也曾推广"一条鞭法"，江西随后跟进，之后两地出现了"从此役无偏累，人始知有种田之利"的好现象，可是随着海瑞离开了直隶，"一条鞭法"很快就在守旧派反攻之下，彻底地偃旗息鼓了。

张居正直到万历五年（1577年），经过调查，本着"法贵宜民，何分南北"原则，便下令推行此法，根据《国榷》记载，明朝出现了"太仓之粟可支数年，囧寺积金不下四百余万"的大好局面。

《明世宗实录》记载："徭役公平而无不均之叹。"看来一部好法，真的能让百姓安居乐业，确实可以让国家富强。

张居正总揽全局，纵横排奡，他用一颗匡扶天下的决心，顶住了来自巨室勋臣的压力，为百姓做了一件大好事。而"一条鞭法"的实施，也堪称是张居正惟精惟一改革的压卷之作。

万历六年（1578年），张居正又开始整顿皇室的宗藩，对于宗室，大加裁损，目的是减少国家支出，让不法宗室为害一方的现象得到了缓解。

张居正成为首辅不久，许多心学弟子觉得将王阳明供奉到孔庙里的机会来了，因为张居正也是阳明先生的继薪之人。可是面对心学弟子们的鼓噪，张居正却觉得不妥，道理很简单，那就是阳明的学说并非可以替代孔孟之道。

阳明学说，虽然成了社会的主流学说，但该学说亦有不少的短板和弊端，比如：阳明心学，偏重个人之品格修养，而忽视了客观物理之探求，以修身而言，致良知缺乏可操作性，一旦才力达不到阳明先生的境界，那些在致良知路上探索的学者和士人，不是走偏直奔邪路，便将学说变为空谈；该学说强调知行合一，但不少心学弟子，心胸狭隘，最喜动口，不想动手，面对做实事者一力诋毁，这都阳明心学先天缺陷所致。

张居正当时位置未稳，便采取了"拖"字诀，对外公布说："此事太大，需要从长计议。"

将阳明先生请进孔庙绝对不能遥遥无期地拖下去，阳明先生的弟子们消停了一段时间后，聚集在一起又出来闹事，张居正便用了"吓"字诀，他说："有人上疏，弹劾阳明先生的弟子们，大多是欺世盗名之辈，他们将阳明先生请进孔庙，暗藏着不可告人的目的，如果你们再闹，恐怕阳明先生的爵位都可能被剥夺！"

胳膊真的拗不过大腿，将阳明先生请进孔庙的动议，就这样不了了之了。

万历七年（1579年）的正月，张居正又干了一件"逆天"之事，那就是诏毁天下书院，自应天府以下，凡六十四处，被后人称为与天下读书人为敌。

张居正为何要冒天下之大不韪，而毁书院？其实在张居正毁书院之前，明朝曾经发生过两次毁书院的事件。第一次是在嘉靖十六年（1537年），嘉靖皇帝以"倡其邪学，广收无赖，私创书院"为借口，毁掉了南京吏部尚书湛若水的书院。

第二次是在嘉靖十七年（1538年），以官学不修，多建书院"聚生徒，供亿科扰"为理由，毁掉了不少治学不严的官学书院。

史书上有记载："张居正最憎讲学，言之切齿。"

张居正憎讲学，并非反对做学问，学子们不仅要读太祖在《卧碑》中规定的"四书五经"内容，更要钻研历代名臣的奏疏、治国经世的文章、典章制度的义理，如果不能将治学运用到民众生计中，那么所做的学问就是无用的学问。

早在万历三年（1575年），张居正就曾下令缩编府、州、县学的人数，大府不得过二十人，大州、县不得过十五人，如地方乏才，即四五名亦不为。张居正这道命令，令当时的学员人数少了一半，他的缩编令，被学子们称为"劣政"，并饱受诟病。

张居正当国执牛耳时，不仅极力推行新政，更重要的是要控制思想。而学院就是一个典型的切磋学问、批评权臣、妄议国政、解放思想的地方。因为如果不能有效地控制思想，他的新政将会被放在书院妄议，就会生出事端，便会令新政推行受阻。

张居正曾经借皇帝的名义下诏，在《请申旧章饬学政以振兴人才疏》中有这样一段话："圣贤以经术垂训，国家以经术做人，若能体认经书，便是讲明学问。何必又别标门户，聚党空谈。今后各提学官，督率教官生儒，务将平日所习经书义理，著实讲求，躬行实践，以需他日之用。不许别创书院，群聚徒党，及号召他方游食无行之徒，空谈废业。"

张居正是"惟精惟一"的实干家，禁虚学、重践行一直是他坚持的治国理念，如果书院的学究们用清谈和争论能够让国事振、政务新、民风正，那还要日理万机的内阁做什么？

随便举一个例子，当年西晋的尚书令王衍，崇尚清谈之术，令朝廷上下充满着一种腐朽和堕落的学术氛围，通实务、强国本的人才不得重用，最后西晋被隋朝所灭，可以说殷鉴不远，在夏后之世。

万历五年（1577年），张居正的朋友罗汝芳首先撞到了枪口上。罗汝芳是嘉靖三十二年（1553年）的进士，他和张居正建立了颇深的交情，他曾经做过太湖知县，还曾经做过宁国的知府，他到了一个地方，便政重教化，大兴讲学之风，虽然也做过修缮县城、疏浚河道等好事，可是张居正觉得他不务正业，作为一县一府的父母官，不为百姓谋利，不为国家担责，却醉心讲学，这完全是本末倒置，将路走歪了。

张居正为了对其惩戒，便将其改官为云南道巡察副使，可是罗汝芳即使到了偏远的永昌府，仍然是坐镇书院，讲学不辍。

张居正做自己的首辅，而罗汝芳远在云南，做那里的地方官，正所谓眼不见为净，张居正看不到罗汝芳在云南的永昌府讲学，他们井水不犯河水，彼此也可以个行其便。

偏偏在万历五年（1577年），罗汝芳回京朝觐考察，张居正在内阁见到了罗汝芳，两个人在谈话中，张居正问罗汝芳在读什么书，罗汝芳回答："我在读阳明先生的心学！"

张居正便开始旁敲侧击，说道："阳明先生主张知行合一，只有'知'是不够的，最重要的就是'行'，只有通过行，才能兴立废业，富国安民！"

罗汝芳回答："阳明先生的知行合一，'知'比行还要重要，只有深知才能笃行，如果一知半解，懵懂莫名，到最后有可能是妄行，甚至是胡行，一旦误入歧途，将会倒行逆施！"

张居正和罗汝芳的谈话最后不欢而散，空谈派和实干派辩论，只能是"鸡同鸭讲"，说不到一块，更做不到一块。罗汝芳看张居正就是不顾死活地蛮干，暴虎冯河地折腾，劳而无功地翻覆。张居正看罗汝芳的所作所为，不是雾里看花的大虚假，便是南辕北辙的犯错误，更是缘木求鱼的无用功。

罗汝芳朝觐考察结束后，本应该立刻回转永昌府，远离京城这种是非之地，可是还没等罗汝芳动身，京城的学子和官员们就找到了罗汝芳，请求他为大家讲学。

罗汝芳在讲学这条路上走得太远，以至于陷入其中不能自拔。他从张居正的态度上，心知首辅大人对自己讲学不满，他就离开了京城，将讲学的地方设在城外的广慧寺。

罗汝芳讲学之时，京官数以千计齐聚广慧寺，京城都为之轰动。张居正对罗汝芳非常恼火，他在云南讲学，自己睁一只眼闭一只眼也就罢了，可是来到京师，自己明明表达了不满，他还要讲学，这明明就是跟自己对着干。

张居正找到万历皇帝，弹劾罗汝芳"事毕不行，潜往京师，摇撼朝廷，夹乱名实"。按照明朝的制度，罗汝芳回京述职，完事之后，不应该在京逗留，目的是防止外放的官员与京城的官员"蝇营狗苟，买官卖官"，可是罗汝芳回京逗留讲学，便是不遵法规，理应处罚。

万历皇帝降旨，刚刚讲学完毕的罗汝芳就被罢官归里，于万历十六年九月二日（1588年10月21日）病卒，享年七十四岁。

1579年，江苏常州府的一道奏疏被送到了京城，这道奏疏弹劾的是常州知府施观民，说他"私创书院，赃私狼藉"。施观民是一位好官，敏于听断，案无留牍，整肃吏政，平反冤案，可是他最大的政绩不是治县安民，而是创建了龙城书院。

这座龙城书院是常州府最大最好的书院，有堂斋两百余间，膳田一千余亩，《武进阳湖合志·名宦传》称其："尝浚玉带河，建龙城书院，选诸生之秀者课之。一经品题，辄成佳士。"

可是施观民作为一个清官，他建设这样一座书院，自然无法自己拿钱，他就用了一个"恶劣"的办法，竟将全府的商贾富户都邀到了府衙，然后请他们捐款，如果有不捐的，他则亲自上门索要。

常州知府商贾富户们便凑钱买通了言官，言官就对他上了一道弹劾的奏疏。张居正早就对修建书院的施观民有腹议，他看到这份弹劾奏疏，当着内阁阁臣的面，脱口道："施观民，我等这道弹劾奏疏等得太久了！"

张居正给施观民定的罪名是：强刮民财，私设书院，目无王法。施观民削职为民，而轰轰烈烈的毁书院的运动，也随之展开了。

如果将罗汝芳、施观民削职归籍是开胃小菜，那尽毁六十四座书院是七碟八碗，除掉何心隐就是压轴大餐了。

何心隐是江西永丰人，1546年中乡试，当时的主考官认为他是"天下奇才"，可是面对朝政不举、奸佞掌权、吏制腐败的局面，何心隐索性放弃了仕途，一头扑进了阳明心学左派的怀抱。

何心隐也想学习司马迁"究天人之际，通古今之变，成一家之言"，可是他的心学主张却很另类，竟要打破君臣、父子、兄弟、夫妻之间的不平等，建立一个无等级的社会。这种与当时社会格格不入的观点，被朝野人士视为"异端"。何心隐天生就是个"刺头"，还曾经带头抗"皇木税"，被关进了朝廷的监狱，甚至还被发配贵州戍军。

很多朝野人士都纳闷，何心隐凭借一个人单薄的力量，怎么可能和偌大的朝廷相抗争？

何心隐凭借一个人的力量，确实无法和朝廷对抗，可是他有三万名弟子的推戴，只要何心隐振臂一呼，这些人就一窝蜂地上了，可以说何心隐的影响力甚至已经超过了封疆大吏和一方诸侯。

何心隐每到一处，无不领着弟子聚众豪饮，讥刺时局，甚至辱骂张居正为一世奸雄，对父亲不孝，视巨室如草芥，将士人当微尘，如不早除，国家必亡等。

何心隐与张居正同为阳明先生的弟子，他们也有过接触，可是两个人对心学的理解迥异，何心隐听罢张居正纵谈天下大事，曾经说过这样一句话："张公必官首相，必首毒讲学，必首毒元。"意思是：张居正必做首辅，他一旦当了首辅，第一件事就会对讲学开刀，而且也必然会对自己开刀。

张居正是讲究实干的改革家，而何心隐是靠嘴吃饭的思想家，不让何心隐传播自己的思想，就好像不让张居正实施自己的改革一样不可能。当何心隐的嘴巴影响到张居正的改革，张居正必然会对他下手。

孔子曾经说过："民可使由之，不可使知之。"张居正认为这句名言说得很对，如果百姓士子们在何心隐的煽动下，开始怀疑朝廷，怀疑新政，不仅新政推行不下去，大明王朝也将面临改朝换代的局面。

更何况，张居正在明处，何心隐在暗处，也许别人不清楚，张居正却晓得，当初徐阶为了除掉严嵩，就曾经请何心隐找扶乩道士蓝道行，请他用"扶乩之术"帮忙，最终搞得严嵩折戟沉沙，削职归籍，成为了一段历史。

湖广巡抚王之垣为了走通首辅的路子，他知道张居正对何心隐不满，便将其缉捕下狱，当时，王之垣和何心隐曾经有一段对话，可谓发人深省。

王之垣用以上欺下的口气说："何心隐你明着是在书院讲学，其实是妖言惑众，妄议朝政，意图不轨！"

"书院可以弥补官学的不足。"何心隐振振有词地道，"何某讲学，是启发民智，精研学问，让阳明先生'知行合一'的思想，得到更好的传播。"

王之垣怒道："你口口声声说传播阳明先生的思想，我问你，如果阳明先生做了首辅，他是治国为先，还是要启发民智为先？"

何心隐焉有不知屁股下面的座位决定脑子里想法的道理，他在书院讲的东西，皆是反重税盘剥，反官吏腐败，反皇帝无道，而这些内容正是迎合底层阶级，让庶民百姓喜欢的东西，如果他做了首辅，或者是阳明先生做了首辅，自然不会再去讲如何反抗朝廷、反对官吏、反击弊政，而是要讲三纲五常，伦理道德，切不可做名教的罪人等。

何心隐辩不过王之垣，他用抬杠的语气道："你荒谬狭隘，无知至极！"

王之垣命衙役将何心隐一顿暴打，然后押到监牢中，何心隐被关进监狱，这件事情不仅轰动了湖广，更是引发了京城官场的"地震"。

将何心隐关进监狱很容易，可是如何将其放出来就很难，最可怕的是将其放出来，他躲在暗处伤人，这就更难处理他。张居正为了解决问题，便派心腹耿定向去了湖广。可是如何处理何心隐，张居正只是让耿定向——从权。

如何从权，非常考验耿定向的政治智慧。释放何心隐，等于纵虎归山，已经不可能。众目睽睽之下杀掉何心隐，张居正不想担下这个责任，而这个骂名黑锅，只能由耿定向一个人来背了。

不能为首辅分忧的臣子，不是一个好臣子，耿定向想要进入权力中心，已经下了被千夫所指的决心。

在耿定向的暗示之下，王之垣干脆一不做二不休，他命衙役高举大棍，将何心隐毙于杖下。

何心隐在毙命之前说："所犯者果何犯？"意思是：我犯了什么罪？

耿定向吞吐其词地道："布衣何心隐私立求仁书院，妖言惑众，惑世诬民，罪不可赦！"

耿定向曾与其弟耿定力谈起此事，并讲出他做事的原则来源于"钦惟高皇教民榜"："今后天下教官人等，有不依圣贤格言，妄生异议，以惑后生，乖其良心者，诛其本身，全家迁发化外，钦此。"

其实，阳明先生也反对"空谈"，他说："天下所以不治，只因文盛实衰，人出己见，新奇相高，以眩俗取誉。"

何心隐确实是撞在了"不依圣贤格言，妄生异议，以惑后生"的枪口上。但何心隐对于死在湖广，确实是感到心有不甘，他这样说道："公安敢杀我，亦安能杀我。杀我者，张居正也。"这段话记载在黄宗羲的《明儒学案》中，意思是：你王之垣和耿定向敢杀我吗？你们能杀我吗？真正能杀我的人，只有一个张居正罢了！

王阳明临终的时候，曾经留下了这样的遗言："此心光明，夫复何求。"何心隐去世的时候，却在纠结是王之垣杀了他，是耿定向杀了他，还是张居正杀了他，可见他还是没有达到阳明先生"超脱"的境界。

何心隐去世，有历史学家评论张居正是"问路斩樵"，但不管怎么说，杖毙的残酷，确实对当时社会上弥漫的"虚学"之风是一个不小的打击。随着书院叠连被毁，天下士子心中对张居正的怨恨几乎达到了极点。

为何不能得罪巨室？因为巨室手中掌握着权力。除了巨室还不能得罪的就是士子，因为士子掌握着话语权，张居正是清是贪，是能是庸，由他们的笔头决定，而且历史也是由他们书写。

明朝社会的监督制度无外乎三种：法律监督制度、伦理监督制度和文化监督制度。张居正为了改革的成功，他手握权力，明朝的法律监督奈何他不得；他用午门外的廷杖，将伦理监督制度打得"血肉横飞"；他用何心隐的一条命，还有拆毁书院的残垣断壁，将文化监督制度扫进了"垃圾堆"。张居正的改革一定成功，为了达到目的，他已经不顾身家，毁誉由人，得失莫论，是非在己了。

耿定向处死了何心隐之后，升任刑部左侍郎，也有人说，是何心隐的血，铺就了耿定向的升官之路，但也有人说，何心隐搞的那一套，在当今社会都不可能实现，故此他被杀，也是物竞天择适者生存的结果。

21 去世，成败毁誉任"评说"

万历皇帝并不什么好皇帝，他在中年的时候，曾经二十四年不上朝，在这"荒废"的岁月中，唯一一次在毓德宫召见大臣，竟是为自己"惰政"进行辩解。

万历皇帝不上朝有一个"完美"的托词——身体有病万历十八年（1590年），大理寺左评事洛于仁上了一道奏疏，就是有名的《酒色财气四箴疏》。

洛于仁在奏疏中这样写道："皇上之恙，病在酒色财气也。夫纵酒则溃胃，好色则耗精，贪财则乱神，尚气则损肝。"洛于仁的奏疏，深深地刺痛了万历皇帝"怠政""偷懒""好酒""好色""好财"和"好气"的神经。

万历皇帝便将臣子们宣到了毓德宫，先说自己有恙，接着谈自己不喜欢"酒色财气"，最后是处理洛于仁。敢讲真话的洛于仁虽然没有被杀头，但他还是被削职归籍了。

万历皇帝是否有以上的五种缺点，举例单说一类，就可以明白他性格的真相了——万历皇帝不仅好财，而且是相当的好财。

万历三十年（1602年），神宗患重病，为了祈求上天宽恕，他下诏将收入归自己私库的商税、矿税、织造税一概取消。当时的首辅沈一贯接旨离开后，万历皇帝的病竟突然痊愈，他真的舍不得这笔"庞大"的税款，便派太监田义去索要圣旨。

沈一贯哪肯归还圣旨，田义无奈回宫，万历皇帝摸出一把刀子，竟对着田义狠狠地戳了过去……田义无法，只得领着手下二十多名太监去索旨，当他们跪在内阁中，以头触地，血流满面地向沈一贯索旨，沈一贯最后无法只得交出了圣旨。

万历皇帝在十七岁的时候，贪财好货的性格便开始显现。本来宫中所用的金花银，户部已经供给了一百万两，万历六年（1578年），又增加了二十万两，到了万历七年（1579年）的时候，万历皇帝又以不足为由，伸手向户部尚书张学颜索要。

张居正觉得自己用勺子根本喂不饱骆驼，为了不让户部为难，便写了一份奏疏，在《看详户部进呈揭帖疏》奏疏八中这样写道："夫天地生财，止有此数，设法巧取，不能增多，惟加意撙节，则其用自足。伏望皇上将该部所进揭帖，置之座隅，时赐省览。总计内外用度，一切无益之费，可省者省之，无功之赏，可罢者罢之，务使岁入之数，常多于所出，以渐复祖宗之旧，庶国用可裕，而民力亦赖以少宽也。鄙谚云：'常将有日思无日，莫待无时想有时。'此言虽小，可以喻大，伏惟圣明留意。"

万历皇帝面对张居正的阻挠，只得悻悻然地收回了索要之手，但得不到白花花的银子，他怎会甘心，便派太监姚秀到内阁传旨，命户部铸钱，供给内库使用。

当时私铸成风，币法混乱，万历皇帝造钱，只能使市场上货币更多，让市场更加混乱，张居正上疏道："且京师民间，嘉靖钱最多，自铸行万历制钱之后，愚民讹言，便谓止行万历新钱……于小民甚为不便……待二三年后，如果民间钱少，再行铸造，亦未为晚。仍乞皇上曲纳臣等节次所陈狂愚之言，敦尚俭德，撙节财用，诸凡无益之费，无名之赏，一切裁省，庶国用可充，民生有赖。不然，以有限之财，供无穷之用，将来必有大可忧者。臣等备员，敢不尽其愚，伏惟圣明亮察。"

万历皇帝虽然想取财，却难以逾越张居正这道坎，面对张首辅的阻拦，他表面上只是说了一句："张先生节俭为国，所奏甚佳，朕命户部铸钱之事，容后再议！"但万历皇帝悻悻然收回圣旨的样子，张居正看得也是触目心惊，张居正这才清晰地意识到，万历皇帝已经长大，他有自己的主意和想法了,想要将自己的意识强加给他的时代,已经悄悄地过去了。

万历八年(1580年)的春天,万历皇帝已经十八岁,他在张居正为首的"三公九卿"陪同之下,在先农坛举行了耕籍礼,接下来,又举行谒陵礼,谒陵礼的过程是这样的:至神御前献帛、献爵讫,复位,亚献,终献,令执爵者代,复四拜;余如常祭之仪;随诣永陵行礼;遣官六员,俱青服,分祭六陵。

十八岁的万历皇帝戴冕旒,衣龙袍,昂然站立在阳光之下,殿宇、祭坛和张居正等一众臣子们全都是他的陪衬。经过这次祭礼,万历皇帝距离统领天下、号令臣民的实权天子更近一步。

张居正看着已经成年的皇帝,他明显地感到,自身顾命大臣的使命已经快走到了尽头。万历皇帝已经不是那个夏日读书之时替自己打扇驱热,冬天寒冷之时帮自己铺垫地毯防寒的幼帝了。

万历皇帝面对张居正,他不再像从前一样言听计从,有时会刻意敷衍,甚至会阴奉阳违,并开始与首辅对抗,目的是彰显皇帝的权力。

万历八年(1580年),刑部侍郎刘一儒寄书张居正,信中这样写道:"窃闻论治功者贵精明,论治体者尚浑厚。自明公辅政,立省成之典,复久任之规,申考宪之条,严迟限之罚,大小臣工,鳃鳃奉职,治功既精明矣。愚所过虑者,政严则苛,法密则扰,今综核既详,弊端剔尽,而督责复急,人情不堪,非所以培元气而养敦浑之体也。昔皋陶以宽简赞帝舜,姬公以惇大告成王,沦洽当代,矩矱后世,愿明公法之。"

《明史纪事本末》卷六十一留下了这封书信的原文。刘一儒是张居正的亲家,张居正的女儿嫁给了刘一儒的儿子刘戡之,二人成婚之时,张居正为女儿陪送了大量的珠玉锦缎,令人啧啧称慕,可是刘一儒对"攀高枝"的亲事心存顾虑,便将其封存,并让儿子儿媳一概不许动张居正的陪送之物。

刘一儒给张居正写信,意思只有一个,让他在锐意改革的同时,也注意团结臣工,他提醒张居正要学习两位古人,即皋陶的宽简、姬公的淳厚,不要让天下人都恨他……刘一儒啰里啰唆地写了这么多,最核心的内容无非是：你只做一件事，但每次都将这一件事做好，也就是"惟精惟一"，我不反对，但"允执厥中"更不能忘记，他的目的是劝诫张居正保持中道。

张居正不是海瑞，他做不到海瑞的一尘不染；张居正不是徐阶，他也无法做到闷声发大财。如果他听了刘一儒的主意，一边照顾巨室的利益，一边也让黎民百姓得一些实惠，然后团结群臣官宦，外结文人士子，以张居正的聪明，他确实可以成为一个让人人都喜欢的首辅。

张居正却不想做这种"老好人"似的首辅，他要实现自己宏大的改革理想，建立万世不易的英名。

再看刘一儒，他因为规劝过张居正，又很好地和张居正划清了界限，所以能在张居正被"秋后算账"的时候，他的官职却得到了提升，成为南京的工部尚书。

虽然刘一儒用"允执厥中"保全了自己，历史上却鲜有人提起他。而那个打破了"允执厥中"框架的张居正，却成为明朝历史上最著名的一位首辅。

紫禁城的生活是枯燥的，万历皇帝当时正处于叛逆青春期，他只要稍微有点出格的举动便会被冯保报给李太后知道，面对李太后的训诫，万历皇帝自然是唯唯诺诺，不敢越雷池一步。

在紫禁城的景山西侧有一个西苑，又被称为太液池，其始建于辽代，到了明朝成为了皇家的御苑。这一天，万历皇帝在孙海和客用两名太监的蛊惑之下，身穿便服，来到西苑饮酒作乐。

在夜宴之上，太监找来了十几名宫女为万历皇帝献舞，万历皇帝却觉得不尽兴，便开始调戏两名漂亮的宫女，并让她们为自己唱曲助兴，可是淫词浪调宫女并不会唱，万历皇帝被拂了面子，不由得大怒，当即准备处死这两名宫女，经过太监的苦劝，万历皇帝还是蛮横地抽出了肋下的宝刀，割取了宫女的头发，算是以发代首地惩罚了。

在明朝的时候，人们坚信"身体发肤，受之父母，不敢毁伤"，而割去头发便被称为髡刑，属于伤害性不大，侮辱性极强的一种惩罚。

万历皇帝的任性胡为，很快便被冯保知道了，冯保将情况上报李太后，她听罢大怒，万历皇帝刚刚成年，便如此胡作非为，这和古代的昏君有何区别？

李太后当即命手下太监，将万历皇帝传到了慈宁宫，看着神态轻佻的万历，她喝道："跪下！"

万历皇帝被李太后的怒斥之声吓得"扑通"一声，跪在了慈宁宫的地上，他刚刚说了一句"母后……"

李太后便用更严厉的语气道："你知道哪做错了吗？"

万历皇帝不敢说话，跪在地上一个劲地打哆嗦，李太后便从隆庆皇帝驾崩，留下了他们孤儿寡母讲起，说到了守国治业的艰难之处，李太后声音哽咽，万历皇帝也是一个劲地抹眼泪。

李太后训斥道："你不遵祖训，在西苑狂饮，然后调戏宫女，妄施髡刑，这与古代的荒淫无道的君主夏桀、商纣有何区别？"

李太后一顿训斥，见万历皇帝抽搐哭啼，哽咽不语，便将一本书丢到了他的面前，并让万历皇帝读下去。李太后丢在地上的是一本《霍光传》，霍光是汉武帝临终托孤的重臣，他一辈子干了两件大事，一件是拥立汉宣帝即位，另外一件便是废黜昌邑王刘贺。

万历皇帝手捧《霍光传》，读道："贺者，武帝孙，昌邑哀王子也。既至，即位，行淫乱。光忧懑，独以问所亲故吏大司农田延年。延年曰：'将军为国柱石，审此人不可，何不建白皇后，更选贤而立？'光曰：'今欲如是，于古尝有此否？'延年曰：'伊尹相殷，废太甲以安宗庙，后世称其忠。将军若能行此，亦汉之伊尹也。'"

这段历史典故写的昌邑王刘贺继位，可他是一个昏君，田延年找到霍光，想废掉刘贺，霍光问，历史上可有废帝选贤而立的例子？

田延年告诉霍光，商代的宰相伊尹，就曾经废了太甲的权力，历史典籍上都说他是忠臣。

万历皇帝跟随张居正学习多年，他已经成了一个饱读诗书、熟知历史的皇帝，霍光废帝的典故谁人不知，万历皇帝本以为这个典故距离自己很遥远，可是万万没想到，他在西苑用刀子割了宫女的头发，李太后竟要将其废掉，然后另外立一个英明的皇帝。

万历朝也有霍光，这个霍光就是张居正。万历皇帝想起张首辅深刻而严厉的目光，他的心不禁打颤，李太后转头对冯保说道："你去请张先生，让他看看大明朝的万历皇帝，究竟需不需要废弃！"

张居正的消息灵通，万历皇帝髡去了宫女的头发，然后被李太后找去训斥的事他已经知道，但这是皇帝家的私事，他作为当朝的首辅，根本用不着他管，他也不应该管。可是当时小太监一说情况，张居正"嗖"的一下，从椅子上站了起来，如果废掉万历皇帝，能够继承皇位的只有万历皇帝的弟弟潞王朱翊镠。

朱翊镠是李太后的二儿子，在母亲的溺爱中长大，一旦废掉了万历皇帝，潞王朱翊镠继位，这对李太后并没有损失，毕竟她还是皇太后。

朱翊镠生于1568年，而万历皇帝生于1563年，两个人相差了整整五岁。万历皇帝今年十八岁，已经成人，明显有不听张居正摆布的迹象，并逐渐地在张首辅的手中开始收回属于天子的皇权。如果能够换帝成功，张居正至少可增加五年大权独揽的日子。

换帝虽然是大事，对李太后没有损失，对张居正则是好事，但换帝对大明朝却不是好事，因为朱翊镠被娇宠溺爱，是一个任性的顽劣少年，万历皇帝并不是忒称职的皇帝，但朱翊镠和他比起来，只能说前者更不称职。

张居正急匆匆地来到了慈宁宫，他看着跪地不起的万历皇帝，这才知道"换帝"并非空穴来风，而是实实在在的事实。

张居正对李太后施礼，道："皇上确有薄错，但属于酒后轻狂，被太监撺掇所为，一不违反律法，二没动摇国本，三没有造成恶劣影响，故此尚未达到废立的程度。"

万历皇帝一听，悬在喉咙的心这才落到了肚子里，李太后想要将皇位传给潞王，必须要得到满朝文武的支持，而张居正的态度就是满朝文武的态度，看来万历皇帝的位置算是保住了。

李太后余怒未消地道："张先生，你不要一力维护这个不争气的皇帝，如果将大明的江山交到他的手中，估计用不了十年时间，便会改朝易主，百年之后，我将如何去见先帝？"

张居正听罢李太后的话，跪在地上大声道："如果皇后一定要废谪皇帝，请皇后下旨，请先废掉仆这个首辅！"

冯保自然不会放过表忠心的机会，他急忙跪在张居正的身后，帮腔道："皇后要废掉皇帝，我冯保也不要活了！"

李太后心中虽有废帝的动议，也并非下了必废的决心，她一见张居正和冯保都给万历皇帝求情，道："如何处置他，还请张先生给拿个主意。"

"仆忙于国事，缺乏督导，请皇后降罪！"张居正开始将罪责往自己身上揽。

"皇帝孟浪无形，关张先生何事？"李太后惊诧地说。

张居正口中一个劲地说："天子已知过错，相信他一定会痛改前非，将功补过。"

万历皇帝跪在一旁，迭声地说："母后应以身体为重，暂歇怒火，儿一定会改！"李太后火气渐消，她说道："那就让皇帝写两份罪己诏，一份交给内廷留存，一份送通政司，在邸报上登载，令天下知晓！"

万历皇帝闯祸，张居正作为帝王之师难逃罪责，为了让朱翊钧这个皇帝能做下去，他只得领李太后的懿旨，回去写了两份罪己诏。

这段历史，记录在《万历邸钞》中："慈圣老娘娘知之，翌晨易青布袍屏簪珥，声言欲特召阁部大臣谒告太庙，将废神庙，立潞王，且先令喧传于宫中，神庙恐惧滋甚，跪泣久之始解。"

身居首辅的张居正，为了铲除朱翊钧心中的劣根性，让他做一个好皇帝，便毫不留情地写了两篇"词过抵损"的罪己诏，《罪己诏》写罢，被冯保送进了宫来，万历皇帝打开一看自己的"秽行"，当时脑袋就是"嗡"一声，羞愧得他的全身血液都涌到了脸上，如果有个地缝，他真想一头直接钻进去。

家丑本不可外扬,可是张居正为了达到让皇帝"不敢再犯"的目的,将能想到的尖刻之词,都用在这份罪己诏之上,只看得万历皇帝满脸通红,心虚气短,已经没有勇气读第二遍了。

万历皇帝的心里并不认为自己做错了事情,因为他认为皇帝做任何一件事都是正确的。这道无情揭短的《罪己诏》,现在邸报已经通过邮传和驿站发向了全国的州府县道,天下的学子、黎民百姓和众多的官吏们,看罢这份《罪己诏》,他们会怎么想?他们定会嘲笑九五之尊的皇帝,帝王的尊严在这一刻跌落尘埃,泥涂无色。

万历皇帝心中怒火三千丈,他不敢怪母亲李太后,可是他敢恨张首辅。

更让万历皇帝感到委屈与恼火的是,他最心腹的两个小太监孙海、客用,各自被廷杖二十,然后发配南京做了净军,而一百多名和冯保不对付的太监也等于全都抽到了下下签,不是被降级,便是被发配到南京、凤阳和南海子充当苦役去了。

万历皇帝的身边,全都是生面孔,已经没有哪个小太监再敢出主意,领着这位"憋屈"的天子,到北苑去游玩饮酒、寻欢作乐。

万历皇帝面对这些生面孔的小太监,真有一种被囚禁的感觉,他分不清这些小太监哪个是母后的人,哪些是冯保的人,哪些是张居正的人,他这个皇帝成了被一百多双眼睛监视的囚徒,他活得真是太委屈了。

张居正曾经这样说过:"知我罪我,在所不计。"他一心一意做的事情就是推行新政,全心全意做的事就是要培养起一个明君,为了达到这个目的,他不在乎任何评价。

在《张太岳集·书牍十二·答南学院李公言得失毁誉》中,张居正要"不谷弃家忘躯,以殉国家之事",就是为了国家,可以舍弃家庭和自己。

张居正又写道:"而议者犹或非之,然不谷持之愈力……得失毁誉关头,若打不破,天下事无一可为者。"张居正面对非议,不退步,不让步,更坚持!面对非议,只能打破"守制"的常规,一旦裹足不前,必然一事无成。

张居正为了让万历皇帝成为明君,他按照《帝鉴图说》的路子,写了一本《谟训类编》,共分四十篇,内容有《创业艰难》《励精图治》《勤学》《敬天》《法祖》《保民》等章节,献给了皇帝,他希望万历皇帝能够汲取书中的营养,以书中古代的圣君贤帝为楷模,争取做一个载誉史册的好皇帝。

张居正独掌大权,可以说一切军政机要均由张居正裁决。当时的黄河泛滥,始终是大明王朝的心腹之患,张居正慧眼识人,他任命潘季驯治理水患,潘季驯果然不负众望,他采取"束水攻沙"的方法,令黄河得到了疏通,一时间水患无踪,黄河两岸出现了百姓安居乐业的好局面。

据《明神宗实录》记载张居正在位期间,"海寓肃清,四夷詟服,太仓粟可支数年,囧寺积金至四百余万,成君德,抑近幸,严考成,综名实,清邮传,核地亩,询经济之才也"。因为"考成法"的实施,"虽万里外,朝下而夕奉行",政体为之肃然,"纪纲法度,莫不修明"以至于吏制廉洁。

张居正品味这些成绩,享受这些成功,他为国家呕心沥血,真的是付出太多,他曾经自负地说:"大抵仆今所为,暂时虽若不便于流俗,而他日去位之后,必有思我者。"

面对万历八年(1580年)庚辰科的科举,张居正觉得,可以暗中为子嗣谋一些利益了,而这些利益就是自己应该得到的奖赏。

张居正有六个儿子,他最喜欢的就是三子张懋修。为了让他能够学到知识,张居正就请来两位名士,让他们做张懋修的老师,一位是名士汤显祖,另一位是沈懋学。

汤显祖珍惜羽毛,不肯低眉垂腰伺权贵,他谢绝了张居正的邀请。沈懋学一开始半推半就,最后选择向权力低头。庚辰科考试举行,张居正的长子和三子皆来应考,而次辅张四维家的公子张泰征也要夺魁,有不少真正有才华的考生觉得即使祖坟冒青烟,也无法与之竞争魁元和榜首,竟愤愤然退出了考试。

张居正和张四维为了避嫌,他们都没当这个主考官。科考结果出来后,主考官申行时拿着三百多名举子的卷子来到了张居正的府邸。

以张懋修的水平，考取一个进士应无问题，但考中第几名，这确实是一个大问题，如果让他中了状元，朝野上下，势必对张居正议论纷纷。申行时为了照顾舆论，不让张居正的名誉受损，对名次做出了如此的安排：状元宋宗尧，榜眼陆可教，探花沈懋学，二甲第一名张懋修……

张居正很显然对这个排名不满，他为国家付出了这么多，让儿子张懋修沾点光，荣登榜首不为过吧？他说："为什么吝惜一个鼎甲，不给我儿子呢？"

张居正重新给试卷排摆名次，张懋修的试卷就放在了诸多举子的试卷之上。张敬修名列二甲十三名，张泰征荣登二甲第四名的高位。

以张懋修的水平，怎么可能超过名士沈懋学而高中状元，这明显是作假。沈懋学九岁能文，遐迩闻名的神童岂是白叫的吗？一时间，不管是查考的学子，还是读书的士人，抑或是官员和百姓，他们全都质疑庚辰科的公正性。

张居正为何敢明目张胆地这样干，因为万历皇帝曾经说过这样的话："先生功大，朕无以为酬，看顾先生的子孙便了。"

张懋修考中状元，万历皇帝默许了张居正的徇私舞弊。当时张懋修首先参加会试中举，接下来要参加殿试，殿试的时候，内阁的阁员皆是阅卷大臣，张居正本应该回避，可是万历皇帝这样讲："读卷重要，卿为元辅，秉公进贤，不必回避。"

张居正忘记了《史记》中"道高益安，势高益危"的古训，父亲可以给儿子阅卷，万历皇帝就等于送给了张懋修一顶状元的桂冠。

沈懋学因为肯当张懋修的老师，故此，名登金榜。汤显祖却完全与金榜无缘了，直到六年后，也就是癸未科，才考中了三甲第二百二十一名进士，比沈懋学整整晚了六年。

听从张居正召唤的"才子"可以早早中举，不听从张居正召唤的"高才"迟迟折桂。

科举是一件需要公平的事情，张居正却凭着手中的权势、皇帝的眷顾，恣意践踏了这种公平。这其实是张居正最让人诟病的一个地方。

张居正推行新政和改革，目的是振兴大明，强国富民，这和他儿子张懋修应该中状元一点关系都没有。如果万历皇帝觉得张阁老功高盖世，完全可以恩赐张懋修进士出身，可是在明朝，只有考中进士才算"出身正途"，而未能选入翰林院的进士，在其后的仕途上将很难进入内阁。

张居正知道自己迟早要撂下首辅的担子，但是状元出身的张懋修，只要肯努力，又有皇帝的恩宠，再经过张首辅的帮衬和提携，相信他入阁拜相，也是迟早的事。

礼部尚书汪镗率诸翰林入贺，汪大人首先致辞："老先生功施社稷，（太祖成祖）灵笃生贤嗣，世世作国家辅相。"

接下来六部九卿的官员，还有张居正坐下的门生，纷纷上门，都对张居正表达了祝贺。可是张首辅纵然是权势滔天，也掩不住天下的悠悠众口，有人曾经在午朝门上，贴了一首揭诗："状元榜眼姓俱张，未必文星照楚邦。若是相公坚不去，六郎还作探花郎。"

任何一个举子，无不期望着"金殿传胪第一声，三元连中占魁名"。在张懋修中状元的传胪之日，张居正与同僚好友正在府中庆祝，忽然有人禀报，内阁中送来兵部的紧急塘报，张居正来到内阁，打开塘报，这才发现，所谓的紧急军情，竟然是一副讽刺他玩弄权术、践踏科考公平的对联："侍生公论拜贺：老牛舐犊爱子谁无，野鸟为鸾欺君特甚。"

张居正不由得勃然大怒，问内阁的侍卫，究竟是谁送来的塘报，侍卫竟支支吾吾，说不出话来。

张居正乘坐马车，回到了府中，看着府内披红挂彩、宾客盈门的热闹场景，很快笑容就在他的脸上重新绽放。张居正是权倾天下的首辅，张懋修是名正言顺的新科状元，他们爷俩可以敲锣打鼓、觥筹斗酒地庆祝，就让那些眼红嫉妒的人，躲在角落里吹冷风、淋寒雨，最后气破肚皮吧！

张居正送走了宾客，张懋修将半醉的父亲搀扶到了内室，在熠熠的烛火中，大厅的两根柱子上挂着一副对联："上相太师，一德辅三朝，功光日月；状元榜眼，二难登两第，学冠天人。"

太师椅的右侧放着另外一副金质的对联，这是邱南镇由亚卿降为藩参时，为了重新升官，用黄金制成了一副对联，送给了张首辅："日月并明，万国仰大明天子；丘山为岳，四方颂太岳相公。"要知道，对联的下联要比上联分量更重，不管张居正在他人心中的地位如何，至少在邱南镇的心目中，张居正的位置比大明天子还要重要。

张懋修高中状元，张居正不仅有了面子，更有了里子，至于非议之声，那就随它去吧。

现在的张居正可以说国事、家事两丰收，他的长子敬修、次子嗣修和三子懋修，都已经成为了进士，而四子简修，也加恩授南镇抚司佥书管事，回首一看，张家后继有人，抬头远眺，道路一片光明。

人在巅峰——张居正忽然有了这样的感觉，可是想到这四个字，他随后便"激灵灵"地打了一个寒噤，《吕氏春秋·博志》中这样说："全则必缺，极则必反。"他上穷碧落下九霄，可以说完成了自己的经世报国的理想，他适时该急流勇退，对凶险莫名的仕途画一个完美的句号了。

张居正思考了几日，然后提起笔来，写了一份祈求退休的《归政乞休疏》：

"臣一介草茅，行能浅薄，不自意遭际先皇，拔之侍从之班，畀以论思之任，壬申之事，又亲扬末命，以皇上为托。臣受事以来，夙夜兢惧，恒恐付托不效，有累先帝之明。又不自意，特荷圣慈，眷礼隆崇，信任专笃，臣亦遂忘其愚陋，毕智竭力，图报国恩，嫌怨有所弗避，劳瘁有所弗辞，盖九年于兹矣。每自思惟，高位不可以久窃，大权不可以久居，然不敢遽尔乞身者，以时未可尔。

"今赖天地祖宗洪佑，中外安宁……伏望皇上特出睿断，亲综万几，博简忠贤，俾参化理，赐臣骸骨，生还故乡，庶臣节得以终全，驽力免于中蹶。臣未竭丹衷，当令后之子孙，世世为犬马以图报效也。"

张居正在《归政乞休疏》中表达了这样几层意思：高位不可以久窃，大权不可以久居；我已经老了，开始变得神智昏蒙，一旦做出错误的决定，恐怕令国政受到折损；皇帝英明，已经到了该亲理朝政的时候了。

万历皇帝虽然成年，心理上却是一个孩子，他急切渴望权柄，可是离不开万事可以依赖的张居正，他面对张首辅想要"归政乞休"的要求，当即下了一道挽留的圣旨："卿受遗先帝，为朕元辅，忠勤匪懈，勋绩日隆。朕垂拱受成，依赖正切，岂得一日离朕。如何遽以归政乞休为请，使朕恻然不宁。卿宜思先帝叮咛顾托之意，以社稷为重，永图襄赞，用慰朕怀，慎无再辞。"

万历皇帝也给了张居正回答：你是托孤大臣，朕一日也离不开你，你辞职的请求，已经让我恻然不宁了，可不能再说辞职了！

张居正思考再三，两日之后，又上了一道《再公休致疏》："今臣之乞去，亦非敢为决计长往也，但乞数年之间，暂停鞭策，少休足力。倘未即填沟壑，国家或有大事，皇上幸而召臣，朝闻命而夕就道，虽执殳荷戈，效死疆场，亦所弗避。是臣之爱身，亦所以爱国也。伏惟圣慈矜允，臣无任悚惧埃命之至。"

这一次，他表明了自己的观点，请假不辞职，一旦国家有事，他早晨听到消息，晚上就到，纵然是效死疆场，亦也挺身在前。

万历皇帝也是梦想着有一天能够亲政，对于张居正的"请假不辞职"的奏疏，他有些心动，当即去请李太后定夺。

李太后回答得很干脆："待辅尔到三十岁，那时再作商量。"

万历皇帝在第二道挽留的圣旨中，让人看得出真情毕露："古之元老大臣，耄耋之年在朝辅理者不少。卿方逾五十，岂得便自称衰老，忍于言去？宜遵前旨即出，永肩一德，用成始终大忠。"

想要成为古今的大忠臣，那就不能辞职。太宰王国光、太常寺卿阴武卿、吏科给事中秦燿等人随后也跟着上奏疏："元辅一日不可去！"

张居正在奏疏中说自己"积劳过虑、形神顿惫"并非危言耸听，他确实是有病，除了繁杂的国事搞得自己筋疲力尽之外，他还患有严重的痔疮。

一根针不能两头利，一根蜡烛更不能两头点，张居正为了改革的成功，已经将自己变成了"双尖针"以及"两燃烛"。

他患痔疮的原因很简单，和伏案久坐、处理国事不无关系。张居正是一位深谙权斗的首辅，曾经与他共事的首辅高拱、徐阶、严嵩和夏言，他们有的被杀，有的儿子被杀，有的儿子虽然没有被杀，但被贬戍边，高拱没有儿子，可是经常被他人陷害，在被杀的边缘徘徊。

张居正明知久恋首辅之位，堪称是危险莫测之事，在《答贾春宇》中，张居正就意识到了这一点："仆久握大柄，天道忌盈，理须退休，以明臣节。"

按照李太后的设想，张居正还要再干一十二年，才能卸下肩膀上的担子，可是以他疲惫的身体，真的能在首辅的位置上屹立不倒十多年吗？

很显然，这是不可能的。张居正也想事了拂衣而去，深藏身与名，可是李太后、万历皇帝和那一帮不愿意他离开的大臣们，牢牢地抓住他不放，让他在世人的眼中成了一个"贪恋权位、功高震主"的首辅。

在明朝的野史中，张居正不仅贪权，更喜欢女人，他除了正妻，据说还有不少于七位的侍妾。

戚继光喜欢大啖猪脸肉，张居正为了笼络爱将，便买来猪脸肉送给他，张居正后来听说戚继光将这些猪脸肉和士兵一起吃，便买来整车猪头送到边关。

戚继光为了感谢张首辅这个大靠山，便"时时购千金姬（胡女）进之居正"。戚继光在镇守登州之时，为了让张居正保持精力旺盛，便命渔民去捕"腽肭兽"，俗称"海狗"，将其献给张首辅。

明朝当时有一个言之凿凿的传言，因为"海狗"是燥热之物，张居正将其服下后，身体发热，即使是冬天，也不用戴貂皮帽子，后来文武大臣纷纷效仿，无冠上朝就成了金銮殿上的一大风景。

王世贞曾写过一篇"诋毁"张居正的文章，其中说道："日饵房中药，发强阳而燥，则又饮寒剂泄之，其下成痔，而脾胃不能进食。"

但也有史学家称："明朝时候，皇帝在冬季，赐给臣子貂皮帽以御寒，张居正为节省开支，带头不戴貂皮帽，每年为朝廷节省数万缗。所谓的'强阳成痔'纯属是无风起浪。"

这些"秽迹"究竟是不是事实，不得而知，但月有云遮，花有风吹，张居正是人不是神，他只要是人，就会有各种各样的毛病。张居正在不久之后真的病了，在《给假治疾疏》中写道："臣自去秋患下部热病，仰荷圣慈垂悯，赐假调理……病根未除，缠绵至今，医药罔效……得一医人自家乡来，自言能疗此疾，屡经试验，其术颇精，但须静养半月二十日乃得除根……"

万历皇帝不准假，而且赐银、蟒衣、甜食点心还有烧割一份。当时张居正的下痔甚重，他在《给假谢恩疏》中这样写道："臣方用药，敷搽患处，不能行动，谨伏枕扣头。"

张居正经过一番治疗，痔疮有了一定的好转，可是真的好了吗？答案是：未必。根据明朝的诸多医书中，有关于医痔药物的记载，枯痔散和三品一条枪是当时用得最多的药物，可是翻开《外科正宗》和《魏氏家藏方》就知道，这两种药物中都含有一种剧毒成分——砒霜。

在《恭谢赐问疏》中，张居正写道："缘臣宿患虽除，而血气大亏损，数日以来，脾胃虚弱，不思饮食，四肢无力，寸步难移，须再假二十余日，息静休摄，庶可望痊，盖文书官所亲见，非敢托故也。"

张居正用剧毒药物治疗痔疮，他的痔疮稍见起色，可是透支的身体又出了问题。

张居正头晕、乏力、不思饮食等病症，很像中了砒霜之毒。万历皇帝自然对张居正是深深地关心，在《太师张文忠公行实》中是这样记载的："十年二月，太师疾，上勤念不置，时时下手诏，问先生安否。及疾久不起，上益忧之，为涕泣不食。常赐内厨馐馔食太师，黄门使者相望道路。都人有感泣下者。六月丁亥朔，日有食之。朔三日，彗出五车口柱星以南。太师念病在不襄，遂上书请赐骸骨。"

张居正自觉时日无多，便上了一道《乞骸归里疏》，读之令人泪下："臣患病以来，静摄调治，日望平复。乃今及三月，元气愈觉虚弱卧起皆赖人扶，肌体羸弱，瘦仅存皮骨。傍人见之，亦皆为臣悲悼，及今若不早求休退，必然不得生还……"

万历皇帝还是觉得张居正余勇可贾，再说一个小小的痔疮，怎么可能要人命，对于张居正乞归的奏疏还是不允，他希望张首辅"瘥可即出辅理"！

张居正倒在病榻之上，他真的希望皇帝开天恩，准许他叶落归根，便哆嗦着一双手，费了极大的力气，写了人生最后的一道《再恳生还疏》："缕缕之衷，未回天听；忧愁抑郁，病势转增。窃谓人之欲有为于世，全赖精神鼓舞，今日精力已竭，强留于此，不过行尸走肉耳，将焉用之？有如一日溘先朝露，将使臣有客死之痛，而皇上亦亏保终之仁。此臣之所以锢踏哀鸣，而不能已于言也。伏望皇上怜臣十年尽瘁之苦，早赐骸骨，生还乡里。如不即死，将来效用，尚有日也。"

这道奏疏，可以说尽是缄泪之句、断肠之词，面对一道比一道哀切的"生还疏"，万历皇帝还是没有答应让张居正离京，回转江陵，叶落归根的请求，他还是要张居正"宜遵前旨，专心静摄，俟以瘥日辅理，慎勿再有所陈"！

为了表彰张居正的瘁劳，万历皇帝下旨封其为太师，太师是高官，更是大明朝所有官职中的"神话"，因为没有任何一个官员能够在活着的时候达到这样的高位。

很显然，张居正的生命不属于他自己，他的生命和国家捆绑在一起，他的躯体属于万历皇帝，他的一腔心血必须要全部浇灌未竟的改革事业。

万历皇帝觉得，自己封张居正为太师，如此孤高的险爵，已经对得起张居正付出的一切了。

在《嘉靖以来首辅传》卷八中记载张居正病重期间，"自六卿、大臣、翰林、言路、部曹，下至官吏冗散，无不设醮词庙，为居正祈祷者，吏部尚书而下舍职业而朝夕奔走，仲夏曝身出赤日中"。

《定陵注略》卷一述："江陵病时两京大小九卿科道庶僚咸祈祷备至，举国若狂。"即使"举国若狂"，也无法挽留张居正的性命。

在《太师张文忠公行实》中，记录下了张居正的最后时刻："时太师病已益革，不知所辞，惟涕泣，数行下，言万死不敢拜命。已而天子闻太师不粥，遣中使问太师天下大计。太师迷惑昏聩，且数语报上。使者既去……"

在万历皇帝的心中，张居正就是一尊不坏的金刚，他作为帝师，令当今天子都觉得害怕；他作为首辅，可以让满朝的文武都感到肃然；他作为新政的推手，让天下的勋臣和巨室都规避三舍，这样"神鬼辟易"的首辅，怎可能被小小的疾病击倒？

可是张居正并非不坏的金刚，他也会生病，也会生命垂危。万历皇帝命张四维开始代理张居正处理内阁事务，文武百官开始"斋醮为祈祷"。张居正很快便病入膏肓，他就向皇帝推荐了一批可以依靠的大臣：前礼部尚书潘晟及尚书梁梦龙，侍郎余有丁、许国、陈经邦，尚书徐学谟、曾省吾、张学颜，侍郎王篆等。张居正办完了这些事，他看了一眼病床四周，没有堆成山般需要票拟的奏疏，终于长出了一口疲惫之气……

张敬修眼看着父亲油灯将熄，他急趋几步，跪在床前，将一碗老参汤倾入张居正的喉咙，并焦急地问道："如果您去世，有奸佞欲对张家不利，该如何处之？"

张居正参汤入喉，开始回光返照，他抬手指了指张敬修手中的瓷碗，又轻轻地拽了一下儿子的衣袖，最终闭上了一双心有不甘的眼睛。

可是张居正的两个动作，究竟代表着什么意思，张敬修没有看懂，他周围的子嗣也全都没有想明白，这个谜团，该如何解开？

在《太师张文忠公行实》中的记载："明日，太师欲迁正寝，未起休浴，而溘然长逝矣。卒之日，为万历壬午，六月二十日，距其生嘉靖乙酉，五月初三日，享年五十八岁。"

张居正去世的时候脸色忧郁，等到装棺入殓之时，脸色却很是平静，他真的太累了，现在他终于可以安心地休息，然后坦然地睡一觉了。

随着张居正去世，张四维做了首辅。万历皇帝一开始还为张居正的去世辍朝，谕祭九坛，视国公兼师博者。可是随着内阁的权柄易主，一场针对张居正的"清算"大幕，便徐徐地拉开了。

内阁首辅张四维首先发难，他上本参奏张居正大逆不道、欺君犯上、有违诏敕等十四大罪，但万历皇帝想想张居正尸骨未寒，他回答说："张居正蔽主殃民，殊负恩眷，但是'侍朕冲龄，有十年辅理之功，今已殁，姑贷不究，以全始终'。"

一朝首辅一朝臣，不搬倒张居正，守旧派的既得利益无法获得，张四维的亲信该如何安置？万历皇帝一手抓权一手搂钱的心愿也就无法实现。宦官们为了取悦皇帝，他们就将圣上厌恶冯保的消息，告诉了御史江东之和李植，二人为了试探万历皇帝的心意，将弹劾的枪口对准了徐爵，随着徐爵被下狱论死，江东之和李植开始上奏疏弹劾冯保。

万历皇帝看到这份奏疏，兴奋地道："吾待此疏久矣！"

冯保被万历皇帝下诏贬谪到南京，家中的亿万家财全归万历皇帝的私库。接下来，言官弹劾曾省吾和侍郎王篆，二人被免官。最后，张居正的上柱国、太师和封谥也被夺回。

张居正改革的成果没有毁在反对派的手中，却毁在接班人的手里。张四维被张居正提携，为何他心中不感恩，反而成了张居正改革的掘墓人？道理很简单，这是张居正专权造成的苦果。

专权的高压，造就不出"高屋建瓴"的继任者，更造不出"青出于蓝"的政治家。张四维这个守旧派，他为了保位，竟假意跟张居正一条心，戴着"改革派"的面具欺世，天下人都被他活生生地给骗了，张居正去世后，张四维等人就将"面具"丢到了爪哇国，并露出了恐怖的守旧派本性，开始饕餮而食，而最先被他们饱腹的，就是张居正的政改成绩。

万历作为皇帝，并不喜欢匿身在张居正的影子里，他曾经说过这样一句话："朕为人君，耻为臣下挟制。若自认错，置朕何地？"任性蛮干，死不认错，这就是万历皇帝的本性。

张四维为了构建自己的施政班底，那些被贬的官员，比如吴中行、赵用贤、艾穆、沈思孝、邹元标和余懋学等人相继复职，他们首先废除了乘驿之禁，接下来，根据《嘉靖以来首辅传》记述，张四维请求"荡涤烦苛"……而申时行上任后，又废除了考成法，目的是"一切务为宽大以收人心，而法度渐废弛,至大计贪酷不谨罢削者,亦得复官及荫服,而祖宗之法纪目尽矣"。

当时潞王成亲,按照明朝的定制:"亲王定亲礼物,金止五十两,珍珠十两。"可是朱翊镠的婚礼大肆奢华,其耗费堪比城门和海口,当时府库调拨不出如此可观的银两,只得挪用边备军费九十多万两白银。

为了填补这个巨大的"窟窿",万历皇帝觉得张家应该做出牺牲,便暗示辽王府的王妃上疏辩冤,且说:"庶人金宝万计,悉入居正。"万历皇帝就命司礼监的张诚、侍郎丘橓偕,协同锦衣卫指挥使等人,去张宅抄家。

抄家又称籍没,在明朝的时候,除非谋反、叛逆和奸党三大罪恶,极少会籍没家产。当万历皇帝在圣旨上写下"抄家"两个字的时候,真不知道,他的手会不会抖,他的良心会不会痛!

《明史·张居正传》中这样记载:"(抄张居正家时)先期录人口,锢其门,子女多遁避空室中,比门启,饿死者十余辈。诚等尽发其诸子兄弟藏,得黄金万两,白金十余万两。其长子礼部主事敬修不胜刑,自诬服寄三十万金于省吾、篆及傅作舟等,寻自缢死。"

张敬修自缢后,被家人从绳索上卸下,据说放在地上不久后,他的神态安详,走得很平静。有人说,张敬修在死亡前的一刻终于搞懂了父亲两个哑谜手势的意思:天下人碗里有饭,身上有衣,纵有奸人相害也无妨,因为天下人的心中都有一本账,即使千百年,他们的心中都会留下张居正的英名……

张敬修用死,让抄家者无法再行诬陷。果然,他们将张府犄角旮旯都翻遍,只找到区区十万两白银。万历皇帝不甘心,他又"诏尽削居正官秩,夺前所赐玺书、四代诰命,以罪状示天下,谓当剖棺戮尸而姑免之"。

如此任性胡为,真不知道败家的万历皇帝是不是得了失心疯。

海瑞不被张居正所重用,故此,二人不能说是挚友,而海瑞评价张居正"工于谋国,拙于谋身"亦没有多少溢美的成分,更多的是凿凿事实。

隆庆年间,骆问礼因为对张居正的大阅兵持有异议,故此被贬谪三级,在张居正被"抄家"后,他写了一首《哭张江陵》:

> 宠眷三朝任重身，太平今古几元臣。
> 沉沉伏马周墀静，蔚蔚虞罗禹服新。
> 方进早除贤范远，祈奚内举圣恩频。
> 凭云一洒臧孙泪，药石年来味始真。

骆问礼和张居正只是政见不和，但他对"锄强戮凶，剔奸厘弊"的张居正还是心存敬佩，他用一首诗替前朝首辅诉冤，可是一首诗根本改变不了政治格局，就好像一滴水改变不了河流的方向。

张居正为了明朝鞠躬尽瘁，死而后已都不休止，他还要散尽家财，奉献自己的子嗣的性命，来证明自己是肝脑涂地的忠臣。

面对张居正死后，张家凄惨的遭遇，李太后始终也没有伸出救援之手，她究竟是不想干政，还是张居正人走茶凉，这事只有李太后心里明白了。

张居正逝后含冤，终万历世，无敢白居正者。熹宗时，廷臣稍稍追述之。而邹元标为都御史，亦称居正。诏复故官，予葬祭。崇祯三年（1630年），礼部侍郎罗喻义等讼居正冤。帝令部议，复二荫及诰命。十三年（1640年），敬修孙同敞请复武荫，并复敬修官。帝授同敞中书舍人，而下部议敬修事。尚书李日宣等言："故辅居正，受遗辅政，事皇祖者十年，肩劳任怨，举废饬弛，弼成万历初年之治。其时中外乂安，海内殷阜，纪纲法度，莫不修明。功在社稷，日久论定，人益追思。"帝可其奏，复敬修官，意指张居正可以平反，张敬修可以复官。

张居正1582年去世，他十年砍柴的改革成果被万历皇帝一夜烧掉。直到崇祯三年（1630年），天下大乱，民不聊生，面对内忧外患的局面，被冤枉接近五十年的张居正，这才等来了真正平反的机会。可是乱世思良相，终崇祯一朝，再也没有像张居正一样，报定"惟精惟一"的精神，只考虑国家，不考虑个人的首辅了。

张居正终于被认定是忠臣，这份认定虽然姗姗来迟，但好在正义没有缺席。

辽王朱植的第八代孙孔自来（原名朱俨镴，明朝灭亡后改名）曾经写过一部《江陵志余》，在这部书中，他说了心底的公道话："江陵功在社稷，过在身家，国尔之议，死而后已。谓之社稷臣，奚愧矣！"

张居正"抢"了辽王府不假，可是辽王后裔孔自来经过改朝换代，回头一看这才知道，没有了张居正，他的家没了，更重要的国也烟消云散了，这才知道张居正并非辽王府的仇人，而是他们老朱家的大恩人。

万历朝的言官梅之焕振聋发聩地说道："今日又有谁能综名实，振纪纲如张江陵？"他的诘问，令整个大明朝廷竟无人能答。张居正和他的改革，是让天下的人全都手中有碗、碗内有米、腹内有食的改革，可是这帮庸臣吃饱了，乱折腾，他们将手里盛着米饭的饭碗砸碎，嘴里还大声说，我要让天下人吃更好的粮，可最终的结果是土都吃不上……

张居正的改革成功了，因为张居正的改革，为明朝续命六十余年，张居正去世后，他的新政究竟是可以为继，还是无以为继，他将无法掌握。

梁启超评价张居正："他是明代唯一的大政治家。"现代讲史第一人黎东方先生说："诸葛亮和王安石二人，勉强可以与他相比。"

而他生前的对头李贽在他去世后，亦心悦诚服地称呼他是"宰相之杰"。

张居正去世后六十二年，李闯王领兵攻到了北京城下，当大明朝即将亡国之时，崇祯皇帝仰天长叹："得庸相百，不若得救时之相一也。"这句话是不是对张居正最有力度的评价，真的是没有人知道，但世间已无张居正，张江陵活成了一个传说。

张居正去世四百年后，他的陵墓曾经被挖开，棺中除了骸骨，唯有两件东西，一件是可以代表他一品大员的玉带，另一件就是代表他文采的砚台。看罢这两样东西，应该是清者自清，而爱财、贪色的"浊"就与他根本不沾边了。

张居正是一个政治家，也是一位改革家，更是一位思想家，可是他的词典里为何没有"虚怀若谷，谨慎和谐"的中道，只有"杀以止杀，刑期无刑"的霸道？

历史只给了张居正十年的时间，为了取得成功，他坚持"惟精惟一"地只做一件事，而且要将事做到最好，特别在他五十八岁人生的最后几年，他明显感觉身体不佳，生命已经不允许他，环境也妨碍着他，他不得不似要晚点的马车一样，开始在改革之路上急吼吼地狂奔，这也致使他没有机会使用更重要的"允执厥中"来巩固改革的成果。故此，张居正失败了。

张居正在《书经直解》中，刻意隐瞒了"惟精惟一"的进取之道，更没有讲明白"允执厥中"的成功之道，可是读罢他的传记，我们知道了"惟精惟一"究竟是什么——就是他奋不顾身的进取精神，百折不回的改革态度，碎首糜躯的责任担当。

张居正用《考成法》整肃吏治，用封贡通市和秣马厉兵达到了制虏安边，用清丈土地，取得了民不加赋而国用足的改革成功。整肃吏治，需要铁腕整治怠政的庸惰官员；制虏安边，需要向俺答汗等宣战；清丈土地需要开罪于勋臣和巨室。张居正深深懂得，想要将这些事全部完成，确实是很难，面对皇帝一天天长大，自己一天天变老的巨大压力，他必须要用时间最短、见效最快的"惟精惟一"当成攻坚的武器，完成改革大业。

张居正就成了手持"惟精惟一"之戈，在改革的战场上拼杀出一条血路，成为了一个鏖战不休的猛士。

"允执厥中"是涓涓流水的慢功，实施起来不仅耗费时间，而且让人瞻前顾后。张居正是一个伟大的政治家，更是一个绝顶聪明的人，如何利用"允执厥中"保"身后名"、得"子孙利"、令万世"圆满"，他哪能不知晓，可是命运并没有给他充裕的时间和施展的舞台。

皇权社会以"以皇帝权贵利益为利益"，如此严苛的社会环境，曾令王安石的改革搁浅，王安石改变大宋积贫积弱现状的措施并没有得到实现；曾令商鞅被车裂，但万幸的是，秦惠文王并没有改变商鞅改革的主张；而张居正手持改革的长缨，暂时缚住了勋臣和巨室这些坑国害民的"苍龙"。可悲催的是，他一去世，这些勋臣和巨室就发起反扑，找回失去的利益，让张居正的改革成果归零。

假设再给张居正十年或者二十年充裕的时间，并允许他对"允执厥中"的"中道"进行实践，然后"中道"让他的改革成果固定下来，也许明朝形势会有一个翻天覆地的变化，不仅张居正的改革成果可保，他也能取得名传后世的成功。可是历史不容假设，事实不能虚化，天意更不能罔顾，张居正根本没有时间用"允执厥中"来守护住成果，这才是他失败的真正原因。

张居正用他自己改革的轨迹，让我们懂得了一件事，做事必须要"惟精惟一"，可是"允执厥中"也一定不可少，如果没有"中"的护佑，没有"中"的襄助，没有"中"的加持，那就无法取得万世不易的成功。

参考文献

1. [明]张居正:《张太岳集》,中国书店出版社,2019年9月第1版。
2. 朱东润:《张居正大传》,北京联合出版公司,2020年9月第1版。
3. 熊召政:《张居正》,北京十月文艺出版社,2022年2月第1版。
4. 宏瞻:《世间已无张居正》,浙江大学出版社,2015年1月第1版。
5. 清秋子:《明朝出了个张居正》,陕西师范大学出版社,2007年3月第1版。
6. 度阴山:《帝王师·张居正》,北京时代华文书局,2015年11月第1版。
7. 黄仁宇:《万历十五年》,生活·读书·新知三联书店,2006年6月第1版。
8. 郦波:《风雨张居正》,中国民主法制出版社,2009年10月第1版。
9. 易中天:《严嵩和张居正》,浙江文艺出版社,2018年10月第1版。
10. 刘志秦:《张居正评传》,南京大学出版社,2006年8月第1版。
11. 吴建华:《关于王安石与张居正清丈土地迥异结局的探析》,《广东社会科学》1995年第4期。
12. [明]王阳明:《传习录》,肖卫译注,辽海出版社,2017年7月第1版。
13. 张宏杰:《大明王朝的七张面孔》,广东人民出版社,2016年1月第1版。
14. 韦庆远:《暮日耀光·张居正和明代中后期政局》,江苏凤凰文艺出版社,2017年5月第1版。
15. [明]张居正:《帝鉴图说》,中华书局,2021年12月第1版。
16. [明]张居正:《资治通鉴皇家读本》,上海古籍出版社,2010年7月第1版。